Peter Kutter • Thomas Müller

Psychoanalyse

Eine Einführung in die Psychologie unbewusster Prozesse

Klett-Cotta

Klett-Cotta
www.klett-cotta.de

Printed in Germany
Schutzumschlag: Roland Sazinger, Stuttgart
Foto: fotolia.com/Yurok Aleksandrovich
Gesetzt aus der Scala Serif von Kösel, Krugzell
Auf säure- und holzfreiem Werkdruckpapier gedruckt
und gebunden von fgb-freiburger graphische betriebe
ISBN 978-3-608-94437-2

Bibliographische Information der Deutschen Nationalbibliothek
Die Deutsche Nationalbibliothek verzeichnet diese Publikation
in der Deutschen Nationalbibliographie; detaillierte bibliographische
Daten sind im Internet über <http://dnb.d-nb.de> abrufbar.

Inhaltsverzeichnis

Vorwort

Die Psychoanalyse hatte und hat seit ihrer Gründung durch Freud vor 100 Jahren viele Anfechtungen zu bestehen: Sie zerstöre die Moral, sie sei unwissenschaftlich, sie widerspreche dem Menschenbild des »Edel sei der Mensch, hilfreich und gut«. Sie hat sich aber, allen Anfechtungen trotzend, durch die Jahrzehnte behauptet. Zur Zeit der Studentenbewegung erfuhr sie ungeahnten Auftrieb; in der Erwartung, man könne mit ihrer Hilfe und Marx die Menschen ändern und eine neue, bessere Gesellschaft erfinden. Diese Hoffnungen erwiesen sich zwar als illusionär, aber die Psychoanalyse war in der Öffentlichkeit nicht mehr zu übersehen. Psychoanalytiker wurden auf Lehrstühle in Medizin, Psychologie, Soziologie und Pädagogik berufen. Neurotische Störungen wurden seit Einführung der Psychotherapie-Richtlinien 1967 versicherungsrechtlich als Krankheit ebenso anerkannt wie ihre Methode als Leistung der Krankenkassen. Seit 1998 sind neben den medizinisch vorgebildeten Psychotherapeuten auch psychologisch ausgebildete Psychotherapeuten an der entsprechenden Behandlung im System der Krankenkassen beteiligt.

In den letzten beiden Jahrzehnten hat die Psychoanalyse an Boden verloren; an den Universitäten und in der Öffentlichkeit. Statistisch abgesicherte psychologische Methoden wie die Verhaltenstherapie machen ihr Konkurrenz. Seit einem Jahrzehnt kämpfen die psychoanalytischen Berufsverbände um ihre wissenschaftliche Anerkennung. Spät, aber nicht zu spät wurden empirisch fundierte Forschungsprojekte ins Leben gerufen, die mittlerweile ihre Effektivität bei den zuständigen wissenschaftlichen Gremien belegen.

Dazu kommen neue Bestätigungen von Seiten, an die zuvor niemand gedacht hatte: zum einen von epidemiologischen Untersuchungen der Adverse Childhood Experiences (ACE), die das Axiom der Psychoanalyse, dass belastende Kindheitserfahrungen zu körperlichen und psychischen Erkrankungen führen, bestätigen (Felitti et al. 2007); zum anderen von der modernen Hirnforschung bzw. von den Neurowissenschaften (z. B. Gerald Hüther, Gerhard Roth, Wolf Singer, Manfred Spitzer). Hier wird mit den modernen bildgebenden Verfahren das gefunden, was Freud schon vor 100 Jahren feststellte:

Der Mensch ist nicht frei in seinen Entscheidungen, allerdings, ohne dass der Psychoanalyse gebührende Reverenz erwiesen wird. Von allen Motiven, die bei Entscheidungen ins Spiel kommen, gelangen viele gar nicht ins Bewusstsein. Dabei stehen meist mehrere unbewusste Variablen in Konkurrenz zueinander.

Nichts anderes meint die Psychoanalyse, wenn sie darauf hinweist, dass unser Leben eine Kette von zu lösenden Konflikten ist. Diese Konflikttheorie der Psychoanalyse ist nach wie vor eherner Bestandteil ihres ganzen Theoriegebäudes. Was sich wie ein Fels in der Brandung bewährt hat, bleibt bestehen. Insofern folgt unser Buch der bewährten Tradition. Was sich dagegen nicht bewährt, wird, frei nach Hegel, »aufgehoben« bzw. negiert oder auf ein höheres Niveau gehoben und weiterentwickelt. Diese vielfältigen modernen Weiterentwicklungen der Psychoanalyse in den letzten zwei Jahrzehnten sind in dem vorliegenden Buch besonders berücksichtigt. Der vorliegende Band bietet also eine moderne Psychoanalyse.

Die Psychoanalyse umfasst derzeit viele unterschiedliche Richtungen: Freudianer, Kleinianer und die Unabhängige Gruppe. Sie bilden zusammen die große Gruppe des Mainstream der Psychoanalyse. Daneben behaupten sich, teils innerhalb des großen Stroms, teils außerhalb, subjektivistisch-interpersonale Richtungen und die psychoanalytische Selbstpsychologie. Bei aller Wertschätzung der Divergenzen kommt es aber gerade in jüngster Zeit wieder zu erfreulichen Konvergenzen. In dieser Hinsicht widerspiegelt das vorliegende Buch die Psychoanalyse der Gegenwart.

Im Untertitel heißt das Buch *Eine Einführung in die Psychologie unbewusster Prozesse.* Was ist eine Einführung? Sie soll auf das Thema einstimmen, Neugier erwecken, anschaulich sein. Die Autoren glauben aber, dass heutige Leser höhere Ansprüche stellen: an wissenschaftliche Fundierung, an Aktualität und an umfassende Perspektiven. Wir hoffen, unser Ziel, eine ebenso leicht lesbare wie wissenschaftlich fundierte aktuelle Gesamtschau der Psychoanalyse vorzulegen, trotz unterschiedlicher theoretischer Akzentuierungen erreicht zu haben. Das Buch will weder mit dem *Lehrbuch der psychoanalytischen Therapie* von Thomä & Kächele (2006) konkurrieren noch mit der von Wolfgang Loch begründeten *Krankheitslehre der Psychoanalyse* (1999) noch mit Rainer Krauses *Allgemeiner psychoanalytischen Krankheitslehre* (1997/98) oder mit der *Allgemeinen psychoanalytischen Neurosenlehre, Psychosomatik und Sozialpsychologie* von Siegfried Zepf (2006b), eher mit den einführenden Büchern von Wolfgang Mertens oder Karl König.

Was ist Psychologie unbewusster Prozesse?

Unbewusstes lässt sich nicht direkt beobachten oder messen wie die durch Tests und Fragebögen gewonnenen Daten der akademischen Psychologie. Unbewusstes wird mithilfe der aufdeckenden Methode der Psychoanalyse aus der gesprochenen Rede indirekt erschlossen. Philosophen wie Nietzsche und Schopenhauer und viele Dichter wussten immer schon um ein nicht gewusstes inneres Geschehen, das Denken, Fühlen und Verhalten der Menschen beeinflusst, aber erst Sigmund Freud hat diese unbewusste Welt über die Deutung seiner Träume und über das unermüdliche Bemühen um die Hintergründe der organisch nicht erklärbaren oft bizarren Symptome seiner Patientinnen und Patienten systematisch erschlossen und eine neue Psychologie: die Tiefenpsychologie oder die Psychologie der unbewussten Prozesse, geschaffen. Mit Prozessen meinen wir übrigens gesetzmäßige unbewusste Abläufe im Menschen (innerseelisch) und zwischen Menschen (interpersonal), typische der normalen Entwicklung und atypische bei seelischen Erkrankungen. Im Rahmen der psychoanalytischen Behandlung werden diese unbewussten Prozesse als latente Inhalte hinter der manifesten Rede erahnt, verstanden und gedeutet.

Das Buch umfasst den gesamten Kernbereich der Psychoanalyse, ihre spannende Geschichte, ihre Position in der Landschaft der Wissenschaften, ihre Entwicklungspsychologie einschließlich der Ergebnisse der Säuglingsforschung, der Bindungstheorie, der Affektforschung, der Lehre von der »Mentalisierung« durch Peter Fonagy und Mitarbeiter und der Vollendung der unvollendeten kopernikanischen Wende durch Jean Laplanche. Nach einem kurzen Kapitel über die Traumlehre folgt die Krankheitslehre mit allgemeiner und spezieller Neurosenlehre, erweitert um eine differenzierte Darstellung der Persönlichkeitsstörungen, der Borderline-Störung, der psychosomatischen Krankheiten, der Abhängigkeiten, der Delinquenz und der Perversionen. Die Psychosen sind besonders ausführlich abgehandelt. Neben dem Ideal der hochfrequenten klassischen Psychoanalyse kommen ihre Anwendungen in der Realität der täglichen Praxis nicht zu kurz: Psychotherapie, Kurztherapie, Gruppentherapie, Familientherapie. Hinweise zu Neurobiologie und empirischer Forschung runden den Band ab.

Das Werk baut auf Peter Kutters Buch *Moderne Psychoanalyse* auf, zuletzt im Jahr 2000 in dritter Auflage erschienen, ist aber – nunmehr von zwei Autoren, einem älteren und einem jüngeren, verfasst – ein neues Buch, das in seiner

Gesamtkonzeption so gegliedert ist, dass die Leser, je nach Interessenlage, praktisch in jedes Kapitel »einsteigen« können.

Die Initialzündung für das neue Buch ging vom Verlag Klett-Cotta aus. Die beiden Autoren haben sich rasch zusammengefunden und sich wechselseitig konstruktiv ergänzt. Die Zusammenarbeit mit Lektorat und Herstellung hätte nicht besser sein können.

Unser Dank gilt Ursula Kutter für manche stilistische Verfeinerung, Petra Hammer für ihre wertvolle Unterstützung beim Erstellen des Personenverzeichnisses und Helga Haase für die genaue Durchsicht des gesamten Textes sowie der Abbildungen und Tabellen. Noch eine abschließende Klarstellung: Wenn die Autoren »der Leser«, »der Patient« oder »der Psychoanalytiker« schreiben, so geschieht dies durchgehend aus stilistischen Gründen und mit Rücksicht auf die begrenzte Zeichenzahl. Diese Formulierungen sind als übergeordneter Gattungsbegriff zu verstehen und beziehen sich somit immer auf beide Geschlechter.

I. Die Psychoanalyse – eine Konflikttheorie

»Das Leben ist eine Kette von zu lösenden Konflikten.«

1. Alltägliche Konflikte

Jeder weiß aus dem täglichen Leben, wie schmerzlich es ist, Außenseiter einer Gruppe zu sein, zu erleben, übergangen zu werden und ausgeschlossen zu bleiben. Nicht minder schmerzlich ist es, vom Partner im Stich gelassen zu werden, wenn dieser eine andere Person vorzieht oder sich gar für immer trennt. Häufen sich solche Erfahrungen, ist guter Rat teuer. Die erste Reaktion ist, einen Freund um Rat zu fragen, der vermutlich sagen wird, dass es ihm einmal genauso ergangen sei. Manchmal wird auch ein professioneller »Helfer« aufgesucht, der, ist er psychoanalytisch orientiert, die wiederholt auftretenden Probleme mithilfe der psychoanalytischen Theorie verstehen und erklären kann. Häufiger wird, weil dies so Tradition ist, ein Arzt konsultiert, der gegebenenfalls mittels seiner umfangreichen Labordiagnostik eine eingeführte Krankheitsdiagnose feststellt.

Der zur conditio humana gehörende seelische Schmerz ist damit in den Rang einer medizinisch anerkannten Krankheit erhoben worden und der Träger der Diagnose in die Rolle des gesellschaftlich akzeptierten Kranken. Die Psychoanalyse will etwas anderes: über die in uns wirkenden unbewussten Vorgänge informieren, sie bewusst machen – stecken wir doch viel länger im Bereich unserer Leidenschaften, bei unvermeidlichen Konflikten, bei existentieller Angst und menschlicher Begrenztheit. Der übliche, schnell begangene Weg der Medizinalisierung alltäglicher psychischer Leiden kann damit vermieden werden. Die Medizin erleichtert es uns heute sehr, für unsere Ängste und seelischen Nöte eine passende Diagnose zu finden, ein Etikett, das uns vor der Erkenntnis mancher peinlicher Wahrheit schützt und uns damit über uns selbst täuscht.

Die Literatur der großen Dramen und Romane dagegen spricht in dieser Beziehung eine offene Sprache.

2. Konflikte im Spiegel der Literatur

Die Tragödien des Abendlandes – z. B. Homers *Odyssee* oder die Weisheitslehren des nahen und fernen Ostens – zeigen, dass menschliches Leben immer untrennbar mit Schmerz und Leid verknüpft ist. Sehr deutlich wird dies in den Tragödien des Sophokles': *König Ödipus, Ödipus auf Kolonos* und *Antigone*. Die Bearbeitung der griechischen Mythen durch Aischylos, z. B. in der *Orestie*, stehen den Tragödien des Sophokles' in nichts nach. Gram, Weh, Fluch und Untergang sind hier die Themen. Es geht um Mord und Totschlag, um Rache, Schuld und Angst vor Strafe durch die Eumeniden – Tragödien, deren Aktualität sich daran ablesen lässt, dass moderne Inszenierungen wie die der *Orestie* durch Peter Stein oder der *Medea* durch Hans Neuenfels nach wie vor große Resonanz auslösen. Ein weiterer Zeuge für die Macht unbewusster Prozesse ist Heinrich von Kleists Gestalt der *Penthesilea* in der Interpretation von Hans Jürgen Syberberg und Edith Clever.

Würden hier nicht tragische Stoffe allgemeinen menschlichen Lebens abgehandelt, wäre das Interesse eines aufgeklärten modernen Publikums nicht so groß. Die klassische Literatur wäre ohne die Darstellung der sich ständig wiederholenden Probleme und Konflikte um Liebe, Leid, Eifersucht, Tod, Hass, Rache und Neid nicht denkbar. Shakespeares Dramen zeugen von Liebesleid und Liebeslust, von den tragischen Entwicklungen großer Herrschergeschlechter, aber auch von Komik und Witz des Allzumenschlichen. Die großen deutschen Romane von Wolfram von Eschenbachs *Parsifal* bis hin zu Thomas Manns *Buddenbrooks* oder Hermann Hesses *Glasperlenspiel* berichten von Unordnung und frühem Leid, von den tragischen Verstrickungen menschlicher Lebensläufe und von den Möglichkeiten ihrer Bewältigung. Die Abgründe der menschlichen Seele sind in Dostojewskis Romanen nicht minder ergreifend dargestellt wie in Leo Tolstois Werken.

In der neueren Literatur finden wir in den Romanen Heinrich Bölls, bei Elias Canetti, bei Max Frisch sowie in den Büchern vom James Joyce, Henry Miller und Milan Kundera bis hin zu Erzählungen von Peter Handke, Bodo Kirchhoff, Botho Strauß und Martin Walser genug Stoff, um uns selbst in unseren täglichen, allzu menschlichen Schwierigkeiten wiederzuerkennen.

3. Konflikte im Spiegel des Films

Nicht anders ergeht es uns in modernen Filmen, von denen wir die Filme des früh verstorbenen Rainer Werner Fassbinder, in denen die Abgründe der menschlichen Seele scharf beleuchtet werden, hervorheben. Einige Filmregisseure, wie z.B. Luis Buñuel, befassen sich gezielt mit der Psychologie des Unbewussten, dem Zwischenreich von Phantasie und Wirklichkeit. Hier ist z.B. Wim Wenders' und Peter Handkes Film *Der Himmel über Berlin* zu nennen, aber auch Woody Allen, der in seinen Filmen den menschlichen Schwächen immer noch eine heitere Note abgewinnt.

In Buñuels Film *Belle de Jour* werden wir Zeuge, wie eine an der Seite ihres viel beschäftigten Mannes unbefriedigt lebende Frau über diverse Zufälle ihre anerzogenen Hemmungen überwindet und ihre zuvor verdrängte Sexualität auszuleben lernt. In einem filmhistorisch bekannten Beispiel aus der Stummfilmzeit, *Geheimnis einer Seele* (Regie: Georg Wilhelm Pabst), höchstpersönlich beraten durch Karl Abraham und Hanns Sachs, geht es direkt um den für die Psychoanalyse wichtigen Ödipuskonflikt: die Angst des Mannes vor der Frau, die Abhängigkeit von der Mutter, die Eifersucht gegenüber dem Rivalen. Als »Gesetzmäßigkeit« finden wir im ödipalen Dreieck

1. eine liebevolle Beziehung zu einer wichtigen Person,
2. Eifersucht, wenn diese liebevolle Beziehung durch das Hinzukommen einer dritten Person bedroht wird, und
3. eine hasserfüllte Beziehung zu dem Rivalen, die sich bis zu Todeswünschen steigern kann.

Die ödipale Dramatik, wie sie sich in der klassischen Form der sophokleischen Tragödie zeigt, hat Pasolini für das anspruchsvolle Publikum der Gegenwart in seinem Film *Edipo Re,* in dem Silvana Magnano die Jokaste und Franco Citti den Ödipus spielen, in eine moderne Form gebracht. In diesem Film sind moderne Gegenwart und klassische Vergangenheit in sich ergänzender Weise miteinander kombiniert:

»Du bist da, um meinen Platz einzunehmen. Das erste, was du mir nehmen wirst, wird sie sein, die Frau, die ich liebe«, sagt der Mann im Angesicht seines in der Wiege liegenden eben geborenen Kindes.

In der griechischen Tragödie packt der Hirte den ausgesetzten Sohn an den Füßen und fesselt ihn daran, sodass sich im Sinne von nomen est omen das erfüllt, was der Name Ödipus bedeutet: Schwellfuß. In der folgenden Szene wartet das kinderlose Königspaar Polybos und Merope in Korinth auf Nachwuchs. Sie nehmen das vom Hirten aufgefundene Kind an Kindesstatt an. Später ahnt zwar der Heranwachsende: »Du bist nicht der Sohn dieses Vaters und dieser Mutter«, kann dies aber nicht glauben. Deshalb ergreift ihn panische Angst, als das delphische Orakel ihm verheißt, er werde seinen Vater erschlagen und seine Mutter sexuell besitzen. Er nimmt Abschied, um dem prophezeiten Schicksal zu entgehen, wodurch er dieses aber erst, ohne die Zusammenhänge zu ahnen, heraufbeschwört. Im Glauben, der Sohn von Polybos und Merope aus Korinth zu sein, meidet er Korinth und wandert gen Theben. In einer eindrucksvollen Szene dreht er sich um sich selbst. Dann begegnet er einer Respekt gebietenden Persönlichkeit, die erhobenen Hauptes auf einem von Pferden gezogenen Wagen thront. Weil Ödipus den Weg nicht freigibt, droht die Ehrfurcht fordernde Gestalt: »Wenn du die Straße nicht freigibst, lasse ich Gewalt anwenden.« Da stößt Ödipus einen markerschütternden Schrei aus und flieht aus der Szene. Die Wagenlenker verfolgen ihn. Ödipus, zunehmend in Wut, erschlägt sie nacheinander, rennt zurück, verhöhnt den auf dem Wagen sitzenden Alten und erschlägt ihn schließlich im Affekt.

In Theben herrschen derweil die Dämonen der Pest, die niemand besiegen kann. Sphinx, ein Ungeheuer, halb Mensch, halb Tier, aber mit göttlichen Eigenschaften, spricht: »Der Abgrund, in den du dich stürzt, liegt in dir selbst.« Niemand weiß, warum das Unheil auf der ganzen Stadt lastet. Das von Kreon befragte delphische Orakel sagt: »Der Mann, der eine schwere Blutschuld auf sich geladen hat und dessen Opfer Laios wurde, lebt in der Stadt.« Dazu meint der Seher Teiresias: »Wenn du wissen willst, erkennst du.« Und Ödipus, noch nicht wissend, dass er unwissend die Tat begangen, will sie rächen. Darauf der Seher: »Dein Wesen sollst du nicht erkennen. Du könntest es nicht ertragen.« Ödipus vermeint in Teiresias den Täter erblicken zu müssen. Jokaste lächelt, während Teiresias fortfährt: »Ich stehe über den Dingen. Es ist ein Unglück, das nur du lösen kannst. Aus dir redet die Angst. Die Eltern sind dein Verderben. Ein Fremder und doch hier geboren. Die Kinder Vater und Bruder, die Frau die Mutter, wie es die Götter beschlossen haben.« Jokaste meint zum Seher: »Das sind alles Lügen … dem Menschen ist nicht gegeben, die Zukunft zu sehen.« Später Ödipus: »Es ist schrecklich, zu wissen« und »Zuviel weiß ich schon«, während Jokaste verharrt: »Ich will es nicht hören. Es ist besser, es nicht zu wissen.« Später der Diener: »Es wäre besser gewesen, wenn das Kind gestorben wäre. Ich sollte es aussetzen. Es stammt aus Laios' Haus. Jokaste gab es mir, damit ich es töte.«

Damit ist die Wahrheit entdeckt: Jokaste erhängt sich und Ödipus blendet sich:

»Die Welt konnte ich nicht sehen, die Augen, die die Wahrheit nicht sehen konnten, sind blind, sehe ich in das grelle Licht. Ich bin schuldig und doch nicht schuldig, weil ich nicht wusste, unbewusst tat, was ich getan habe.«

Am Schluss kommt der Film in der Gegenwart an: Ein moderner Ödipus geht, geleitet von dem flötenden Angelo, durch die heutige Zeit, in der uns immer wieder dasselbe widerfährt, dasselbe tragische Leid, ein jeder ein Ödipus, Mann wie Frau, wenn Beziehungen im guten Glauben geknüpft werden und böse enden.

Ödipus' Schicksal geht uns alle an. Auch wir wissen häufig nicht, trotz aller Aufklärung des 19. und 20. Jahrhunderts, was wir tun, von welchen Motiven wir getrieben werden. Wir glauben, das Unheil vermeiden zu können, und lassen uns doch von ihm anziehen. Unglück steckt an. Wie Ödipus wissen wir nicht, welche Straße wir gehen und wer die Personen sind, die uns begegnen. Viele Sätze aus Pasolinis Film können für uns bedeutsam werden: »Alles ist wichtig … Von einem kann man aufs andere schließen … Ich habe mich gezwungen zu vergessen … Lerne zu sehen, dann wirst du erkennen … Voller Ahnungen sind wir ahnungslos, voller Schuld unschuldig, eine Laune der Götter.«

Wir stehen zwischen dem Drang, zu wissen, auch wenn die Wahrheit schwer zu ertragen ist, und unserer Angst, die Wahrheit zu erkennen. Die Blindheit der äußeren Augen des Ödipus' öffnet ihm das innere Auge der Erkenntnis, eine Sichtweise, die von vielen wie ein Fluch gefürchtet wird; nicht von ungefähr hat die Psychoanalyse immer noch so viele Feinde.

Wir sehen am Schluss dieses einleitenden Kapitels, dass die Dichter, Dramatiker und Schriftsteller schon viel von dem begriffen haben, was später die Psychoanalyse entdeckte und systematisch beschrieb. Umgekehrt beeinflusste die Psychoanalyse in großem Ausmaß die Literatur. Man denke nur an Thomas Mann, Hermann Hesse, James Joyce, T. S. Eliot und D. H. Lawrence, aber auch an die bildende Kunst (z. B. Dalí, Picasso, Max Ernst u. a.). Über psychologische Experimente, über Fragebögen und Tests lassen sich die menschlich-allzumenschlichen Konflikte und Leiden nicht erfassen. Deswegen sollen die Zeugnisse unserer abendländischen Kultur für sich selbst sprechen. Sie stehen im Einklang mit der psychoanalytischen Theorie und Methode. Mit dieser Einstimmung möchten wir die Leser neugierig machen auf das, was sie in den weiteren Kapiteln dieses Buches erwartet.

Derzeit hat die Psychoanalyse das Kino neu entdeckt. In vielen Städten kommentieren Psychoanalytiker aktuelle Filme. Das Publikum zeigt an den Deutungen der Psychoanalyse reges Interesse.

II. Die Psychoanalyse – eine spannende Geschichte

»Persönlichkeiten, nicht Prinzipien, bringen die Zeit in Bewegung.«
(Oscar Wilde)

1. Wurzeln in Naturwissenschaft, Literatur und Philosophie

1.1 *Vorläufer*

Beginnen wir die Darstellung der Psychoanalyse und ihrer Entwicklung mit dem Gleichnis vom Baum der Erkenntnis. Der Stamm stellt das Werk Sigmund Freuds dar, wurzelnd im Wien des Fin de siècle. Die Wurzeln reichen in die Naturwissenschaften wie auch in Philosophie und Dichtung hinein. Sie nähren den Stamm von Sigmund Freuds Werk, von dem alle Äste abzweigen. Da sind Darwins Entwicklungslehre und Haeckels biogenetisches Grundgesetz zu nennen, die Freud schon in der Schulzeit prägten. Eine weitere Wurzel stammt aus Brückes physiologischem Institut, wo Freud seine ersten wissenschaftlichen Aufsätze schrieb und wo er Josef Breuer kennenlernte. Eine andere Wurzel reicht nach Frankreich, in die Salpêtrière in Paris, wo Freud als junger Arzt bei dem berühmten Psychiater Charcot mit der damals verbreiteten Krankheit Hysterie in Berührung kam und mit der Hypnose als Forschungs- und Behandlungsmethode bekannt wurde.

Während seiner naturwissenschaftlichen Zeit dachte Freud im Rahmen des medizinischen Krankheitsmodells, das nach dem Muster des Kausalitätsprinzips die Ursachen einer Krankheit sucht und die Symptome dadurch bekämpft, dass die Ursache der Symptome beseitigt wird: am Beispiel der Tuberkulose der Tuberkelbazillus. Auf der anderen Seite stehen Freuds Interessen an Literatur und Kunst, seine Begeisterung für die Archäologie und sein philosophisches Interesse an Selbsterkenntnis. Er muss vieles vom Zeitgeist seiner Jugendzeit aufgenommen, verarbeitet und in sein Werk integriert haben, ohne dass wir heute in der Lage wären, dessen Herkunft genau bestimmen zu können. Dazu gehören Einflüsse folgender herausragender Persönlichkeiten:

1. der Philosoph, Mathematiker und politische Schriftsteller Gottfried Wilhelm Leibniz (1646–1716) mit seiner Monadenlehre: Monaden sind kleinste geistig-seelische Einheiten, die unter Einschluss des Körpers zwar sehr verschiedenartig funktionieren, aber letztlich, wie das Individuum, unteilbar sind,
2. der Arzt und Naturforscher Carl-Gustav Carus (1789–1869), der feststellte, dass das unbewusste Seelenleben über Gefühle und Träume zugänglich ist (*Vorlesungen über Psychologie*, 1831),
3. der Philosoph Eduard von Hartmann (1842–1906) mit seiner 1869 erschienenen dreibändigen *Philosophie des Unbewußten*,
4. der Philosoph und Pädagoge Johann Friedrich Herbarth (1776–1841), in dessen Hauptwerk *Allgemeine Metaphysik* (1828/29) »Triebe« beschrieben werden, die »unter die Schwelle des Bewußtseins« verdrängt werden können.

Auch Arthur Schopenhauer (1819) ist zu nennen. Sein »Wille zum Leben« hat viel mit Freuds »Trieben« bzw. mit dem »Eros« gemein. Von Nietzsche stammt der berühmte Satz: »Das habe ich getan, sagt mein Gedächtnis. Das kann ich nicht getan haben – sagt mein Stolz und bleibt unerbittlich. Endlich – gibt das Gedächtnis nach.« Freud nennt das später Verdrängung.

1.2 Die naturwissenschaftliche Wurzel

Freud entwickelte seine Theorie in kühnen Gedankengängen. Intuitiv, aber im Einklang mit dem herrschenden naturwissenschaftlichen Weltbild der klassischen Physik, erklärte er z. B. im *Entwurf einer Psychologie* (1950 c [1895]) die hysterischen Symptome analog den physiologischen Prozessen. Da gab es eine Neuronentheorie, Quantitäts- und Qualitätsprobleme, Primär- und Sekundärvorgänge, Affekte und Wunschzustände, mit denen, konsequentem naturwissenschaftlichen Denken folgend, der biologische Standpunkt für das Erklären des Funktionierens des seelischen Apparats erprobt wurde.

Elemente dieses frühen Entwurfs eines physikalisch gegründeten Konzepts der Seele finden wir in Freuds gesamtem Werk. Vor allem seine Libidotheorie über Ursachen, Ziele und Mittel der Triebe ist stark naturwissenschaftlich konzeptualisiert, wie die Begriffe »psychischer Apparat«, »Abfuhr von Quantitäten«, das Gleichnis von der elektrischen Ladung, »Erregungssumme«, »Besetzung«, »Widerstand« und viele andere beweisen. Es ist daher nahe liegend, in dieser Richtung der psychoanalytischen Erkenntnis deren naturwissenschaftliche Seite zu sehen, wie sie in Physik und Physiologie wurzelt. Dafür spricht auch ein Manifest Wiener Naturwissenschaftler, das für den Beitritt zu einer *Gesellschaft für positivistische Philosophie* plädiert und das neben Ernst Mach, Albert Einstein und Hans Reichenbach auch von Sigmund Freud unterschrieben wurde. Später wurde die Gruppe in *Gesellschaft für empirische Philosophie* umbenannt.

1.3 Die hermeneutische Wurzel

Nicht minder bedeutsam ist die hermeneutische Seite in Freuds Werk; das Ringen um das Verstehen eines wissenschaftlichen Gegenstands, eines Kunstwerks oder eines Menschen und seiner Probleme. Wenn uns die Lebenssituation des anderen vertraut ist, können wir rasch verstehen, was uns der andere erzählt. Wir können uns vorstellen, wie sich der andere fühlt, wenn er über Zahnschmerzen oder über Liebeskummer klagt, denn jeder von uns hatte schon einmal Zahnschmerzen oder war traurig nach einer Liebesenttäuschung. So ohne weiteres fällt uns aber das Verständnis nicht zu: Wir müssen uns schon in den anderen hineinversetzen, uns auf ihn einlassen, uns mit seiner Lage intensiv beschäftigen, um zu verstehen, was ihn bedrückt.

Wahrscheinlich hat Freud diese Methode eher unsystematisch bei seinen ersten Patienten angewandt und dabei die bis dato unzugänglichen unbewussten seelischen Prozesse dem Bewusstsein seiner Patienten und seiner selbst zugänglich gemacht. Er ließ die Patienten einfach reden (»Redekur«), hörte geduldig zu und suchte zu verstehen, wie sie fühlen, empfinden, denken und zu welchen Schlussfolgerungen sie kommen. Neben dem naturwissenschaftlichen Teil enthält der Stamm der psychoanalytischen Erkenntnis von Anfang an kräftig ausgeprägte philosophische »Markstrahlen«, Elemente, die später Alfred Lorenzer (1970) in Zusammenarbeit mit Jürgen Habermas (1968) als »Tiefenhermeneutik« bezeichnete, weil sie, in Abgrenzung von der üblichen philosophischen Hermeneutik, gezielt unbewusste Prozesse in der Tiefe der Seele auslotet.

2. Die Gründer

2.1 *Freud und Abraham*

Freud – der Gründer

Hier steht an erster Stelle natürlich Sigmund Freud. Er wollte das Rätsel der Hysterie lösen. Neurologische Ursachen in Form von organischen Schädigungen des Nervensystems konnten in naturwissenschaftlicher Sicht ausgeschlossen werden. Gab es Ursachen im »seelischen« Bereich? Damit war eine neue Ebene des Forschens erreicht: die psychologische, die allerdings gravierende erkenntnistheoretische Probleme aufwarf, denn seelische Prozesse lassen sich nicht direkt beobachten. Sie können nur indirekt erschlossen werden, so wie die Elektrizität ebenfalls nur indirekt über ihre Wirkungen erschlossen werden kann.

Die Psychoanalyse ist aber nicht das Werk Sigmund Freuds allein. Charcot, Breuer und vor allem Wilhelm Fließ sind daran direkt und indirekt beteiligt. Die Zeit des Briefwechsels mit Wilhelm Fließ reicht von 1887 bis 1904 (Freud 1985 c). In diesen Jahren hat Freud gleichsam im Dialog mit seinem Freund die wichtigsten Grundsätze der Psychoanalyse entwickelt: die Herkunft der Neurosen, die Entstehung der Angst, den Begriff der Abwehrneurosen, die Architektur der Hysterie, der Zwangsneurose und der Paranoia.

Später war es die *Psychologische Mittwoch-Gesellschaft* bei Professor Freud, deren Protokolle in vier Bänden veröffentlicht wurden, herausgegeben von Hermann Nunberg und Ernst Federn (1976–81). Sie reichen von 1906 bis 1918 und umfassen Aufzeichnungen über alle Sitzungen der Wiener Psychoanalytischen Vereinigung. Dort wurden Vorträge gehalten, die bis heute unvergessen sind, z. B. von Otto Rank über das Inzestdrama, von Alfred Adler über die organischen Grundlagen der Neurosen, von Wilhelm Stekel über die Ursachen der Nervosität, über neu erschienene Bücher, über Literatur, über Krankheitsfälle. Über Nietzsches *Ecce homo* wurde genauso heftig diskutiert wie über klinische Phänomene, die Psychologie des Marxismus wie über Heinrich von Kleist und nicht zuletzt über die vermeintliche Schädlichkeit der Masturbation.

Freud selbst stellte neu geschriebene Werke vor, auf die die Mitglieder der Gruppe genauso reagierten, wie Freud auf deren Anregungen einging. So gesehen sind die Entdeckungen der Psychoanalyse nicht ausschließlich das Ergebnis von Überlegungen, die allein der Gründer der Psychoanalyse anstellte. Sigmund Freud war vielmehr oft der Sprecher dessen, was in der Gruppe der Kollegen diskutiert wurde. Es waren zum Teil schwierige, aber aufgeweckte helle Köpfe, die wie Karl Abraham, Otto Rank, Alfred Adler, Eduard Hitschmann, Isidor Sadger, Wilhelm Stekel, Fritz Wittels aus purem Interesse zu Sigmund Freud stießen. Später kamen Sándor Ferenczi sowie Ludwig Jekels, Viktor Tausk, Theodor Reik, Hanns Sachs, Herbert Silberer und Alfred Freiherr von Winterstein hinzu. Noch später gesellten sich Lou Andreas-Salomé, Siegfried Bernfeld, Ludwig Binswanger, Helene Deutsch, Otto Fenichel, Hermine von Hug-Hellmuth, Hans Lampl, Karl Landauer, Hermann Nunberg, Otto Pötzl und Edoardo Weiss neben einigen weniger Bekannten zu Freuds Kreis und bereicherten die Mittwoch-Gesellschaft durch ihre originellen Beiträge.

Die Lektüre der Protokolle gibt einen lebendigen Eindruck davon, wie engagiert um die Wahrheit gerungen und wie genau wissenschaftlich miteinander diskutiert wurde. Aus der Mittwoch-Gesellschaft entstand die psychoanalytische Bewegung, die die psychoanalytische Lehre bewahren und weiterentwickeln sollte. Die Entschiedenheit, mit der Freud z. B. in der *Traumdeutung* (1900 a) die sexuelle Genese unserer Wünsche verteidigte, kostete ihn Freundschaften. 1903 kam es zum Bruch mit Wilhelm Fließ wegen eines Streits um das Konzept der Bisexualität. Nach der *Traumdeutung* erschienen in rascher Folge *Zur Psychopathologie des Alltagslebens* (1901 b), ein grundlegender Aufsatz über »Die Freudsche psychoanalytische Methode« (1904 a) und jeweils 1905 *Der Witz und seine Beziehungen zum Unbewußten* (1905 c), »Über Psychotherapie« (1905 a) sowie *Drei Abhandlungen zur Sexualtheorie* (1905 d) – alles aufregende Schriften, in denen Freud kein Blatt vor den Mund nimmt.

Freud war öffentlich bekannt, wenn auch umstritten. Viele medizinische Autoritäten verdammten seine Theorien, andere, wie z. B. Eugen Bleuler in Zürich, akzeptierten sie, obwohl unter Vorbehalt. Freud hatte also Grund, sich Freunde zu suchen, die er auch fand. Carl Gustav Jung gehörte ebenso dazu wie Alfred Adler und Wilhelm Stekel.

Die Psychoanalyse wird bis zum heutigen Tag aus vielen Gründen angegriffen: wegen ihrer mangelnden Wissenschaftlichkeit, der fehlenden Beweise ihrer Resultate, ihrer schwer erlernbaren und nicht leicht objektivierbaren Methode, des »Sekten«-Charakters ihrer Organisation, vor allem aber wegen ihrer unerfreulichen Botschaften über die wahre Natur des Menschen.

Karl Abraham – der zweite Mann an der Basis

Einer der gedankenreichsten und klinisch versiertesten Schüler Freuds war Karl Abraham. In der klinischen Arbeit mit psychotischen Patienten entwickelte er erste Ansätze einer psychoanalytischen Objektbeziehungstheorie (Abraham 1924). Abraham hatte Burghölzli bei Zürich verlassen, gefördert von Freud persönlich, um in Berlin zu arbeiten – ein folgenreicher Entschluss. So entstand in Berlin die erste Keimzelle der Psychoanalyse in Deutschland. 1920 wurde im kulturellen Klima der »roaring twenties« der Weimarer Republik die erste psychoanalytische Poliklinik eröffnet, lebhaft reflektiert in den *Rundbriefen* (Fenichel (1934–1938).

Zahlreiche namhafte Psychoanalytiker formierten die Berliner Gruppe. Wer in Berlin war, galt etwas. 1928 wurden die ersten offiziellen Weiterbildungsrichtlinien erlassen, mit den drei Säulen: Lehranalyse, Theorie und Supervision. Selbst London wurde über James und Alix Strachey nicht nur von Wien, sondern auch von Berlin maßgebend beeinflusst. Abraham schrieb zahlreiche für die Psychoanalyse fundamental wichtige Beiträge zur Klinik und Theorie der Psychoanalyse: »Versuch einer Entwicklungsgeschichte der Libido« (1924), er trug neben Freud wesentlich zum Verständnis von Trauer und Melancholie bei, zur Charakterbildung, zur frühen Eltern-Kind-Beziehung, zu Traum und Symbolik, und er legte den Grundstein zu einer psychoanalytischen Ethnologie (Abraham 1969).

3. Die Abtrünnigen

3.1 Alfred Adler

Mit den für die damalige Zeit harten Wahrheiten über die Sexualität des Menschen waren Kontroversen vorprogrammiert. Nachdem als erster Josef Breuer, entsetzt über die Reaktionen, die er und die erste Patientin der Psychoanalyse – Anna O. – entwickelten, in regelrechter Panik das Feld von Übertragung und Gegenübertragung der ersten psychoanalytischen Behandlung verließ, waren es Alfred Adler und Wilhelm Stekel, die Freud den Rücken kehrten. Es war besonders die Rolle der Sexualität, mit denen einige von Freuds Schülern Schwierigkeiten hatten.

Alfred Adler schuf den Begriff der »Organminderwertigkeit«, die in der

Folge zur Kompensation der »minderwertigen« Funktion führt: wenn es z. B. ein Gehbehinderter zu besonderen sportlichen Leistungen im Wettlauf bringt. Auch der bekannte Begriff »Minderwertigkeitsgefühl« geht auf Alfred Adler zurück, ein Gefühl, dass z. B. dann auftritt, wenn die Leistungen eines Kindes zu wenig gelobt werden. Adler beachtete des Weiteren die Position seiner Patienten in der Geschwisterreihe, das besondere Klima einer Familie, das eine seelische Entwicklung behindern oder fördern kann, schuf den Begriff »männlicher Protest«: wenn z. B. ein Mann unter keinen Umständen weiblich erscheinen will, sondern extrem männlich auftritt (Adler 1922, S. 41). Damit konkurrierte Adler mit Freud, dessen Libidotheorie er ablehnte. Darüber hinaus interessierte er sich besonders für das Problem des aggressiven Verhaltens des Menschen, ein Aspekt, den der frühe Freud eher vernachlässigte. Dazu kamen Kontroversen um Prioritäten der Veröffentlichung und schließlich auch politische Auseinandersetzungen, denn Adler war entschiedener Marxist. Mit dem Ausscheiden Adlers verlor die Psychoanalyse eine sozial engagierte und pädagogisch begabte Persönlichkeit, die aber bis heute als eigenständige Richtung nachwirkt.

3.2 Wilhelm Stekel

Wilhelm Stekel (1908) war literarisch sehr produktiv. Seine *Störungen des Trieb- und Affektlebens* umfassen zehn Bände. Stekel lobte Freud über alle Maßen, während dieser an Stekels aktiver Technik mitsamt ihrer forschen Deutung unbewusster Triebregungen zunehmend Kritik übte. Die Kluft zwischen den unterschiedlichen Standpunkten konnte schließlich nicht mehr überbrückt werden, sodass Stekel, Adler folgend, aus der Wiener Vereinigung austrat. In Stekels aktiver Psychoanalyse spielte die Überraschung eine große Rolle; unmittelbar aus der Intuition heraus wurde aktiv gedeutet. Er hielt indes an der Theorie des Ödipuskomplexes ebenso fest, wie er die Rolle unbewusster Prozesse bei der Entstehung nervöser Störungen zu betonen nie aufgab. Die psychoanalytische Kurztherapie verdankt Stekel wesentliche Impulse.

3.3 C. G. Jung

Aus der Psychoanalyse ging auch die analytische Psychologie Carl Gustav Jungs hervor. Wie der umfangreiche Briefwechsel zwischen Freud und C. G. Jung (1974) zeigt, arbeiteten die beiden Männer viele Jahre intensiv zusammen. Jung sollte nach Freuds Vorstellungen sein Nachfolger werden. Aber Jung folgte Freud nicht in der Betonung der Sexualität bei der Verursachung der Neurosen, sondern entwickelte eine eigene Libidotheorie, in der die primäre Kraft der Sexualität aufgehoben ist.

Später entstand eine heftige Rivalität zwischen Freud und Jung, bei der Freud, wie authentisch berichtet, zweimal in Ohnmacht fiel. Damit erschien er gegenüber Jung als der Schwächere. Auch wenn man den Inhalten der Jungschen Psychologie nicht zustimmen will, imponiert doch der Umfang seiner Schriften, die so verschiedenartige Themen behandeln wie die Psychologie und Pathologie so genannter okkulter Phänomene, diagnostische Assoziationsstudien, die psychischen Ursachen der Psychosen. Jungs Interessen galten insbesondere den Archetypen, den Traumsymbolen, den Seelenproblemen der Gegenwart, der Wirklichkeit der Seele und den Gestaltungen des Unbewussten. C. G. Jung hat bis heute großen Einfluss in deutschsprachigen Ländern; in Stuttgart und Zürich befinden sich Ausbildungsinstitute. Im englischsprachigen Raum ist Jung ebenso wie Adler kein Unbekannter, wie die zahlreichen Übersetzungen und die englische Ausgabe der Gesammelten Werke Jungs beweisen. Gemeinsamkeiten und Unterschiede in der Theoriebildung und der Methode der Behandlung hat Rolf Fetscher (1978) in seinem Buch *Grundlinien der Tiefenpsychologie von S. Freud und C. G. Jung* in vergleichender Darstellung zusammengefasst (Abb. 1).

4. Wechselnde Akzente

4.1 Ich-Psychologie und Abwehrlehre

Mit Anna Freuds Hinzukommen und ihrer erwachenden Produktivität rückte mehr und mehr diejenige Instanz der Seele, die für die Verarbeitung der Konflikte verantwortlich ist, in den Mittelpunkt des Interesses. Damit war freilich eine gewisse Entschärfung der Psychoanalyse verbunden, denn *Das Ich und die Abwehrmechanismen,* wie der Titel des 1936 erstmals veröffentlichten Buches der Sigmund-Freud-Tochter heißt, bedeutet auch, sich von den Trieben und damit von der »anstößigen« Sexualität und der »unheimlichen« Aggressivität zu entfernen. Will man dies – vielleicht etwas gewagt – interpretieren, könnte die Tatsache, dass Sigmund Freud seine Tochter »Antigone« nannte, im Einklang mit dieser Namensgebung gesehen werden, denn Antigone heißt

	Freud	Adler	Jung
Denken	kausal	sozial	final
Traumverständnis	reduktiv (latente Inhalte sind maßgebend)	final	kompensatorisch (Archetypen bilden sich ab)
Verständnis unbewusster Prozesse	individuell	Familienklima Geschwister werden betont	kollektives Unbewusstes
Sexualität	von zentraler Bedeutung	nicht so entscheidend	nicht so entscheidend
Aggressivität	Todestrieb	Machtstreben (»männlicher) Protest«	wenig berücksichtigt
Übertragung	sehr wichtig; Vehikel der Veränderung	eher vernachlässigt; stattdessen eher pädagogische Elemente	eher vernachlässigt; Bezug auf gemeinsam geteilte Archetypen

Abb. 1: Die unterschiedlichen Akzente bei Freud, Adler und Jung

ins Deutsche übersetzt diejenige, die gegen das Geschlechtliche ist. Mit Anna Freud sowie Heinz Hartmann, Ernst Kris und Rudolph M. Loewenstein wurde eine Theorie entwickelt, die über Sigmund Freuds (1923b) epochemachenden Aufsatz *Das Ich und das Es,* in dem er die so genannte Strukturtheorie von Es, Ich und Überich entwickelt hatte, hinausging. In der Theorie des Ichs wird das Ich als die Stätte der Angst und als das Organ der Auseinandersetzung mit der Umwelt bezeichnet. Das Kräftereservoir für seine Funktionen, wie Denken, Entscheiden und Handeln, stammt aus einer besonderen Energiequelle, die nicht unmittelbar mit der Sexualität zu tun hat, aus der in der Sicht Sigmund Freuds die gesamte Energie herrührte. In jenen entscheidenden 1930er Jahren bemühte man sich in der Psychoanalyse unter Mitarbeit hervorragend psychologisch vorgebildeter Analytiker wie David Rapaport um eine Ausgestaltung der Psychoanalyse als Wissenschaft vom Verhalten und den Motiven des Menschen, so in David Rapaports (1959) *Die Struktur der psychoanalytischen Theorie.* Damit bekommt die Psychoanalyse einen akademischen Anstrich, der sie für Psychologen durchaus interessant macht.

4.2 Sándor Ferenczi, Michael Balint und die Budapester Schule

Zum Stamm der Psychoanalyse gehört zweifellos Sándor Ferenczi, vor allem durch seine Beiträge zur psychoanalytischen Theorie und Technik mit ihrer Betonung der Traumatheorie. Während Freud, unterstützt durch die Mehrheit wachsender Anhänger, die Triebtheorie und die Wunschphantasien des Kindes gegenüber den Eltern und anderen wichtigen Bezugspersonen als die wesentlichen Kräfte für Fortschritt und Störungen der menschlichen Seele ansah, hatte Ferenczi nie aus dem Blick verloren, was dem Kind als Opfer der Eltern widerfuhr. In seinen beiden späten Aufsätzen »Kinderanalysen mit Erwachsenen« (1931) und »Sprachverwirrung zwischen dem Erwachsenen und dem Kind« (1932) hatte er das formuliert, aus der die »Ungarische Schule« (Nemes & Berényi 1999) entstand und die in den USA durch Heinz Kohuts Selbstpsychologie eine ungeahnte Renaissance erfuhr.

Michael Balint war einer der einflussreichsten Wegbereiter moderner Objektbeziehungstheorien. Viele verschiedene Strömungen zeitgenössischer Objektbeziehungstheoretiker beziehen sich implizit oder explizit auf sein Werk. Balint entwickelte ein zu Freuds trieb- und strukturtheoretischem Konzept der seelischen Entwicklung alternatives Modell der Objektbeziehung. In seiner Konzeptualisierung der prägenitalen Entwicklung wurde die Theorie des primären, objektlosen Narzissmus durch das Konzept der »primären Liebe« bzw. der »primären Objektbeziehung« ersetzt (Balint 1966). Balint entwarf auch eine eigenständige Theorie der Charakterbildung (Oknophilie und Philobatismus). Besonders seine Kritik an der von Freud konzipierten Triebentwicklung und den Entwicklungsstadien als Artefakte aufgrund fehlerhafter Erziehungsstile (Bacal & Newman 1990) machte ihn zum Vorläufer zentraler selbstpsychologischer Theorien. Dies gilt auch für sein Konzept der »Grundstörung«, eine frühe Konzeptualisierung der durch Umweltversagen entstandenen seelischen Defizienz- oder Mangelerkrankung des Selbst. Dabei geht es wie in der Selbstpsychologie um einen basalen Fehler, besser: Mangel (»basic fault«) aufseiten der für das Kind verantwortlichen Bezugspersonen (Balint 1970). Als unausweichliche Folge dieses Mangels kommt es beim Kind zu einer besonderen Störung, die, weil zeitlich so früh, von Balint Grundstörung genannt wird; Psychotherapeuten reden vereinfachend häufig von »früher Störung«, womit sie meinen, dass es durch mangelnde altersgemäße Zuwendung der Eltern beim Kind zu strukturellen Defiziten kommt, die bei der psychoanalytischen Behandlung besondere Probleme aufwerfen, die Analysierbarkeit begrenzen und die Psychoanalytiker zu vielfältigen Modifikationen der Technik herausfordern. In diesem Zusammenhang darf Imre Hermann (1993) nicht vergessen werden. Er nahm zur Psychoanalyse als Methode Stellung, wobei er die Determiniertheit unbewusster Prozesse ebenso betonte wie die spezifische Kontinuität einer Psychoanalyse. Wenn er gleichzeitig die »Suche nach dem Sinn« herausstellt, erweist er sich als früher Vertreter der Konstruktion von Deutungen, im Gegensatz zur Rekonstruktion. Der Sinn wird aber nicht völlig frei erfunden, sondern durch Erlebnisniveau, Unvoreingenommenheit, Interpolarisierung und Extrapolarisierung indirekt erschlossen: »Die Konstruktion muß in die Kontinuität des Lebensganges einfügbar sein, sie muß das Mosaikbild des Lebens sinnvoll ergänzen« (Hermann, in: Nemes & Berényi 1999, S. 219). Aus Budapest stammt auch der Begriff »Anklammerungstrieb« als Vorläufer der Bindungstheorie. Lilian Rotter (in: Nemes & Berényi 1999, S. 253 ff.) ist insofern erstaunlich modern, als sie im Gegensatz zu Freud eine positive Sicht der weiblichen Identität: die sexuell erregende Wirkung der jungen Frau auf Männer, herausarbeitet – eine wesentliche Voraussetzung für eine sichere weibliche Geschlechtsidentität. Neben Livia Nemes, Laios Székely und Stephan Székács-Schönberg ist unter den aus Ungarn stammenden Analytikern besonders André Haynal (1989) bekannt geworden, mit seinen Beiträgen zur Technik der Psychoanalyse (Nemes & Berényi 1999).

4.3 Erik H. Erikson und die Identitätstheorie

Die von Erik Homburger Erikson entwickelte psychoanalytische Identitätstheorie setzt einen weiteren Akzent, der sich mit Eriksons 1950 auf Englisch und 1961 auf Deutsch erschienenen Buch *Kindheit und Gesellschaft* ankündigte. Erikson schloss die soziale Umwelt des Subjekts in seine Überlegungen ein. Bei ihm gab es nicht nur eine durchschnittlich zu erwartende Umwelt, wie es noch bei Heinz Hartmann (1964) hieß, nein, er berücksichtigte, ohne Marxist zu sein, die jeweils herrschende Gesellschaft, wie sie sich historisch entwickelt hat und wie sie soziologisch definiert werden kann. Erikson machte sich Gedanken über die amerikanische Identität, über die Legende von Hitlers Kindheit sowie von Maxim Gorkis Jugend, und er schrieb zwei spannende allgemein bildende Biographien über den jungen Luther und den Kämpfer für Gewaltfreiheit, Gandhi. Er brachte den Begriff der Krise in die Diskussion und entwickelte eine Theorie, nach der besonders dann, wenn der Entwicklungsstand einer individuellen Lebensgeschichte mit dem der Gesellschaft an kritischen Stellen zusammenfließt, Augenblicke entstehen, die historisch außerordentlich bedeutsam sein können (Erikson 1975). Vor allem Eriksons Identitätsbegriff hat die Psychoanalyse bis heute nachhaltig beeinflusst.

4.4 René A. Spitz und die frühe Mutter-Kind-Beziehung

Spitz (1965) war einer der ersten psychoanalytischen Entwicklungstheoretiker, die versuchten, ihre Theorien mit empirischen Beobachtungen zu unterstützen. Er hat seine Theorien und empirischen Überprüfungen in mehreren Büchern dargelegt. Ferner kann er als einer der ersten psychoanalytischen Affekttheoretiker betrachtet werden. Er machte Beobachtungen in Kinderheimen, bei denen auf dramatische Weise klar wurde, dass selbst bei einer optimalen Versorgung der körperlichen Bedürfnisse Säuglinge wie Kleinstkinder ohne eine affektive Kommunikation schwerste seelische Schädigungen wie Marasmus erleiden und sogar sterben können. Spitz drehte auch mehrere Filme über seine Beobachtungen in den Kinderheimen und griff auf Experimente zurück, die Harlow et al. (1958) mit Affenbabys machte. In diesen Experimenten konnte gezeigt werden, dass auch bei anderen Primaten ohne eine affektive Kommunikation die Tierbabys elend verenden müssen, selbst wenn optimale körperliche Fürsorge gewährleistet worden war. Spitz teilt die seelische Entwicklung des Menschen in verschiedene Schritte, die durch »psychische Organisatoren« geprägt werden. Psychische Organisatoren sind für Spitz nicht nur die Manifestation einer weiteren strukturellen seelischen Entwicklung. Vielmehr werden mit der Etablierung eines psychischen Organisators bisherige disparate Entwicklungstendenzen gebündelt und führen zu einem qualitativen Sprung in der Entwicklung.

Spitz arbeitet vier solcher Organisatoren heraus. Bei allen Entwicklungsschritten spielen die affektive Interaktion und der affektive kommunikative Austausch zwischen dem Säugling und den Primärobjekten eine herausragende Rolle. Das Dreimonatslächeln betrachtet Spitz als ersten psychischen Organisator in der Ich-Entwicklung; er bezeichnet es als soziales Lächeln. Der zweite psychische Organisator der Ich-Entwicklung ist die Achtmonatsangst bzw. die Fremdenangst. Sie ist ein Zeichen für die Entwicklung einer beginnenden psychischen, libidinös besetzten Objektkonstanz. Wenn auch die neuere Forschung ergeben hat, dass der Höhepunkt der Fremdenangst, und damit die zentrale strukturierende und dynamische Bedeutung von Trennungs- und Verlusterfahrungen, etwa in die zweite Hälfte des zweiten Lebensjahrs fällt und auch der Säugling schon vor dem Alter von 8 Monaten zwischen vertrauten und unvertrauten Gesichtern unterscheiden kann, bleiben die Spitzschen theoretischen Folgerungen grundlegend für das Verständnis der Ich-Entwicklung (vgl. Kap. II.4: das Konzept der Wiederannäherungskrise Mahlers, und Kap. IV.2: die depressive Position Kleins). Das »Nein« – die so genannte Trotzphase – sowie das Erreichen der Objektkonstanz mit Eintritt der ödipalen Entwicklung bilden die beiden anderen psychischen Organisatoren.

4.5 W. Ronald Fairbairn – eine echte Alternative zur Triebtheorie

Fairbairns theoretische Ideen entstanden in den 1930er und 1940er Jahren abseits des psychoanalytischen Mainstream in Schottland (Beattie 2003). Lange Zeit wurden sie nicht explizit rezipiert. Er wurde zwar von den englischsprachigen Analytikern intensiv diskutiert und übte große Wirkung auf die kleinianische Psychoanalyse aus, sein Einfluss auf die amerikanische, kontinentaleuropäische und südamerikanische Psychoanalyse setzte dagegen erst in den 1970er Jahren ein. Eine der Stärken seiner Überlegungen liegt darin, dass er unmittelbar aus der klinischen Arbeit vor allem mit schizoiden Persönlichkeiten seine theoretischen Schlussfolgerungen entwickelte. Fairbairn unternahm den Versuch, ein im Gegensatz zur klassischen Metapsychologie und zur Freudschen Triebtheorie stehendes Modell der seelischen Entwicklung in Begriffen der verinnerlichten Objektbeziehungen zu formulieren.

Ausgangspunkt für Fairbairn (1952) ist die Vorstellung, dass die Libido »object seeking and not pleasure seeking« ist. Er konzipiert das Ich als eine aus verinnerlichten Objektbeziehungen bestehende Struktur. Die ursprünglichste und früheste Angst ist die Trennungsangst; überwältigende Trennungserfahrungen können schizoide Mechanismen auslösen. Dabei werden zwei Aspekte des verinnerlichten Objekts, sein erregender und sein frustrierender Aspekt, vom Hauptkern des Objekts abgespalten und vom Ich verdrängt. Fairbairn versteht die schizoide Position – er benutzte den gleichen Begriff wie M. Klein, füllt ihn aber mit anderen Inhalten – als erste seelische Entwicklungsphase. Ihr Kennzeichen ist, dass ein vorbewusstes/bewusstes Ich mit einem bewussten/vorbewussten, meist idealisierten inneren Objekt verknüpft ist. Abgespalten davon stehen ein unbewusster »antilibidinöser« Ich-Anteil mit einem »schlechten« »antilibidinösen« Objekt sowie ein weiterer unbewusster »libidinöser« Ich-Aspekt mit einem erregenden »libidinösen« Objekt in Verbindung. Er beschreibt diese Situation als schizoid, weil Ich wie Objekt in jeweils »gute« und »schlechte« Facetten gespalten werden.

Die Übertragung versteht er als eine Re-Aktualisierung verinnerlichter Objektbeziehungen, in der nacheinander die antilibidinöse und die libidinöse Ich-Objekt-Beziehung aktiviert werden. Um dies zu verhindern, gestalten schizoide Patienten die Übertragungsbeziehung oberflächlich und ohne Inhalt. Fairbairn untersuchte auch die sekundären Folgen dieser Spaltungsvorgänge sowie weitere sekundäre Abwehrprozesse. Sowohl die Abwehr aggressiver wie auch der weitaus bedrohlicher erlebten libidinösen, abhängigen Beziehungserfahrungen mit den Objekten stellen charakteristische Merkmale dieser Persönlichkeitsstruktur dar. Offenbar hatten diese schizoiden Patienten die Erfahrung gemacht, dass Abhängigkeit mit zerstörerischen Folgen in der Beziehung zum Primärobjekt einhergegangen war. Sie versuchen daher, eine Beziehung zwischen ihrem vorbewussten/bewussten Ich und dem auf den Analytiker projizierten Idealobjekt aufrechtzuerhalten, während intensive und gefährliche affektive Beziehungsaspekte wie Liebe oder Hass abgespalten bleiben. Typisch schizoide Verhaltensweisen wie Zwanghaftigkeit, Intellektualisierung und Rückzug fasste Fairbairn als sekundäre Abwehrmanöver dieses grundlegenden schizoiden Vorgangs auf. Entscheidend ist, dass Fairbairn diese Prozesse als aktive Ich-Leistungen konzipierte und nicht als Defekte. Aggression ist in seiner Theorie meist eine Reaktion auf Frustration oder Deprivation, vor allem in der Beziehung zum Primärobjekt. Fairbairn untersuchte auch hysterische Persönlichkeitsstörungen und entdeckte in ihnen ebenfalls schizoide Prozesse. Seine Überlegungen wurden von Sutherland (1989) und vor allem von Wisdom (1962) sowie Kernberg (1980) aufgegriffen.

4.6 Margret S. Mahler – die psychische Geburt

Mahler leitete ihre Entwicklungstheorie aus der Arbeit mit schwer kranken, häufig psychotischen Kindern ab. Ihre Überlegungen sind wie Jacobsons Theorie, mit der große Konvergenzen bestehen, besonders wichtig, da sie eine zeitliche recht differenzierte Einordnung der Entwicklung der Selbst- und Objektdifferenzierung sowie deren Integration erlauben. Ihre Entwicklungstheorie ermöglichte eine genaue Bestimmung der Fixierungs- und Regressionsstufen, die in der klinischen Arbeit mit Erwachsenen wie mit Kindern zu beobachten waren. Kernberg (1980) wies darauf hin, dass damit vor allem erstmals die genauen Fixierungsstellen der Borderline-Persönlichkeitsstruktur lokalisiert werden konnten. Forschungsmethodisch nahm Mahler wie Freud die Psychopathologie als Modell, um daraus Schlussfolgerungen für die normale Entwicklung abzuleiten. Ihre grundlegende Arbeit beschrieb den aus Trennung und Individuation bestehenden Prozess der »psychischen Geburt« des Menschen. Mahler teilt die Entwicklungsgeschichte des Kindes in folgende Phasen:

Die autistische Phase während der ersten Lebenswochen dient der Aufrechterhaltung eines möglichst spannungsfreien homöostatischen Zustands. Der Säugling ist von einem Reizschutz umgeben, der ihn vor überflutenden Reizen schützt. In diesem Stadium gibt es keine Wahrnehmung des Objekts; erst schrittweise kommt es zur Unterscheidung von lustvollen »nur guten« sowie unlustvollen »nur schlechten« Erfahrungen und Zuständen. Diese Phase wird abgelöst durch die Periode der »Symbiose« (etwa ab dem Alter von 2 Monaten), in der der Säugling allmählich wahrzunehmen beginnt, dass Triebbefriedigungen von einem Objekt abhängen, das außerhalb seines eigenen allmächtigen autistischen Umkreises existiert (Mahler et al. 1975). Die Aufgabe des Objekts besteht jetzt darin, dem Säugling beim Auftauchen aus der autistischen Schale zu helfen. Deshalb ist der Säugling extrem auf die mütterliche Funktion als psychobiologischem Regulator angewiesen. Mahler bezeichnet diese Phase als präobjektal. Eine Differenzierung zwischen Selbst und Objekt ist noch nicht errichtet, stattdessen herrscht die Vorstellung einer »Dualunion« vor, die durch die »somato-psychische omnipotente Fusion« mit dem Objekt gekennzeichnet ist. Diese Dualeinheit von Säugling und Mutter ist gleichsam umgeben von einer »gemeinsamen Membran« und erstreckt sich etwa bis zum neunten Monat. Sie wird durch immanente Entwicklungstendenzen, aber auch durch das Auftreten des dritten Objekts, des Vaters, ferner durch die unweigerlichen Frustrationen der Mutter schrittweise aufgelöst.

Im Anschluss setzen die unterschiedlichen Phasen des Prozesses der Separation-Individuation ein, die eigentliche »psychische Geburt des Selbst«. In der ersten Subphase entstehen erste Differenzierungen von Ich-Strukturen, vor allem das Körper-Ich, auch erste Selbst-Objektrepräsentanzen. Die erste Subphase, das »Nachprüfen«, wird von der zweiten Subphase, dem »Üben«, abgelöst. In der zweiten Subphase, die etwa bis zum 18. Monat reicht, steht die Entwicklung und Erprobung der Motorik, die »Eroberung der Welt in gehobener Stimmung« im Vordergrund. In dieser Phase kommt es immer mehr zur Lösung aus der Symbiose und zu einer zunehmenden Unabhängigkeit vom primären Objekt. In der dritten Subphase, der Wiederannäherungskrise, die bis ins 3. und 4. Lebensjahr reichen kann, ereignen sich wiederholte Trennungen und Wiederannäherungen in Verbindung mit ausgeprägten Ambivalenzkonflikten. In dieser Phase dominiert eine Aufspaltung der Selbst- und Objektrepräsentanzen, die durch eine zunehmende Sensibilität des Kindes für seine Begrenzungen und Verletzbarkeiten gekennzeichnet ist, in Verbindung mit intensiver Angst vor Objektverlust sowie Trennungsangst, die im Laufe der Entwicklung zur Angst vor Liebesverlust wird. Das Kind wird sich seiner zunehmenden Getrenntheit vom Primärobjekt bewusst. Einer der wichtigsten Schritte in dieser Wiederannäherungsphase ist die Aufgabe der infantilen Omnipotenz und des symbiotischen Objekts, die in der Übungsphase mehr oder weniger den Sicherheit und Wohlbefinden garantierenden Hintergrund bildeten. In der Wiederannäherungskrise sieht Mahler eine der zentralen Wegscheiden für die weitere Entwicklung. Denn sobald das Kind die Getrenntheit wahrzunehmen beginnt (kognitiv und affektiv), entsteht intensive Angst, und das Kind benötigt die Unterstützung der Objekte für die weitere Entwicklung und Stabilisierung seines Narzissmus und der Ich-Funktionen. In dieser Phase werden positive Erfahrungen mit guten Selbst- und Objektbildern, negative Erfahrungen mit schlechten Selbst- und Objektbildern in Zusammenhang gebracht. Eine zweite Aufgabe in dieser Phase besteht darin, die mit unterschiedlichen Affekten besetzten Selbst- und Objektbilder zu integrieren (Ambivalenz). In der vierten Subphase (Objektkonstanz) erfolgen Internalisierung und Integration der zuvor differenzierten Selbst- und Objektrepräsentanzen; es kommt schrittweise zur Stabilisierung und Fundierung des Selbst zu einer integrierten Struktur von Selbst- und Objektrepräsentanzen. Das Kind begreift, dass es das gleiche Objekt ist, von dem Befriedigungen und Versagungen ausgehen. Dadurch entstehen Objekt- und Selbstkonstanz (Greenberg & Mitchel 1983, Bacal & Newman 1990).

Die Theorie Mahlers wurde intensiv auch von Nachbardisziplinen diskutiert und war theoretisch, wissenschaftlich und klinisch ungemein fruchtbar. Besonders die klinische Forschung betrachtet bis heute die Phase der Symbiose sowie die Subphase der Wiederannäherungskrise und der Objektkonstanz als unerlässlich für das Verständnis bestimmter Aspekte der klinischen Psychopathologie. So wurde der Versuch unternommen, für bestimmte Formen psychotischer Erkrankungen die Phase des Autismus, für andere psychotische Erkrankungen die symbiotische Entwicklungsstufe und für narzisstische und Borderline-Persönlichkeitsstörungen die Wiederannäherungskrise als vulnerable, regressiv aufgesuchte Fixierungsstellen zu verstehen. Ödipale Konflikte dagegen setzen Stabilität der Identität mit Erreichen der Objektkonstanz voraus. In den letzen Jahren wurde besonders von der empirischen Säuglingsforschung das Konzept einer normalen autistischen und symbiotischen Phase zunehmend kritisiert (Dornes 1993). Auch von klinisch-psychoanalytischer Seite wurde die Frage gestellt, ob die von Mahler beschriebenen Phasen des Autismus und der Symbiose nicht eher mit psychopathologischen Syndromen und weniger mit »normalen Entwicklungsstadien« (Kutter & Müller 1999) korrespondierten. Obwohl Mahler stark von M. Klein wie auch von Winnicott und Balint beeinflusst war, verteidigte sie Freuds Konzept des primären Narzissmus und ihre Vorstellungen von einer autistischen Phase, wurzeln sie doch im Freudschen Modell.

4.7 Edith Jacobson – das Selbst und die anderen

Jacobson (1964, 1971) gilt als eine der originellsten Theoretikerinnen der Psychoanalyse. Ihr Werk umfasst differenzierte Arbeiten zur Affekttheorie, zur neurotischen und psychotischen Depression sowie zu schizophrenen Psychosen. Grundlegend ist ihr 1964 entstandenes Werk *Das Selbst und die Welt der Objekte*, in dem sie ein ich-psychologisch-objektbeziehungstheoretisches Modell der seelischen Entwicklung vorlegt. Jacobson beeinflusste sowohl die Narzissmus- und Selbstpsychologie Kohuts wie auch die Objektbeziehungstheorie Kernbergs in entscheidender Weise. Einer ihrer revolutionären Gedanken war, dass sie einige Affekte nicht im Es, als Repräsentanzen des Triebs in Freuds Tradition, sondern im Ich lokalisierte und hier erstmals zwischen Affekten und Abfuhrprozessen (Triebbefriedigung) differenzierte. Jacobson arbeitete eine auf klinischer Basis basierende schlüssige Differentialdiagnose neurotischer und psychotischer Depression sowie depressiver (affektiver) und schizophrener Psychosen heraus. Es gelang ihr bei der neurotischen wie bei der psychotischen Depression, narzisstische, aggressive und Überich-Aspekte zu einem schlüssigen Konzept zu verbinden, ebenso gelang ihr die genaue Analyse und Aufdeckung der Struktur der idealen Objektbeziehungen. Als entscheidend für die depressive Entwicklung sieht sie Verlustängste sowie Angst vor Aggressionen gegen das für das Selbst überlebensnotwendige, zugleich aber stark frustrierende Objekt. Diese Ängste werden vom Depressiven mit Idealisierung und Identifizierung mit dem Idealobjekt zunächst abgewehrt. Wenn die Verleugnung der frustrierenden und aggressiven Aspekte des Objekts in der weiteren Folge aber immer mehr misslingt, folgt eine massive Entwertung des Idealobjekts sowie der damit verbundenen Selbstaspekte und mündet in den Prozess der zweifachen melancholischen Introjektion (1971). Jacobsons Theorie klärt den Prozess der Entstehung und Differenzierung der Selbst- und Objektrepräsentanzen in der gelungenen Entwicklung zur stabilen Identität sowie deren schrittweise, regressive Auflösung im Falle affektiver und schizophrener Psychosen. Einer der entscheidendsten Mechanismen ist hier die defensive Wiederverschmelzung libidinös besetzter Selbst- und Objektrepräsentanzen als Abwehr gegen ebenfalls aus defensiven Motiven entstandene Refusion von aggressiv besetzten Selbst- und Objektrepräsentanzen, ein Vorgang, den sie später als psychotische Identifizierung weiter differenziert hat (Kernberg 1980).

5. Aktuelle Richtungen

5.1 Die aktuelle Bedeutung Melanie Kleins

Klein (1962) entwickelte ihre Theorie aufgrund der Beobachtungen, die sie in Analysen mit zum Teil psychotisch erkrankten Kindern gewann. Ihre Theorien greifen Gedanken von K. Abraham auf und stellen die erste systematisch ausgearbeitete Theorie der verinnerlichten Objektbeziehungen in der Nachfolge Freuds dar. Ihre Theorie übt bis heute einen starken Einfluss auf die theoretische Entwicklung in der Psychoanalyse aus. Nach M. Klein durchläuft die seelische Entwicklung des Kindes »Positionen«, die nicht nur, wie in der traditionellen klassischen Psychoanalyse, diachrone Entwicklungsstufen darstellen, sondern zudem übergeordnete Ich- und Objektbeziehungs-Organisationen sind und die in allen Entwicklungsstufen und in jeder Psychopathologie aufgefunden werden können. Sie unterscheidet die paranoid-schizoide Position (erste Hälfte des ersten Lebensjahrs) von der depressiven Position (ab der zweiten Hälfte des ersten Lebensjahrs) und ordnet ihnen auch entsprechende Schuldgefühle, Ängste und Abwehrmechanismen zu. M. Klein betont stärker als Freud die Rolle der Aggression als strukturbildenden Trieb und stellt ihn der Libido gegenüber. Wie Fairbairn hebt sie die Funktion der Strukturierung des seelischen Geschehens durch die verinnerlichten Objektbeziehungen sowie durch die Triebaktivität hervor und sieht in letzteren die entscheidenden Motivationskräfte des Menschen. Entscheidend in der kleinianischen Theorie ist der Begriff der »unbewussten Phantasie«: Jeder Triebimpuls und jede Abwehrtätigkeit sowie jede Objektbeziehung werden durch unbewusste Phantasien repräsentiert.

Großes Gewicht legt M. Klein auf primäre Affekte wie Neid und Gier, die auf orale Aggression zurückgehen. Die aggressiven Triebkomponenten führen zur Verinnerlichung des »bösen Objekts«, das der Verinnerlichung des »guten Objekts«, gegründet auf den libidinösen Triebimpulsen, gegenübersteht. Lustvolle Kontakte mit befriedigenden Objekten, besonders mit der »guten Brust« führen zu deren libidinöser Besetzung und Introjektion. Melanie Klein geht im Unterschied zu anderen Autoren davon aus, dass vom Beginn des Lebens an Objektbesetzungen und Objektbeziehungen beobachtet werden können. Ein weiteres Schwergewicht der kleinianischen Theorie bildet die Untersuchung der Abwehrmechanismen, hier vor allem der Spaltung und der projektiven Identifizierung. Die grundsätzliche Angst des Ichs entsteht aufgrund der Wirkung des Aggressionstriebs, Ausdruck des Todestriebs. Diese Angst verwandelt sich später in Furcht vor verfolgenden Objekten, die dann durch Introjektion zur Angst vor inneren großen Objekten wird. Diese stellen typische paranoid-schizoide Ängste dar und können in jeder Entwicklungsstufe, jeweils gefärbt von der Triebstruktur und -organisation, auftreten (etwa orale Angst: verschlungen zu werden, anale Angst: kontrolliert zu werden). Introjektion, Projektion, Spaltung und projektive Identifizierung sind die Abwehrtätigkeiten des Ichs, um dieser paranoiden und depressiven Ängste Herr zu werden. Klein hebt hervor, dass sowohl das Selbst, die Objekte und die Triebe in der paranoid-schizoiden Position gespalten sind und jeweils gute und böse Aspekte getrennt voneinander gehalten werden. Bei der projektiven Identifizierung werden abgespaltene Teile des Selbst oder eines inneren Objekts in ein anderes Objekt projiziert, wobei dieses Objekt dazu gezwungen wird, sich mit den Projektionen zu identifizieren und zugleich das projizierende Selbst mit den Projektionen empathisch verbunden, identifiziert bleibt. Idealisierungen und Verfolgungsängste bestimmen die Angstinhalte auf dieser Entwicklungsstufe. Eine wesentliche Entwicklungsstufe ist dann die depressive Position, die durch zunehmende Fähigkeit zum Ambivalenzerleben geprägt ist, da das Kind erkennt, dass es gegenüber dem guten Objekt aggressive Gefühle hegt und umgekehrt. Die Angst vor Verfolgung durch das böse Objekt wird nun schrittweise ersetzt durch die Angst, dem guten inneren oder äußeren Objekt Schaden zuzufügen. Wiedergutmachungsbemühungen werden nun vom Ich aktiviert, um das gute Objekt und das Ich zu bewahren. Die Fähigkeit zur Abhängigkeit und zur Dankbarkeit sind entscheidende Entwicklungsschritte in dieser Phase.

5.2 Wilfred R. Bion – nicht weniger aktuell

Einflussreichster Schüler M. Kleins war Bion, der eine eigene Theorie des Mentalen entwickelte (Bion 1962, 1967). Er vermutet, dass am Beginn des Lebens noch kein »Apparat für das Denken von Gedanken« existiert. Die frühesten Rohdaten von Sinneserfahrungen und propriozeptiven Wahrnehmungen bezeichnet er als bedeutungsfreie Beta-Elemente, rein physiologische Sinneswahrnehmungen. Wenn eine ständige Versagung vonseiten der Primärobjekte stattfindet, herrschen Beta-Elemente von bösen Objekten vor, die mithilfe projektiver Identifizierungen ausgestoßen oder durch motorische Aktivität abgeführt werden sollen. Diese primitiven sensorischen, affektiven und (präsymbolisch) kognitiven Beta-Elemente benötigen ein Objekt, das sie aufnimmt, seelisch verdaut, d.h. ihnen Bedeutung verleiht und in dosierter Form zurückgibt. Bion nannte diese Funktion des mütterlichen Primärobjekts die Containing-Funktion, den mütterlichen seelischen Denkapparat den Container, und ihre Fähigkeit, die Beta-Elemente des Säuglings aufzunehmen und symbolisch zu verarbeiten und dosiert zurückzugeben, die Alpha-Funktion, die Beta-Elemente in Alpha-Elemente transformiert. Bion wies damit auf die zentrale Bedeutung der frühen Mutter-Säugling-Beziehung hin. Er vermutete auch, dass die Kommunikation mit Beta-Elementen typisch für die paranoid-schizoide Position und die Kommunikation mithilfe von Alpha-Elementen typisch für die depressive Position sei. Erst in dieser Phase existiert die Fähigkeit zur symbolischen Repräsentation, d.h. Symbol und Symbolisiertes werden voneinander getrennt. In der depressiven Position können dann Angst, Verzweiflung und seelischer Schmerz als affektive und kognitive Realität innerlich anerkannt und nicht länger verleugnet werden.

Bion beschreibt mit dem Konzept der Alpha-Funktion eine psychische Operation, die die Sinneswahrnehmung äußerer Reize und innere Wahrnehmungen von körperlichen oder körpernahen Vorgängen (Perzeptionen von Rohdaten, Beta-Elemente) in Alpha-Elemente transformieren kann. Diese Elemente können dann zu psychisch repräsentierbaren, mentalisierbaren und symbolisierbaren Strukturen und Inhalten (Apperzeptionen) weiterverarbeitet werden, die sich, im Unbewussten und Bewussten aufbewahrt, verbinden sowie für den Primär- und Sekundärprozess, für unbewusste Phantasie, Denken, Verdrängen, Affekte und Träume gebraucht werden können. Dagegen sind Beta-Elemente konkrete Wahrnehmungen, die nur perzipiert, aber nicht reflektiert oder apperzipiert werden können. Das Primärobjekt ermöglicht dem Säugling, mithilfe des träumerischen Ahnungsvermögens solche Erfahrungen zu machen, sodass er in die Lage versetzt wird, seine angeborenen Erwartungen (Präkonzeptionen, z. B. Erwartung einer anwesenden, Bedürfnis befriedigenden Brust und Abwesenheit der schlechten Brust) mit den in der Beziehung zum Primärobjekt sich ereignenden Realerfahrungen (z. B. befriedigende Stillerfahrung) zu verbinden. Eine weitere wichtige Präkonzeption ist die Erwartung des Selbst, dass es ein Objekt gibt, das die Persönlichkeit des Kindes mit den anderen Elementen seiner Umwelt aufnimmt.

Bion betont den entwicklungsfördernden Aspekt der projektiven Identifikation:

»Als realistische Aktivität sind projektive Identifizierungen ein Verhalten, das sinnvoll darauf abzielt, in der Mutter diejenigen Gefühle hervorzurufen, die das Kind loszuwerden wünscht. Wenn das Kind fühlt, daß es stirbt, so kann es in der Mutter die Furcht wachrufen, daß es sterbe. Eine ausgeglichene Mutter kann dieses Gefühl akzeptieren und therapeutisch darauf reagieren: D. h. in einer Art und Weise, daß das Kind fühlt, daß es seine angsterfüllte Persönlichkeit zurückerhält, aber in einer nunmehr erträglichen Form – die Ängste werden für die kindliche Persönlichkeit tragbar« (Bion 1963, S. 430).

Bion konzipiert im Anschluss an M. Klein die projektive Identifizierung als eine komplexe Aktivität des Säuglings: Zugleich innerseelische und zwischenmenschliche Beziehung und Mitteilung, übermittelt sie bislang nicht integrierte, unverdaute, psycho-physische Phänomene (Präkonzeptionen, entero- und propriozeptive Wahrnehmungen sowie Sinneswahrnehmungen, die noch ohne Bedeutung sind), die zunächst von einem äußeren und dann inneren Objekt oder einer psychischen Repräsentanz/Struktur transformiert werden. Erst dadurch können diese Phänomene vom Selbst introjiziert, integriert und somit seelisch verarbeitet werden. Projektive Identifizierung ist eingebettet in die Konzepte Container-Contained und Alpha-Funktion. Projektive Identifizierung setzt den mentalen, dann auch triangulären Prozess in Gang, hilft dem Selbst bei der Transzendierung der dualen Dimension. Die Alpha-Funktion ist jene Aktivität, die den metaphorisch-symbolischen, triangulären Raum schafft, in dem die genuin ödipale Dimension der Drittheit erzeugt wird.

Daher ist der Säugling für sein psychisches Überleben darauf angewiesen, sich mit dieser Alpha-Funktion zu identifizieren, denn am Beginn des Lebens sind »alle aus dem Selbst stammenden Eindrücke ... noch gleichrangig; alle sind bewußt. Das träumerische Ahnungsvermögen der Mutter ist das Empfangsorgan für das, was das Kind an Selbst-Empfindungen von seinem Bewußtsein erhält« (Bion 1962, S. 232). Wenn allerdings die Projektion von der Mutter nicht akzeptiert werden kann, »dann fühlt das Kind, daß sein Gefühl der Todesnot aller ihm innewohnenden Bedeutung entkleidet« ist. Durch das »Versagen des Mutter-Objekts« entsteht extreme Hilflosigkeit, »in der alle Sinnstrukturen zusammenbrechen und einer Desorganisation des Ichs Platz machen, das noch nicht fähig ist, jene Abwehrmechanismen in Gang zu setzen, die die Abwandlung der unerträglichen Angst erlauben würde« (Green 1986, S. 132 f.). Das Kind re-introjiziert in diesem Fall nicht eine Furcht zu sterben, die erträglich wurde, sondern eine »namen-lose« sensu psychisch nicht repräsentierte symbolisierte Angst (Bion 1963, S. 432).

Um zu überleben, ist das Kind in diesem Fall gezwungen, die Identifizierung mit wachsender Stärke und Häufigkeit fortzusetzen. »Die Verstärkung scheint die Projektion aber des Anfluges von Bedeutung zu entkleiden, den sie besaß« (ebd., S. 430). Wenn das Selbst daher aus parentogenen und/oder infantogenen, seelischen und/oder somatischen Gründen nicht die Möglichkeit zum Gebrauch projektiver Identifizierungen und der Containing-Erfahrung hatte, wird unweigerlich die Identifizierung mit und die eigene Entwicklung der Alpha-Funktion gestört, damit der gesamte Prozess der Symbolisierung, der Bedeutungsgenerierung und Triangulierung, der Differenzierung und Integration von Selbst und Objekt. Diese fehlenden Möglichkeiten können ebenso traumatisch erlebt werden wie die daraus sich ergebenden Folgen. Denn exzessive projektive Identifizierung bedroht das Selbst mit Auflösung durch den Entleerungsprozess, der den ganzen seelischen Apparat betrifft. Unter diesen Voraussetzungen kann das entstehende Selbst Versagungen eher mit Verwerfung und Omnipotenz sensu Bion (1962) denn mit Denken reagieren, umso mehr, wenn zudem kumulative Trennungs- und/oder grenzüberschreitende Missbrauchserfahrungen (sexueller und aggressiver Natur, Parentifizierung) vorliegen. In diesem Fall besteht ein dynamisches Zusammenwirken innerer und äußerer traumatischer Erfahrungen (vgl. Kap. VI.7 und VII.10).

5.3 Donald W. Winnicott – die dritte Gruppe neben Freud und Klein-Bion

Winnicott (1935, 1953, 1967) hat keine den Theorien Mahlers oder Jacobsons vergleichbare Phasen- und Zeiteinteilung der seelischen Entwicklung des Kindes vorgelegt. Vielmehr versuchte er in einer eigenen, das subjektive Erleben des Kleinstkindes erfassenden Sprache die Entwicklung des Selbst aus der Selbst-Objekt-Beziehung auszudrücken. Winnicotts Ansatz war fruchtbar für die Entwicklung der Narzissmus- und Selbstpsychologie Kohuts wie auch für die verschiedenen objektbeziehungstheoretischen Ansätze. Besonders die Theorie der Independents (British middle group) wurzelt in Winnicotts Überlegungen. Nach Winnicott erlebt sich das Kind in der frühesten Phase der Entwicklung zum großen Teil noch verschmolzen mit der Mutter und trennt sich mit komplexen Entwicklungsbewegungen aus diesem fusionären Zustand. Der Entwicklungsprozess mündet in die stabile Trennung zwischen Selbst und Nicht-Selbst, wobei das Kind auf die aktive Unterstützung der »fördernden Umwelt« existenziell angewiesen ist. Entscheidend ist die Phase der »infantilen Omnipotenz«, eine Art magischer Kontrolle, einschließlich des kreativen Gebrauchs dieser Kontrolle. In dieser Phase wird das Objekt vom infantilen Selbst gleichsam geschaffen, nicht gefunden: Die Mutter muss dem Kind die Illusion vermitteln, dass es selbst geschaffen hat, was es findet und was es braucht. Dadurch werden so genannte Übergangsobjekte erzeugt (ein Stück Stoff, das Kuscheltier), Objekte, die zugleich zum Selbst gehörend als auch von ihm getrennt erlebt werden. Für seelische Gesundheit ist eine angemessene und schrittweise Desillusionierung dieser Phase der infantilen Omnipotenz unerlässlich.

Nach Lore Schacht (2005) unterscheidet Winnicott zwischen zwei Aspekten des Selbst: jenem Selbst, das sich in der interpersonellen Kommunikation erfährt und aus ihr Lebendigkeit bezieht, aus Erfahrung wächst. Es entwickelt sich aus einer ausreichend guten Mutter-Kind-Beziehung über das Erleben der »Illusion« (ungestörte infantile Omnipotenz) auf der Basis einer gemeinsamen Lebenserfahrung zwischen Kleinkind und Mutter zur Erfahrung des »intermediären Raumes«. Davon abgegrenzt definiert Winnicott das nicht-kommunizierende Selbst als »falsches Selbst«, das an einer »Zerreißung der Kontinuität des Seins« leidet. Entstehen etwa zu früh Übergriffe durch das Objekt, die das Kind zu einer frühzeitigen Anerkennung der Trennung von Selbst und Nicht-Selbst zwingen, kann die Folge die Entwicklung eines nichtkommunizierenden »falschen Selbst« sein. Diese Erfahrungen können als Traumata erlebt werden und immer wieder zu seelischen Zuständen der Desintegration führen. Die »nicht ausreichend gute Mutter« ist nicht in der Lage, das Kind zu halten (Holding) und die infantile Omnipotenz des Säuglings zu befriedigen, und zwingt damit das infantile Selbst zu einer forcierten Progression und Pseudo-Anpassung, dem Entwicklungsschicksal des »falschen Selbst«. Dies stellt eine Dissoziation, eine Form von Ich-Verzerrung dar; ihr liegt eine Spaltung von Ich-Bedürfnissen und Es-Bedürfnissen zugrunde. Bei einer gelungenen Integration dagegen werden schrittweise die Es-Forderungen als Teil des Selbst empfunden, und deren Befriedigung führt zu einer Stärkung des Ichs oder des »wahren Selbst«. Wenn das Ich nicht in der Lage ist, die Es-Erregungen zu ertragen, können diese traumatisch wirken.

Ein weiterer wichtiger Reifungsschritt ist die Entwicklung der Objektbeziehungen vom »subjektiven Objekt« zum »Übergangsobjekt« und schließlich zum »Gebrauch eines Objekts«. Die Übergangsobjekte helfen dem Kind, eine wachsende und sich entfaltende innere Realität aufrechtzuerhalten und diese innere Realität von der Welt des Nicht-Ich zu differenzieren. Wichtig bei diesem Prozess ist, dass das Subjekt das Objekt gebrauchen, es sogar zerstören kann, das Objekt aber die Zerstörung überlebt. Winnicott schreibt, dass die Objektbezogenheit auf ein subjektives Objekt gerichtet ist, der Objektgebrauch sich aber immer auf ein Objekt bezieht, das Teil der äußeren Realität ist.

5.4 Heinz Kohut und die Selbstpsychologie – ein vierter Weg neben Freud, Klein-Bion und Winnicott

Kohut, der wie alle bisher genannten Nachfolger Sigmund Freuds zur Emigration gezwungen war, interessierte sich besonders für die um unser Selbstwertgefühl kreisenden unbewussten seelischen Prozesse, für die Ideale, die wir von uns selbst, von unseren Eltern und von der Welt haben. Die Kränkung, die eine narzisstische genannt wird, weil sie uns in unserem Innersten selbst betrifft, der wir als Kinder alle mehr oder weniger ausgesetzt sind, gleichgültig mit welchen unvermeidlichen Versagungen wir im Laufe unserer Entwicklung konfrontiert werden, spielt nach Kohut eine so zentrale Rolle in unserem Seelenleben, dass dieses Selbst und seine Schicksale eine differenzierte Betrachtung verdienen. Hatte sich Heinz Kohut (1971) in seinem ersten Buch vorwiegend mit den Problemen der Behandlung derartig narzisstisch gestörter Patienten befasst, erweiterte er seine Theorie in seinem nächsten Buch (Kohut 1977) zu einer »Psychologie des Selbst«. Damit ist die tragische Seite des Menschseins angesprochen angesichts schicksalhafter Beeinträchtigungen durch wenig einfühlsame Eltern, verständnislose Lebenspartner und harte Schicksalsschläge, deren Opfer wir wurden. Insofern ist in Kohuts Theorie ebenso wie in der Ungarischen Schule von Ferenczi bis Balint die alte Traumatheorie aus den Anfängen der Psychoanalyse wiederbelebt. In ihr wird der Patient vorwiegend als ein Leidender gesehen, den das Schicksal hart getroffen hat. Deshalb ist es auch notwendig, ihm eine Atmosphäre zu bieten, in der er Vertrauen fassen kann und in der seine Traumatisierungen wiederholt und überwunden werden können.

Vom Gros der Psychoanalytiker wenig beachtet, hat sich die Selbstpsychologie weiterentwickelt (Kutter 2000), in den USA gebunden an die Namen Ernest S. Wolf, Paul und Anna Ornstein sowie Josef D. Lichtenberg, im deutschen Sprachraum an Lotte Köhler, Christel Schöttler und János Paál in Dreieich (Schöttler & Kutter 2005, Kutter et al. 2006, Hartmann et al. 2007). Mittlerweile gibt es eine Europäische Föderation Psychoanalytische Selbstpsychologie, die neben Internationalen Kongressen in Dreieich Tagungen und Seminare in München, Wien und Zürich organisiert. W. Milch (2001) sowie H.-P. Hartmann (2000) sorgen mit ihren Publikationen dafür, dass die selbstpsychologische Richtung der Psychoanalyse bekannt wird, während sich in den USA daraus ein neuer »intersubjektiver« Ansatz entwickelt hat (Stolorow, Brandchaft & Atwood 1996). Gute Einführungen sind die *Theorie und Praxis der psychoanalytischen Selbstpsychologie* von Ernest S. Wolf (1996) und das *Lehrbuch der Selbstpsychologie* von Wolfgang Milch (2001).

Die psychoanalytische Selbstpsychologie hat sich, abseits der offiziellen Kongresse, getragen durch einige herausragende Pioniere, zu einer eigenständigen Theorie und Methode entwickelt. Sie wird in der deutsch sprechenden Psychoanalyse wenig wahrgenommen, hat aber, wie die Berichte im Rahmen des Gutachterverfahrens in Deutschland zeigen, bei den praktizierenden Psychotherapeuten viel Resonanz gefunden – vielleicht, weil ihre Theorie und Praxis leicht und eingängig erscheinen. In Analytikerkreisen kursieren viele Missverständnisse und Vorurteile, ja Witze über die Selbstpsychologie. Sie sei keine Konflikttheorie mehr, sie habe das Unbewusste preisgegeben, der Therapeut sage zu allem ja und finde es auch noch gut, wenn der Patient Selbstmord begehe. Es lohnt sich daher, hier im Anschluss an Heinz Kohut, in gebotener Kürze generell auf die Selbstpsychologie einzugehen; ihre

Narzissmustheorie folgt unter Kap. 9.2, ihre Behandlungsprinzipien unter Kap. 6.3. Wertet man die einschlägige Literatur aus (Kohut 1977; Köhler 2000; Kutter 2000; Ornstein & Ornstein 2001; Milch 2001, Wolf 2000), wird klar, dass Trieb- und Konfliktpsychologie nicht obsolet sind, dass auch kein völliger Paradigmenwechsel stattfand, aber andere Akzente gesetzt werden.

Das Selbst ist der primäre Organisator des Menschen, gekennzeichnet durch ein bestimmtes Gefühl von sich selbst, das Gefühl, bei sich zu sein, sich selbst zu suchen, aus sich heraus zu leben, mit sich im Einklang zu sein. Die Selbstpsychologie steht somit in der großen abendländischen Tradition seit der Renaissance, die, im Gegensatz zum Mittelalter, in dem der Glaube an Gott die Menschen bestimmte, der Mensch sich selbst als autonomes Subjekt entdeckte. Descartes hat diesen Standpunkt mit seinem berühmten cogito, ergo sum (Ich denke, also bin ich) bekräftigt; heute mit Damasio (1999) durch ein sentio, ergo sum (Ich fühle, also bin ich) ergänzt (Kutter 1978, S. 23). Das Selbstgefühl ist wichtig geworden. In besonderen Zuständen fühlt sich der Mensch gut, in anderen schlecht, innerlich zerrissen, verzweifelt, außer sich; eine große Leere oder tiefe Wertlosigkeit. Selbst wird dabei nicht als eine Monade verstanden, sondern immer in Beziehung zu anderen wichtigen Bezugspersonen, den Caretakers, wer immer das sei. Deren Zuwendung oder Ablehnung sind entscheidend für die Entwicklung des Selbstgefühls, des Selbstbewusstseins. Insofern ist das Menschenbild der Selbstpsychologie, im Gegensatz zu dem der klassischen Psychoanalyse, das eines immer relativ, auf Zuwendung angewiesenen Menschen, mit begrenzter Autonomie. »Primäres Bedürfnis ist das nach Verbundenheit und Reaktion – (als) ein soziales Wesen« (Ornstein & Ornstein 2001, S. 277). Wegen der basalen Angewiesenheit auf andere – auf deren Empathie – ist das Selbst grundsätzlich verletzbar. Als Folge solcher Verletzungen resultieren sekundär Konflikte, auch typisch ödipale Konflikte. Im Menschenbild Freuds wird der Mensch durch die primär verstandenen Inzest- und Todeswünsche zwangsläufig schuldig. In der Selbstpsychologie gerät der Mensch durch unvermeidliche Niederlagen in eine tragische Situation (Kohut 1977, S. 120).

Theoretisch ist das Selbst bipolar bzw. tripolar angelegt, denn es umfasst 1. elementare Bedürfnisse oder Ambitionen, 2. Talente oder Begabungen und 3. Ideale, d. h. Bedürfnisse nach Anerkennung und Wertschätzung. Zwischen diesen drei Polen bestehen Spannungen, je nachdem, wie sie beachtet bzw. befriedigt werden. Werden sie hinreichend gefördert, resultiert Wohlbehagen, ein kohärentes bzw. ausgewogenes Selbstgefühl. Fehlen die notwendigen

Zuwendungen, kommt es zu einem instabilen, leeren oder fragmentierten Selbst. Wird das Selbst überlastet, spricht man von einem überlasteten oder überstimulierten Selbst; fehlende nötige Stimulationen führen folgerichtig zu einem unterstimulierten Selbst (Wolf 1996, S. 75 f.; Milch 2001, S. 293 ff.).

Empathie meint die Fähigkeit, zu fühlen wie der andere, mitzufühlen, sich einzufühlen (nicht Mitleid; doch auch: zu versuchen, zu fühlen wie ein Mörder), sich in die innere Welt des anderen hineinzuversetzen, sich darauf einzustimmen, hineinzusehen (als wörtliche Übersetzung von Introspektion). Kann dies der Patient selbst noch nicht leisten, versucht es der Analytiker stellvertretend für ihn (stellvertretende Introspektion). Voraussetzung für Einfühlung ist das richtige Hören oder Zuhören (Schwaber 1995). Zuhören und Einfühlen erfordern wiederum eine genügend flexible eigene affektive Resonanzfähigkeit. Daraus kann der Analytiker Hypothesen bilden, wie sich der Patient momentan fühlt, und sich darüber hinaus durch Rückfragen versichern, ob er ihn so auch richtig verstanden habe. Empathie ist in dieser Sicht eine unerlässliche Voraussetzung für psychoanalytisches Handeln, eine Grundhaltung (Kutter et. al. 1988, S. 19), die zeitlich vor jedem Reagieren auf die Übertragung in der Gegenübertragung liegt. Schon diese Haltung erweist sich als hilfreich und effektiv.

Selbstobjekte übernehmen für das Wohlbefinden des Selbst wichtige Funktionen, die für die Selbsterhaltung unabdingbar sind. Umgekehrt sucht sich das Selbst geeignete Menschen, die als Selbstobjekte fungieren; stehen solche nicht zur Verfügung, können auch Natur, Kunst, Musik diese Funktion übernehmen.

Weil die Eigenschaften des für einen Menschen wichtigen Anderen – mögen dies nun in der Erziehung Vater, Mutter, Erzieherin oder Sozialpädagoge sein, in der Therapie Analytiker oder Therapeut – legt die Selbstpsychologie noch auf folgende Begriffe großen Wert:

Optimale Frustration: Sie ist die Folge unvermeidlicher Fehler oder Mängel in der Fähigkeit der Einfühlung aufseiten der Caretaker; optimal insofern, als diese Frustration dennoch entwicklungsfördernd ist. Voraussetzung ist dazu in unserem Verständnis allerdings, dass dem zuständigen Anderen die Grenzen seiner Einfühlung bewusst sind und dass sie zum Gegenstand einer Aussprache gemacht werden.

Optimale Responsivität: Damit ist die Fähigkeit gemeint, auf die elementaren Selbstobjektbedürfnisse des Kindes bzw. des Patienten optimal zu reagieren, was zutrifft, wenn die zuständige Person die gerade vorherrschenden

Bedürfnisse so gut wie möglich trifft, ihnen begegnet, damit übereinstimmt. Ist diese Übereinstimmung gegeben, fühlen sich Kind bzw. Patient sicher und verstanden (Wolf 2000, S. 63 ff.).

Die psychoanalytische Selbstpsychologie kommt also zu anderen Akzenten als der Mainstream der Psychoanalyse. Die Fähigkeiten des Analytikers erhalten eine ungeahnte Bedeutung, die sich im Laufe des psychoanalytischen Prozesses in Gestalt der ganz besonderen Beziehung zwischen den an diesem Prozess beteiligten zwei Menschen entfaltet.

5.5 Intersubjektivismus und Relational Psychoanalysis – die Synthese?

Nach Schmidt-Hellerau (2002) ist die wachsende Bedeutung der Gruppe der Interpersonalisten, Intersubjektivisten und der Relational School, in Deutschland vertreten durch Thomä und Kächele (2006) sowie Altmeyer (Altmeyer & Thomä 2006), vor allem als Antwort zu verstehen auf die als mechanisch erlebte klassische Metapsychologie und die Hartmannsche Ich-Psychologie sowie als Weiterentwicklung der ebenfalls als Reaktion darauf entstandenen Kohutschen Selbstpsychologie. Auch ist der Einfluss philosophischer Strömungen, hier besonders des Dekonstruktivismus, auf die Entwicklung dieser besonders in Nordamerika verbreiteten psychoanalytischen Objektbeziehungstheorie festzustellen. Bei allen Unterschieden ist diesen Gruppen gemeinsam, dass der Einfluss der Individualität und Subjektivität des Analytikers und dessen gestaltende Mitwirkung auf den therapeutischen Prozess, ja auf das Unbewusste des Analysanden sowie auf die Interaktion zwischen Patient und Analytiker hervorgehoben werden. Intersubjektivisten, Interpersonalisten und Relational School verbindet eine strikte Ablehnung der Konflikt-Abwehr-Psychologie Freuds, der ursprünglichen Narzissmustheorie Kohuts (1971) sowie der kleinianischen und postkleinianischen Objektbeziehungstheorie und der ich-psychologisch-objektbeziehungstheoretischen Psychoanalyse Kernbergs. Vielmehr wird im Anschluss an M. M. Gill (Greenberg & Mitchell 1983) ein sozial-konstruktivistisches Modell der psychoanalytischen Situation entworfen und weniger die Aufmerksamkeit auf die intrapsychischen Konflikte oder projektiv-identifikatorischen Prozesse gerichtet, sondern stärkeres Gewicht auf den bewussten interaktionellen, intersubjektiven Austausch zwischen Analytiker und Analysand gelegt. Vor allem wird der strukturbildende, ja generierende Einfluss der Persönlichkeit, der Theorie, des Unbewussten des Analytikers auf die Übertragung hervorgehoben.

Nach Auffassung von Jacobs (1986) und Renik (1998) beeinflusst der Analytiker die Übertragung durch seine klinische Theorie, seine persönliche Technik, seine Subjektivität sowie durch sein Welt- und Menschenbild in entscheidender und tiefgründigerer Weise als der Patient mit seiner infantilen unbewussten Konfliktgeschichte. Nach Gill (1984) ist die Konzentration der Untersuchung auf die oft auch reale Beziehung zwischen Analytiker und Analysand gerichtet. Übertragung wird weder strukturtheoretisch mit Freud als modifizierte Neuauflage infantiler Objektbeziehungen in der Gegenwart verstanden noch (post-)kleinianisch als Aktivierung innerer unbewusster Objekte noch ich-psychologisch-objektbeziehungstheoretisch als Aktualisierung internalisierter Objektbeziehungen. Vielmehr entfaltet sich in einem »bipersonalen Feld« (Ferro 1999) eine »bifokale Übertragung« (Thomä 2001), die weder durch das infantile Unbewusste (Freud) noch durch unbewusste Phantasien und innere Objekte (Klein), sondern durch zwei sich in Symmetrie befindende Individuen, einem komplementären Paar, in jedem Moment neu erzeugt wird (Ogden, Renik). Zunächst hatten sich, unabhängig von den anderen beiden Gruppen, die Interpersonalisten um R. Stolorow (Atwood, Ross, Brandchaft) in Weiterentwicklung selbstpsychologischer Ansätze mit dem Problem der »irreduziblen Subjektivität des Analytikers« und dessen Einfluss auf die analytische Situation sowie den je subjektiv gefärbten Gewichtungen von Theorie und Technik auseinandergesetzt und die Übertragung als dyadisches System zweier in Symmetrie befindlicher Subjekte konzipiert. Ebenfalls hatten sie im Anschluss an die Kulturalisten (Sullivan, Fromm, Horney, Fromm-Reichmann, Thompson) versucht, die britische Objektbeziehungstheorie Balints, Fairbairns, Winnicotts und vor allem die Bindungstheorie Bowlbys und die Selbstpsychologie Kohuts in ihr Konzept der interpersonalen Beziehung zwischen Analytiker und Analysand zu integrieren. Schließlich hat die Relational School (Bromberg, Friedland, Fosshage, Mitchell, Greenberg) den Versuch unternommen, die verschiedenen Strömungen der Objektbeziehungstheorie, der Selbstpsychologie sowie der Interpersonalisten und Intersubjektivisten zu einem gemeinsamen Konzept zu integrieren. Der theoretische und klinische Schwerpunkt liegt auf der Betonung der realen zwischenmenschlichen Beziehungen und weniger im innerpsychischen Geschehen des Analysanden.

III. Die Psychoanalyse – eine Wissenschaft?

»Erkenne dich selbst« ist die ganze Wissenschaft.
(*Nietzsche*, Morgenröte)

1. Wissenschaftsgeschichte

Wir haben bisher die Geschichte der Psychoanalyse über die Jahrzehnte hinweg begleitet: von ihrer Entdeckung durch Freud bis hin zur heutigen Situation. Nun ist es an der Zeit, die häufig gestellte Frage nach der Wissenschaftlichkeit der Psychoanalyse aufzugreifen. Um die Frage beantworten zu können, tun wir gut daran, uns zunächst einmal in der Landschaft der Wissenschaften umzusehen und uns einen Überblick über die einzelnen Wissenschaften zu verschaffen. Darüber hinaus können wir wissenschaftstheoretisch fragen, wie die einzelnen Wissenschaften nach Methode, Theorie und Praxis einzuordnen sind, wo sie sich voneinander unterscheiden, wo Ähnlichkeiten bestehen und worin die Unterschiede liegen.

Zu Beginn bestand die Universität (lat. universitas = Gesamtheit) nur aus den kirchlich anerkannten Wissenschaften der universitas litterarum, in denen die Scholaren, die früheren Studenten, Grammatik, Rhetorik, Dialektik und Mathematik lernten oder auch Logik, Physik, Metaphysik, Ethik, Politik, Astronomie und Geometrie studierten. Später kamen die Artisten, Juristen, Mediziner und Theologen dazu. Dabei haben sich die Geisteswissenschaften ebenso wie die Naturwissenschaften immer mehr spezialisiert. Erstere haben sich in Soziologie, Pädagogik, Psychologie, Theologie, Philosophie, Geschichte, klassische Philologie, neuere Philologie und Kunstwissenschaften aufgefächert, letztere in Mathematik, Physik, Chemie, Biologie, Geowissenschaft, Geographie, Informatik und Medizin.

Alle Wissenschaftler sprechen Deutsch als Umgangssprache. Wenn sie sich nur ein wenig Mühe geben, ihre Fachsprache in die Umgangssprache zu übersetzen, ist es auch möglich, komplizierte Sachverhalte einer Wissenschaft verständlich zu machen. Zahlreiche populärwissenschaftliche Darstellungen zeugen davon. Dabei besteht allerdings immer die Gefahr der Simplifizierung, der allzu großen Vereinfachung, eine Gefahr, der auch wir ausgesetzt sind, gibt es doch in jeder Wissenschaft Sachverhalte, deren Vielschichtigkeit umgangssprachlich nur schwer zu erfassen ist. Besondere Untersuchungsmethoden und eine komplizierte Theorie lassen eine Übersetzung in die Umgangssprache nicht ohne Bedeutungsverlust zu. In solchen Fällen kann ich dem Zeugnis des Wissenschaftlers glauben oder nicht. Glaube ich nicht, bleibt mir grundsätzlich immer noch die Möglichkeit, die betreffende Wissenschaft zu erlernen, d.h. ihre Methoden selbst kennenzulernen und anzuwenden, um damit ohne Abhängigkeit von anderen in der Lage zu sein, zu überprüfen, ob die von der betreffenden Wissenschaft mithilfe der ihr eigenen Methode gefundenen Daten erneut zu finden sind oder nicht.

Um es in einem Bild auszudrücken: In der Landschaft der Wissenschaften kann ich ein unzugängliches Gebirge nur mit der entsprechenden Gebirgsausrüstung erforschen, um dann wie Alexander von Humboldt mithilfe des Sextanten eine Kartographie zu erstellen. Mit der gleichen Ausrüstung wird es mir nicht gelingen, Unterwasserforschung zu betreiben. Es leuchtet auch unmittelbar ein, dass man nicht so ohne weiteres, ohne vorausgegangenes Training und ohne Lehrmeister, in unergründliche Tiefen tauchen kann. Allerdings, gewisse Einblicke in die Unterwasserwelt kann auch der Laientaucher ohne besondere Ausrüstung gewinnen: Er braucht dazu lediglich eine gesunde Lunge, Taucherbrille und Schnorchel. Die Leser ahnen bereits, worauf wir mit diesem Bild hinaus wollen.

2. Natur- und Geisteswissenschaften

Alle Wissenschaften sammeln Wissen und machen es durch Publikationen in Zeitschriften und Büchern der Allgemeinheit zugänglich. Dabei gehört nur das zum Bestand des Wissens, was als gesichert gilt, d.h. nachvollziehbar ist, und wirklich etwas erklärt und nicht nur zufällig beobachtet wurde. Es müssen also systematische Untersuchungen vorausgegangen sein, in denen Hypothesen mit bestimmten Methoden überprüft wurden. Dies ist am ehesten in den Naturwissenschaften, den metrischen oder messenden Wissenschaften, möglich. Hier werden – nomothetisch – Gesetze formuliert, wie z. B. die Fallgesetze, in denen nach vielen Versuchen induktiv Schlussfolgerungen in Richtung auf allgemeingültige Gesetzmäßigkeiten gezogen werden. Im weiteren Sinne sprechen wir auch von empirischen Wissenschaften, d.h. von Erfahrungswissenschaften (griech. empeiria = Erfahrung), also von Wissenschaften, deren Befunde auf Erfahrungen, mithin auf Beobachtungen zurückgehen. Erlauben die Beobachtungen exakte Aussagen, sprechen wir auch von exakten Wissenschaften, deren Ergebnisse in so genannten Protokollsätzen festgehalten sind. Damit wird der zu erklärende Sachverhalt (explanandum) durch das den Sachverhalt erklärende (explanans) definiert. Das kann zunächst eine nur auf einen einzigen Fall bezogene Aussage sein. Lässt sich diese Aussage aber bei wiederholter Untersuchung bestätigen, erlaubt sie die Schlussfolgerung auf allgemeine Gesetzmäßigkeiten. Nach dem so genannten Hempel-Oppenheim-Schema gehen wir dabei von einer Gesetzeshypothese aus, die unter bestimmten Bedingungen in logisch schlüssiger Weise einen Sachverhalt erklären soll, und zwar so, dass das zu Erklärende durch das Erklärende wirklich erklärt wird, in Form einer durch erneute Untersuchung immer wieder zu überprüfenden Gesetzmäßigkeit.

3. Interpretative Wissenschaften

In den Geisteswissenschaften ist dies nicht möglich. Als idiographische Disziplin beschreiben sie nur das Einzelne in seiner ganz besonderen individuellen Eigenart, etwa eine spezielle historische Epoche einer Gesellschaft oder das Verhalten einer ganz bestimmten Person. Zu derartigen Ergebnissen kommen wir nicht dadurch, dass wir – wie in den Naturwissenschaften – messen und zählen, sondern dass wir uns auf die einzelne Person einlassen, uns in sie einfühlen, um zu verstehen, wie sie denkt, fühlt und handelt.

Die Geisteswissenschaften haben es somit nicht mit einem vermessbaren, äußeren Naturgegenstand zu tun, sondern mit den Erfahrungen subjektiven Erlebens und individueller geistiger Haltung. Entsprechend ihrem »Gegenstand« – einem seelisch-geistigen Gebilde – ist ihre Methode nicht erklärend, sondern verstehend, auslegend, interpretierend, wie z.B. bei der Interpretation eines Kunstwerks oder eines literarischen Textes. Unser Ziel ist es, das herauszufinden, was der Künstler aussagen will, den Sinn, der hinter den Zeilen des Textes steht, oder die verborgene Botschaft, die hinter dem sichtbaren Bild steht. Dabei spielen unsere Intuition, unsere Phantasie, unser Einfühlungsvermögen und unsere Fähigkeit, auf einen Text, auf eine Skulptur oder auf ein Gemälde überhaupt einzugehen, eine wesentliche Rolle, um das Unsichtbare sichtbar zu machen. Am deutlichsten sehen wir dies in der bildenden Kunst.

Der Künstler ist aus seiner Einbildungskraft heraus schöpferisch gestaltend tätig. Während er dabei eine bewusst erlebte Wirklichkeit ausdrückt, überragt sein Werk bereits die individuell-subjektive Sphäre: sie erfasst den Künstler wie den Rezipienten gleichermaßen. Nur unter der Voraussetzung eines gemeinsamen geschichtlichen Verstehenshorizonts ist das Verstehen eines Kunstwerks möglich, wobei die subjektive Wirklichkeit, wie impressionistische und expressionistische Bilder zeigen, der objektiven nicht genau entsprechen muss.

Aber auch in anderen Wissenschaften, wie in der Literaturwissenschaft und erst recht in der Philosophie, wird interpretiert, ausgelegt. Hier sind es meist geschriebene Texte, die ausgelegt werden, Gedichte, Novellen oder ganze Romane. Auch Mythen werden interpretiert. Dabei geht es vor allem darum, was Mythen uns Menschen – als Gattungswesen und als Individuum – jeweils bedeuten.

4. Hermeneutik und Phänomenologie

Damit sind wir bei den Geisteswissenschaften in Landschaften geraten, die sich nicht so genau wie in den exakten Wissenschaften vermessen lassen, die wir aber sehr wohl in gewissen Annäherungen an ihre objektive Wirklichkeit subjektiv ausloten, ausleuchten und durchleuchten können. Dies bedeutet nicht, dass der Wissenschaftscharakter der Geisteswissenschaften grundsätzlich in Zweifel gezogen werden müsste. Wir haben es mit zwei verschiedenen wissenschaftlichen Leitbildern oder Paradigmen zu tun. Auch in den Geisteswissenschaften lassen sich einige Prozesse relativ genau beschreiben. Und auch in den Naturwissenschaften, wie z. B. in der modernen Atomphysik, können wir manche Prozesse mit einer bestimmten Wahrscheinlichkeit nur annähernd beschreiben. Manchmal muss hier der Physiker auf Bilder zurückgreifen, wenn er z. B. Eigenschaften der Elektronen einmal als Welle und ein andermal als Korpuskel beschreibt. Die Geschichtswissenschaft interpretiert vorliegende Quellen und sucht zu Erkenntnissen, z. B. über die Lebensweise eines Volkes in grauer Vorzeit, zu gelangen. Aber die Quellen können zu Fehlschlüssen verleiten, weil sie mehrdeutig sind. Die Triftigkeit der Interpretation muss dann durch weitere Forschungen – Quellenforschungen, Grabungen usw. – geklärt werden.

Auf jeden Fall soll die vermutete Interpretation durch entsprechende Belege abgesichert sein. Damit können zunächst unklare Befunde, etwa bei Ausgrabungen, zu einer Fülle von Vermutungen anregen, die, wissenschaftstheoretisch gesehen, völlig legitim sind. Sie sollten aber in einem fortgeschrittenen Forschungsstadium so weit abgesichert sein, dass ein Minimum an »Objektivität« verbürgt ist.

Zum Methodenarsenal der Geistes- und Kulturwissenschaften zählt neben der hermeneutischen Methode das phänomenologische Verfahren. Phänomenologie ist im weitesten Sinne die Lehre von dem »Phänomen«, d.h. von den Erscheinungen, wie sie sich den Sinnen darbieten. Im engeren Sinne ist Phänomenologie die von Husserl begründete philosophische Richtung. Sie befasst sich mit den Phänomenen, die als Wesenheiten bzw. als Bedeutungszusammenhänge erforscht werden. Das breite Spektrum der phänomenologischen Bewegung (Husserl, Scheler, Heidegger) bemüht sich – hierin der Hermeneutik vergleichbar –, über unmittelbare Anschauungen und Intuitionen zu Erkenntnissen zu gelangen, die vom unmittelbaren Erleben ausgehen und auf Ganzheit, Sinn und existentielles Verstehen zielen. Dabei wird die Phantasie, also unsere Fähigkeit, uns im Geiste eine Vorstellung von einer Sache zu machen, ebenso intuitiv genutzt, wie die gewonnenen Phantasien gleichzeitig analytisch auf ihre Logik hin überprüft werden (Husserl 1900/1901).

Phänomenologie ist also kein schlichtes theoriefreies Schauen. Sie ist eine Methode der Reflexion, die alle unmittelbare Anschauung (Intuition) einer Kritik unterzieht. Es genügt daher nicht, sich in den anderen, der z.B. unglücklich verliebt ist und deswegen leidet, nur einzufühlen und sich dabei an eine eigene Verliebtheit zu erinnern, um ihn zu verstehen. Wir müssen darüber hinaus auch überprüfen, ob wir mit unserer Erinnerung einer eigenen Verliebtheit tatsächlich das Gefühl erfasst haben, das der andere empfindet. Ohne derartige Überprüfungen wären sehr leicht Missverständnisse möglich, die aber durch eine ständige kritische Haltung vermeidbar sind.

Dies ist in der Hermeneutik nicht anders, d.h. in der Kunst der Auslegung (griech. hermeneutes = der Ausleger, der Erklärer). Wenn ich die Situation, die der andere erzählt, persönlich kenne, kann ich leicht sagen: »Aha, so fühlst du jetzt.« Manchmal sind dazu lange Erzählungen notwendig, in denen die Erlebnisse genau beschrieben werden. Ein einfacher Sachverhalt, wie z.B. ein

Verkehrsunfall mit Blechschaden, kann dabei durch eine relativ kurze Schilderung verstanden werden; ein komplizierterer Sachverhalt, wie ein Eheproblem, Erziehungsschwierigkeiten oder eine verwickelte familiäre Situation, ist dagegen nicht so ohne weiteres nachzuvollziehen. Noch schwieriger wird das Verständnis, wenn wir uns in eine von Selbstmord redende, schwer depressive Person einfühlen sollen oder gar in jemanden, der – umgangssprachlich – »verrückt geworden« ist, psychiatrisch gesprochen, an Schizophrenie leidet.

Wenn wir aber geduldig sind, gut zuhören, auf die Zwischentöne achten und uns Mühe geben, zu begreifen, was den anderen quält, gelingt es immer wieder, auch bei zunächst unverständlichem Verhalten, die dahinter liegenden Gründe zu verstehen. Dabei müssen wir nach der Methode »Versuch und Irrtum« immer wieder eine Vermutung aufstellen, sie auch aussprechen und durch Fragen an den anderen überprüfen, ob unsere Vermutung zutrifft oder nicht. Wir begeben uns somit in den berühmten hermeneutischen Zirkel, indem wir mit unserem Vorverständnis an die vom Gesprächspartner geschilderte Situation herangehen. Selbstverstehen und Fremdverstehen greifen dabei ineinander und führen letztlich zu einem angemessenen Verstehen der Lebenssituation des anderen (Gadamer 1960).

Die Fähigkeit, auf diese hermeneutische Weise zu verstehen, ist individuell verschieden. Während sich die einen leicht in den Sinn eines modernen Gedichts einfühlen können, gelingt dies anderen nicht; der eine schwelgt beim Hören klassischer Musik, während der andere Popmusik schätzt. Der eine kann sich leichter in einen Alkoholiker einfühlen, der andere eher in neurotisch Gestörte. Wieder andere haben Probleme gerade mit neurotisch Gestörten, während sie mit Psychotikern gut zurechtkommen. Hier gibt es also Grenzen, Grenzen der Wahrnehmung, der Einfühlung, der Wahrnehmungsverarbeitung, verbunden mit der Gefahr von Fehlschlüssen, die bei den hermeneutischen Methoden vor allem dann zu erwarten sind, wenn zu früh interpretiert wurde, wenn versäumt wurde, sich genügend lange und intensiv in die Situation des anderen hineinzuversetzen.

Autoren wie Spence (1978, 1993) und Schafer (1983) betonen mit ihrem narratologischen Konzept der Psychoanalyse aus hermeneutischer Sicht, dass unter methodischen Gesichtspunkten die Rekonstruktion unbewusster und in Verdrängung gehaltener Kindheitserinnerungen durch Konstruktionen ersetzt werden sollte (vgl. Kap. IX.8). Die Anhänger dieser Konzeption glauben, dass die Suche nach historischen Wahrheiten in der Geschichte des Subjekts (der

Analytiker als Archäologe oder Detektiv) durch je subjektive Narrative (der Analysand als Autor) ersetzt werden sollten, da die Assoziationen, die Träume, die Erzählungen des Patienten in der analytischen Situation keinen Rückschluss auf historische Wahrheit erlaubten. Mit den gleichen Argumenten wird die Rolle des Analytikers als objektiver Beobachter (naturwissenschaftliche Begründung) zurückgewiesen, zugunsten eines konstruktivistischen analytischen Dialogs im Hier und Jetzt. Dabei bezieht sich Rekonstruktion immer auf historische Wahrheit von auffindbaren Fakten, Konstruktionen eher auf subjektive Generierung und Verleihung von Bedeutungen (Haubl & Mertens 1996). Spence wie Schafer wehren sich gegen den Vorwurf eines postmodernen Solipsismus ihres narrativen Konstruktivismus und verweisen auf die tiefenhermeneutische Methode der Datengewinnung. Dies berührt Fragen der Evidenz und Wahrheit in der analytischen Situation. Aus diesen narrativhermeneutischen Grundpositionen entwickelten sich dann die verschiedenen Schulen von interpersoneller, relationaler und intersubjektiver Psychoanalyse (vgl. Kap. II.5).

5. Wissenschaftstheorie

In wissenschaftstheoretischer Perspektive blicken wir von einem exzentrischen, d.h. außerhalb stehenden Standpunkt auf die Landschaft der Wissenschaften, so wie man von einem Satelliten auf die Erde schaut. Diese Sichtweise nehmen wir ein, wenn wir die einzelnen Wissenschaften aus wissenschaftstheoretischer Perspektive beschreiben und in nomothetische, also Gesetze aufstellende, und idiographische, d.h. Einzelschicksale detailliert beschreibende Wissenschaften aufgeteilt haben. Die Wissenschaftstheorie unterscheidet die in den einzelnen Wissenschaften verwendeten Methoden, die sie in einer Methodologie beschreibt und vergleicht. Genauso werden die Theorien der einzelnen Wissenschaften auf ihre logische Schlüssigkeit, ihre Widerspruchsfreiheit und auf die Art ihres Entstehens hin eingeschätzt.

Wissenschaftstheoretisch bedeutsam sind auch die Möglichkeiten der Überprüfung der von einer Wissenschaft festgestellten Ergebnisse. Im Idealfall sollen die von einem Wissenschaftler gewonnenen Ergebnisse unter Anwendung der gleichen Methoden auch von anderen Wissenschaftlern gefunden werden können. Dabei zeigt sich aber schnell, dass wir selbst in der modernen Physik bei Untersuchung eines Gegenstands mit der gleichen Methode nicht ohne weiteres zum gleichen Ergebnis kommen; es könnte sich nicht nur der Gegenstand, sondern auch die Methode und auch der Untersucher in der Zwischenzeit geändert haben.

Außerdem können die beobachteten Phänomene unterschiedlich wahrgenommen werden. Während der eine Forscher eine Stelle im Spektrum der Farben als grün bezeichnet, benennt sie der andere schon als blau. Ein und derselbe Satz kann im Verständnis mehrerer Forscher unterschiedlich aufgefasst werden. Um derartige Missverständnisse zu vermeiden, müssen die verwendeten Begriffe so definiert und operationalisiert werden, dass auf jeden Fall klar ist, worum es sich handelt. Ein Beispiel für eine gelungene Operationalisierung wäre die Definition des Begriffs »Insel«: Insel ist ein Stück Land, das von Wasser umgeben ist, oder ein Stück Land, um das man mit einem Boot herumfahren kann. Mittlerweile lassen sich auch schwierige psychoanalytische Begriffe operationalisieren. Der Arbeitskreis OPD (= Operationalisierte Psychodynamische Diagnostik) hat ein System vorgelegt, in dem in einem Manual fünf Achsen (1. Krankheitserleben, 2. Beziehung, 3. Konflikt, 4. Struktur und 5. Störungen) genau definiert sind (Arbeitskreis OPD 1998).

Kompliziertere Phänomene wie Liebe sind nicht ohne weiteres operationalisierbar. Zumindest besteht dabei die große Gefahr, dass die Operationalisierung das Phänomen Liebe höchst oberflächlich erfasst, wie etwa eine Operationalisierung durch die quantifizierende Psychologie die Liebe dadurch operationalisiert, dass sie ihr Ausmaß durch die Häufigkeit der Küsse oder durch die Dauer des »Händchenhaltens« eines Paares definiert.

Die introspektive Seite des Phänomens Liebe käme hierbei entschieden zu kurz. Die große Masse der Untersuchungen der empirischen Sozialforschung oder der experimentellen Psychologie verlaufen aber genau nach diesem Muster. Da werden beobachtbare Verhaltensweisen genau beschrieben, wenn irgend möglich gezählt und im Film festgehalten. Daraus ergibt sich eine Fülle von statistisch auswertbaren Daten, die sich, in Tabellen aufgelistet, in zahllosen Diplomarbeiten, Dissertationen und Monographien niederschlagen. Diese Daten erlauben es auch, allgemeine Gesetzmäßigkeiten abzuleiten. Die nach dem gesunden Menschenverstand zu erwartenden Verhaltensweisen werden dadurch in wissenschaftliche Kategorien gebracht.

6. Emanzipatorische Wissenschaften

Ehe wir auf die Psychoanalyse zu sprechen kommen, muss noch eine wissenschaftliche Richtung erwähnt werden, die gleichsam als dritte wissenschaftliche Richtung zwischen den häufig als positivistisch verdammten empirischen Wissenschaften einerseits und den Geisteswissenschaften andererseits steht: die Kritische Theorie der Frankfurter Schule, die an die Namen Adorno, Horkheimer und Habermas geknüpft ist. Sie begnügt sich nicht allein mit dem neutralen Sammeln von Daten, sondern versteht Forschung als Aufklärung und als Kritik an die herrschenden gesellschaftlichen Verhältnisse. Sie teilt den phänomenologischen und hermeneutischen Zugang mit Phänomenologie und Hermeneutik, versucht, individuelle Ereignisse ebenso umfassend und fundiert wie diese zu klären, ist aber insofern kritisch, als sie immer auch die Totalität der Gesellschaft und deren Auswirkung auf das menschliche Erleben berücksichtigt. Damit versteht sich die Kritische Theorie als eine neben Naturwissenschaft und Geisteswissenschaft stehende dritte emanzipatorische Wissenschaft, die, ganz im Sinne der Aufklärung, historisch gewordene Verhältnisse nicht nur analysiert und auf ihren Sinn hin befragt, sondern kritisiert und daraufhin überprüft, ob die Subjekte in dem, was sie tun, auch wirklich freier werden und sich aus Gewalt und Bevormundung lösen, oder ob sie, lediglich Wissen anhäufend, gar nicht im kritischen Sinne des Wortes wissend werden, und zwar nicht nur im Hinblick auf die Innenwelt der Seele, sondern vor allem im Hinblick auf die Außenwelt sozialer Strukturen im Bezug auf Macht- und Herrschaftsverhältnisse (Horkheimer & Adorno 1947).

7. Die Psychoanalyse – schillernd wie ein Chamäleon

Betrachten wir die Psychoanalyse aus wissenschaftstheoretischer Perspektive gleichsam von außen, fällt uns deren Einordnung in die unterschiedlichen Wissenschaftssysteme nicht leicht. Zuweilen hat es den Anschein, als gleiche die Psychoanalyse wissenschaftstheoretisch gesehen einem Chamäleon, das in allen Farben schillert.

Man kann sie wie der Psychoanalytiker Hartmann (1927) als Naturwissenschaft einordnen, wenn man ihre Befunde (z. B. »Die Verdrängung unbewußter Inhalte ist die Ursache von Neurose« oder »Das Aufheben der Verdrängung durch Psychoanalyse beseitigt die Neurose«) als allgemeine Gesetzmäßigkeiten auffasst: als allgemein gültige psychologische Gesetzmäßigkeiten, wie sie die akademische Psychologie beschreibt. An deren Kriterien gemessen hat die Psychoanalyse z. B. bei dem Wissenschaftsphilosophen Adolf Grünbaum (1988) einen schweren Stand.

Man kann die Psychoanalyse aber mit derselben Berechtigung, unter Hinweis auf das jeweils einzigartige und nicht wiederholbare Ergebnis jeder einzelnen Analyse eines Menschen, als idiographische Wissenschaft einreihen, die keine Verallgemeinerung zulässt. In dieser Richtung ordnet z. B. der französische Philosoph Ricœur (1969) in seinem Werk *Die Interpretation. Ein Versuch über Freud* die Psychoanalyse ausschließlich als hermeneutische Wissenschaft ein.

Andere, wie z. B. Lorenzer (1974), halten sie für eine »kritisch-hermeneutische Erfahrungswissenschaft«, wobei freilich der Begriff Erfahrung nicht im Sinne der Naturwissenschaften als beobachtbare Erfahrung zu verstehen ist, sondern als Erfahrung, die aus indirekt erschließbaren Erlebnissen stammt. Insofern wäre die Bezeichnung *Erlebnis*wissenschaft korrekter. In einer späteren Publikation spricht Lorenzer (1984, S. 199) ausdrücklich auch von »Erlebnisanalyse«.

8. Die Psychoanalyse – eine Humanwissenschaft

Die Psychoanalyse ist als eigenständige Wissenschaftsdisziplin zu definieren, die über eine Forschungsmethode, eine allgemeine Theorie, eine Krankheitslehre sowie eine Behandlungstechnik und schließlich eine umfassende Persönlichkeitstheorie verfügt (Loch 1999). Sie ist insofern eine Tiefenpsychologie (Freud 1924 f, S. 422), da sie sich mit dem Nachweis und der Untersuchung des Unbewussten befasst. Als Forschungsmethode ist sie »ein parteiloses Instrument, wie etwa die Infinitesimalrechnung« (Freud 1927 c, S. 360), und ermöglicht die Untersuchung des unbewussten Bedeutungsgehalts neurotischer, psychosomatischer sowie psychotischer Symptome, die dann in der psychoanalytischen Krankheitstheorie erklärt, verstanden und gedeutet werden können. Als eine allgemeine ist sie somit eine mentalistische Theorie. Als spezifische Theorie erforscht sie das menschliche Seelenleben unter einem metapsychologischen Gesichtspunkt: Unter dynamischen Aspekten untersucht die Psychoanalyse das Wechselspiel von Affekten, Trieben, Motivationen sowie unbewussten Konflikten; der ökonomische Aspekt, in den Anfangsjahren der Psychoanalyse als quantitativer energetischer Faktor beschrieben, untersucht in modernen Konzeptionen quantitative und qualitative Aspekte der Affekte und Vorstellungen sensu Triebrepräsentanzen; der strukturelle Gesichtspunkt untersucht die Untergliederung der menschlichen Seele, etwa in die Bezirke Es, Ich und Überich, sowie deren spezifische Funktionen; der genetische Aspekt befasst sich mit der Entwicklungsgeschichte seelischer Kräfte und Strukturen.

Seit den 1960er Jahren wurden von vielen psychoanalytischen Theoretikern Erweiterungs- und Differenzierungsvorschläge im Hinblick auf die Metapsychologie formuliert (Mertens 1981, 1992). Die Kritik an der klassischen Metapsychologie richtete sich dabei vor allem gegen den ökonomischen Gesichtspunkt, der als zu reduktionistisch, mechanisch empfunden wurde (»Seelenhydraulik«); hier sei die Psychoanalyse noch ganz Naturwissenschaft des 19. Jahrhunderts, huldige einem seit je seinen Gegenstand verkennenden Szientismus (Habermas 1968, Lorenzer 1974) und bleibe in diesem Punkt einem mechanischen, biologistischen »Selbstmißverständnis« (ebd.) verhaftet. Ein solcherart aus der Naturwissenschaft entlehntes Ursache-Krafteinwirkung-Folge-Modell sei der komplexen Natur des menschlichen Seelenlebens nicht angemessen. Vielmehr solle, so manche Vorschläge, sich die Psychoanalyse konsequent zu einer hermeneutischen oder narrativen Disziplin weiterentwickeln (»Handlungssprache«: Schafer 1983, Spence 1983, 1993) oder den ökonomischen Gesichtspunkt zumindest durch einen motivationalen Aspekt ersetzen, wogegen eine andere Gruppe, vor allem nordamerikanische Analytiker, eine systemtheoretische Fundierung der Psychoanalyse favorisierten (Peterfreund, Rubinstein, Rosenblatt), um die Psychoanalyse für die Befunde der Neurowissenschaften zu öffnen und zentrale psychoanalytische Konzepte wie Libido, Besetzung und Unbewusstes neurobiologisch zu reformulieren (Deneke 1999). Zugleich scheint eine breite Übereinstimmung im Hinblick auf die Notwendigkeit zu bestehen, den strukturellen, topischen, genetischen und dynamischen Gesichtspunkt beizubehalten (Schmidt-Hellerau 1993). Die Psychoanalyse benötigt »einen eigenen grundlagentheoretischen Standpunkt«, weil sie »ohne eine metapsychologische Fundierung … nur geringe Chancen (hat), an einem inter- und transdisziplinären Diskurs teilzunehmen« (Mertens 2007, S. 121). So wurde wiederholt darauf hingewiesen, dass die Kritik der Metapsychologie selbst einem konkretistischen Missverständnis aufsitze, da Freud und seine Nachfolger weniger Modelle aus Physik und Biologie im Verhältnis eins zu eins auf die Psychoanalyse applizierten, sondern sich vielmehr dieser Modelle als Metaphern bedienten (Buchholz 1993).

9. Die Psychoanalyse – eine Wissenschaft ganz besonderer Art

Überprüfen wir die Psychoanalyse, gemessen am oben genannten Hempel-Oppenheim-Schema, müsste sie auch in der Lage sein, nicht nur retrograd historische Erklärungen zu liefern, sondern auch primär Prognosen aufzustellen, die sekundär überprüft werden können. An einem derartigen wissenschaftstheoretischen Kriterium gemessen, erscheint die Psychoanalyse im Gegensatz zur Verhaltenstheorie nicht empirisch überprüfbar. Sie wäre daher eher als Deutungskunst oder hermeneutisches Verfahren einzuordnen. Wie aber können psychoanalytische Interpretationen überprüft werden? Hierzu hat Sommer (1987) drei Kriterien angegeben: das Korrespondenzkriterium, wonach Bewusstseinsinhalt und Aussage miteinander korrespondieren sollen, das Kohärenzkriterium, wonach die Interpretation in sich kohärent sein soll, und das Praxiskriterium, wonach sich eine Interpretation in der Lebenspraxis zu bewähren hat. Dazu kommt neben der monologischen Überprüfung einer Interpretation durch Einsicht des Patienten (»Aha, genau so ist es, jetzt fällt es mir wie Schuppen von den Augen.«) die dialogische Überprüfung, die darin besteht, dass sich die forschenden Dialogpartner auf eine Interpretation einigen, d. h. Konsens herstellen (Konsenskriterium).

Wir können auch sagen: Die Psychoanalyse ist sowohl eine Naturwissenschaft als auch eine Geisteswissenschaft. Jede Einseitigkeit wäre von Nachteil. Die einseitig naturwissenschaftliche Orientierung würde die subjektive Seite der conditio humana und das Gefühlsleben vernachlässigen. Es gibt aber kausale Erklärungen, wenn z. B. gesagt wird, eine Veränderung sei zustande gekommen, weil das Bewusstbleiben eines Erlebnisses für das Bewusstsein so peinlich wäre, dass es auf Dauer nicht ertragen werden könnte. Damit ist durchaus – bei allen Vorbehalten gegenüber dem kausalen Denken – eine ursächliche Beziehung zwischen Verdrängung und dem Auftreten eines neurotischen Symptoms hergestellt im Sinne des Wenn-dann-Satzes: »Wenn der Bewusstseinszustand für das Ich so unerträglich wird, dann wird der Gedanke verdrängt« (wenn auch um den Preis eines neurotischen Symptoms). Andere

Kasten 1

Was ist Psychoanalyse? Liste von Definitionen unterschiedlichster Provenienz

1. Definition von Freud selbst

»Chimney sweeping« oder »talking cure«	(Freud & Breuer 1895d)
Deutungskunst, mit dem Ziel, die Amnesien aufzuheben, alle Erinnerungslücken auszufüllen.	(Freud 1904a, S. 8)
eine Theorie unbewusster seelischer Vorgänge	(Freud 1923a, S. 215)
ein Verfahren, in dem die Übertragung aufgedeckt wird	(Freud 1905e, S. 281)
keine tendenzlose, wissenschaftliche Untersuchung, sondern ein therapeutischer Eingriff; sie will an sich nichts beweisen, sondern nur etwas ändern	(Freud 1909b, S. 339)
eine Methode, die Illusionen zerstört	(Freud 1910d, S. 111)
eine Methode, die über Erinnern, Wiederholen und Durcharbeiten seelische Konflikte löst	(Freud 1914g, S. 126–136)
eine Reihe von psychologischen, auf solchem Weg gewonnenen Einsichten, die allmählich zu einer neuen wissenschaftlichen Disziplin zusammenwachsen	(Freud 1923a, S. 211
eine Sexualitätstheorie, in der die Theorie des Ödipuskomplexes eine zentrale Rolle spielt	(Freud 1923a, S. 223)
eine Methode, in der die kindliche Sexualität eine wesentliche Rolle spielt	(Freud 1926e, S. 233–247)
eine Art »Korrektiv« gegenüber der Verdrängung	(Freud 1926e, S. 285)
eine Forschungsmethode, ein parteiloses Instrument, wie etwa die Infinitesimalrechnung	(Freud 1927c, S. 360)

▷

ein Zweig der Psychologie – Tiefenpsychologie oder Psychologie des Unbewussten	(Freud 1933 a, S. 170/171)
ein Verfahren, das »die für die Ich-Funktionen günstigsten psychologischen Bedingungen herstellen« soll: damit wäre ihre Aufgabe erledigt	(Freud 1937 c, S. 96)
2. Definitionen von Psychoanalytikern nach Freud	
eine Naturwissenschaft, in der beobachtet wird, Gesetze über die Dynamik seelischer Vorgänge aufgestellt werden, die sogar dem Experiment zugänglich sind	(Hartmann 1927)
eine kritisch-hermeneutische Erfahrungswissenschaft	(Lorenzer 1974)
eine Erlebnis-Analyse	(Lorenzer 1984)
eine Humanwissenschaft in der Mitte des Dreiecks zwischen Biologie, Soziologie und Psychologie	(Lorenzer 1985)
eine sowohl »verstehende« als auch »erklärende« Wissenschaft	(Kuiper 1976, Körner 1985)
eine in Sprache gründende Praxis, mit dem Ziel, die stillgelegten, verödeten, symptomgewordenen Diskurse wieder zum Sprechen zu bringen	(Lacan 1966)
eine narratologisch-hermeneutische Wissenschaft	(Spence 1983, Schafer 1983)
ein Fachgebiet eigener Prägung, eine selbstständige Diszplin	(Loch 1999)
eine gemeinsame Konstruktion des analytischen Paares (relationale und intersubjektivistische Autoren, vgl. Kap. II.5.5 in diesem Buch)	
eine gemeinsame Rekonstruktion der verlorenen Lebensgeschichte (vgl. Kap. IX.8 in diesem Buch)	

3. Definitionen von Philosophen und Wissenschaftstheoretikern

ein hermeneutisches Verfahren, über das Unbewusstes in ein Bewusstes verwandelt wird	(Ricœur 1969)
Psychoanalyse als Selbstreflexion	(Habermas 1968)
Psychoanalyse als »Tiefen-Hermeneutik« bzw. als »psychoanalytische Hermeneutik«	(Lorenzer 1970)
eine Deutungskunst	(Möller 1978)
eine Phänomenologie, in der der Gegenstand unmittelbar sinnlich angeschaut und die Prozesse im Anderen intuitiv nachvollzogen werden	(Husserl 1900/1901)
eine emanzipatorische Wissenschaft im Zuge der Aufklärung	(Adorno 1966)
Psychoanalyse als Ideologiekritik	(Habermas 1968)

4. Weitere Definitionen

Eine Forschungsmethode zur Untersuchung sonst nicht zugänglicher unbewusster psychischer Prozesse

eine Behandlungsmethode psychischer Störungen

die Lehre von Widerstand und Übertragung

eine Persönlichkeitstheorie

eine Krankheitslehre bzw. eine Theorie psychischer Störungen

eine Geisteswissenschaft, in der in idiographischer Weise einzelne Lebensläufe so gut wie möglich verstanden werden

eine Geschichtswissenschaft, in der die Geschichte einzelner Menschen bis in die feinsten Verästelungen beschrieben wird

ein Verfahren zur Untersuchung seelischer Vorgänge, welche sonst kaum zugänglich sind

Beispiele für solche Wenn-dann-Sätze sind: »Wenn ich von einer für mich wichtigen Person verlassen werde, dann bin ich traurig.« Oder: »Wenn ich verfolgt werde, dann ergreife ich die Flucht.«

Schwierigere psychische Verhältnisse sind allerdings nicht immer so leicht im Sinne eines linearen Denkens von Ursache und Wirkung in einen ursächlichen Zusammenhang zu bringen. Hier haben wir es, in Übereinstimmung mit Gregory Bateson (1972), eher mit einem zirkulären Denken zu tun, das sich in mehreren Systemen bewegen kann, die sich wiederum überschneiden können. Wie lässt sich dieses Dilemma lösen? Antwort: In der psychoanalytischen Stunde gehen wir vorwiegend hermeneutisch vor, während wir uns zwischen den psychoanalytischen Sitzungen von Zeit zu Zeit, gleichsam außerhalb des eigentlichen psychoanalytischen Verfahrens stehend, in kausal denkender Weise fragen, wie die hermeneutisch verstandenen Phänomene ursächlich aufeinander folgen oder miteinander zusammenhängen. Wir hören also in der Stunde dem Patienten zu und versuchen, den Sinn dessen zu verstehen, was er sagt; wobei die Art und Weise, wie Analysand und Analytiker den Sachverhalt verstehen, jeweils einmalig und grundsätzlich nicht abgeschlossen ist. Zwischen den Sitzungen versuchen wir darüber hinaus, aus eher distanzierter Position, allgemein gültige Regeln auf den Fall anzuwenden. Wir ziehen z. B. die psychoanalytische Theorie der Entstehung der Zwangsneurose (Regression auf die anal-sadistische Phase) heran und versuchen so, die Zwangssymptome des Analysanden im Sinne einer Wenn-dann-Beziehung zu erklären.

10. Interdisziplinarität

Wir plädieren im vorliegenden Buch für eine Öffnung der Psychoanalyse gegenüber allen angrenzenden Wissenschaften. Wie psychoanalytische Praxis wirklich durchgeführt wird, lässt sich allenfalls aus den Beschreibungen der Psychoanalytiker, noch besser aber aus den Erlebnisberichten von Analysanden erahnen. Dabei fallen große Unterschiede auf. Freud rät z. B. in seinen technischen Schriften, sich wie ein Spiegel zu verhalten und nur das widerzuspiegeln, was vom Patienten ausgeht. Berichte früherer Analysanden Freuds sprechen dagegen eine ganz andere Sprache. Demnach soll sich Freud sehr menschlich, warmherzig und gütig verhalten haben. Bei den heutigen Psychoanalytikern wird es nicht anders sein. Das, was sie schreiben, wird nicht immer dem entsprechen, was sie wirklich tun. Scharfsinnige philosophische Untersuchungen wie die Adolf Grünbaums (1988), die die psychoanalytische Theorie und Methode aufgrund der Schriften Freuds mit den Mitteln philosophischer Logik wissenschaftstheoretisch durchleuchten, kommen dadurch zwangsläufig zu Schlüssen, die den wahren Gegebenheiten nicht gerecht werden.

Es führt daher nicht weiter, wenn sich Psychoanalytiker nur in ihren eigenen Fachvereinigungen fast wie in esoterischen Zirkeln versammeln und die Freudsche Psychoanalyse hegen und pflegen und sich gegenüber anderen Wissenschaften abschotten. Es ist vielmehr an der Zeit, dass sich die Psychoanalyse nach außen öffnet. Dies muss nicht dazu führen, dass essentielle psychoanalytische Positionen zugunsten der Verständigung aufgegeben werden. Die Psychoanalyse kann von den anderen Wissenschaften profitieren. Die verwendeten Methoden müssen lediglich, wissenschaftstheoretisch gesehen, dem zu untersuchenden Gegenstand adäquat, also angemessen sein. So können linguistische, kommunikationstheoretische und sozialwissenschaftliche Methoden ebenfalls »latente Sinnstrukturen« (Oevermann 1993) bzw. »latente Gesprächsstrukturen« (Keseling & Wrobel 1983) entdecken. Mit bestimmten psychologischen Testverfahren können die Veränderungen während eines psychoanalytischen Prozesses, wie sie sich im Laufe der Zeit ergeben, erfasst werden. Wenn durch derartige Untersuchungen und Befunde Psychoanalyse für andere Wissenschaftler verständlich und beschreibbar wird, ist dies keine Gefahr, sondern eher eine Chance, nicht nur einen Beitrag zu einer Entmythologisierung der Psychoanalyse zu leisten, sondern auch zur besseren Integration der Psychoanalyse in die Landschaft der Wissenschaften. Um diese Chance effektiv nutzen zu können, müssten Psychoanalytiker noch offener als bisher darüber informieren, wie sie ihre Daten erheben, wie sie diese interpretieren und wie ihre Interpretationen zustande gekommen sind (Leuzinger-Bohleber & Stuhr 1997, Leuzinger-Bohleber, Deserno & Hau 2004).

Die konstruktive Öffnung und kritische Auseinandersetzung der Psychoanalyse mit anderen Wissenschaften hat in den letzten 10 bis 15 Jahren erheblich zugenommen, und Psychoanalytiker stellen sich heute mit ihren Theorien, Behandlungsergebnissen, ihrer Methode und Technik dem kritischen Dialog mit Nachbarwissenschaften. Von dieser Entwicklung zeugen die empirische Psychotherapieforschung (vgl. Kap. VIII), Traumforschung (vgl. Kap. V), Behandlungstheorie und -technik einzelner Krankheitsbilder (vgl. Kap. VII u. IX), Erkenntnistheorie (Auseinandersetzungen mit philosophischen Strömungen der Moderne und Postmoderne), Entwicklungspsychologie und Kleinkind- sowie Säuglingsforschung (vgl. Kap. IV). Traditionell gibt es einen intensiven interdisziplinären Austausch mit der Literaturwissenschaft (Freiburger Literaturpsychologische Gespräche 1981ff, Pfeiffer 1989) und Linguistik (Flader et al. 1982, Ehlich et al. 1990) sowie der Sprachphilosophie und in jüngster Zeit ebenfalls mit der Affektpsychologie und den Kognitionswissenschaften (Krause 1983, Koukkou et al. 1998), Kriminalpsychologie sowie Forensik (Beier 1995). Mit der Entwicklung der Neurobiologie hat sich besonders auf diesem Gebiet eine Diskussion über Konvergenzen und Divergenzen psychoanalytischer und neurobiologischer Befunde stattgefunden (Damasio 1999, Westen & Gabbard 2002, Beutel et al. 2003, Schore 2005).

11. Pädagogik, Soziologie und Theologie

Philosophen wie Jürgen Habermas (1968) wurden durch die Psychoanalyse angeregt, philosophische Hermeneutik und Psychoanalyse konstruktiv zu integrieren.

Die gesamte psychoanalytische Szene Deutschlands ist demnach keinesfalls allein auf den Bereich der Medizin beschränkt. Ihr Einfluss hat sich vielleicht sogar stärker als auf die Medizin auf Soziologie, Politikwissenschaft, Pädagogik und Philosophie ausgewirkt – es sei nur an so herausragende Werke wie *Der autoritäre Charakter* von Adorno, Frenkel-Brunswik, Levinson und Sanford (1950) erinnert, an Herbert Marcuse (1955), an Norbert Elias (1969). Die Psychoanalyse befruchtet zunehmend im interdisziplinären Dialog benachbarte Fachgebiete ebenso wie diese die Psychoanalyse bereichern (Kutter 1997).

Heute gibt es kaum noch ein Gebiet, das nicht von der Psychoanalyse beeinflusst ist. So hat für den Bereich der Theologie Yorick Spiegel 1972 *Psychoanalytische Interpretationen biblischer Texte* veröffentlicht und 1978 die Tiefendimensionen biblischer Texte unter dem vielsagenden Titel *Doppeldeutlich* theologisch wie psychoanalytisch durchleuchtet. Freuds Religionskritik fand in der Theologie durch Joachim Scharfenberg (1968) auf der evangelischen Seite und durch Hans Küng (1987) auf der katholischen kritisch denkende Exegeten, die Freuds Psychoanalyse erfolgreich für die Deutung theologischer Fragen nutzen (Raguse 1993).

12. Psychoanalyse an der Universität

Es gibt mittlerweile umfangreiche psychoanalytische Interpretationen schöngeistiger Literatur, etwa durch Peter Dettmering. Darüber hinaus beweisen zahlreiche Psychopathographien, in denen z. B. August Strindbergs Dramen, Honoré de Balzacs Romane, Konrad Ferdinand Meyers Balladen, Thomas Manns *Tod in Venedig* und Flauberts Krankheit zum Gegenstand der Analyse gemacht werden, dass fruchtbare psychoanalytische Literatur-Interpretation möglich ist.

Umgekehrt wird die Psychoanalyse durch die Kritik anderer Wissenschaften wie Psychologie und Soziologie oder durch die Linguistik in Frage gestellt. Die Psychoanalyse braucht dabei die konstruktive Kritik der außen stehenden Wissenschaften nicht zu fürchten, sind diese doch mit ihren Methoden dabei, ihrerseits die Psychoanalyse zu entdecken, wenn z. B. Soziologen wie Oevermann (1993) von »latenten Sinnstrukturen«, Linguisten wie Keseling & Wrobel (1983) von »latenten Gesprächsstrukturen« sprechen. Andere Linguisten und Kommunikationswissenschaftler wie Ehlich et al. (1990) und Flader et al. (1982) entdecken bei ihren linguistischen Untersuchungen von Texten aus psychoanalytischen Interviews und Balint-Gruppen, wie unbewusste Prozesse nicht nur die therapeutische Szene beherrschen, sondern auch den Alltag – alles konstruktive Kooperationen, die manch spannende Ergebnisse erwarten lassen.

Rainer Krause (1997/98) überprüft das psychoanalytische Konzept von Übertragung und Gegenübertragung unter Einsatz raffinierter experimenteller Versuchsanordnungen und leistet damit einen konstruktiven Beitrag zur Kooperation von Psychologie und Psychoanalyse (Krause & Lütolf 1988). In Frankfurt wurden die Chancen der wechselseitigen Beziehungen ebenfalls genutzt: Mithilfe eines Fragebogens konnten Angst, Aggressivität, Bewältigungsmechanismen und Befindlichkeit vor und nach psychoanalytischer Kurzpsychotherapie psychometrisch erfasst werden. Darüber hinaus wurden Herzinfarkt-Patienten in der Gruppe und Patienten nach einer Brustkrebsoperation einzeln behandelt (Kutter 2004). Die Psychoanalyse ist »auf dem Weg zu einer empirisch fundierten Methode« (ebd.).

Mittlerweile werden an mehreren universitären Zentren die Effekte psychoanalytischer Behandlungen empirisch erforscht (Rudolf 2004). Umfassende Katamnese-Projekte belegen dabei objektiv die Wirkung der umstrittenen hochfrequenten (mindestens vier Stunden pro Woche) »Langstrecken-Analyse« (Leuzinger-Bohleber & Stuhr 1997, Stuhr & Beutel 2001, Rüger, Stuhr & Beutel 2002).

Dagegen werden die Möglichkeiten, durch psychoanalytische Interviews intime Daten über einzelne »Fälle« zu erhalten, von den Psychologen wenig genutzt. Psychoanalytiker trugen aber ihrerseits mithilfe psychoanalytischer Interviews generell zu einem besseren Vorverständnis der Psychologie mancher seelischer Störungen bei.

IV. Die Psychoanalyse – eine Entwicklungspsychologie

»Wie man wird, was man ist.«
(*Nietzsche,* Ecce homo)

1. Übersicht

In II. Kapitel wurden im Rahmen der Ideengeschichte der Psychoanalyse auch unterschiedliche psychoanalytische Entwicklungsmodelle dargestellt. Im Folgenden soll der Versuch einer Synopsis und möglichen Verbindung verschiedener psychoanalytischer Entwicklungstheorien unternommen werden. Diese Integration von psychoanalytischer und empirischer Entwicklungstheorie steht vor großen Herausforderungen, da die methodischen und methodologischen Voraussetzungen unterschiedlich sind: Grundlage der psychoanalytischen Entwicklungstheorie ist die psychoanalytische Situation von Übertragung und Gegenübertragung. Es wurde oft darauf hingewiesen, dass sie damit vor dem Problem steht, das Erleben und das Denken des Säuglings indirekt aus der Psychopathologie erwachsener oder junger Patienten zu rekonstruieren und deshalb der Gefahr des Adultomorphismus und der Psychopathologisierung des Säuglingsalters zu unterliegen. Umgekehrt stehen empirische Säuglingsforschung und Kleinkindbeobachtung vor der methodischen Herausforderung, eine dem Untersuchungsgegenstand – u.a. das unbewusste Erleben und Denken, die inneren Objektbeziehungen des Säuglings – angemessene Methode zu entwickeln.

Eine besondere Rolle in der psychoanalytischen Theoriebildung spielt die psychoanalytische Entwicklungstheorie. Die Psychoanalyse hat immer den Anspruch erhoben, sowohl eine psychogenetische Theorie der allgemeinen seelischen menschlichen Entwicklung wie auch der Psychopathologie zu liefern, ja, man kann sagen, dass der theoretische Ansatz, normalpsychologische wie psychopathologische Phänomene in der frühen und frühesten Lebensgeschichte des Menschen zu verorten, von konstitutiver Bedeutung für die Psychoanalyse ist. Insofern sind Persönlichkeitstheorie oder Krankheitstheorie in der Psychoanalyse immer auch Entwicklungstheorie. Diese untersucht

Voraussetzungen und Gestaltung der Genese der Phasen der triebhaften infantilen Sexualität, der Entwicklung des Narzissmus, der Objektbeziehungen, der Entfaltung der Geschlechtsidentität, des Prozesses der Symbolisierung und Mentalisierung wie auch der Entwicklung der drei Instanzen Es, Ich und Überich und der Affekte. Aus Gründen der Komplexität können diese einzelnen Themen nur gesondert dargestellt werden. Psychoanalytische Entwicklungstheorie wurde von Beginn an aus zwei Erkenntnisquellen gespeist: aus der Analyse erwachsener Patienten und der dort stattfindenden Rekonstruktionen sowie unmittelbar aus der Analyse von Kindern und Jugendlichen. In den vergangenen Jahrzehnten kamen mit der Säuglingsforschung und seit kurzem auch mit der Neuropsychoanalyse (Solms 1996, 2006) weitere Datenquellen hinzu. Wegen der unterschiedlichen methodischen und methodologischen Voraussetzungen ist es ist nicht verwunderlich, dass die Daten aus diesen unterschiedlichen Quellen wie auch die Theorien darüber häufig nicht übereinstimmen. Psychoanalytische Entwicklungstheorie hat daher auch die Aufgabe, diese Divergenzen zu erforschen und auszugleichen.

2. Seelische Struktur und Objektbeziehungen

2.1 Die Sicht Freuds

Freud hatte schon in den Drei Abhandlungen zur Sexualtheorie (1905 d), in der Leonardo-Arbeit (1910 c) und der Schreber-Analyse (1911 c) wie auch in der Narzissmustheorie und in den Schriften über das Unbewusste (1915 c, e), besonders aber in der Arbeit »Trauer und Melancholie« (1916–17 g) die Bedeutung des Objekts für die psychische Entwicklung des Säuglings erkannt. Zwar glaubte er, dass »das Objekt das variabelste am Triebe« [1915 c, S. 215) sei; aber es wurde im Verlauf seiner Forschungen immer klarer, dass das Objekt unabdingbar für den Prozess der seelischen Strukturbildung ist. Inzwischen wird die zentrale strukturbildende Wirkung des Objekts für die seelische Entwicklung des Menschen von allen psychoanalytischen Schulen anerkannt. Die Auffassung von Spitz (1965), dass sich die affektiven Reaktionen des Säuglings und die libidinösen und aggressiven Triebe ihre Manifestation und Differenzierung erst über »die zwischen Mutter und Kind stattfindenden Austauschvorgänge« (ebd., S. 167) ereignen können, ist anerkanntes und geteiltes Wissen. Spitz konnte zeigen, dass erst die Verbindung zwischen Triebimpulsen, den in den Objektbeziehungen ausgelösten Gefühlen und den objektiven Erfahrungen zu psychischen Ereignissen führt. Loch (1972) vertrat dann die Auffassung, dass

»die motivierende Kraft der Affekte darin (besteht), dass letztere auf die Erfahrung mit dem Objekt verweisen, sei es im positiven Sinne (indem sie zur Befriedigung führen), sei es im negativen Sinne (indem sie zur Versagung, zur Aufrechterhaltung eines Mangelzustandes führen). Die Erfahrung des Objekts, das Erlebnis der mit dem und durch das Objekt gemachten und vermittelten Handlungsvollzüge stellen psychologische Ereignisse dar« (ebd., S. 74).

Das Objekt hat in der psychoanalytischen Theorie aber nicht nur einen hohen Stellenwert für die Strukturbildung, sondern ebenfalls für die kognitive und affektive Entwicklung, besonders für die Symbolisierung, hier verstanden als das bewusste reflexive und das unbewusste Denken. Ursprünglich stammen die beiden Begriffe »symbolische Gleichsetzung« und »symbolische Repräsentanz« von Ferenczi (1912) und Jones (1916); das Konzept wurde von Segal (1957) weiterentwickelt. Bei der symbolischen Gleichsetzung werden Symbol und symbolisiertes Objekt als identisch gesetzt, bei der symbolischen Repräsentanz steht das gebildete Symbol für das Objekt. Die Entwicklung von der symbolischen Gleichsetzung zur symbolischen Repräsentanz bedeutet einen wichtigen Entwicklungsschritt der gesamten affektiven und kognitiven Organisation.

2.2 *Die Melanie-Klein-Schule*

Segal (1957) hat die für die einzelnen Schritte der seelischen Entwicklung charakteristischen Formen und Inhalte des Denkens untersucht. In der paranoid-schizoiden Position ist das Denken abhängig von der entwicklungsfördernden Container-Contained-Beziehung (Bion, vgl. Kap. II.5) und besteht zunächst in einer symbolischen Gleichsetzung. Das Symbol wird mit dem Objekt bisweilen so weitgehend gleichgesetzt und identifiziert, dass der Unterschied zwischen beiden aufgehoben ist. Dagegen ist das Denken in der depressiven Position durch die zunehmende Trennung zwischen Symbol und Symbolisiertem gekennzeichnet, und das Symbol repräsentiert das Objekt. In der depressiven und später in der ödipalen Situation, entwickelt sich ein Denken, das durch eine trianguläre, metaphorisch-symbolische Struktur geprägt ist (Haesler 1995). Selbst, Symbol und Symbolisiertes sind getrennt und über die Sprache miteinander verbunden. So groß die Übereinstimmung in der Psychoanalyse über den Stellenwert des Objekts für die Entwicklung des seelischen Lebens des Selbst ist, so stark konvergieren die Auffassungen über den Status und die spezifische Bedeutung dieses Objekts. Ist das Objekt primärer Motivator und Katalysator der seelischen Entwicklung oder eher Modifikator der primären Motivationskräfte des Subjekts, der unbewussten Triebimpulse und Wünsche? Ist von inneren und/oder äußeren Objekten die Rede, von unbewussten Phantasien über innere und/oder äußere Objekte oder von Realerfahrungen mit den Objekten? Wie entstehen innere Objekte bzw. die seelischen Repräsentanzen der Erfahrungen in zwischenmenschlichen Beziehungen?

In der kleinianischen Objektbeziehungstheorie strukturieren die inneren Objekte die Entwicklung von Denken, Fühlen und Verhalten des Selbst. Die inneren Objekte entstehen durch die unbewussten, auf Triebabkömmlingen beruhenden Phantasien des Selbst über das innere Erleben der äußeren Objekte. Diese unbewusste Phantasietätigkeit und die damit einhergehende bzw. zugrunde liegende rudimentäre Getrenntheit von Selbst und Objekt setzen mit Beginn des Lebens ein. Die inneren Objekte werden von Anbeginn des Lebens mit Körperorganen konkret gleichgesetzt und so erlebt, als stünden sie miteinander in Beziehung. Von ausschlaggebender Bedeutung in dieser Theorie der Entstehung von Struktur und Objektbeziehung ist, dass innere Objekte weitgehend durch die projektive Identifizierung unbewusster Phantasien gebildet werden. So entsteht etwa das lebensnotwendige gute innere Objekt weniger durch konkrete Realerfahrungen (erlebte Befriedigungen), sondern eher durch die libidinöse Besetzung und damit verbundene unbewusste Phantasie des Selbst im Hinblick auf Objekte.

Innere Objekte werden am Beginn des Lebens zunächst als Partialobjekte erlebt; in der unbewussten Phantasie des Säuglings wird das Objekt »vom Säugling so wahrgenommen … als existiere es einzig und allein zur Befriedigung seiner Bedürfnisse; darüber hinaus aber kennzeichnet der Begriff auch einen Teil einer Person« (Bacal & Newman 1990, S. 80). Erst im Verlauf der Entwicklung entstehen »ganze Objekte", die auf der Integration zuvor gespaltener »nur guter« und »nur böser« Partialobjekte gründen.

»Mit der gewachsenen Fähigkeit, die äußere Welt zu erkennen, verändern sich die Objekte, die vor dem Säugling auftauchen, eine Veränderung, deren Erfolg von seiner emotionalen Fähigkeit abhängt, Ambivalenz zu ertragen. Es gibt nicht länger die ›böse‹ Mutter, die vermeintlich den Hunger hervorruft, und auch nicht mehr einfach die ›gute‹ Mutter, die den Hunger stillt. Etwas von beiden ist in ein und demselben Objekt enthalten. Das Objekt wird allmählich als Ganzes erfaßt, es nimmt zwei emotionale Tönungen an, verfügt über eine Komplexität von Motiven und weckt im Ich gemischte Gefühle« (Hinshelwood 1989, S. 519).

Objekte werden so konzipiert, dass jeder Triebimpuls und jede unbewusste Phantasie gleichsam ein (Partial-)Objekt entstehen lassen.

»Eine Mutter, die den Hunger ›auslöst‹, eine Mutter, die den Hunger ›befriedigt‹, eine Mutter, die Kälte verursacht und eine die wärmt, eine Mutter, die das Baby auf unsichere Weise in den Arm nimmt, und eine, die es fest und sicher hält … Diese als ›Mutter‹ bezeichneten Objekte dürfen keinesfalls mit der wirklichen Mutter, wie sie von einem außenstehenden Beobachter wahrgenommen wird, verwechselt werden, da die Wahrnehmungen des Säuglings sich völlig von denen des Betrachters unterscheiden. Ihnen liegen die innerlichen Zustände seines Körpers zugrunde« (ebd., S. 520).

In der mit Beginn des Lebens sich entwickelnden paranoid-schizoiden Position steht die Angst des Ichs vor Zerfall und Verlust seiner Kohärenz im Vordergrund. Die inneren Partialobjekte werden als gespalten in gute und böse erlebt. Das Selbst erlebt Angriffe auf Objekte als Zerstörung und Fragmentierung des Selbst wie des Objekts. In diesen Zuständen hat der Säugling ständig Angst, dass böse innere Objekte sein Selbst oder die guten inneren Objekte zerstören könnten. Entsprechend dieser Konzeption verfügt das Ich von Geburt an über die Fähigkeit, zwischen innen und außen sowie zwischen Selbst und Objekt zu unterscheiden. In der depressiven Position (ab dem 6. Monat) differenziert sich nicht nur die Wahrnehmungsfähigkeit des Babys, sondern es erlebt auch intensive Affekte gegenüber den Partialobjekten und nimmt allmählich wahr, dass gute und böse Partialobjekte verschiedene Facetten ein und desselben Objekts sein können (Ambivalenz). Die ersten Introjektionen eines guten inneren Objekts aus der paranoid-schizoiden Position setzen sich nun fort, und das gute innere Objekt wird als eine Art Ankerpunkt für die Kohäsion des Ichs erlebt. Dieses gute innere Objekt kann die unterschiedlichen seelischen und kognitiven Zustände des Babys aufnehmen und bewahren. Das Baby ist nun darum bemüht, das gute innere Objekt zu erhalten:

»Die depressive Position entwickelt sich, wenn das Objekt gleichzeitig Liebe und Haß auslöst. Sie wird also durch die Integration der guten und bösen Objekte eingeleitet, so daß die Angst, das geliebte Objekt zu hassen, das Objekt insgesamt in Gefahr bringt …; in der depressiven Position wird das Objekt so empfunden, als sei es als Ganzes verloren gegangen, beschädigt worden usw. Dieses ganze Objekt wird nun herbeigesehnt« (ebd., S. 108).

In dieser Phase tritt »die animistische Welt der konkretistischen inneren Objekte« aus der paranoid-schizoiden Position in den Hintergrund. »Die Fähigkeit, Objekte zu repräsentieren, tritt an die Stelle der konkretistischen Identifizierung von Teilen des Selbst mit Objekten, und die depressive Position hat eine entscheidende verbesserte Wahrnehmung des äußeren Objekts zur Folge« (ebd., S. 109). Ein weiteres Wachstum des Ichs ist möglich durch fortgesetzte projektive Identifikation mit der Mutter und durch nachfolgende Re-Introjektion, ein Prozess den Klein (1962) als »Ich-Integration« und »Assimilierung von inneren Objekten« erforscht hat.

2.3 Ich-Psychologie und Objektbeziehungstheorie

In dieser Perspektive entstehen Strukturen durch das Zusammenwirken von drei Faktoren: der entwicklungs- und positionstypischen Konflikte, der traumatischen Erfahrungen und der inneren sowie äußeren Realität der Primärobjekte. Dabei differenzieren sich zu einem früheren Zeitpunkt als lange vermutet aus einer Mutter-Kind-Matrix erste Selbst- und Objektbilder (Tyson & Tyson 1990, Mertens 1992, Zepf 2006 b), die Vorläufer der späteren seelischen Repräsentanzen von Selbst und Objekt (vgl. Kap. IV.4). Die durch psychophysiologische und diakritische Wahrnehmungsmodalitäten in der »autistisch-berührenden Position« (Ogden 1989) entstandenen »Vorstellungen« – dies sind protosymbolische, sensomotorisch-affektive Schemata präverbaler Natur – werden im Verlauf der Entwicklung durch Verinnerlichungsprozesse (projektive und introjektive Identifizierungen) schrittweise in präsymbolische und schließlich symbolische Repräsentanzen differenziert. Sie beinhalten bedeutsame Ereignisse libidinös-affektiver wie auch aggressiv-affektiver Art der Mutter-Kind-Interaktion.

Der Säugling trägt zu diesem Prozess aufgrund seiner angeborenen kognitiven, affektiven und sozialen Fähigkeiten in erheblichem Ausmaß aktiv bei. Er verfügt über amodale und kreuzmodale Wahrnehmungsmöglichkeiten sowie über interaktionelle Kompetenz (Lichtenberg 1983, Stern 1986). Die symbiotische Entwicklungsphase scheint sich dabei allerdings, anders als

Mahler vermutet hatte (Mahler et al. 1975), auf einzelne »high peak affect states« zu beschränken (Gergely 2000); ferner bilden sich Selbstrepräsentanzen nicht allein in Phasen der Fusion mit der Mutter, sondern auch »in der Integration solcher Zustände mit Verschmelzungszuständen von Selbst- und Objektvorstellungen unter dem Eindruck schmerzlicher, erschreckender, frustrierender … katastrophaler Erfahrungen« (Kernberg 1984, S. 338). Es handelt sich bei diesem Prozess um eine »primäre Reziprozität« zwischen Mutter und Säugling (Tyson & Tyson 1990, S. 107) und den Beginn eines »Dialoges« (Spitz, vgl. Kap. II.4).

Durch die »primäre Identifizierung« (Loch 1972) entsteht im Ich das »erste Identitätsthema« (H. Lichtenstein 1961, S. 35), indem das rudimentäre Selbstschema mit dem Schema des Objekts »verschmilzt« (Sandler 1964, S. 737). Aufgrund der Internalisierung des Objekts ins Selbstschema als Introjekt wird das Kind, wenn das Introjekt in einem fortschreitenden Prozess der Synthese und Integration langsam assimiliert wird, mehr und mehr vom Objekt unabhängig. Das jetzt entstehende gute Introjekt vermittelt dem Kleinkind »Urvertrauen« (Erikson) und »Wohlbefinden und Sicherheit« (J. Sandler). Dabei ist das »Übergangsobjekt« (Winnicott 1967, S. 293) von entscheidender Bedeutung. »Übergang« besitzt mehrere Qualitäten: Es ist das erste Objekt, das insofern nicht zum Selbst des Kindes gehört, als es symbolisch für das Objekt »steht«, mit dem das Kind fühlen und wirklich leben und über das es sich persönlich weiterentwickeln kann. Es ist somit schon eine Art Symbol für die Vereinigung wie für die Getrenntheit zwischen Kind und Mutter. Das Kind steht überdies in seiner Entwicklung am Übergang von der Dualunion mit der Mutter zu einer Existenz als eigenständigem Subjekt außerhalb dieser Dualeinheit. Das Übergangsobjekt ist somit ebenso ein die Mutter ersetzendes Objekt wie ein inneres Abbild der Mutter im Selbst des Kindes.

Nach wie vor wird allerdings diskutiert, ob, wie Klein, Fairbairn und Winnicott vermuten, von Beginn des Lebens an eine Differenzierungsfähigkeit des Selbst zwischen innen und außen, zwischen Selbst und Objekt existiert, oder ob, Jacobson und Mahler folgend, eher ein Entwicklungsstadium plausibel ist, in dem sich die Fähigkeit, zwischen Selbst und Objekt zu differenzieren, langsam entwickelt. Diskutiert wird besonders, ob die Differenzierungsfähigkeit die nur bewusste, kognitive und physiologische Sinneswahrnehmung umfasst oder auch unbewusstes und affektives Gewahrwerden. Die Säuglingsbeobachtung und neurobiologische Ergebnisse liefern Befunde, die in beiderlei Richtungen interpretiert werden können (Bohleber 2002).

3. Das narzisstische System

Grandioses Selbst, Idealobjekte und Ichideal durchlaufen wie die Triebseite der Persönlichkeit, wie das Ich und das Überich eine eigene Entwicklung von unreifen Vorstufen bis zu einer reifen Organisationshöhe. Im Verlauf der Entwicklung muss das Kleinkind schmerzliche Desillusionierungen (Verluste, Trennungen, innere Trieb- und äußere zwischenmenschliche Konflikte, eigene Begrenzungen und Grenzen der Objekte) hinnehmen. Es schützt sich mit der Entwicklung einer »halluzinatorischen Wunscherfüllung« (Freud) bzw. »magischen Allmacht« (Ferenczi). Neben der primitiven halluzinierten Wunscherfüllung entwickelt es auch tröstende Phantasien von Größe und Allmacht, so genannte »Omnipotenzphantasien« (Winnicott, Tustin). Kohut hat dies als »das narzißtische Selbst« (1971), später als »das grandiose Selbst« (1977) bezeichnet, das sich aus dem »primären Narzißmus« bzw. aus der Dualunion herausdifferenziert. Dabei ist es wichtig, dass das Kind in langsamen Reifungsschritten die Möglichkeit hat, die unweigerlich auftretenden Enttäuschungen in sich selbst zu verarbeiten, wobei ihm die Eltern helfen müssen. Diese Weiterentwicklung ist möglich, wenn dem Kind vermittelt wird, dass es zwar diese und jene Größenphantasie in schmerzlicher Desillusionierung aufgeben muss, dafür aber durch die Verwirklichung realisierbarer Ziele entschädigt werden kann. Auf diese Weise können die Größenphantasien allmählich in einen gesunden Ehrgeiz umgewandelt werden, wobei die Ziele des »normalen« Ehrgeizes sich in realisierbaren Grenzen halten und damit dem Kind ein stabiles Selbstgefühl verleihen.

Die grandiosen, idealen Repräsentanzen des Selbst und deren Vorläufer speisen sich aus der Introjektion jener idealen Bilder, die die Objekte unbewusst vom Säugling haben, wie auch aus Normen, Ziel- und Idealvorstellungen, die von den Eltern bewusst und unbewusst als ideal und erstrebenswert betrachtet werden. Weiterhin fließen in die idealen Selbstrepräsentanzen mit zunehmender Entwicklung je subjektiv gefärbte Imagines ein, deren Inhalt unbewusste ideale Vorstellungen von der eigenen Person sind. Diese Konfigurationen verbinden sich zu Idealselbst-Repräsentanzen. Sie haben am Beginn der Entwicklung einen grandiosen, irrealen Charakter, der phasen- und positionsspezifisch differenziert werden kann und von oral-narzisstischen bis hin zu ödipalen Inhalten reicht (Henseler 1974).

Das Kleinkind idealisiert ebenfalls die Eltern und stattet sie je phasenspezifisch in seinen Phantasien mit Macht, Größe, perfekter Versorgung und Fürsorglichkeit aus. Diese »idealisierten Elternimagines« (Kohut 1971) entwickeln sich von extremen, realitätsfernen inneren Bildern zu realistischeren, dennoch idealen seelischen Repräsentanzen, die als Ichideal eine wichtige Rolle im Leben des Menschen spielen. Die idealen Objektbilder und deren Vorläufer werden aus den Phantasien und Eindrücken gebildet, die der Säugling über die Primärobjekte entwickelt; meist handelt es sich hier am Beginn des Lebens um, ebenfalls wieder phasentypisch differenzierbar, Vorstellungen von umschränkter Macht, Grandiosität und Verfügbarkeit. Eine weitere Quelle für die Bildung der idealen Selbst- und Objektrepräsentanzen sind lustvolle Erfahrungen mit den Primärobjekten; dagegen bilden sich die aggressiv besetzten »nur schlechten« Selbst- und Objektbilder in negativen, konfliktträchtigen Interaktionserfahrungen.

Der harmonische Primärzustand, geprägt von Spannungsfreiheit, Sicherheit und Geborgenheit, wird mit zunehmender Entwicklung Frustrationen und Versagungen ausgesetzt. Dies beinhaltet zum einen die Möglichkeit und Notwendigkeit zur Ich-Entwicklung. Die Erfahrung von Getrenntheit und Andersartigkeit des Objekts bildet damit einen wesentlichen motivationalen Faktor der seelischen Entwicklung. In einer gelungenen Entwicklung kann diese zuweilen als traumatisch erlebte Urverunsicherung (Henseler 1974, S. 75) durch verschiedene Kompensationsmechanismen ausgeglichen werden. Diese bestehen vor allem in der Ausbildung idealisierter Beziehungen zu Selbst- und Objektaspekten, die im weiteren Verlauf internalisiert werden. Dadurch entstehen Ideal-Selbst und Ideal-Objekte, die internalisiert und ins Überich und Ichideal-System introjiziert werden. Diese Ideal-Selbst und Ideal-Objekt-Vorstellungen haben jeweils phasenspezifische Inhalte. So herrschen

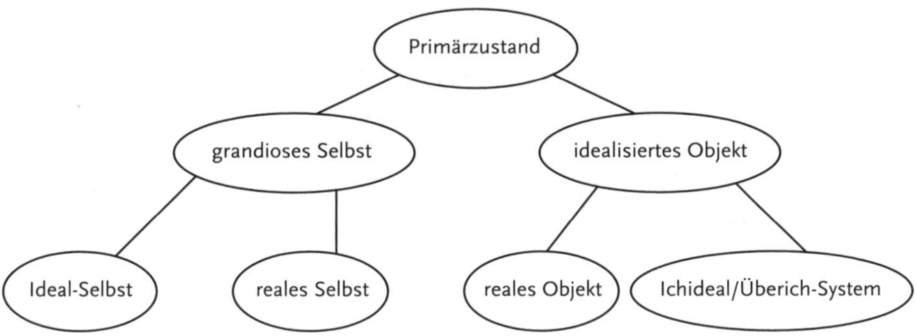

Abb. 2: Entwicklung des narzisstischen Systems (modif. nach Henseler 1974, S. 79)

in der oralen Phase narzisstische Phantasien über unerschöpfliche, nie versiegende Quellen von Versorgung, in der analen Phase wird das Objekt als omnipräsent und omnipotent erlebt, in der phallisch-narzisstischen Periode als mit überwältigender Macht ausgestattet (ebd.).

4. Otto Kernberg

Klinisch wie empirisch fruchtbar hat sich Kernbergs (1976, 1992, 2001) Versuch einer Integration der unterschiedlichen Entwicklungstheorien erwiesen. Er differenziert verschiedene Stadien in der seelischen Entwicklung:

Ein am Anfang des Lebens bestehendes undifferenziertes Primärstadium geht der Entwicklung der »nur guten« und noch undifferenzierten Selbst-Objekt-Konstellation voraus. Diese entsteht unter dem Einfluss lustvoller und befriedigender Erfahrungen des Säuglings in der Beziehung mit dem Primärobjekt.

Im zweiten Stadium, der normalen »Symbiose«, steht die Konsolidierung eines lustvollen, libidinös besetzten »nur guten« Selbst-Objektbilds im Zentrum. Diese Phase erstreckt sich etwa vom 2. bis zum 6./8. Lebensmonat. In dieser Phase kommt es zur Bildung des Kernselbst-Systems im Ich, dem zentralen Organisator frühester Ich-Funktionen. In dieser Phase der relativen Unvollständigkeit der Differenzierung von Selbst- und Objektvorstellungen kommt es immer wieder zu protektiv-defensiver, regressiver Wiederverschmelzung von guten Selbst- und guten Objektbildern. Die Ich-Grenzen bilden sich in dieser Phase aus. Diese zweite Entwicklungsphase ist beendet,

> »wenn das Selbstbild und das Objektbild innerhalb der guten Selbst-Objekt-Vorstellung in stabiler Weise differenziert worden sind … Zugleich mit der Entwicklung dieser ›guten‹ Selbst-Objekt-Vorstellung, Vorläufer späterer Ich-Ideal-Strukturen, konstituiert sich eine andere primäre, undifferenzierte Selbst-Objekt-Vorstellung, die frustrierende, schmerzliche Erfahrungen integriert: Die ›böse‹ Selbst-Objekt-Vorstellung, erste Grundlage für spätere Überich-Strukturen, die von primitiver, schmerzlicher affektiver Färbung ist … die ›guten‹ und die ›bösen‹ intrapsychischen Strukturen (organisieren) sich getrennt voneinander unter verschiedenen affektiven Bedingungen und (determinieren) zwei getrennte Konstellationen affektiven Gedächtnisses« (Kernberg 1976, S. 60).

In diesem Modell der Entstehung der Repräsentanzen sind die ursprünglichen Affekte, die innerhalb einer Matrix von zunächst nicht differenzierten Selbst- und Objektvorstellungen eingebettet sind, »die entscheidenden Organisatoren der Gesamtheit der Triebe als allgemeiner intrapsychischer Motivationssysteme: Liebe und Haß und ihre Vorläufer und frühesten Äußerungen werden durch solche primitiven Affekte Dispositionen repräsentiert« (ebd., S. 88).

Das dritte Stadium gilt der weiteren und stabilisierenden Differenzierung von Selbst- und Objektvorstellungen. Es beginnt zwischen dem 6. und 8. Lebensmonat und wird zwischen dem 18. und 36. Lebensmonat mit der Erlangung der Objektkonstanz im Sinne Mahlers (vgl. Kap. II.4) abgeschlossen. »Gute« Selbstvorstellungen und »gute« Objektvorstellungen differenzieren sich ebenso voneinander wie die »bösen und schlechten« Selbst- und Objektvorstellungen. In einem nächsten Subschritt werden dann »gute« und »böse« Selbstvorstellungen in ein integriertes Selbstkonzept und »gute« und »böse« Objektvorstellungen (Partialobjekte) in Ganz-Objektvorstellungen integriert.

Das vierte Stadium, die Integration von Selbstvorstellungen und Objektvorstellungen und die Entwicklung weiterer reifer intrapsychischer Strukturen, erstreckt sich ab Ende des dritten Lebensjahrs über die gesamte ödipale Phase hinweg. Es dient der endgültigen Integration libidinös und aggressiv besetzter Selbstvorstellungen in ein integriertes Selbst- und Ich-System sowie der Integration libidinös und aggressiv besetzter Objektbilder in ganze Objekte. Diese bilden dann die Grundbausteine für das dreigliedrige psychische System aus Es, Ich und Überich.

Das fünfte Stadium dient der Konsolidierung der Überich- und Ichideal-Integration auf Basis der Identifizierung mit den Primärobjekten. Die weitere differenzierende Ausbildung und Auffächerung von triadischen und dann triangulären Objektbeziehungen steht nun im Vordergrund der Entwicklung. Dabei leitet sich die Entstehung des Überichs ab aus der Internalisierung der zunächst projizierten und dann re-introjizierten »bösen« Selbst-Objekt-Vorstellungen, aggressiv besetzten Vorstellungen vom Primärobjekt wie vom Selbst; wogegen sich das Ichideal aus der Internalisierung wunschbesetzter libidinöser nur guter Selbst- und Objektvorstellungen ableitet.

In diesem Modell entstehen innere Objektbeziehungen durch die Internalisierung von zusammenhängenden Affektzuständen, Objektvorstellungen und Selbstvorstellungen. Ich-Identität entsteht durch einen dynamischen Prozess von Identifizierungen, die »eine wirkliche Objektbeziehung (voraussetzen),

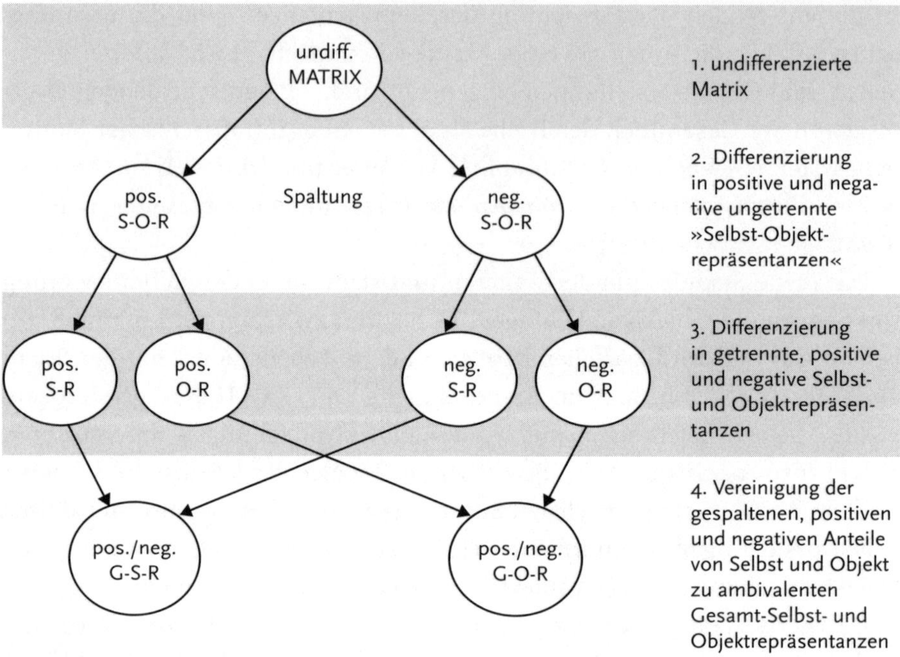

Abb. 3: Zur Differenzierung und Integration der Repräsentanzen (modif. nach Kernberg 1976, 1984)

in der das Individuum sich selbst als das Subjekt erfährt, das in einer Interaktion mit einem anderen Menschen steht. Diese Beziehung kann in mehr oder weniger phantastischer, verzerrter Weise wahrgenommen werden, und sie steht unter dem Druck eines vorherrschenden Affektzustandes, der Selbst und Objekt miteinander verbindet. Libidinös oder aggressiv besetzte Affektzustände bilden das primäre Motiv für die Internalisierung dieser Beziehung« (ebd., S. 79).

5. Säuglingsforschung

5.1 *Joseph D. Lichtenberg*

Einer der ersten Psychoanalytiker, der sich für die Ergebnisse der empirischen Beobachtung von Säuglingen im Kontakt mit ihren Müttern interessierte, ist Joseph D. Lichtenberg (1983). Die direkten Beobachtungen der Interaktionen zwischen Mutter und Kind, detailliert mit Videos aufgenommen, liefern wichtige Erkenntnisse für die Interaktion zwischen Analytiker und Patient, enthalten diese doch immer mehr oder weniger Elemente der frühen Mutter-Kind-Beziehung des Patienten. Diese neuen Aspekte zwingen die praktizierenden Psychoanalytiker zu manchen Revisionen vertrauter Standpunkte. Deswegen werden die vielen Daten der empirischen Säuglingsforschung in Analytikerkreisen bis heute nur zögernd beachtet.

Freuds »primärer Narzißmus«, Margret Mahlers »autistische Phase« wie die von Melanie Klein und ihren Nachfolgern vermuteten frühen Phantasien über Brust und Penis werden durch die Ergebnisse der empirischen Säuglingsforschung ebenso wenig gedeckt wie die »schizoid-paranoide und depressive Position«. Dies müsste zu folgenreichen Änderungen der traditionellen Technik im Umgang mit den Patienten führen.

Lichtenberg (1989) hatte den Mut, gestützt auf die Resultate der einschlägigen Experimente mit Kindern und Müttern, die vertraute dualistische Triebtheorie Freuds durch eine fünfgliedrige Theorie der Motivation zu ersetzen:

In einem ersten Motivationssystem geht es um die Befriedigung elementarer physiologischer Bedürfnisse wie Wachen und Schlafen, Essen, Trinken und Ausscheiden.

Das zweite Motivationssystem betrifft Bindung und Anlehnung (attachment and affiliation); wir kommen im nächsten Kapitel über Bindungstheorie (IV.6) darauf zurück.

Als drittes Motivationssystem werden Neugier und Selbstbehauptung (exploration and assertion) definiert, hier teilweise im Einklang mit der Hypothese eines primär gegebenen Aggressions- oder Bemächtigungstriebs (Freud 1905d, S. 93), aber ohne destruktive Komponente.

Im vierten Motivationssystem sind, stark abweichend von Freuds Sexualtrieb, Sexualität und Sensualität vereint, wenn auch differenziert in Sexualität im engeren Sinne des Wortes mit dem Ziel der Erregung sowie Sensualität mit dem Ziel von Sehnsucht nach zärtlicher Zuwendung; ein wesentlicher Unterschied, auf den Ferenczi schon 1932 mit der Differenzierung der sexuellen Sprache der Erwachsenen und der zärtlichen des Kindes hingewiesen hatte.

Ein fünftes Motivationssystem ist die so genannte Aversion, d. h. ein primäres Bedürfnis des Kindes nach Abwendung von den Objekten, nach Hinwendung zu sich selbst.

Diese fünf Motivationssysteme lassen sich neurobiologisch belegen (Hadley 1989, S. 337 ff.).

5.2 Daniel N. Stern

Stern (1986, 1995) hat in zwei rasch auf deutsch erschienenen Aufsehen erregenden Büchern – *Die Lebenserfahrung des Säuglings* und *Die Mutterschaftskonstellation. Eine vergleichende Darstellung der Mutter-Kind-Psychotherapie* – weitere für die Theorie und Praxis der Psychoanalyse wichtige Forschungsergebnisse vorgelegt. In ihnen wird, teilweise unmittelbar aus Beobachtungen abgeleitet, teilweise mittelbar erschlossen, die Entwicklung des Selbstempfindens des Menschenkindes detailliert nachgezeichnet. Zuerst gibt es ein nur vages Gefühl von Selbst (auftauchendes Selbst), dann ein schon klareres Gefühl von Selbstempfinden (Kernselbst), darauf folgt ein Gefühl eigener Subjektivität (subjektives Selbst), schließlich eine symbolische und sprachliche Vorstellung einer selbständigen Person (verbales Selbst). Weitere wichtige Ergebnisse besagen, dass es bis zum 18. Lebensmonat keine symbolischen Repräsentationen gibt, sondern nur »gelebte« Erfahrungen, affektiv-interaktionelle Muster, die als gute oder schlechte Erfahrungen im prozeduralen bzw. impliziten Gedächtnis gespeichert werden, die aber im Laufe des regressiven Prozesses der Psychoanalyse in Form von »Modellszenen« reaktiviert und damit der Bearbeitung zugänglich werden können, wenn sie denn in entsprechender Empathie wahrgenommen werden. Erst nach dem 18. Monat ist Symbolisierung grundsätzlich möglich; entsprechende bildliche Erlebnisse werden im episodischen oder expliziten Gedächtnis abgespeichert; sie werden im Laufe des psychoanalytischen Prozesses regressiv wiederbelebt, entfalten sich in Übertragung und Gegenübertragung und sind regelmäßig Gegenstand psychoanalytischer Interpretation. Erweist sich die Mutter-Kind-Beziehung als pathogen, resultieren empfindliche Beeinträchtigungen dieser Symbolisierung, wie z. B. bei Borderline-Strukturen. Hier ergeben sich deutliche Parallelen zu den Entwicklungstheorien des Arbeitskreises um Fonagy, Gergely, Jurist und Target (2002), auf die wir an anderer Stelle (Kap. IV.7) eingehen.

Stern erweitert seine ursprünglich nur selbstbezogene Konzeption um die soziale Dimension und spricht von nacheinander »auftauchender« Bezogenheit, von »Kernbezogenheit«, von »subjektiver« und von »verbaler Bezogenheit« des Selbsterlebens.

Wie können wir uns nun aber die spezielle Entwicklung des kindlichen Selbstempfindens in seiner sozialen Bezogenheit weiter vorstellen? Wie werden die real in einzelnen sozialen Beziehungen gemachten besonderen Erfahrungen in den sich langsam innerseelisch bildenden mentalen Strukturen im

Einzelnen organisiert? Auch dazu liefert die moderne Säuglingsforschung detaillierte Modelle: Der Säugling macht mit seinen wichtigen Bezugspersonen mannigfache Erfahrungen; Stern spricht von »spezifischen Aktivitäten«. Ein typisches Beispiel wäre das Stillen: mit erregendem Beginn, ob der suchende Mund auch die Brustwarze findet und richtig festhalten kann, wie die Milch fließt, wie wohl dies tut, oder, im Kontrast dazu, ein verunglücktes Stillen: die Brustwarze wird nicht richtig gefunden, das drängende Bedürfnis nach Nahrung, Wärme und zärtlicher Zuwendung bleibt ungestillt. Ein anderes Beispiel wäre das bekannte »Guck-Guck-Spiel« mit freudiger Begrüßung, Schmerz und Trauer beim Verschwinden und umso größerer Freude beim Wiedererscheinen oder, beim abrupten Abbrechen des bislang munteren Zusammenspiels, in schmerzlicher Enttäuschung endend.

Werden solche sozialen Erfahrungen wiederholt gemacht, bilden sich mit zunehmender Reifung der psychischen Strukturen aus vielen derartigen realen Beziehungserfahrungen mit wichtigen Bezugspersonen sich wiederholende affektiv aufgeladene soziale Beziehungsmuster. Alle in den verschiedensten Beziehungen gemachten Erfahrungen werden nun in der weiteren Entwicklung über komplizierte Verinnerlichungsprozesse nach und nach in die seelischen Strukturen aufgenommen, dort, wie gesagt, zuerst nur als bildloses affektiv-körperliches Muster gelebter Erfahrung im »prozeduralen« Gedächtnis, später symbolisch als bildhafte Repräsentation im »episodischen« Gedächtnis gespeichert, von dem aus sie – wie eine im Prozessor des PC gespeicherte Datei – wieder aktiviert werden können. Stern spricht dabei von so genannten RIGs. R bedeutet dabei Repräsentanz, I = Interaktion und G = Generalized bzw. kohärent. Die abgerufene Erinnerung evoziert die gespeicherte, ursprünglich mit einer wichtigen Bezugsperson gemachte Erfahrung, lässt sie wieder aufleben; Stern nennt sie deshalb »evozierter Gefährte«. Damit sich dauerhafte Erinnerungsspuren bilden können, muss die Erfahrung wiederholt gemacht werden.

Auf der Ebene des subjektiven Selbsterfahrens ist die Frage wichtig: Ist die Erfahrung intentional gemeinsam, wird sie mit der anderen Person geteilt, und, was noch wichtiger ist, wie ist die affektive Abstimmung? Dabei spielen »Vitalitätsaffekte« (Stern 1986, S. 83 f.) eine wichtige Rolle. Das sind diejenigen Affekte, die neben den großen kategorialen Affekten Freude, Schreck, Wut, Trauer und Angst nicht minder wichtig sind. Sie sind insofern von vitalem Interesse – daher Vitalitätsaffekte –, als sie das Leben erheblich beeinflussen. Es geht dabei, um einige Beispiele zu geben, darum, ob der kategoriale Affekt der Freude langsam beginnt, sich steigert und allmählich abklingt, oder ob er abrupt einsetzt und plötzlich unvermittelt abbricht. Mit Vitalitätsaffekten sind also diejenigen Affekte gemeint, die mit der Art des Erlebens zusammenhängen: langsam ansteigend und ebenso wie ein Ton allmählich wieder abklingend, oder plötzlich brutal und unvermittelt beginnend, nur kurz anhaltend, um dann abrupt abzubrechen. Soll eine affektive Erfahrung gelingen, muss sie – wie in der Liebe – genügend lange mit der geliebten anderen Person geteilt worden sein; eine »intentionale Gemeinsamkeit« (ebd., S. 187).

Für die Entwicklung des verbalen Selbst ist außerdem wesentlich, wie gesprochen wird, ob altersangemessen oder nicht, wie auf das Gesprochene des Kindes reagiert wird, ob dem Kind Zeit gelassen wird, das Gesprochene zu verinnerlichen und zu verarbeiten, und wie umgekehrt das vom Kind Gesprochene aufgenommen, ernst genommen und adäquat oder nicht adäquat beantwortet wird. Sprechen kann somit verbinden, aber auch voneinander entfremden. Die entfremdende Wirkung der Sprache nennt Daniel Stern (1986, S. 247) die »zweite Schneide des Schwerts«.

Derartige wohltuende oder unerfreuliche wiederholt gemachte Erfahrungen – etwa beim »Guck-Guck-Spiel«, beim »Backe, backe, Kuchen« oder beim »Hoppe, hoppe, Reiter« – gleichen sich oder unterscheiden sich voneinander. Wenn sie sich gleichen, können z. B. sechs Interaktionen enkodiert und als RIG 1–6 gespeichert werden. Kommt nun im gewohnten Spiel eine neue siebte etwas andersartige Erfahrung hinzu, wird diese – wie bei einer Sicherungskopie im Computer – mit den früheren selektiv abgerufenen RIGs 1–6 verglichen, ehe sie als RIG 7 gespeichert wird. Damit hätten sich die Erfahrungen RIG 1–6 geändert; sie werden nunmehr zu RIG 1–7. Die neue Erfahrung irritiert zunächst, kann dann aber im Vergleich mit den früher gemachten Erfahrungen registriert und eingeordnet werden. Derartig gemachte kognitive Erfahrungen sind, jeweils mit entsprechenden Affekten verbunden, gleichzeitig emotionale Erfahrungen. Sie werden daher als kombinierte kognitiv-affektive Erfahrungen registriert und gespeichert.

Zwischen Mutter und Kind finden eine Fülle körperlich-affektiv-sozialer Erfahrungen statt, die wir – etwa mit Video-Kamera – direkt beobachten können: die »gelebten Erfahrungen«. Diese direkt beobachtbaren Erfahrungen werden innerseelisch im kleinen Kind in charakteristischer Weise mental als psychische Repräsentanz abgebildet. Fonagy und Mitarbeiter (2002) sprechen von »Mentalisierung« (vgl. Kap. IV.7).

Das, was sich im kleinen Kind abspielte, spielte sich natürlich auf entsprechende Weise auch innerseelisch in der Mutter ab. Auch bei ihr werden die jeweils mit dem Kind gemachten speziellen Erfahrungen als psychische Repräsentanzen verinnerlicht und gespeichert, und zwar genau so, wie sie erlebt wurden, als subjektives Erleben ganz spezifischer Episoden (daher episodisches Gedächtnis), die wieder aktiviert werden können. Während im kleinen Kind nur die neu mit der Mutter gemachten Erfahrungen eine Rolle spielen, kommen bei der Mutter zusätzlich auch die Erfahrungen hinzu, die diese früher in ihrem Leben gemacht hatte: Erfahrungen, die sie als Kind mit der eigenen Mutter (ihr Mutterbild) machte, die sie mit sich selbst machte (ihr Selbstbild), mit ihrem Mann (das Bild, das sie sich von ihrem Mann gemacht hat) und jetzt mit ihrem Säugling. Stern spricht von »Arbeitsmodellen«. Alle jeweils ein Arbeitsmodell bildende Serien von RIGs können grundsätzlich wieder aktiviert werden; nicht nur die neu mit dem eigenen Kind gemachten Erfahrungen, sondern auch diejenigen, die sie mit ihrer Mutter, mit sich selbst, mit ihrem Mann usw. gemacht hat. Dabei können sich erfreuliche Übereinstimmungen, aber auch unerfreuliche Diskrepanzen ergeben, die natürlich Anlass für mannigfache Konflikte sein können, auf die hier einzugehen aber zu weit führen würde.

Die ursprünglichen gelebten Erfahrungen umfassen die Summe aller Sensationen, Affekte, Aktionen, Erregungen und Motivationen, wie sie sich in der Beziehung zu wichtigen anderen Menschen laufend abspielen. Dabei sind die »emergent moments« wichtig. Damit sind wichtige Momente gemeint, die sich zwischen den beiden beteiligten Personen ereignen. Wenn wir Stern richtig verstanden haben, kann dies eine neue Art der Begegnung sein, die zu einer neuen Einsicht führt. Damit hat sich die Qualität einer Beziehung geändert (Stern 2004).

Auf der mittleren Ebene sind die gemachten Erfahrungen wie auf einer inneren Bühne repräsentiert, und zwar als Schemata. Diese umfassen nicht nur sensomotorische, perzeptuelle, und konzeptuelle Aspekte, sondern auch »temporale Gefühlsgestalten« (Stern 1995, S.106), bei denen die oben erwähnten Vitalitätsffekte wichtig sind. Diese vorwiegend affektiven Schemata werden ab dem 18. Lebensmonat zunehmend mit bildhaften Vorstellungen verbunden, die schon einer kleinen Geschichte entsprechen. Stern spricht von einer »protonarrativen Hülle«. Damit meint er eine Fähigkeit des kleinen Kindes, die gemachten affektiven Erfahrungen wie in einen »Briefumschlag« (Stern spricht wörtlich von »envelope«) in eine kleine Geschichte einzubauen.

Kommen später sprachliche Begriffe hinzu, entsteht so etwas wie eine größere Geschichte oder ein »Skript«. Dann kann das kleine Kind von seinen Erfahrungen »erzählen« (daher »narrativ«).

5.3 Martin Dornes

Dornes hat die mittlerweile ausufernden Ergebnisse der empirischen Forschungen der Mutter-Kind-Beziehung in einer Tetralogie anschaulich aufbereitet und ausgewogen evaluiert: *Der kompetente Säugling* (1993), *Die frühe Kindheit* (1997), *Die emotionale Welt des Kindes* (2000) und *Die Seele des Kindes* (2006). Aus der Fülle dieser Texte sind folgende Aussagen für eine moderne Psychoanalyse relevant: Nicht die Triebe sind die Organisatoren der Entwicklung, sondern – wie in der Selbstpsychologie – das Selbst des Kindes. Dieses ist kompetenter als die Psychoanalyse bisher angenommen hat. Es reagiert von Anfang an ebenso auf visuelle, auditive und olfaktorische Reize wie auf Berührungen, und zwar kreuzmodal, d.h. ein visueller Reiz kann auditiv beantwortet werden und umgekehrt. Eine autistische Phase gibt es in der normalen Entwicklung ebenso wenig wie einen primären Narzissmus, sondern eine primäre Bezogenheit auf wichtige Andere. Neben der kognitiven Entwicklung, wie sie die psychologische Entwicklungspsychologie beschreibt, spielt die Affektentwicklung eine entscheidende Rolle (vgl. Kap. IV.7). Dabei ist das faktische Verhalten der Eltern ebenso prägend wie deren unbewusste Phantasien über ihr Kind.

Dornes ist wie auch wir nicht der Meinung, dass die Ergebnisse der empirischen Säuglingsforschung für die Psychoanalyse irrelevant wären, wie dies André Green (2002a) angesichts des ganz besonderen Gegenstands der Psychoanalyse: der unbewussten Phantasien, vertritt. Verweigert die Psychoanalyse den Dialog mit den Nachbardisziplinen, dreht sie sich im Kreis und haust allein im Elfenbeinturm. Will Psychoanalyse modern bleiben, muss sie den interdisziplinären Austausch pflegen, wie den zwischen Säuglingsforschern und praktizierenden Psychoanalytikern. Sie tut gut daran, vertraute, aber nicht mit den Ergebnissen der Forschung vereinbare Theoreme zu relativieren, z. B. auch Bions Theorie des Denkens. Noch ehe Denken mit Bedeutungen möglich ist, gibt es eine präverbale Kommunikation zwischen Baby und Mutter, mit wechselseitiger Affektinduktion, über die bestimmte Perspektiven der Eltern im Laufe eines emotionalen Prozesses vom Baby übernommen werden (Dornes 2006, S.126). Erst danach ist Denken in Symbolen mit dem Ergebnis eines intuitiven Personenverständnisses möglich (ebd., S. 151). Dies gilt genauso für die psychoanalytische Praxis. Es lohnt sich daher, sich mit den Ergebnissen der empirischen Säuglingsforschung zu befassen. Sie enthält viele Implikationen, die, wie wir zu zeigen versuchen, die psychoanalytische Theorie bereichern und ihre Praxis effektiv verbessern können.

6. Bindungstheorie und Psychoanalyse

Auch die Bindungstheorie ist für die Theorie und Praxis der Psychoanalyse interessant, denn sie kann manches charakteristische Verhalten der Patienten gut erklären: Einige lassen sich schnell auf die Analyse ein, fühlen sich sicher und vertrauen ihrem Therapeuten, andere sind unsicher und misstrauisch, wieder andere können sich überhaupt nicht einlassen, brechen unvermittelt ab, nachdem sie enthusiastisch angefangen haben, oder neigen zu chaotischen Reaktionen. Bowlbys drei Bücher über Bindung, Trennung und Verlust (1975, 1976, 1983) sind vielen Analytikern bekannt, nicht aber die Forschungen des Ehepaars Grossmann (2003) über Bindung und Lebenslauf mit Auswertung jahrzehntelanger Längsschnittuntersuchungen. Sie haben auf das genetisch vorgegebene evolutionsbedingte Bindungsbedürfnis hingewiesen, auf die große biologische und psychologische Abhängigkeit des Menschenkindes von Bezugspersonen und auf die oft fatalen Auswirkungen fehlender oder schädigender Zuwendung. Was den Analytikern dann im unbewussten Wiederholungszwang im psychoanalytischen Prozess begegnet, wird hier als frühe Prägung durch das faktische Verhalten und unbewusste Einstellungen der Eltern gegenüber ihrem Kind verstanden, die sich neurobiologisch im Gehirn auswirken und für immer im Gedächtnis gespeichert werden.

Lotte Köhler (1996) hat die für Psychoanalytiker wichtigen Aspekte der Bindungstheorie übersichtlich zusammengefasst:

Das Menschenkind sucht von Geburt an Nähe und Wärme, von Angesicht zu Angesicht. Was das Kind in den ersten sechs Monaten im Wechselspiel zwischen sich und der Mutter (oder anderen Bezugspersonen) erlebt, legt sein Bindungsverhalten fest. Durch Versuche mit Trennungen lernte man verschiedene charakteristische Bindungsmuster zu unterscheiden: Sichere und unsichere Bindung, wobei letztere unsicher-vermeidend, unsicher-ambivalent und unsicher-desorientiert sein kann. Cum grano salis gilt: Einfühlsame Mütter reagieren feinfühlig auch auf diskrete Signale des Säuglings und wissen sie richtig zu deuten, gefolgt von sicherer Bindung. Wendet sich die Mutter ab, resultieren Mangelzustände beim Säugling. Ein häufiger Wechsel von Zuwendung und Abwendung, zwiespältiger Zuwendung – bewusst zugewandt, unbewusst abgewandt – führt zu den genannten drei gestörten Bindungsmustern. Die Analytiker könnten daraus ersehen, dass nicht allein von innen kommende Phantasien ihrer Patienten als Kinder – in der Position des Urhebers – pathologische Entwicklungen erzeugen, sondern ebenfalls von außen kommende günstige oder ungünstige Einwirkungen der entscheidenden Bezugspersonen, bei denen die Kinder Opfer sind. Je nachdem, welche Auffassung der Analytiker favorisiert, wird seine Haltung und Technik im täglichen Umgang mit dem Patienten unterschiedlich ausfallen.

Die Übereinstimmungen der Ergebnisse der Bindungsforschung mit den einzelnen psychoanalytischen Schulrichtungen oder die Unterschiede dazu hat Fonagy (2001) herausgearbeitet. Um es kurz zu sagen: Die Unterschiede sind gravierend (Zepf 2006 a), nicht von ungefähr werden die Ergebnisse der Bindungsforschung in der Psychoanalyse nicht rezipiert. Der Grund ist, dass in den meisten psychoanalytischen Entwicklungstheorien die Autonomie des Menschen betont und dessen Abhängigkeit vernachlässigt wird. Am ehesten ergeben sich Berührungspunkte bei René Spitz (Hospitalismus), Erikson (psychosoziale Positionen), Joseph Sandler, der 1960 von einem elementaren Sicherheitsbedürfnis des Menschenkindes spricht, bei Winnicott und der unabhängigen Londoner Gruppe, für die die Mutter gut genug sein muss und deren Holding lebensnotwendig ist, bis hin zu Otto Kernbergs Objektbeziehungstheorie (Bedeutung des Objekts), zu den interpersonal-relational orientierten Analytikern (Intersubjektivität) um Mitchell, vor allem zur Selbstpsychologie (wichtige Rolle der Empathie, Responsivität und der Selbstobjektbeziehungen), aber auch in einem Punkt zu Bion (Bedeutung des Containing).

7. Mentalisierung und Affektregulierung

Neben Joseph Lichtenberg und Daniel Stern hat sich um Peter Fonagy (2002) eine weitere Gruppe von Analytikern um die Säuglingsforschung gekümmert und eigene Konsequenzen für die Entwicklungstheorie und für ein neues Verständnis von seelischer Pathologie und des analytischen Prozesses gezogen. Sie verwenden eine eigene Sprache, zielen aber genau auf dasselbe, was

Lichtenberg und Stern anstreben: Wie entwickelt sich die frühe Interaktion zwischen Säugling und Bezugspersonen, was bringt der Säugling an genetischer Ausstattung mit, wie organisiert sich ein erstes Selbstempfinden, wozu braucht er Anregungen von außen, welche Stadien werden durchlaufen, wie kommt es zur Symbolisierung, was geschieht vor der Entwicklung von Symbolen im Kind und in der Beziehung zu wichtigen Anderen, welche Affekte sind dabei relevant, und wie werden diese reguliert?

Im Folgenden rekapitulieren wir nicht alle einschlägigen Forschungen, sondern setzen selbst Akzente. Dabei fragen wir nach dem Gewinn dieser Forschungsergebnisse für die psychoanalytische Entwicklungspsychologie und für die tägliche Praxis.

Wir sehen drei wesentliche *Entwicklungsstufen für Selbst, Affekte und Symbolisierung:*

1. Im ersten Lebensjahr gibt es für den Säugling wahrscheinlich nur ein vages Empfinden von angenehm und unangenehm, von Freude oder Ärger. Einige Affekte sind genetisch vorprogrammiert, andere entwickeln sich aus den frühen Interaktionen mit den wichtigen Bezugspersonen. Dabei sind die Grenzen zwischen innen und außen, zwischen Selbst und Umwelt noch unscharf und durchlässig. Selbst und Umwelt sind noch ungetrennt, bilden ein Ganzes, wobei allerdings das Selbst eher eine Erweiterung der Wahrnehmung des Anderen darstellt, als dass es andere als Erweiterung seiner selbst erlebte (Fonagy et al. 2002, S.16).

2. In einer zweiten Phase lernt der Säugling nicht nur zwischen innen und außen zu unterscheiden, sondern auch seine Affekte kennenzulernen. Dabei spielen zwar auch angeborene, von innen kommende Suchbewegungen eine wichtige Rolle, die von außen stammenden Anregungen sind aber wichtiger. Das von Kohut (1971) betonte Spiegeln der eigenen Affekte durch Andere ist für eine zunehmend besser gesteuerte Affektregulierung unabdingbar. Das Spiegeln wird jetzt nur genauer differenziert, und zwar nach gelingenden und nicht gelingenden Regulierungen, letztere gefolgt von pathologischen Entwicklungen bis hin zu narzisstischen Persönlichkeitsstörungen und Borderline-Strukturen.

3. Mit der zunehmenden Differenzierung der Affektregulierung nimmt auch die Repräsentation dieser Affekt- und Selbstzustände in der Seele des Kindes zu. Diese zunehmende innerseelische Repräsentation nennen die Autoren »Mentalisierung« – ein schwer zu übersetzender Begriff: »mind« ist auf Deutsch Geist; »Vergeistigung« klingt aber schlecht, deswegen bleibt

der Ausdruck unübersetzt. Man könnte auch von zunehmender »Strukturierung« des innerseelischen Raums sprechen, von sich bildenden mentalen Strukturen, ganz im Sinne von Freuds (1923b, S. 257) »Aufrichtung des Objekts im Ich« bzw. »Niederschlag der aufgegebenen Objektbesetzungen«. Die Autoren formulieren wörtlich: »Das internalisierte Bild der Bezugsperson, die das innere Erleben des Säuglings widerspiegelt, wird zum Organisator der emotionalen Erfahrung des Kindes« (Fonagy et al. 2002, S. 15). Bei der Mentalisierung geht es, mit aus der Testpsychologie entnommenen Worten, um die zunehmende Fähigkeit, sich ein Bild von sich selbst machen zu können (das Selbstbild), vom Anderen (das Fremdbild) und schließlich von der Welt (das Weltbild). Damit wäre – wieder in anderer Formulierung – die Stufe der Symbolisierung erreicht. Wir erleben dann nicht nur unreflektiert ein aktuelles Geschehen, sondern sind auch in der Lage, das Erlebte zu reflektieren, es uns vorzustellen, darauf innerseelisch Bezug zu nehmen, uns ein Bild vom Erlebten zu machen. Diese Fähigkeit zu Selbstreflexion entwickelt sich aber nur dann, wenn die wichtigen Anderen die Affekte und Selbstzustände des Säuglings angemessen reflektieren. Wiederum wird die große Abhängigkeit des Menschenkindes von seinen wichtigen Bezugspersonen deutlich, hier: von der Fähigkeit der Bezugspersonen, sich ein Bild von sich selbst und von ihrem Kind zu machen. Verfügen die Eltern über diese Fähigkeit, entwickeln sich sicher gebundene Kinder, fehlt sie, sind unsicher gebundene Kinder die Folge. Eltern müssen sich vorstellen können, was in ihrem Kind in etwa affektiv und intentional vorgeht, wenn es sich so oder so verhält, z. B. ein bestimmtes Spielzeug haben will, um dies oder jenes damit zu machen.

Diese Fähigkeit einer Mutter oder eines Vaters unterscheidet sich in nichts von der des Analytikers, sich von den inneren Zuständen seines Patienten ein Bild zu machen. »Je reichhaltiger und flexibler diese Bilder sind, die wir uns davon machen, desto besser ›mentalisieren‹ wir« (Dornes 2006, S. 172). Damit dies funktioniert, müssen die Eltern die Affekte des Kindes nicht nur spiegeln, sondern auch »markieren«, d. h. auf besondere Weise übertreiben. An der Übertreibung kann dann das Kind den eigenen Affekt von dem der Eltern unterscheiden und als etwas Eigenes wahrnehmen. »Das Gesicht der Mutter ist wie ein Bildschirm, der dem Säugling zeigt, was er fühlt« (ebd., S. 174). Spiegelt die Mutter nicht kongruent die Affekte des Kindes, sondern zeigt sie ihm nur ihre eigenen Affekte, verwechselt der Säugling die eigenen Affekte mit denen der

Mutter und internalisiert diese statt der eigenen, gefolgt von Verwirrung darüber, was nun Eigenes und was Fremdes ist.

Dieser Prozess des Unterscheidens von Eigenem und Fremdem setzt sich mit zunehmendem Alter im spielerischen Umgehen mit der Realität fort. Eltern sollten dann nach Möglichkeit das Spielen des Kindes durch geeignetes Mitspielen unterstützen. Sie tun dies, wenn sie die ihnen zugedachte Rolle auch spielen, d. h., so tun, als ob sie z. B. sich ärgern würden, sich aber nicht wirklich ärgern. Das Kind erlebt dann seinen Wunsch erfüllt, z. B. den Vater ärgerlich zu machen, nicht aber einen wirklichen Ärger, der es bedrohen würde. Es macht sich m. a. W. – ebenso wie sich die Eltern ein Bild vom inneren Erleben des Kindes machen – ein Bild in seinem Inneren, es erschafft eine mentale Struktur, eine Repräsentation. Dieses Bild ist zwar der Realität äquivalent, ist aber nicht Realität. Durch eine zunehmende Fülle von spielerischen Handlungen mit anderen, die sich alle mental niederschlagen, entwickelt sich dann ein sich mehr und mehr differenzierendes Selbstbild, und zwar in enger Verbindung mit den über andere erlebten Erfahrungen. Das Kind bemerkt dabei, dass das Bild, das es sich von sich selbst macht, nicht immer identisch ist mit dem, das sich andere von ihm machen.

Wir sehen, wie bedeutsam nicht nur das faktische Verhalten der wichtigen Anderen für die Symbolbildung bzw. Mentalisierung beim Kind ist, sondern auch deren mentale Vorstellungen von dem, was ihr Kind wollen, fühlen, denken könnte: ohne Objekt keine Mentalisierung.

Es gilt aber auch: ohne eigene Kompetenz des Säuglings keine Entwicklung. In der klassischen Psychoanalyse sind es die Triebe, die die Entwicklung bestimmen, bei Melanie Klein angeborene innere Phantasien. Auch dafür gibt es Belege in der Säuglingsforschung. Es gibt beim Kind angeborene soziale Erwartungen, für die sich andere zur Verfügung stellen müssen, um sie zu erfüllen: die Selbstobjekte im Sinne der Selbstpsychologie. Kinder können aber auch aus sich heraus ein anderes Objekt geradezu erschaffen, den »virtuellen« Anderen (Bråten 1992, Dornes 2006, S. 87). Hier sehen wir deutliche Parallelen zu dem »evozierten Gefährten« bei Daniel Stern (1986, S. 162), ähnlich einem Übergangsobjekt nach Winnicott. In diesem Sinne wäre wohl auch »das unbekannte Bekannte« (Bollas 1997, S. 290) zu verstehen, das zwar mental abgebildet ist, aber erst noch durch Wechselwirkungen mit der Außenwelt symbolfähig bzw. voll mentalisiert wird.

8. Neurobiologie

Das Interesse der Nachbardisziplinen wie auch Teilen der Öffentlichkeit an der Psychoanalyse in den vergangenen Jahren hat zahlreiche Gründe: die zunehmend offensive Auseinandersetzung der Psychoanalyse mit ihren eigenen Methoden und Befunden (vgl. etwa Kap. IX), der fruchtbare Diskurs mit anderen Wissenschaften und nicht zuletzt die »harten« objektiven Befunde einer Naturwissenschaft, der Neurobiologie. Sie ermöglichte durch die Revolutionierung der Untersuchungsmethodik und -techniken im vergangenen Jahrzehnt faszinierende Einblicke in die Entwicklung und Pathophysiologie des Gehirns. Wie im Bereich der Kognitionswissenschaften und Gedächtnispsychologie (Koukkou et al. 1998, Mertens 2007) liegt auch hier eines jener Beispiele für ein Forschungsfeld vor, auf dem sich die Psychoanalyse in einem konstruktiven intensiven interdisziplinären Austausch befindet. Davon zeugen nicht nur zahlreiche neurobiologisch-psychoanalytische Kongresse, sondern auch eine kaum mehr zu überblickende Flut von Publikationen und ebenso die jüngst gegründete Zeitschrift *Neuro-Psychoanalysis*, die neurobiologische und psychoanalytische Erkenntnisse zu integrieren versucht. Zum jetzigen Zeitpunkt lassen sich unterschiedliche Positionen erkennen: Eine Reihe von Forschern versucht psychoanalytische Ergebnisse und Vorgehensweisen unter Rückgriff auf die Neurobiologie naturwissenschaftlich zu verifizieren. Sie entwickeln gleichsam neuropsychoanalytische Modelle von der seelischen Struktur und den seelischen Funktionen sowie von spezifischen Erkrankungen wie den traumatischen Störungen oder empfehlen spezifische, auf neurobiologischen Erkenntnissen basierende therapeutische Techniken (Westen & Gabbard 2002, Beutel et al. 2003, Solms 2006). Unter methodologischen Gesichtspunkten sehen andere Forscher in der Neurobiologie wie auch in anderen Wissenschaften, etwa der Linguistik oder Gedächtnisforschung, eher die Möglichkeit, die psychoanalytischen Erkenntnisse von dritter, unabhängiger Seite wenn nicht zu bestätigen oder zu widerlegen, so doch zumindest kritisch zu reflektieren, gleichsam die Chance einer wissenschaftlichen Triangulierung (Thomä 1995, Bohleber 2000). Andere Forscher wiederum bestreiten beide Möglichkeiten aufgrund der erheblichen methodologischen und methodischen Unterschiede zwischen Psychoanalyse und Neurobiologie und warnen vor einer Biologisierung der Psychoanalyse (Blass & Carmeli 2007). Jenseits dieser intensiv geführten Debatten, die, wie wir meinen, qualifizierendes Merkmal einer lebendigen, sich entwickelnden Wissenschaft sind, besteht allerdings Konsens in der Auffassung, dass die Neurobiologie unabhängig von der Psychoanalyse und mithilfe von spezifischen Untersuchungsmethoden viele der in der Psychoanalyse klinisch und theoretisch gewonnenen Erkenntnisse eindeutig stützt, wie die überragende Bedeutung der primären Objektbeziehung und der Affekte für die seelische Entwicklung sowie die Existenz des Unbewussten.

So unterstützen neuere hirnbiologische Forschungen aus naturwissenschaftlicher Perspektive eine der zentralen Theorien der Psychoanalyse über die psychische Entwicklung wie über die Psychopathologie: den somatopsychisch-psychosomatischen Funktionskreis, der zu verstehen hilft, wie die primären Objekterfahrungen sowohl Funktion als auch Morphologie des sich entwickelnden Gehirns nachhaltig beeinflussen (Bock & Braun 2002). Wegen dieser überragenden Bedeutung der primären Objektbeziehungen für die seelische Entwicklung richtet daher inzwischen auch ein immer größer werdender Teil der biologischen Psychiatrie (Helmchen et al. 2000), der kognitiven Psychologie (Reck 2004) und der Traumaforschung (Read & Ross 2003) das Forschungsinteresse nicht mehr ausschließlich auf die Wirkung pathogener somatischer Faktoren auf psychogene Vorgänge, sondern stellt ergänzend die Frage, welche Auswirkungen pathogene Objekterfahrungen und der dadurch verursachte psychische Stress (Cortisol, Glukokortikoid-Ausschüttung) auf die Hirnbiologie und -chemie hat. Dabei zeigt sich, dass psychische Extremerfahrungen wie traumatische Objektbeziehungen mit psychisch kranken Eltern (Remschmidt & Mattejat 1994, Papousek 2001), Extremtraumatisierungen (Read & Ross 2003), aber auch unspezifische, chronische Hilflosigkeit (Bock & Braun 2002), die nicht in jedem Fall mit traumatischen Erfahrungen zusammenhängen muss, objektivierbare pathogene Auswirkungen auf die frühkindliche Hirnentwicklung haben. Somit vermögen offenbar je individuelle Besonderheiten in den primären Objektbeziehungen die Gehirnphysiologie und -biochemie in spezifischer Weise zu beeinflussen: ein minimal vulnerables, sich noch in der normativen Bandbreite der zu erwartenden Entwicklung befindendes Gehirn kann durch »nicht passende« (Tuning, Matching) Objektbeziehungen, die keinesfalls grob pathologisch sein müssen, funktionell und strukturell gestört werden. Reziprok können umgekehrt schon geringfügige Dysfunktionen der biochemischen und physiologischen Prozesse im Gehirn (Rezeptorendichte, Transmitteraktivität, neuronale Dichte) die individuelle Psychogenese und die primären Objektbeziehungen negativ beeinflussen (Adoptionsstudien). Gleichfalls können noch in einer »Norm« sich befindliche, aber inzwischen durchaus identifizierbare genetisch und/oder pränatal verursachte Störungen Morphologie und Funktion des sich entwickelnden Gehirns des Säuglings ebenso nachhaltig schädigen wie psychogenetische Faktoren, etwa phasentypische Konflikte, besonders aber subjektiv erlebte Traumata. Die Summe dieser Störungen kann dann die mentale Entwicklung des Selbst gravierend stören und etwa zu eingeschränkter Reizschutzschranke, einer störanfälligen Affektverarbeitung sowie blockierten kognitiven und Wahrnehmungs-Funktionen führen. Die Neurobiologie bezeichnet diesen Mechanismus als »Multiplikatoreneffekt«. Damit wird ein Prozess beschrieben, »in dem ein kleiner angeborener Unterschied Unterschiede in der Umwelt bewirkt, die wiederum unterschiedliche Triebreaktionen auslösen usw., sodass der ursprüngliche Effekt sehr rasch multipliziert wird« (Solms 2006, S. 855). Diese Ergebnisse konvergieren mit anderen Befunden aus Neurobiologie und Genetik, denen zufolge im Verlauf des prä- und postnatalen Gehirnwachstums von allen genetisch angelegten Strukturen nur solche aktiviert und differenziert werden, die die anfallenden, individuell je spezifischen Anpassungserfordernisse am besten erfüllen. Aufgrund der »Plastizität der neuronalen Verschaltungen« werden nur jene Synapsen und neuronalen Verbindungen gefördert und entwickelt, die für den Organismus einen Anpassungswert besitzen; andere werden blockiert. Dabei kommen die entscheidenden Impulse für die Aktivierung der optimalsten Gehirnstrukturen aus der affektiven Interaktion mit der Umwelt. Interaktiver Stress, inadäquate Stimulierung und Affektregulierung beeinflussen die Entwicklung spezifischer neuronaler Strukturen ungünstig (Pally 1998, Kandel 1999).

Von neurobiologischer Seite fand ferner die von der Psychoanalyse postulierte Existenz unbewusster seelischer Prozesse Bestätigung:

»Unabhängig von der psychoanalytischen Theorie und Klinik erbrachte die neurobiologische Forschung zweifelsfreie Beweise für die Existenz unbewusster Prozesse. Freuds These, dass psychische Vorgänge jeglicher Art unbewusst vonstatten gehen, ist unter den renommiertesten Neurowissenschaftlern nicht mehr umstritten. Darüber hinaus wird allgemein anerkannt, dass das Bewusstsein eine sehr, sehr begrenzte Angelegenheit darstellt – es haftet lediglich ein geringer Teil unserer psychischen Aktivitäten an« (Solms 2006, S. 835).

Auch für die Gültigkeit der psychoanalytischen Theorie der Verdrängung wurden unzweideutige empirische Belege aus neurobiologischer Sicht erbracht.

Dies gilt für das deskriptive und das dynamische, verdrängte Unbewusste gleichermaßen. In Laborexperimenten wie auch in der neuropsychologischen Forschung wurden Beweise für ein »motiviertes Vergessen« erbracht (ebd., S. 836). In Studien über die therapeutische Wirksamkeit der Psychoanalyse (vgl. Kap. IX.9) wurden erste empirische Ergebnisse vorgelegt: »Praktisch jede funktionelle Hirnbild gebende Studie über erfolgreiche Behandlungen durch Redekuren erbringt denselben Nachweis, nämlich dass das therapeutische Resultat einer Veränderung in der Stoffwechselaktivität der Präfrontalregion entspricht«, d.h. in psychoanalytischen Begriffen, Ziel der Analyse ist es, das Ich zu stärken und Unbewusstes seinem Einflussbereich zugänglich zu machen (ebd., S. 853). Ähnliche Befunde liegen vor im Hinblick auf die psychoanalytische Triebtheorie, die Ätiologie der Neurosen, die Traumtheorie sowie den Sekundär- und Primärprozess (Solms 2006).

V. Die Psychoanalyse – eine Lehre vom Traum

»Der Traum, ein Leben.«
(Grillparzer)

Zu Recht wird das Erscheinen der *Traumdeutung* als die Geburtsstunde der Psychoanalyse bezeichnet, da Freud im Verlauf der Untersuchung der Traumpsychologie wesentliche Kennzeichen und Mechanismen des Seelenlebens entdeckte und seine späteren Theorien darauf aufbauten. Freud selbst sprach in einem Brief an W. Fließ (Freud 1985 c) von der »Geburtsstunde der Psychoanalyse« im Zusammenhang mit der Entdeckung der unbewussten Phantasie bei der Hysterie sowie der Entdeckung des latenten Trauminhalts. *Die Traumdeutung* (1900 a) bildet trotz der Modifikation und Überarbeitung einzelner Unterkapitel, wie etwa der Bedeutung der unbewussten Symbole oder der Träume traumatischer Neurosen oder der strukturtheoretischen Betrachtung der Traummechanismen, bis heute eines der Kernstücke der Psychoanalyse, weil in ihr erstmals die wissenschaftliche Methode und die Klinik der Psychoanalyse angewendet wurden.

Freud (1900 a, 1916–17 a, 1933 a) definiert den Traum als Hüter des Schlafes, zugleich als den Versuch der Konfliktverarbeitung, als eine Art unbewusstes Denken. Der Traum ist in Form des »manifesten Trauminhaltes« erinnerbar, und die Deutungsarbeit, die Traumdeutung, hat die Aufgabe, den »latenten Trauminhalt« zu rekonstruieren und zu entschlüsseln. Mit wichtigen Ausnahmen lässt sich dann regelmäßig eine Art verhüllter Wunscherfüllung finden; ganz im Sinne von Grillparzers Drama, in dem der Traum das eigentliche Leben zeigt, während bei Calderon das Leben ein Traum ist. Von größter Bedeutung war die Entdeckung Freuds, dass die »latenten Traumgedanken« mithilfe einer spezifischen seelischen Tätigkeit, der »Traumarbeit«, zu den manifesten Trauminhalten gebildet werden. Die Deutung des Traums entschlüsselt und enthüllt die Traumarbeit. Dadurch wird die oft kunstfertige Verschlüsselung der latenten Traumgedanken rückgängig gemacht und die Bedeutung der unbewussten Traumgedanken ins Bewusstsein gehoben. Im Gegensatz zu den Systemen Bw und Vbw, in der Strukturtheorie dann dem

Ich, bleibt das Unbewusste auch während des Schlafs aktiv; dies gilt auch für einige Tagesreste, etwa Gedanken und Eindrücke, die während des Tages entstanden. Wegen der durch den Schlaf verursachten Herabsetzung der Aufmerksamkeit, der Wahrnehmung und der Zensur drohen nun die immer aktiven unbewussten Wunschregungen ins Bewusstsein vorzudringen und den Schlaf zu stören oder gar zu unterbrechen. Diese Gefahr besteht umso mehr, als sich die Motorik während des Schlafs im Zustand der Ruhe befindet.

Damit der Schlaf geschützt werden kann, müssen die unbewussten Wunschvorstellungen auf andere Art und Weise zum Ausdruck kommen, und dies geschieht vermittels der Mechanismen der Traumarbeit, die den latenten Trauminhalt gestalten. Erinnerungsspuren und Tagesreste werden von den unbewussten Wünschen gleichsam als »trojanisches Pferd« benutzt und kommen als Wahrnehmungsbilder, dem manifesten Trauminhalt, zum Ausdruck. Die Traumarbeit selbst unterliegt den Gesetzen des Primärvorgangs, d. h. vor allem der Verschiebung und Verdichtung. Aber auch die Traumzensur hat einen wesentlichen Einfluss auf die Traumarbeit und führt, zusammen mit der sekundären Bearbeitung (die Tendenz des Seelenlebens, Gedanken und Bilder des Traums in einen logischen Zusammenhang zu bringen), dazu, dass der latente Trauminhalt sich verhüllt als manifester Traumgedanke darstellt.

In der Strukturtheorie formulierte Freud weiter, dass es im Traum zur regressiven Veränderung vieler Ich-Funktionen und Überich-Funktionen kommt (Arlow & Brenner 1964). Aber auch in der Strukturtheorie hielt Freud an seinem ursprünglichen Gedanken fest, dass »der eigentliche Schöpfer des Traumes« ein unbewusster Wunsch ist (1933 a, S. 18) und als zweite Traumquelle die Tagesreste zu verstehen sind: aus dem Wachzustand und dem aktuellen Leben kommende Eindrücke, Gedanken, Überlegungen, die im Vorbewussten gespeichert werden. Ohne die Tagesreste, so hält Freud auch in der Strukturtheorie fest, wäre es den unbewussten Wünschen und Triebimpulsen nicht möglich, ins Vorbewusste und zur manifesten Traumgestaltung zu gelangen. Dagegen wurde in der Strukturtheorie allerdings der gestaltende Einfluss der Traumzensur im Unterschied zur topographischen Theorie stärker hervorgehoben. Eine besondere Stellung nehmen die »traumatischen Träume« (1916–17 g) ein, die nicht der Wunscherfüllung dienen, sondern dem Wiederholungszwang unterliegen, gleichsam die Traumarbeit ausschalten, da sie immer wieder unverhüllt das Trauma wiederholen. Angstträume verstand Freud in der Strukturtheorie als Ausdruck der Strafimpulse vonseiten des Überichs.

Die empirische Traumforschung bestätigte weitgehend Freuds Entdeckungen (Deserno 2001, Leuschner 2006). In jüngster Zeit wurde aber der Einfluss von Ich und Überich auf die Traumbildung betont, und vor allem wurden Störungen der Traumarbeit bei unterschiedlichen seelischen Erkrankungen, etwa Borderline-Störungen (Weiß 2002), Psychosomatosen (Zepf, 2006), Psychosen (Müller 2008) und traumatischen Störungen (vgl. Kap. VI.7) untersucht. Weiß (2002, S. 636) hat versucht, den strukturellen Grad der Symbolisierung (vertikale Achse) und die Funktion (horizontale Achse) von Träumen im folgendem Diagramm zu veranschaulichen:

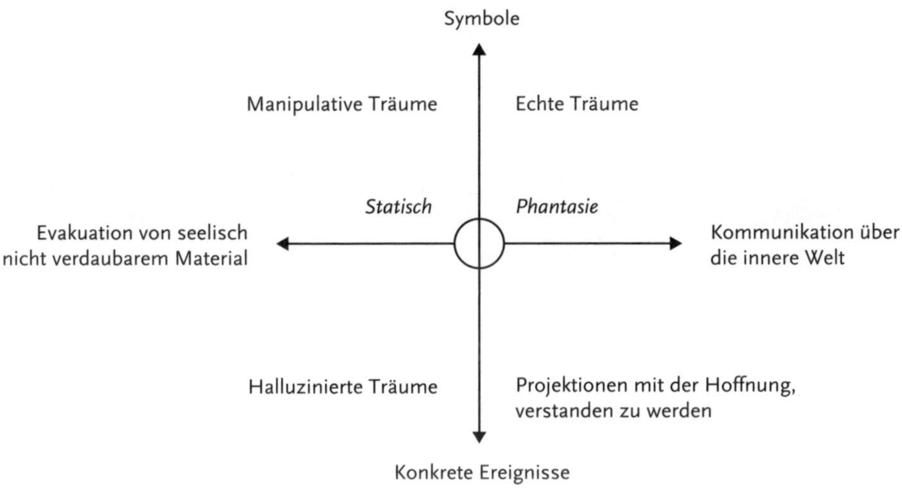

Abb. 4: Grad der Symbolisierung und Funktion von Träumen (modif. nach Weiß 2002)

VI. Die Psychoanalyse – eine Persönlichkeitstheorie

»Vieles Gewaltige lebt, doch nichts ist gewaltiger als der Mensch.«
(*Sophokles,* Antigone)

1. Sexualität – das bekannte Markenzeichen der Psychoanalyse

Die Psychoanalyse ist vor allem dafür bekannt, dass sie der Sexualität im menschlichen Leben einen großen Einfluss zuweist. Nicht von ungefähr wurde sie deswegen von vielen Seiten massiv angegriffen. Die Macht sexueller Wünsche wurde im Laufe der Zeit auch mehrfach relativiert. Man sprach von einer »Verflüchtigung« der Sexualität in den eigenen Reihen (Parin 1986). In einer Gegenbewegung dazu spielt »das Sexuelle« neuerdings wieder eine größere Rolle. Freuds *Drei Abhandlungen zur Sexualtheorie* aus dem Jahr 1905 erfahren eine Renaissance, jetzt aber im Zuge einer modernen Psychoanalyse geschlechtsspezifisch in weibliche und männliche Sexualität differenziert. Aktuelle Zeugnisse sind die beiden Bücher *100 Jahre »Drei Abhandlungen zur Sexualtheorie« – Aktualität und Anspruch,* herausgegeben von Dannecker & Katzenbach (2005), sowie *Freud und das Sexuelle – neue psychoanalytische und sexualwissenschaftliche Perspektiven,* herausgegeben von Quindeau & Sigusch (2005). Wir tun also gut daran, hier das Thema »Nummer 1« an den Anfang dieses Kapitels zu stellen.

2. Der Mensch, von Trieben beherrscht – die klassische Triebtheorie

Zu Beginn ihrer Entstehungsgeschichte war die Psychoanalyse vornehmlich Triebtheorie. Sie entwickelte sich dann weiter zur Struktur- und Ich-Psychologie, parallel dazu differenzierten sich Narzissmustheorie und Selbstpsychologie sowie die verschiedenen Objektbeziehungstheorien. Für die meisten Weiterentwicklungen blieben zentrale Vorstellungen Freuds, etwa der Triebbegriff oder die Phasen der psychosexuellen Entwicklung, von entscheidender

Bedeutung. Auch Freud selbst versuchte die Triebtheorie immer weiter zu differenzieren und in parallel entstehende oder nachfolgende theoretische Erweiterungen (Narzissmustheorie, Objektbeziehungstheorie, Strukturtheorie) zu integrieren.

Freud unterscheidet Drang, Quelle, Ziele und Objekt des Triebs. Triebquellen sind vor allem die erogenen Zonen der Partialtriebe (vgl. unten: Phasen der sexuellen Entwicklungen) und insofern vor allem somatischer Natur. Unter Drang versteht Freud das auf Abfuhr und Befriedigung drängende motorische Element des Triebs, während die Ziele und Objekte das »Variabelste am Trieb« sind. Als Objekt können der eigene Körper wie auch äußere Objekte fungieren; Ziel bleibt immer eine Befriedigung des Triebs. Da Objekte nach Freud vor allem unter dem Gesichtspunkt der Triebbefriedigung ausgewählt werden, ist das Ziel primär, das Objekt sekundär (Freud 1905 d, 1915 c, 1933 a). Dabei ist Freuds Definition des Triebs, womöglich der Komplexität des Untersuchungsgegenstands angemessen, nicht immer eindeutig. Zuweilen bezeichnet er den Trieb selbst schon als seelische Repräsentanz der »aus dem Körperinneren in die Seele gelangenden Reize« (1915 c, S. 214) und schreibt ihm damit eine symbolische Qualität zu; in anderen Textpassagen besteht Freud darauf, dass der Trieb nur vermittels einer Vorstellung oder eines Affekts eine seelische Repräsentanz erlangen kann (1915 c). Freud formulierte verschiedene Triebtheorien, zumeist dualistischer Natur (Nagera 1966). In der Periode von 1894–1912 unterschied er Sexual- von Ich-(= Selbsterhaltungs-)Trieben; 1914 differenzierte er narzisstische und Objektlibido, die den Ich-Trieben (Selbsterhaltungsimpulsen) gegenübergestellt wurden; 1915–1921 unterschied er Sexual- von Aggressionstrieben und ab 1920 Eros versus Thanatos, Lebens- und Liebestrieb versus Todestrieb. Von großer Bedeutung ist ebenfalls, dass Freud die Triebe zunächst als Partialtriebe in Abhängigkeit von einzelnen erogenen Zonen konzipierte, die sich im Verlauf der seelischen Entwicklung zu jenen oben beschriebenen dualen Triebgegensatzpaaren integrieren.

Unter klinischen Gesichtspunkten kam zu Beginn der Psychoanalyse den Sexualtrieben die größte Bedeutung zu, denn Freud (1905d) erkannte, dass deren konflikthaftes Erleben einen bedeutenden Beitrag zur neurotischen Symptombildung lieferte. Freud versteht unter Sexualtrieben nicht allein die genitalen, im engeren Sinne sexuellen, sondern auch die sinnlich prägenitalen Strebungen, wie etwa Zärtlichkeit, Kontaktstreben, aber auch sadistische Impulse. Dies war von weitreichenden Konsequenzen für die Erforschung der Sexualtriebe, weil Freud in Verlauf dieser Arbeit die infantile Sexualität entdeckte und er zudem zeigen konnte, dass Triebe sowohl einer Entwicklung als auch Transformation und Sublimierung unterliegen sowie einen erheblichen Anteil am Konfliktgeschehen im seelischen Leben des Menschen haben (Loch 1999). Innerhalb der psychosexuellen Entwicklungsstadien untersuchte Freud ferner die Existenz und Aktivität der Partialtriebe (wie etwa Zeigetrieb, Wissenstrieb, Schautrieb) und postulierte ebenfalls die Integration der Partialtriebe unter das Primat der Genitalität.

Daneben analysierte Freud die Selbsterhaltungs- oder Ich-Triebe, die mit den Sexualtrieben häufig in Konflikt stehen. Ich-Triebe gehen entweder vom Ich aus zu den Objekten oder richten sich an das Ich mit dem Ziel, dessen Erhaltung zu sichern. In der Phase um 1914 unterteilte Freud die Sexualtriebe nochmals in solche, die sich auf ein äußeres Objekt (Objektlibido) und solche, die sich auf das Ich (narzisstische Libido) richten.

Eine entscheidende weitere Theoriephase erstreckte sich ab 1920, als Freud die Existenz eines Todestriebs (1920 g) postulierte, der sich mit dem Lebenstrieb, dem Eros, in einem ständigen Konflikt befindet. Kritisch anzumerken ist, dass diese verschiedenen Triebkonzepte niemals wirklich integriert wurden, vielleicht auch nicht integrierbar sind und unterschiedliche Aspekte des seelischen Lebens zum Ausdruck bringen. Kontrovers diskutiert wird bis heute weiterhin nicht nur, ob es eine primäre Destruktivität gibt, sondern auch, inwieweit die psychische Existenz eines Todestriebs in der klinischen Praxis beobachtet werden kann.

Freud beschrieb (1905 d) einzelne psychosexuelle Entwicklungsstadien und die in diesen Stadien wirksamen Partialtriebe:

1. Die uranfängliche *orale Phase* ist die erste Periode der Triebentwicklung und psychosexuellen Entwicklung, in der die Region um den Mund (Lippen, Zunge, Mundhöhle) die erogenen Zonen sind, an denen die oralen Partialtriebe (Saugen, Schlucken, Zerbeißen, Erbrechen, Halten, Zerfallen) wirken. Der Bezug zur äußeren Realität und zum Objekt wird vor allem über den Modus des In-den-Mund-Nehmens hergestellt und mit prägenitaler, sexueller Lust verbunden. Abraham (1924) unterschied eine frühe orale Saugphase von einer späteren oral-sadistischen, kannibalistischen Phase. Freud beschrieb (1905 d) die Aktivitäten des oralen Partialtriebs, der danach strebt (etwa beim Saugen an der Mutterbrust), das Objekt einzuverleiben. In dieser oralen Organisationsstufe des Partialtriebs fällt, so Freud (1920 g, S. 58), »die Liebesbemächtigung noch mit der Vernichtung des Objekts zusammen«. Er untersuchte auch die ersten Ambivalenzen, die in dieser Phase auftreten und etwa

in Form der Zärtlichkeit, der Bemächtigung oder der Beseitigung zum Ausdruck kommen können. Typische zur Oralität gehörende Abwehrmechanismen sind Verleugnung, Introjektion, Projektion. Schon in den späteren Phasen der oralen Entwicklung beschreibt Freud damit einen widerstreitenden Konflikt zwischen libidinösen und destruktiven Regungen: Das Objekt wird beim Einverleiben zerstört (vgl. Volksmund: Jemanden »zum Fressen gerne haben«). Einverleiben und Zerstören sind hier im gleichen Akt noch ungeschieden.

2. Die sich anschließende Phase der psychosexuellen Entwicklung wird als *anale Phase* beschrieben, in der anal-erotische und anal-sadistische Partialtriebe wirken. Diese drücken sich im Modus des Festhaltens und Ausstoßens, des In-Besitz-Nehmens und Bemächtigens, des Kontrollierens und Manipulierens aus sowie in Wert- und Geringschätzung. Typische während der analen Phase der Libidoentwicklung auftretende Abwehrmechanismen sind Reaktionsbildung und Ungeschehenmachen sowie Isolierung und Verneinung. Die erogene Zone ist vor allem die Afterzone, durch deren Reizung sexuelle, prägenitale Lust entsteht. Die anale Trieborganisation ist hauptsächlich durch das Gegensatzpaar von aktiv und passiv geprägt, einem Vorläufer von männlich und weiblich (bezogen auf die infantile Sexualität).

3. Die *phallische Phase* stellt die dritte Organisationsstufe der psychosexuellen Entwicklung dar, in der die erogenen Zonen bei beiden Geschlechtern im Genitalbereich liegen. Nach Freuds Auffassung gibt es im unbewussten Phantasieleben beider Geschlechter (und nicht in der analytischen Theorie darüber, wie zuweilen auch innerhalb der Psychoanalyse selbst missverständlicherweise angenommen wird) nur ein Geschlechtsorgan, den Penis. Aber auch unter dem Primat des Phallus sind die Partialtriebe noch »polymorph pervers«. Infantile Masturbation ist hier auf die genitale erogene Zone konzentriert und von Phantasien über den negativen sowie positiven Ödipuskomplex begleitet. Die Entdeckung des Geschlechtsunterschieds führt dann im weiteren Verlauf beim Jungen zur Kastrationsangst, bei Mädchen zum Penisneid. Insofern ist diese phallische Phase eine narzisstische Phase, da alle Objekte in der Außenwelt in der unbewussten Phantasie beider Geschlechter das gleiche phallische Genitale wie das Subjekt besitzen (Roskamp & Wilde 1999, S. 109). Freud unterscheidet ferner einen negativen von einem positiven Ödipuskomplex. Im negativen Ödipuskomplex etwa identifiziert sich der Knabe, von unterschiedlichen Motiven geleitet, mit der Mutter und setzt sich in der Beziehung zum Vater an ihre Stelle; dagegen rivalisiert er im positiven

Ödipuskomplex mit dem Vater um die Mutter. Für Freud besteht vor allem in der späteren Phase seiner Theorieentwicklung der Ödipuskomplex aus der Gesamtheit aller libidinösen und aggressiven Triebimpulse, die das männliche wie weibliche Kind beiden Elternteilen gegenüber empfindet. Er spricht vom positiven Ödipuskomplex, wenn er die Rivalität mit dem gleichgeschlechtlichen um die Liebe zum gegengeschlechtlichen Elternteil ausdrücken will, entsprechend vom negativen Ödipuskomplex, wenn die umgekehrten Verhältnisse vorliegen. Der Ödipuskomplex wird durch die Identifizierung mit dem gleichgeschlechtlichen Elternteil aufgelöst. Aber auch Identifizierungen mit dem gegengeschlechtlichen Elternteil spielen, nach moderner Auffassung, eine bedeutsame Rolle beim Überwinden dieses Komplexes (vgl. Kap. VI.5).

3. Aggressivität und Gewalt

Sexualität und Aggressivität sind zweifellos zwei Grundbestimmungen des menschlichen Lebens. Dabei ist das Problem der menschlichen und zwischenmenschlichen Aggressivität, das Problem aggressiven, d. h. verletzenden, zerstörenden, gewalttätigen Verhaltens bislang keinesfalls gelöst (Kutter 2002). Es darf deswegen in der hier vorgestellten psychoanalytischen Persönlichkeitstheorie nicht fehlen. Freud selbst hatte seine Schwierigkeiten mit dem Phänomen der Aggressivität. An einigen Stellen geht er davon aus, dass aggressiv-sadistisches Verhalten Folge eines Triebs ist. Die Frage ist nur, ob die aggressiv-sadistischen Triebe im Sinne einer monistischen Triebtheorie zur Sexualität gehörend zu verstehen sind oder im Sinne einer dualistischen Triebtheorie eine eigenständige Triebgruppe repräsentieren. Die Verhältnisse wurden nicht klarer, als Freud (1920g) – eher spekulativ als auf Beobachtungen gründend – die Todestriebhypothese einführte: ein Trieb, der primär den Tod sucht, sekundär aber nach außen gewendet werden kann.

Heute unterscheiden wir die beschreibbaren äußeren Phänomene mit Wut, Zorn, Feindseligkeit und Gewalt von den dahinter verborgenen inneren Kräften und Motiven. Wir differenzieren den viel zu pauschalen Begriff Aggressivität in höchst unterschiedliche Motive, wobei uns Lichtenbergs (1989) Theorie der Motivationssysteme (vgl. Kap. IV.5) am meisten überzeugt, weil sie im Einklang mit Ergebnissen der modernen Säuglingsforschung, der Verhaltensbiologie und Primatenforschung steht. Außerdem erlaubt sie in der täglichen psychoanalytischen Praxis eine größere Differenzierung der Bedürfnisse, Affekte und Motive unserer Patienten. Neugier, Forscherdrang und

Selbstbehauptung bilden zusammen starke Motive: im Sinne des Lateinischen aggredi (wörtlich: hinzugehen) neugierig auf etwas – eine Person, eine Sache – zugehen, sich mit ihr auseinandersetzen, in sie eindringen, aber auch sich selbst behaupten, für sich werben, seinen Standpunkt vertreten, sein Revier verteidigen; durchweg konstruktive Aggressivität im Interesse der eigenen Person, Familie, Gruppe.

Von destruktiver Aggressivität sprechen wir, wenn andere Menschen massiv geschädigt, verletzt, vernichtet, zerstört werden. Dies gilt aber auch für innere Objekte und das eigene Selbst, wie bei den heute verbreiteten selbstschädigenden Störungen. In deren Psychogenese finden wir von Kindheit an mangelnde Sicherheit, Wärme und Geborgenheit. Berechtigte Bedürfnisse nach Bindung, emotionaler Zuwendung, nach Anerkennung und Wertschätzung bleiben unbefriedigt. Zum Mangel an essentiellen (positiven) Zuwendungen kommen massive (negative) Traumatisierungen wie sexueller Missbrauch, direkte körperliche Schädigungen oder indirekte seelische Verletzungen, Demütigungen oder Kränkungen.

Besonders objektbeziehungstheoretisch orientierte Psychoanalytiker vertreten die Auffassung einer dualistischen Triebtheorie, in der die zum Teil angeborenen Affekte die Bausteine der dualen Triebkräfte Libido und Aggressivität bilden. Danach beinhaltet Hass eine internalisierte Objektbeziehung, in der eine aggressive Selbstrepräsentanz mit einer Wut provozierenden oder einer versagenden Objektrepräsentanz in Verbindung steht. Aggression als Trieb ist als übergeordnete Motivstruktur (Moser 2005) aus negativen, schmerzhaften, wütenden Affekten zusammengesetzt; Libido als Trieb wird aus sexuellen erregenden Affekten gebildet. Aggression spielt eine zentrale Rolle bei der Entwicklung sadomasochistischer Beziehungen. Je nach Schulenzugehörigkeit unterscheiden sich Psychoanalytiker kaum in der Auffassung über die Bedeutung der Entwicklungsschicksale der sexuellen Libido; dagegen differieren aber die Ansichten über die Aggression. Kleinianische Autoren und andere Objektbeziehungstheoretiker knüpfen an Freuds Todestriebhypothese an und vermuten als zweite Triebquelle Aggression, die sich entweder als primärer Masochismus (der dann sekundär nach außen auf die Objekte geleitet als Sadismus erscheint) äußert oder gar als Todestrieb mit dem Ziel, alle seelischen Funktionen und inneren Objektbeziehungen auszulöschen (Segal: neiderfüllte Aggression gegen das abhängige Selbst; Bion: Zerstörung des eigenen seelischen Apparats; Traumatheoretiker: Vernichtung aller Verbindungen zu den Objekten). Von anderen Autoren wird ein primärer Sadismus, ein angeborener Zerstörungstrieb vermutet, wohingegen selbstpsychologisch und interaktionell orientierte Autoren eher von der Frustrations-Aggressions-Hypothese (Aggression als Rache für Kränkungen) ausgehen (vgl. Kap. VI.10). In der Tradition der Middle group und Winnicotts sowie Balints werden destruktive Impulse, die – frustragen verursacht, etwa Angst vor oder Versagung durch ein böses Objekt – der Zerstörung des Objekts dienen (oraler und analer Sadismus) – von narzisstischer Destruktivität und Kontrolle über das Objekt, die der Kohärenz des Selbst dient, differenziert.

4. Traditionelle Persönlichkeitsmodelle

Freud hat im Laufe seines Lebens verschiedene Versuche unternommen, theoretisch zu beschreiben, wie sich die vielfältigen Prozesse im Menschen erfassen lassen. In seinem »Entwurf« von 1895 (Freud 1950 c) ist die Persönlichkeit das »Realitäts-Ich«, das vom Selbsterhaltungs- und Sexualtrieb beherrscht wird. Da es verschiedene Triebregungen gibt, die die Persönlichkeit bestimmen, nicht nur der Sexualtrieb, war Freud gezwungen, immer wieder Korrekturen an seinen theoretischen Annahmen vorzunehmen. 1914 führte er in »Zur Einführung des Narzißmus« (1914 c) insofern eine neue Dimension ein, als er unter der Bezeichnung »narzißtisch« Eigenschaften beschrieb, die unser Selbstgefühl, unseren Selbstwert und unsere Selbsterhaltung betreffen. 1921 lagen mit *Massenpsychologie und Ich-Analyse* (1921 b) sowie 1923 mit *Das Ich und das Es* (1923 b) die wesentlichen Voraussetzungen vor, um das bekannte Strukturmodell von Es, Ich und Überich zu entwerfen, das 1926 durch *Hemmung, Symptom und Angst* (1926 d) bis zur 31. Vorlesung der *Neue(n) Folge der Vorlesungen zur Einführung in die Psychoanalyse* (1933 a) mit dem Titel »Die Zerlegung der psychischen Persönlichkeit« und bis zum *Abriß der Psychoanalyse* (1940 a) nur noch unwesentliche Änderungen erfuhr.

4.1 *Das topographische Modell*

Freud entwickelte die topographische Theorie im Kapitel VII der *Traumdeutung* (1900 a) und differenzierte sie in den metapsychologischen Schriften (1913 i, 1915 c, e, 1916–17 a). Er hatte erkannt, dass bei der neurotischen Symptombildung ähnliche Mechanismen und Vorgänge am Werk waren wie bei normalpsychologischen Prozessen etwa des Traums, des Witzes und der Fehl-

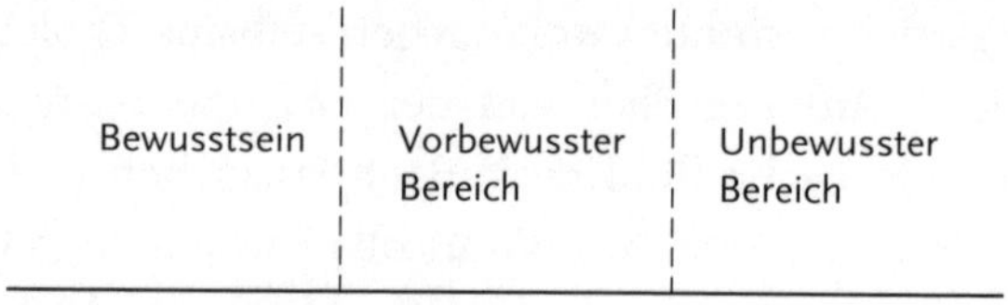

Abb. 5: Das topographische Modell (modif. nach Freud 1900a, S. 546)

leistung – Phänomene, die ebenfalls mit der topographischen Theorie erläutert wurden. Freud hatte mithilfe der Untersuchung der Traumvorgänge sowie der phobischen und hysterischen Symptombildung herausgefunden, dass sich das Seelenleben in bewusste, vorbewusste und unbewusste Qualitäten unterscheiden lässt. Er hatte entdeckt, dass triebhafte Wünsche in Widerspruch zu moralischen Werthaltungen treten und einen innerseelischen Konflikt auslösen können. In diesem Fall können sie ins Unbewusste verdrängt werden, und, falls sie eine bestimmte Intensität erreichen, zu einem Symptom führen. Entscheidend in diesem Konzept ist, ob der Wunsch Zugang zum Bewusstsein und damit zur Befriedigung erhält oder ins Unbewusste verdrängt wird. Darauf gründete auch die topographische Behandlungstechnik: Wenn die Wunschregung aus der Verdrängung, dem Unbewussten hervorgehoben und bewusst gemacht werden konnte, verschwand die Symptomatik. Freud postulierte, dass das menschliche Seelenleben aus drei miteinander in Verbindung stehenden Systemen besteht: Das System Ubw wird geprägt durch den Primärprozess und ist charakterisiert durch Widerspruchslosigkeit, Zeitlosigkeit, Primärvorgang wie Verschiebung, Verdichtung. Freud bezeichnet das Unbewusste auch häufig als das Verdrängte und die Zensur zwischen den drei Systemen als Verdrängung. Eine missglückte, gescheiterte Verdrängung kann zu neurotischen Symptomen führen. Das Unbewusste wird auch als Sitz der Wünsche und der Triebe bezeichnet. Das System Vbw enthält seelische Elemente, die dem Bewusstsein zugänglich sind, seine wichtigste Funktion ist die Zensur. Es ist charakterisiert durch den Sekundärvorgang (rationales Denken, realistische Betrachtungsweise, Realitätsprinzip). Das System Bw wird von Freud gleichgesetzt mit der Sinneswahrnehmung und der Motorik (Arlow & Brenner 1964, Tyson & Tyson 1990).

4.2 Das Strukturmodell

Hier verhalten sich Es, Überich und Ich als Instanzen oder Systeme der Persönlichkeit aktiv und reaktiv gegenüber der Realität. Dabei ist der Bereich des Es weitgehend mit dem unbewussten Bereich des topographischen Modells identisch. Es herrschen besondere Gesetzmäßigkeiten, die vom Ich weitgehend unkontrolliert sind, wie Verschiebung, Verdichtung, Vertauschung, und sich, zum Teil nur wenig entstellt, im Traum bildhaft ausdrücken können. Das beherrschende Prinzip ist das Lustprinzip, in politischer Analogie die Anarchie.

Im Überich sind die Normen und Werte lokalisiert, die sich als Folge vielseitiger Erziehungseinflüsse sowie elterlicher und sozialer Vorbilder als Struktur in der sich entwickelnden Persönlichkeit niedergeschlagen haben. Die genannten Normen und Werte werden, zusammen mit den damit verbundenen Geboten und Verboten, zum großen Teil im Laufe der Entwicklung unbewusst. Sie verlieren aber ihre die Autonomie des Ichs erheblich einschränkenden Wirkungen keineswegs.

Das Ich ist somit zwischen Es und Überich extrem eingeengt und hat gegenüber diesen Instanzen einen schweren Stand. Es ist in der Tat von zwei Seiten bedrängt: von der Triebseite des Es her, von sexuellen und aggressiven Impulsen, die alle nach Befriedigung streben. Ihre tatsächliche Befriedigung würde indes dem Heranwachsenden erhebliche Auseinandersetzungen mit den Eltern bescheren. Auf der anderen Seite mahnen die im Überich verinnerlichten Verbote der Eltern, die schon ohne Anwesenheit der Eltern als Gewissen funktionieren und verbieten: »Das darfst du nicht tun, sonst setzt es Strafen.« Das bedeutet für das vom Überich abhängige Ich: »Ich bin hilflos den Trieben des Es und den Forderungen des Überichs ausgesetzt.« Dazu kommt noch die jeweils aktuelle Realität, die das Ich zusätzlich bedrängt – wahrlich keine erfreuliche Vorstellung, die hier die Psychoanalyse von unserer Persönlichkeit entwirft.

Der Sachverhalt sieht aber anders aus, wenn wir uns nicht ein kindliches oder durch neurotische Störungen verzerrtes Ich ansehen, sondern ein voll entwickeltes »reifes« Ich. Ein derart reifes Ich ist Träger des Bewusstseins, Vermittler zwischen den aus dem Es andrängenden Triebregungen und den im Überich lokalisierten Geboten und Verboten. Es ist außerdem Überprüfungs- und Entscheidungsinstanz, die die Probleme und Konflikte, wie sie angesichts der sich oft widersprechenden Anforderungen der unterschiedlichen Instanzen leicht resultieren, prüft, Problemlösungen erprobt, bejaht oder verwirft. Die Entscheidung erfolgt dabei ganz bewusst, entweder in Richtung auf das Ausleben der Triebregung in der gegebenen günstigen Situation oder auf deren Abweisung. Die Erfüllung der Triebwünsche kann auch auf später vertröstet werden. Es kann zu einem Kompromiss kommen, mit teilweisem Verzicht und teilweiser Befriedigung in sozial akzeptierter Form als Sublimierung. Unter solch günstigen Umständen stehen dem Ich die Potenziale des Es voll zur Verfügung. Das Ich fühlt sich dadurch bereichert und belebt, denn die sonst abgewehrte Erotik, Sinnlichkeit oder Leidenschaftlichkeit ist ins Ich integriert.

Hinsichtlich des Überichs ist das gewachsene gesunde Ich ebenfalls autonom, denn es entscheidet bewusst darüber, ob es sinnvoll ist, ein im Überich vorgegebenes Verbot in einer gegebenen Situation einzuhalten oder nicht. Es entscheidet ferner darüber, ob es zweckmäßig ist, ein Vorurteil zu übernehmen oder es kritisch zu überprüfen, zu hinterfragen und in ein bewusstes Urteil umzuwandeln.

In großer Spannung zum Ich stehen übrigens die bislang noch nicht erwähnten Ideale unserer Persönlichkeit. Im Strukturmodell sind sie entweder im Überich lokalisiert, oder sie stellen eine eigenständige Instanz dar. Das Ich überprüft nun, ob unsere Ideale realitätsgerecht sind oder nicht: Sind sie womöglich zu hoch gegriffen und können deswegen nicht erreicht werden? Ist es besser, sich durch entsprechendes Verhalten dem Ideal anzunähern oder das Ideal dem realen Verhalten anzugleichen?

Aus dieser einheitlichen Sicht sind die Bereiche Ich, Es, Überich und Ideal klar voneinander getrennt und nicht, wie im Fall des Kindes oder des Neurotikers, in heillose Konflikte verstrickt. Das Ich hat sich vielmehr als Kern der Persönlichkeit dadurch verändert, dass es sich weite Bereiche des Es ganz im Sinne von Freuds Diktum »Wo Es war, soll Ich werden« ebenso angeeignet hat wie weite Bereiche des Überichs. Das Überich steht nun nicht mehr über dem Ich, sondern allenfalls neben dem Ich. Damit ist der Ich-Begriff mit dem Persönlichkeitsbegriff der Psychoanalyse identisch; ganz in Übereinstimmung mit Freud (1923 b, S. 243), der das Ich als »Vorstellung einer zusammenhängenden Organisation der seelischen Vorgänge in einer Person« beschreibt.

In diesem Zusammenhang sei an ein anschauliches Bild erinnert, das sich schon bei Plato findet: das Bild von Reiter und Pferd, ein Bild, das die genannten Macht-Ohnmacht-Verhältnisse insofern eindrucksvoll beleuchtet, als wir uns vorstellen können, dass eine des Reitens unkundige Person völlig vom Pferd beherrscht wird, während der kundige Reiter die Kräfte des Pferdes für sich zu nutzen weiß. Aus dem Reiterbeispiel ergeben sich zwei Alternativen: Wenn der Reiter das Pferd zu beherrschen versteht, wächst er (das Ich) gleichsam um den Anteil der lenkbaren Kräfte des Pferdes. Im anderen Fall unterliegt der Reiter (das Ich), fühlt sich ohnmächtig, schwach und völlig der Willkür des Pferdes (des Es) ausgeliefert.

In unserem Bild ist die Triebseite in die Persönlichkeit integriert, das Primat der Genitalität ist anerkannt. Die erogenen Zonen, einschließlich der mit ihnen verbundenen Sinnlichkeit, sind dabei ebenso eingeschlossen wie die damit verbundenen Wünsche und Motive. Sie stehen bei Bedarf je nach gegebener Situation zur Verfügung. Er/sie hat die Verfügungsgewalt, die Kontrolle und kann aktiv gestaltend die Verwendung der aus dem Es kommenden Regungen steuern – ein Modell der Persönlichkeit, das den Lesern wahrscheinlich gefällt, weil das Ich in dieser Sicht eine starke Instanz ist, die relativ autonom denkt, fühlt und handelt. Sie hat das Pferd fest am Zügel, kann es lenken und auf lange Sicht zähmen. Damit sind die zuvor die Autonomie behindernden Abhängigkeiten von der Realität ebenso abgebaut wie die von den biologisch vorgegebenen Triebregungen des Es, von den Anforderungen des Überichs und von den Ansprüchen unserer Ideale – das Ziel jeder Psychoanalyse (vgl. Abb. 6).

Verschiedene Gründe führten zur Erweiterung der topographischen Theorie durch die Strukturtheorie. Die topographische Theorie konnte die in der Klinik erhobenen empirischen Befunde (Symptome) plausibel verstehen und

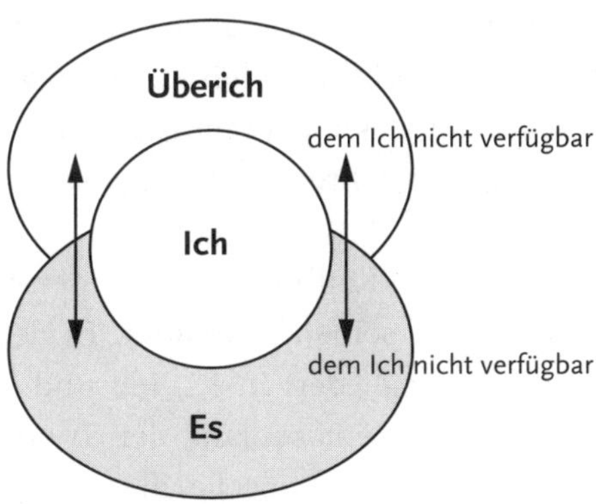

Abb. 6: Vom Überich und Es beherrschtes und eingeengtes Ich.
↕ = unbewusste Kommunikation zwischen Es und Überich

erklären, indem sie vorschlug, dass den neurotischen Symptomen (wie etwa dargestellt in den klassischen Behandlungsfällen Freuds) ein Konflikt zwischen sexuellen Wünschen und abwehrenden Kräften zugrunde lag und dass der Versuch in der analytischen Psychotherapie, diese Verhältnisse aufzudecken, von starken Widerständen begleitet war. Nach der topographischen Theorie existieren somit innerseelische Konflikte zwischen unbewussten sexuellen (Freud 1914c: narzisstischen, Freud 1916–17g: aggressiven) Wünschen des Systems Ubw einerseits und andererseits den an Realität und Moral sowie Ethik orientierten Systemen Vbw/Bw. Die Zensur versucht den ins Bewusstsein drängenden, auf Befriedigung zielenden Wunsch in Verdrängung zu halten. Falls diese Verdrängung misslingt, kehrt der verdrängte Wunsch wieder und schafft sich in Form des neurotischen Symptoms Zugang zum Bewusstsein. Das Symptom ist ein Kompromiss, weil der unbewusste Wunsch nur in entstellter Form zum Ausdruck kommen kann, und es beinhaltet sowohl Aspekte des unbewussten Wunsches wie auch Aspekte der Zensur und der Moralität. Angst wird in der topographischen Konflikttheorie mit der misslungenen Verdrängung in Verbindung gebracht; sie entsteht durch die Transformation, Umwandlung nicht befriedigter unbewusster Wünsche. Schematisch kann dies folgendermaßen dargestellt werden: unbewusster Wunsch → vorbewusste Zensur → Verdrängung → Misslingen der Verdrängung → Umwandlung des Wunsches in Angst → Symptombildung.

Freud hatte allerdings beobachtet, dass die Zensur und die Verdrängung keineswegs immer bewusst sind und damit nicht vollständig dem System Vbw angehören und es auch unbewusste Bestrafungswünsche gibt, was er vor allem in der Schrift *Das Ich und das Es* (1923b) herausgefunden hatte. Nach der topographischen Theorie müsste aber eine moralisch fundierte Einstellung ebenfalls dem System Vbw angehören. Diese Widersprüche führten zur Ersetzung bzw. Ergänzung des topographischen Modells durch die Strukturtheorie, die ab den 1920er Jahren (Freud 1923b, 1926d, 1933a) entwickelt wurde.

Das strukturtheoretische Konfliktmodell unterscheidet sich in einigen Punkten grundsätzlich von seinem Vorläufer. In der Strukturtheorie konzipiert Freud die Seele als gegliedert in Es, Ich und Überich. Dabei definiert Freud das Es als seelische Repräsentanz der Triebregungen, ein Reservoir aggressiver wie auch libidinöser Wünsche, die auf Befriedigung drängen. Das Es gehört zum unbewussten Teil des Seelenlebens. Freud schreibt, dass der Inhalt des Es »vor allem die aus der Körperorganisation stammenden Triebe«

sind (Freud 1940a, S.68). Das Es ist gleichzusetzen mit dem dynamisch Unbewussten, dem Verdrängten, insofern wirkt dort der Primärprozess. Nach Freud umfasst zu Beginn des Lebens das Es die gesamte Seele, während das Ich jenen Teil der Seele darstellt, der sich »durch die von der Außenwelt auf ihn einwirkenden Sinnesreize entwickelt« (Arlow & Brenner 1964, S.37). Zunächst wird das Ich durch sensorische und motorische Funktionen repräsentiert und erst im Verlauf der seelischen Entwicklung dazu fähig, die Ansprüche des Es zumindest zu einem bestimmten Teil unter seine Kontrolle zu bringen, dies vor allem mithilfe von Abwehrmechanismen. Die Abwehrmechanismen sind die Funktionen des Ichs und vermitteln zwischen den Wünschen, die aus dem Es in das Bewusstsein zur Befriedigung drängen, den Ansprüchen der Außenwelt sowie dem Überich.

Im strukturtheoretischen Konfliktmodell kommt dem Ich die Aufgabe zu, dank seiner Funktionen zwischen den Triebwünschen, den Anforderungen der Außenwelt und den Überich-Verboten und -Geboten vermittelnd einzugreifen. Freud fand bei der Entwicklung des Strukturmodells, dass die Verdrängung nicht der einzige Abwehrmechanismus ist, sondern dass das Ich über eine ganze Reihe unterschiedlich strukturierter Abwehrfunktionen verfügt. Er stellte ferner die Hypothese auf, dass sich die verschiedenen Abwehrformationen während verschiedener Entwicklungsphasen des Seelenlebens herausbilden. So unterscheidet man heute zwischen psychogenetisch frühen und entwicklungsgeschichtlich späteren Abwehrmechanismen (vgl. Kap. IV). Die Abwehrmechanismen bilden sich nicht allein wegen der Notwendigkeit der Adaption an die äußere Realität aus, sondern vor allem zur Verarbeitung von Angst.

Freud unterschied in der Strukturtheorie verschiedene Formen von Angst, die entwicklungsgeschichtlich aufeinander folgen: Geburtsangst, Liebesverlustangst (Objektverlust- und Trennungsangst), Kastrationsangst, Strafangst, und verband diese Ängste wiederum mit spezifischen Entwicklungsphasen. Er entwickelte (Freud 1926d) eine strukturtheoretisch fundierte Angsttheorie, in der nun die Angst nicht Resultat der missglückten Abwehr ist (topographische Theorie), sondern umgekehrt Angst Abwehrformationen mobilisiert. Neben den oben erwähnten typischen Angstsituationen können aber vor allem auch die aus dem Es drängenden unbewussten sexuellen und aggressiven Wünsche dem Ich Angst machen, weil diese Wünsche weder mit den moralischen, ethischen Anforderungen (Überich) noch mit den Anforderungen der Außenwelt in Übereinstimmung zu bringen sind. Das Ich mobilisiert nun Widerstände, d.h. Abwehrmechanismen, um die aus dem Es stammenden Wünsche zu kontrollieren. Die Abwehrmechanismen haben das Ziel, die Angst zu reduzieren. Die wichtigsten Abwehrmechanismen in der Strukturtheorie, von A. Freud 1936 systematisch erforscht, sind Verdrängung, Ungeschehenmachen, Isolierung, Projektion, Verneinung, Umkehrung, Reaktionsbildung, Verleugnung. Neben den Abwehrmechanismen verfügt das Ich noch über weitere Funktionen wie Bewusstsein, Sinneswahrnehmung, Wahrnehmung innerer und körperlicher Vorgänge, Denken, Motorik, Sprache, Realitätsprüfung und Gedächtnis. Die Ich-Psychologie hat einige dieser Funktionen als primär autonom, d.h. nicht aus Konflikten heraus entstanden definiert (Hartmann 1964). Die primären konfliktfreien, unabhängigen autonomen Ich-Apparate wie Wahrnehmung, Motorik, Intelligenz können selbstverständlich sekundär durch neurotische, psychosomatische oder psychotische Konflikte stark beeinträchtigt werden. In der Nachfolge Freuds wurde mehr und mehr das Ich durch seine Funktionen definiert. Oberste Aufgabe des Ichs ist Reduzierung der Angst und Selbsterhaltung. Dies versucht das Ich durch die synthetischen und integrierenden Funktionen zu realisieren (Nunberg 1959).

Das Überich sowie das Ichideal sind Aspekte des Ichs und stellen eine Gruppe seelischer Prozesse dar, die auf die Erfüllung idealer Ziele sowie moralischer, ethischer Verbote und Gebote orientiert sind. Entwicklungsgeschichtlich betrachtet entstehen sie aufgrund der inzestuösen, rivalisierenden Wünsche in der ödipalen Phase, den daraus resultierenden Ängsten vor körperlicher Beschädigung und Verlust der Beziehung zu idealisierten Elternobjekten sowie narzisstischen Kränkungen. Diese Ambivalenzkonflikte haben Vorläufer in der oralen und analen Phase und treten jetzt mit neuer Intensität und Qualität (Ganzobjekt-Beziehungen mit triadischem Charakter) auf; sie werden gelöst durch die unbewussten Identifizierungen mit den Eltern sowie deren Überich und Ichideal. Identitäts- und strukturbildende Identifizierungen, die zur Struktur des Überichs führen, treten nach neueren Erkenntnissen (Tyson & Tyson 1990) während der gesamten seelischen Entwicklung auf; allerdings bilden die Identifizierungen in der ödipalen Phase die Grundlage für Charakterbildung und Persönlichkeitsausprägung. Freud arbeitete in der Strukturtheorie heraus, dass die frühkindlichen Überich-Verbote weitaus grausamer als jene in späteren Entwicklungsphasen sind und dass vor allem auch das Maß an unbewusster Aggressivität gegen die Elternfiguren die Strenge und die hohen Maßstäbe des Überich- und Ichideal-Systems prägen.

Das bedeutet, dass die Strenge des präödipalen und ödipalen Überichs nicht allein in realen zwischenmenschlichen Interaktionen wurzelt, sondern in erheblichem Umfang auch in den infantilen Triebaktivitäten und der dagegen errichteten Abwehr. Daher ist die affektiv-kognitiv kompensierende Realpräsenz der Elternobjekte von entscheidender Relevanz. Ausschlaggebend in der Strukturtheorie ist zudem, dass viele Funktionen des Ichs, des Überichs und des Ichideals bewusst, andere dagegen unbewusst sein können. Typische Ich-Überich-Konflikte werden als unbewusstes Schuldgefühl oder Minderwertigkeitsgefühl erlebt. Entscheidend ist, dass das Überich nicht nur die idealen Zielvorstellungen in Form seiner Substruktur des Ichideals beinhaltet und strafenden Charakter hat aufgrund seiner Gebote und Verbote, sondern auch einen schützenden fürsorglichen Aspekt enthält. Sämtliche Qualitäten gehen auf die Identifizierungen mit den Eltern und den unbewussten Überich- und Ichideal-Strukturen zurück, hier vor allem in der ödipalen Phase. In das Über-

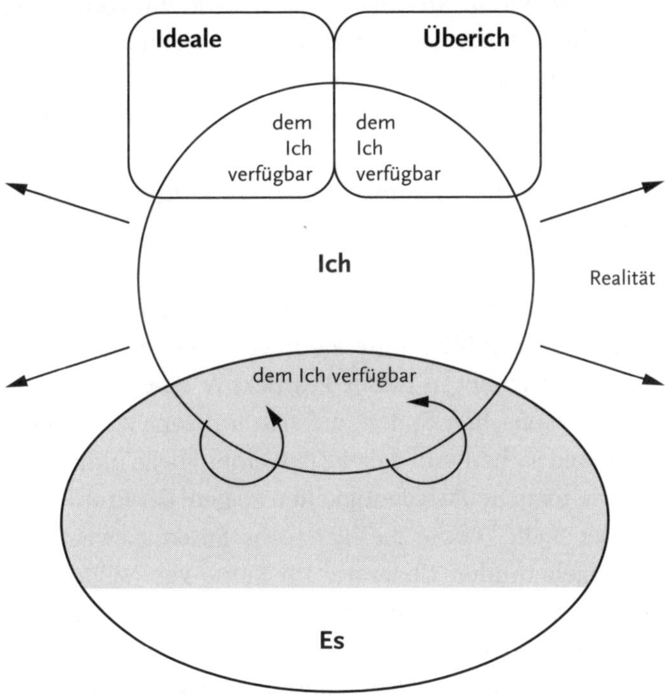

Abb. 7: Vom Überich und Es befreites Ich, das das Es für sich zu nutzen weiß ◡; die Ideale und das Überich sind teilweise ins Ich integriert, teilweise außerhalb, beherrschen das Ich aber nicht

ich gehen aber auch die Werte und moralischen Auffassungen der Gesellschaft und der Kultur mit ein, wie sie von den Eltern bewusst und unbewusst vermittelt werden. Frühe Überich-Vorläufer können schon in den prägenitalen, prä-ödipalen Phasen gefunden werden und sind dort von besonders großer Strenge und Grausamkeit gekennzeichnet.

4.3 Charaktertypen – spezielle Persönlichkeitstheorie

Es ist sicher nicht jedermanns Geschmack, wenn Begriffe aus der Krankheitslehre in den Bereich der »normalen« Psychologie übertragen werden. Das hieße ja, dass wir uns nach dem Muster derjenigen Prozesse definieren würden, die wir, stärker ausgeprägt, bei unseren Patienten finden und beschreiben. Wenn wir aber ehrlich sind, können wir immer wenigstens einige Züge oder Anteile krankhafter Störungen auch bei uns selbst wahrnehmen. Denken wir nur z. B. an das ängstliche Vermeiden angsterregender Situationen, an zwanghaftes Kontrollieren, an depressive Verstimmungen, Neigungen zu süchtigem Verhalten oder an eine manchmal ans Wahnhafte grenzende Überempfindlichkeit, mit der wir sachliche Aussagen anderer in Bezug auf uns selbst überbewerten. Man könnte dementsprechend von einem phobischen, zwanghaften, depressiven, süchtigen oder paranoiden Charakter sprechen. Häufig wird in hysterische, zwanghafte, depressive und schizoide Strukturen eingeteilt (Schultz-Hencke 1951). Damit werden in eher psychiatrischer Perspektive Eigenschaften, die bei psychiatrischen Krankheiten vorkommen, im Sinne einer Typologie auf die Charakterlehre übertragen. Das Adjektiv »hysterisch«, das umgangssprachlich eine ziemlich abwertende Bedeutung angenommen hat, kennzeichnet in dieser Perspektive eine Persönlichkeitseigenschaft, die wir bei Menschen finden, die sich in Szene zu setzen wissen, die gern im Mittelpunkt stehen und dabei Züge einer »belle indifférence« annehmen, die aber, wie manche Zweideutigkeiten zeigen, der Erotik nicht ganz entbehren. In dieser Sicht könnte die *hysterische Struktur* zwischen dem triebhaften und triebgehemmten Charakter im Sinne von Wilhelm Reich (1925) eingereiht werden, weil hier sexuell-erotische Anteile zum Ausdruck kommen und zugleich verhüllt werden.

Während die *zwanghafte Struktur* schon im »analen« Charakter nach Freud genannt wurde (vgl. Kap. VI.2), muss noch die *depressive Struktur* erwähnt werden. Sie kennzeichnet Menschen, die immer mehr oder weniger missgestimmt sind, niedergeschlagen, voller Pessimismus, ständig Enttäuschungen erwarten und diese deswegen auch oft provozieren. Nicht bewältigte Enttäuschungen durch andere Menschen, Verluste wichtiger Bezugspersonen und unbewusste Schuldgefühle erzeugen und unterhalten derartige Strukturen, die keineswegs nur statisch und unbeeinflussbar sind, sondern, wie die tägliche psychoanalytische Erfahrung zeigt, als Ergebnis dynamischer unbewusster Prozesse entstanden sind und durch Psychoanalyse sehr wohl rückgängig gemacht werden können.

Dies gilt grundsätzlich auch für die *schizoide Struktur* – eine Bezeichnung, die vielleicht erschreckt, weil sie an Schizophrenie erinnert. Das Erschrecken ist berechtigt, denn in der Tat wird hier eine Ähnlichkeit mit der Schizophrenie postuliert. Schizoide Menschen sind kühl, distanziert, scheu, misstrauisch, kontaktgestört und weltfremd. Jeder wird solche Menschen kennen oder Züge davon sogar an sich selbst entdecken. Das ist genauso wenig abwertend wie für diejenigen, die »hysterische« Merkmale bei sich wiederfinden.

Wegen der politischen Bedeutung wollen wir den Lesern folgende Charakterbilder nicht vorenthalten: den ursprünglich von Wilhelm Reich (1933) so genannten *bürgerlichen Charakter.* Er passt deswegen so gut in unsere Leistungsgesellschaft, weil seine psychische Struktur den Erfordernissen der Gesellschaft idealerweise entspricht; er verkörpert geradezu die Tugenden unserer Leistungsgesellschaft: Pflicht, Gehorsam, puritanische Ethik, Zurückstellen jeder Lust zugunsten von Arbeit, Belohnung des Tüchtigen und Leistungsprinzip. Auch hier dürfte die unmittelbare Evidenz solcher Persönlichkeiten in der vergangenen und gegenwärtigen Umwelt Beleg genug dafür sein, dass es solche Charaktertypen gibt, sind wir doch alle in einer Leistungsgesellschaft groß geworden und wurden dadurch mehr oder weniger, ohne es zu wissen, geprägt.

Die Übergänge zum *masochistischen Charakter* sind fließend. Bei ihm kommt noch die Bereitschaft zum Leiden dazu. Wird Leiden dahingehend kultiviert, dass es lustvollen Charakter annimmt, ist die Bezeichnung »masochistisch« definitionsgemäß berechtigt. Es handelt sich um Menschen, die in ihrer Kindheit vielfach durch körperliche Züchtigung so »dressiert« wurden, dass sie keine Möglichkeiten sehen, ihre sexuellen Triebwünsche auszuleben, geschweige denn ihre aggressiven. Nur in pervertierter Form können sie etwas von der verbotenen Lust erfahren: im Leiden. Es sind Menschen, die autoritäre Systeme, seien sie nun politischer oder kirchlicher Provenienz, gar nicht so ungern sehen. Nicht von ungefähr dauerte es so lange, bis sich die Einstellung der Erwachsenen, Kinder zu schlagen oder nicht zu schlagen, nur allmählich und gegen vielfache Widerstände veränderte.

Die Zusammenhänge zwischen totalitären Gesellschaftsstrukturen und Charakterstrukturen werden noch durchsichtiger, wenn wir uns abschließend dem *autoritären Charakter* zuwenden, der 1950 von Theodor W. Adorno, Bruno Bettelheim, Else Frenkel-Brunswik, Maria Jahoda u. a. beschriebenen »authoritarian personality«. Darunter werden Menschen verstanden, die stark vorurteilsbehaftet sind, die Urteile anderer als Vor-Urteile übernehmen, die das Konventionelle über alles schätzen, Fremdes ablehnen, nur sich selbst und die eigene Gruppe sehen. Ansätze zu Kritik werden im Keim erstickt. Der autoritätsgebundene Charakter ist an Autoritäten gebunden, weil er früh gelernt hat, sich anzupassen und zu unterwerfen. In politischer Dimension verhält er sich daher loyal dem Staat und dessen Maßnahmen gegenüber. Insgesamt steht er immer aufseiten der Machthaber. Gleichzeitig fordert dieser Charaktertyp von anderen, dass sie sich ihm so unterwerfen, wie er sich selbst den Autoritäten unterwirft. Eltern lieben solche Kinder. Autoritär strukturierte Staaten fordern diese Haltung von ihren Untertanen.

Wie die statistischen Auswertungen der Untersuchungen Adornos und seiner Mitarbeiter ergeben haben, korrelieren mit diesem Charaktertyp hohe Werte in drei von den Autoren entwickelten Skalen: in der Ethnozentrismus-, der Antisemitismus- und der Faschismus-Skala. Das bedeutet, dass mit der autoritätsgebundenen Haltung nicht nur eine Überbewertung des eigenen Volkes, sondern auch eine Unterbewertung, Abwertung oder gar Verachtung gegenüber anderen Völkern, insbesondere Minderheiten verbunden ist. Dabei leuchtet es wieder unmittelbar ein, dass sich bei derartigen Personen neben den ethnozentrischen und antisemitischen Zügen auch faschistische Merkmale finden. Dazu gehören eine Anfälligkeit für antidemokratische Ideen, starres Festhalten an konservativen Werten, eine autoritätsgebundene Unterwürfigkeit und eine vielfach im äußeren Verhalten latente, aber stets bereitliegende und im Schutze von Diktatoren ausbrechende Aggressivität, einschließlich einer Bereitschaft zur Zerstörung. Wie die Charaktere eines Adolf Eichmann zeigen, fehlt dabei auch nicht die Bereitschaft zum Quälen, Foltern und Töten. Derartige Charaktertypen konnten während der Zeit des Nationalsozialismus im Einklang mit der Rassenideologie ihre angestauten destruktiven Impulse hemmungslos ausleben.

Machen wir uns aber nichts vor. Solche Möglichkeiten stecken in uns allen. Die Untersuchungen des Sozialpsychologen Stanley Milgram (1969) zeigen unmissverständlich, wie leicht ein normativer Gruppeneinfluss grausames Verhalten begünstigen kann. Zwei Drittel der Versuchspersonen glaubten, dass das, was die Autorität sagte, richtig sei. Sie unterwarfen sich den Befehlen, andere durch Elektroschocks zu bestrafen, vor allem dann, wenn die in der Versuchsanordnung vermeintlich gequälte Person anonym war und sich getrennt in einem anderen Raum aufhielt.

Überschneidungen mit dem *manipulativen Charaktertyp* oder mit der *außengeleiteten Persönlichkeit* im Sinne von David Riesman (1950) sind offensichtlich. Dabei handelt es sich um Menschen, die selbst keine eigene Meinung haben und sich stets äußeren Verhältnissen anpassen. Vielleicht erinnern sich einige Leser an Woody Allens Film *Zelig*, der solch einen Typ humorvoll überzeichnet darstellt. In diesen Menschen erkennen wir unschwer den Typ des Mitläufers, der nicht nur während der Zeit des Nationalsozialismus vorkam, sondern den wir auch heute nicht lange suchen müssen. Es war Alexander Mitscherlich, der nicht müde wurde, derartiges Verhalten anzuprangern und die Ursachen aufzudecken – Grund genug, die Hoffnung nicht aufzugeben, Hoffnung darauf, die Hintergründe derartiger Charaktertypen nicht nur im familiären Bereich (erzwungene Anpassung durch Schläge) zu suchen, sondern auch im politischen Bereich (Erziehung zum Untertan). Umso dringlicher sind wir herausgefordert, keine Anstrengungen zu scheuen, unangenehmen Wahrheiten ins Gesicht zu sehen, wenn wir z. B. einzelne Züge der hier vorgestellten, wenig schmeichelhaften Charaktertypen bei uns wiedererkennen. Damit fördern wir kritisches Denken, bauen Vorurteile ab und ersetzen sie durch selbständige Urteile; wir decken die unangenehmen und peinlichen Bereiche in uns selbst auf und schaffen die Voraussetzungen, dass wir uns nicht mehr über uns selbst und andere täuschen.

Die Psychoanalyse hat, Freud folgend, die Charakterstrukturen nach den psychosexuellen Entwicklungsphasen bezeichnet und versucht, die normalpsychologische Variante der psychopathologischen Charakterneurose zu entwerfen. Grundlegend sind hier Freuds Studien über »Charakter und Analerotik« (1908b) und »Bemerkungen über einen Fall von Zwangsneurose« (1909d), in denen er Merkmale des »analen Charakters« beschreibt. Nach Freud handelt es sich um Personen, für die die anale Phase eine besondere Bedeutung hat und bei denen Sparsamkeit, Ordentlichkeit und Eigensinn als qualitative Merkmale des Charakters hervorstechen. Freud versteht diese nicht pathologischen Charakterzüge als Ausdruck einer Reaktionsbildung, d. h. einer während der analen Phase entstandenen Abwehrmodifikation gegen anal-libidinöse und anal-sadistische Wünsche im Hinblick auf das anale Objekt, den Darminhalt. Er sieht darin wichtige sublimatorische Entwicklungen. Ähnlich wurde in der Nachfolge Freuds der orale, urethrale, phallisch-narzisstische und genitale Charakter beschrieben.

S. O. Hoffmann (1979) unterscheidet in Freuds Konzept des Charakters ein triebgenetisches Modell, in dem Charakter und Symptom als Triebderivat und Ersatzbildung konzeptualisiert und nahezu gleichgestellt werden, von einem Modell der Charaktertypologie, in dem ab 1923 Charakter als Folge von Identifizierungen und verinnerlichten Objektbeziehungen begriffen wird. Dieses Konzept wurde erstmals in »Trauer und Melancholie« (1916–17g) formuliert; darin wurde der Mechanismus der Identifizierung aufgeklärt. Identifizierung wird nicht nur als psychopathologischer Mechanismus, sondern als strukturbildendes Element der Entwicklung des menschlichen Seelenlebens begriffen. Aus triebtheoretischer Sicht ist für Freud Identifizierung eine Art Sublimierung, die nicht nur den Wechsel des Triebziels, sondern, wie Hoffmann (1979) herausgearbeitet hat, auch mit einer qualitativen Änderung der Triebenergie verbunden ist. Charakter wird damit verstehbar als Neutralisierung und Sublimierung von Triebimpulsen; Charakter und die Instanz des Ichs (später nach Hartmanns Klärungsversuch: das Selbst) werden nahezu identisch gesetzt. In die Charakterbildung fließen sowohl Ichideal- und Überich-Identifizierungen ein wie auch die primär autonomen Funktionen des Ichs. In der Nachfolge Freuds wird Charakter unter genetischen Gesichtspunkten weiterhin als Triebschicksal sowie als Folge der Auseinandersetzung des Ichs mit Trieb, Überich und äußerer Realität verstanden. Von Freuds Nachfolgern wird stärker noch als von Freud selbst die Rolle der Internalisierung (Introjektion, Inkorporation, Identifizierung) bei der Charakterbildung herausgearbeitet. Aber auch die ich-psychologische Sicht, die den Charakter als Folge der primär autonomen, d.h. nicht konflikthaften Funktionen des Ichs begreift, wird weiter ausgearbeitet. In triebgenetischer Sicht werden je nach den libidinösen Entwicklungsphasen orale, anale, urethrale, phallische und genitale Charaktere unterschieden, während die damit konkurrierende klinische Charaktertypologie hysterische, zwanghafte, schizoide, masochistische, phobische und andere Charaktere unterscheidet (vgl. Kap. VII.3). Zu Recht weist Hoffmann darauf hin, dass die Nachfolger Freuds häufig phänomenal-deskriptive und genetisch-dynamische Betrachtungsweisen bei der Erstellung von Charaktertypologien vermischten (ebd., S. 142).

Der orale Charakter hat als Grundthema das Nehmen und Bekommen (ebd., S. 155). In psychoanalytischer Sicht ist dieser Typus durch ausgeprägte Oralität gekennzeichnet, und gemäß Abrahams (1924) Unterteilung der oralen Phrase in zwei Perioden ergeben sich der oral befriedigte Optimist und der oral frustrierte Pessimist. Nach Abraham ist der oral befriedigte Optimist der tiefen Überzeugung, dass im Leben, in zwischenmenschlichen Beziehungen »immer alles gut geht«; häufig paart sich ein unerschütterlicher Optimismus mit einer gewissen Passivität und der Erwartung, dass die versorgende Umwelt immer zur Verfügung stehe. Ganz im Gegensatz dazu dominiert beim oral Frustrierten das Gefühl ständiger Benachteiligung mit daraus resultierenden immensen Ansprüchlichkeiten und Forderungen an die Umwelt und in den zwischenmenschlichen Beziehungen (Hoffmann 1979, S. 155 ff.). Insofern wurde der orale Charakter als »dependent and demanding« beschrieben. Von Abrahams Nachfolgern wurden, so etwa von Glover (1925), die oral passiven Charakterzüge herausgehoben, während Fenichel (1945) und Ferenczi (1924) die »oralen Pessimisten« intensiver erforschten. Fenichel (1945) arbeitete als erster die narzisstischen Züge des oralen Charakters heraus und betonte das vulnerable Selbstwertgefühl des oralen Charakters. Auch Balints (1965) Konzeptualisierung des Okonophilen und Philobaten reflektiert die narzisstischen Abwehrformationen des oralen Charakters. Beim urethralen Charakter stehen dagegen hohe Leistungsideale und ehrgeizige Ziele im Vordergrund sowie, bei Frustrationen, extreme Schamgefühle und Rückzugsneigungen. Auch sind hier die exhibitionistischen und voyeuristischen Impulse stärker ausgeprägt als beim oralen und analen Charakter.

Der Begriff »genitaler Charakter« geht auf die erste Generation der Psychoanalytiker zurück. Hier schlägt die als Kind erlebte sexuelle Freizügigkeit direkt ins Erwachsenenalter durch, oder sie ist, im Gegenteil dazu, gehemmt. Wilhelm Reich (1925) hat diese zwischen sexueller Freizügigkeit und Sexualhemmung stehenden Menschen schlicht triebhafte bzw. triebgehemmte Charaktere genannt. Auch hier hat sich das kindliche Verhalten entweder direkt ins Erwachsenenalter fortgesetzt, oder es wurde durch äußere Einflüsse gehemmt.

Großes Forschungsinteresse hat der phallisch-narzisstische Charakter gefunden, der allgemein als Folge der Verarbeitung des Kastrationskomplexes verstanden wird. Abraham (1924) unterschied hier vor allem bei Frauen den Wunscherfüllungstypus vom Rachetypus, wobei ersterer die unbewusst phantasierte Kastration etwa mit hohen Leistungszielen und betont »männlichen«

aggressiven Verhaltensweisen zu kompensieren versucht, während sich letzterer dadurch rächt, dass er anderen das unbewusst zufügt, was selbst im Unbewussten erlebt wurde. Die unbewusste Phantasie der »kastrierenden oder phallischen Frau« lautet »Ich bin zwar unvollkommen, aber die anderen sollen es auch sein.« Lehnt der Wunscherfüllungstyp die Weiblichkeit ab, akzeptiert der Rachetypus sie zwar, benutzt sie aber als Rache für die Kränkung (Hoffmann 1979, S. 170). In diesen und anderen Konzepten spielt die unbewusste Phantasie der Penislosigkeit bei der Frau eine entscheidende Rolle. Dabei vermutet Hoffmann, dass weniger das klinische Phänomen als solches kontrovers diskutiert wurde und wird, sondern eher die Frage nach der Genese dieses Phänomens. Für einige Analytiker (Freud, Deutsch u. a.) galt: »Die Anatomie ist das Schicksal« (Freud 1924 d, S. 400), was vom Mädchen als schwere narzisstische Kränkung erlebt wird. Die Kritiker formulierten den Einwand, dass die Wahrnehmung des anatomischen Geschlechtsunterschieds nur auf Grundlage der sozialen Benachteiligung der Frauen gegenüber den Männern zur Neurose führen kann. Insofern enthält die Wahrnehmung des Mädchens, sie sei zu kurz gekommen, einen erheblichen Kern an Wahrheit. Reich (1933) befasste sich ausführlich mit der männlichen Version des phallisch-narzisstischen Charakters und beschrieb diese Menschen als arrogant, überheblich, scheinbar selbstsicher, aber auch ironisch-aggressiv, kalt und zurückweisend. Die Sexualität habe bei diesem Charaktertypus eine stark aggressive Note.

5. Geschlechtsidentität

5.1 Grundsätzliches für beide Geschlechter

Wollen wir weibliche und männliche Geschlechtsentwicklung und deren Störungen in einem umfassenden Sinne verstehen, sind folgende Aspekte von Geschlechtsidentität zu beachten:

1. der biologische Aspekt, d. h. das körperlich bestimmte Geschlecht als Mann oder Frau mit den dazugehörigen primären und sekundären Geschlechtsmerkmalen;

2. die gesellschaftlich vermittelten Geschlechtsstereotypen oder -klischees über das, was als männlich oder weiblich gilt. Darüber gibt es bekanntlich in verschiedenen Gruppierungen, Gesellschaftsschichten und -gruppen die

unterschiedlichsten Auffassungen. Hinzu kommt der Wandel dessen, was im Laufe der Geschichte als männlich oder weiblich bezeichnet wird. Dem unterschiedlichen Empfinden von männlich und weiblich entspricht die herrschende Gesetzgebung in Familienrecht und Strafrecht, die Praxis der Lohnbuchhaltung und der Personalabteilungen in der Industrie, in Handel, Wirtschaft und Öffentlichem Dienst. In der traditionellen Rollenaufteilung ist der Frau die Rolle der Hausfrau und Mutter zugeteilt, dem Mann das Leben im Beruf. Dieses geschlechtstypische Verhalten von Mann und Frau wird in der Psychologie unterschiedlich gesehen. Es werden zum Teil erhebliche Unterschiede zwischen Mann und Frau beschrieben, so im aggressiven Verhalten, im Aktivitätsgrad, in Dominanz und Impulsivität, im Hinblick auf Furcht und Angst, bezogen auf Protest oder Gehorsam sowie auf die räumliche Wahrnehmung. Überhaupt werden die Unterschiede zwischen weiblicher und männlicher Sexualität in der modernen Literatur mehr betont als die Gemeinsamkeiten (Becker 2005, Dannecker 2005);

3. die Kerngeschlechtsidentität: Sie bezieht sich auf das gefühlte Wissen (Intuition) um die eigene Sexualität, die von den vorgenannten biologischen und sozialen sowie den folgenden psychischen Komponenten beeinflusst wird: zunächst vom psychischen Selbstbewusstsein als Mann bzw. als Frau, dem bewussten und unbewussten Gefühl, sich in einer bestimmten Weise männlich oder weiblich zu erleben. Es ist stark abhängig von den unbewussten Phantasien der Eltern während der Schwangerschaft sowie vom bewussten und unbewussten Umgang mit dem Neugeborenen (Stoller 1975). So kann die Geburt des Kindes von den Eltern als Autonomieverlust erlebt werden oder aufgrund des Geschlechts des Kindes als narzisstische Kränkung oder umgekehrt als omnipotente Vervollständigung. Oder die Eltern projizieren andere unbewusste Phantasien auf den Fötus und späteren Säugling, die in Zusammenhang mit ungelösten Konflikten mit den eigenen Eltern stehen. Ebenfalls von Einfluss ist, ob es dem Vater gelingt, eine emotionale Beziehung zum Säugling aufzubauen. Damit entsteht früh am Beginn des Lebens der Vorläufer einer psychischen Repräsentanz der eigenen Geschlechtlichkeit. Weitere maßgebliche Größen sind die Geschlechtsrollenidentität und die Geschlechtspartnerorientierung. Diese umfassen bewusste und unbewusste, zum Teil gesellschaftliche, zum Teil familiäre und individuelle Zuschreibungen, in die ödipale und präödipale Objekterfahrungen eingehen;

4. das »psychische« Selbstbewusstsein als Mann bzw. Frau: Die Wertschätzung des Vaters fördert die männliche Identität, die der Mutter die weibliche.

Hat eine Tochter Probleme mit der weiblichen Identität der Mutter, wirkt sich dies mit hoher Wahrscheinlichkeit später als gebrochene Geschlechtsidentität aus.

Es lässt sich gar nicht vermeiden, dass wir uns während unserer Entwicklung mit den wichtigsten Bezugspersonen mehr oder weniger identifizieren. Dabei ist es grundsätzlich bedeutsam, dass das erste Bezugsobjekt in allen Gesellschaften – und damit universal – die Mutter ist, und zwar für beide Geschlechter.

Diese Tatsache hat für die Entwicklung der Geschlechtsidentität als Frau oder Mann eine große Bedeutung: Am Ursprung der Entwicklung identifiziert sich die Tochter in der Person der Mutter mit dem gleichen Geschlecht, der Sohn aber mit dem anderen Geschlecht. Dies bedeutet für den Jungen die Gefahr einer Feminisierung, der durch besondere Vorkehrungen begegnet werden muss: durch Abwendung von der Mutter und Zuwendung zum Vater oder durch eine besondere Desidentifizierung, d. h. eine Rücknahme der Identifizierung.

Für die Tochter besteht in der Beziehung zur gleichgeschlechtlichen Mutter die Gefahr der fehlenden Abgrenzung. Um ihr nicht zu erliegen, bedarf die Tochter ihrerseits besonderer Anstrengungen in Form konstanter Abgrenzungsarbeit.

Die biologische Ausgangssituation der Tochter bzw. des Sohnes in der Beziehung zur Mutter bringt damit für jedes Geschlecht Vorzüge und Nachteile. Die Frau hat die Chance einer stabileren Kernidentität als Frau, weil es leichter ist, sich als weiblich Geborene mit einer Frau zu identifizieren, um zu einer stabilen Geschlechtsidentität zu kommen. Ihre Gefahr besteht in der zu großen Bindung und in mangelnder Abgrenzung bei unscharfen Persönlichkeitsgrenzen, was die Entwicklung zu Autonomie und Unabhängigkeit erschweren kann.

Der Mann muss sich zu Beginn seines Lebens mit einer Person identifizieren, die dem anderen Geschlecht angehört. Die Gefahr für ihn besteht in der Feminisierung bei zu großer Identifizierung mit der Mutter. Dieser Nachteil ist aber mit dem nicht zu gering einzuschätzenden Vorteil verbunden, sich eher gegenüber dem andersartigen Geschlecht abgrenzen zu können, was die Entwicklung zur Selbständigkeit fördert.

Früher oder später tritt auch eine männliche Person in den Gesichtskreis des heranwachsenden Kindes, in der Regel der Vater. Bei dessen Fehlen kann es aber auch ein Onkel, Großvater oder sonstiger Verwandter sein, der die

Vaterrolle übernimmt. Voraussetzung für eine Identifizierung mit einer Vaterfigur ist eine überwiegend gute Beziehung zu ihr. Aus positiven Beziehungen hervorgehende Identifizierungen werden zu bleibenden Teilen der wachsenden Persönlichkeit, bereichern diese und fördern die Identitätsbildung generell, vor allem aber die Geschlechtsidentität. Das heißt in unserem Zusammenhang für den Jungen, dass ein betont männlicher Vater seine männliche Geschlechtsidentität fördert, ein schwacher femininer Vater sie dagegen kompliziert. Beim Mädchen bringt eine zu starke Identifizierung mit dem Vater die Gefahr der Maskulinisierung mit sich. Gleichzeitig besteht aber gegenüber dem gegengeschlechtlichen Vater für die heranwachsende Tochter die Chance, die Geschlechtsunterschiede besser wahrzunehmen und sich besser abzugrenzen.

Neben der Identifizierung mit männlichen und weiblichen Merkmalen wichtiger Bezugspersonen spielen die aktuellen Beziehungen zu diesen Menschen eine nicht zu unterschätzende Rolle für unser Selbstbewusstsein als Frau bzw. als Mann. Ob ein Vater die heranwachsende Tochter als Frau bewundert, ist dabei nicht minder entscheidend als die Tatsache, ob die Mutter die sich entwickelnde Männlichkeit des Sohnes als etwas Begrüßenswertes einschätzt oder nicht. Werden nur traditionell vermittelte Spiele gestattet (für die Tochter Spiele mit Puppen, für den Sohn Spiele mit Autos), brauchen wir uns nicht zu wundern, wenn die klassischen Rollen-Stereotype andauern.

Unbewusste Phantasien über das, was als männlich bzw. weiblich gilt, wirken sich nachhaltig auf das Selbstbewusstsein in einer bestimmten Geschlechtsidentität aus. Hier hat es der Junge leichter, weil er das äußerlich sichtbare Glied seines Geschlechtsorgans leicht wahrnehmen und berühren und damit, auch in der Vorstellung, »begreifen« kann.

Neuere Forschungen haben überdies ergeben, dass schon die unbewussten Phantasien der Eltern während der Schwangerschaft und anschließend der Umgang mit dem Neugeborenen zur Ausprägung der Kerngeschlechtsidentität beitragen. Kerngeschlechtsidentität bezieht sich, wie erwähnt, auf das gefühlte Wissen um die eigene Körperlichkeit, die von den vorgenannten seelischen und physiologischen Komponenten beeinflusst wird. Damit entsteht früh am Beginn des Lebens der Vorläufer einer psychischen Repräsentanz der eigenen Geschlechtlichkeit. Ein weiterer Faktor, der auf die Bildung der Geschlechtsidentität einwirkt, ist die Geschlechtsrollenidentität, die bewusste und unbewusste, zum Teil gesellschaftliche, zum Teil familiäre und individuelle Zuschreibungen von Merkmalen der Geschlechtlichkeit umfasst. Der letzte Faktor ist die Geschlechtspartnerorientierung, ein Aspekt, in den ödipale und präödipale Objekterfahrungen eingehen. Alle drei Faktoren zusammengenommen wirken entscheidend auf die Ausbildung der Geschlechtsidentität.

Das Mädchen hat es in dieser Beziehung im Hinblick auf die primären Geschlechtsmerkmale schwerer, weil diese äußerlich gegenüber dem sichtbaren Glied des Jungen nicht so auffallen. Freud hat daraufhin bekanntlich seine Penisneidtheorie aufgebaut. Wird dem Mädchen aber bewusst gemacht, dass es im Körperinneren ausgeprägte Geschlechtsorgane hat, entfällt der Penisneid, denn das Mädchen kann auf die zwar nicht sichtbaren, aber innerlich vorhandenen, vielfältig differenzierten weiblichen Geschlechtsorgane durchaus stolz sein. Wie Psychoanalysen weiblicher Patienten immer wieder zeigen, haben Frauen vielfach keine angenehmen Phantasien über ihre Geschlechtsorgane. Sie stellen sich hier bisweilen einen leeren Raum vor, oder eine Höhle, in der Urin, Kot und Blut angesammelt ist, eine Höhle, aus der auch Kinder kommen. Überlassen sich Frauen dem psychoanalytischen Prozess, zeigen sich nach und nach erfreulichere Bilder. Eine Patientin träumte von einer Höhle, in der Bilder ausgestellt waren, von einer Lotusblüte, zu der sie das weibliche Genitale assoziierte, von einem Schatzkästlein, das es zu entdecken gilt, in dem viele unerkannte Schätze verborgen sind. Störungen der Geschlechtsidentität resultieren also meist aus Störungen der Identifizierungen während der Entwicklungsjahre: Überstarke Identifizierungen des Jungen mit der Mutter können zu Feminisierung, der Tochter mit dem Vater zu Maskulinisierung führen.

Dazu kommen die nachteiligen Auswirkungen von Identifizierungen, die aus Abwehrgründen wegen unerträglicher Angst notwendig wurden. Am bekanntesten ist die Kastrationsangst des Jungen, der, weil er als kleiner Ödipus mit Mama zu schlafen wünscht, Papas Strafe fürchtet und, um der Strafe zu entgehen, von vornherein auf seine Männlichkeit verzichtet und sich lieber passiv verhält.

Das Analogon aufseiten der Frau bestünde darin, dass eine Frau aus Angst, die Frauenrolle zu übernehmen, sich lieber maskulin entwickelt. Die Angst kann dabei verschiedene Gründe haben. Sie kann daher kommen, dass »Frauwerden« bedeutet: »schwanger werden und Kinder bekommen« oder »alle Nachteile übernehmen müssen, die Mutter vorgelebt hat«, als da sind: »sich vom Mann beherrschen lassen« oder »zum Geschlechtsverkehr gezwungen werden«.

Das Fehlen einer Person des gleichen Geschlechts, wie in unvollständigen Familien oder in Familien mit häufig abwesendem Vater, ist natürlich für die Entwicklung einer gesunden Geschlechtsidentität ungünstig. Ein in einer derartigen Familie aufwachsendes männliches Kind kann dabei erhebliche Schwierigkeiten haben, sich männlich zu entwickeln. Ein Patient, dessen Vater im Krieg gefallen war, als das Kind noch nicht ein Jahr alt war, der also vaterlos aufgewachsen ist, zeigt jedoch, dass die fehlenden konkreten Vatererlebnisse sehr wohl durch Phantasien über den Vater, die sich auf Erzählungen anderer gründen, kompensiert werden können. Dies scheint aber die Ausnahme zu sein. Die Erfahrung zeigt, dass das Fehlen väterlicher Vorbilder durchaus Defizite in der Entwicklung, insbesondere in der Geschlechtsidentität männlicher Kinder, hinterlässt. Nachteilig sind auch allzu enge Bindungen an die Mutter, wie wir sie besonders bei Defiziten und Traumen (vgl. Kap. VI.3) beobachten können: Bindungen des Kindes an die Mutter, die besonders dann weiterbestehen, wenn eine Mutter ihr Kind festhält, aus welchen Gründen auch immer, oder dann, wenn die dritte Person im Bunde – in der Regel der Vater – nichts gegen die allzu enge Bindung zwischen Mutter und Kind unternimmt.

Eine weitere Ursache für eine labile Geschlechtsidentität sind außerdem gestörte Beziehungen zu den Eltern. Mit einer Elternfigur, zu der ein schwer gestörtes Verhältnis besteht, identifiziert man sich nicht gern.

Last, but not least wirkt sich die Einstellung der Umwelt gegenüber männlicher und weiblicher Geschlechtlichkeit auf die Geschlechtsidentität aus, d. h. auf das Bewusstsein, als Frau ein weibliches oder als Mann ein männliches Genitale zu haben. Eine Mutter, der das Genitale ihrer Tochter selbst peinlich ist, wird dieser wenig dazu verhelfen, sich mit ihrem weiblichen Genitale als Frau sicher zu fühlen. Genauso wirkt sich das Verhalten einer Mutter, die bei der ersten Erektion des Glieds ihres Sohnes erschrickt, nachteilig auf dessen keimendes männliches Selbstbewusstsein aus. Dabei können die Störungen, die durch einen Elternteil verursacht werden, durch gute Beziehungen zum anderen weitgehend kompensiert werden. Eine Tochter, die Schwierigkeiten hat, sich mit ihrer selbstunsicheren Mutter zu identifizieren, kann dadurch, dass sie vom Vater das Gefühl vermittelt bekommt, weiblich wertvoll zu sein, dennoch eine gesunde weibliche Geschlechtsidentität entwickeln. Analog dazu kann ein Junge, der bei der Mutter die Erfahrung machen musste, mit seinem männlichen Genitale überhaupt nicht geliebt zu werden, durch einen Vater, der ihn als Jungen schätzt und mit dem zu identifizieren es sich lohnt, doch noch eine einigermaßen stabile männliche Geschlechtsidentität entwickeln. Frustrierende Erfahrungen im sexuellen Bereich sind denkbar geeignet, die Geschlechtsidentität immer wieder zu bedrohen. Die auf die Frustration folgende Aggressivität stört die Vorstellungen über das andere Geschlecht und führt leicht zu einer verzerrten Wahrnehmung. Enttäuschende Erfahrungen mit der Mutter führen reaktiv zur Wut auf die Mutter, die aber, da die Mutter auch gleichzeitig geliebt und gefürchtet wird, nicht auf diese gelenkt, sondern auf den Vater verschoben und später häufig auf Männer generell übertragen werden kann. Die Folge ist der bereits erwähnte Rachetyp (Abraham 1924): Frauen, die sich für die erlebten Enttäuschungen an Männern z. B. dadurch rächen, dass sie ihnen erst Hoffnungen machen, um sie dann fallen zu lassen. In der Frauenbewegung beherrschte dieses Feindbild »Mann« längere Zeit die Szene – keine gute Voraussetzung für befriedigende Beziehungen zwischen Frau und Mann. Wird die unterdrückte Wut gegen die eigene Person nach innen gewendet, drohen nicht geringere Nachteile. Dann wird der reaktiv entstandene Hass auf die Mutter zum Selbsthass, zur Selbstverachtung, verbunden mit einer Geringschätzung des eigenen (weiblichen) Geschlechts. Kommt dazu noch eine Verdrängung genitaler Wünsche, werden auch extreme Formen von Masochismus mit ihrer Lust am Gequältwerden verständlich – eine perverse Lust, die allenfalls darin, dass die inferiore Position mit List doch noch eine versteckte Herrschaft ermöglicht, zusätzlichen Lustgewinn bringen kann.

5.2 Weibliche Geschlechtsidentität

Alle psychischen Störungen verlaufen bei Mann und Frau grundsätzlich geschlechtsspezifisch unterschiedlich. Hysterie gilt allgemein als weibliche Krankheit. Auch bei psychosomatischen Krankheiten kommt es zu geschlechtsspezifischen Häufungen von Krebs beim weiblichen Geschlecht (Brustkrebs, Portiokarzinom). Immer noch scheint die männliche Rolle gesellschaftlich höher bewertet zu sein. Wird der höhere Wert dann noch am männlichen Genitale festgemacht, braucht es nicht zu wundern, wenn ein in einem solchen Milieu aufwachsendes Mädchen Neid auf das männliche Geschlecht entwickelt. Im Vergleich mit dem Bruder oder Vetter, der auf sein männliches Attribut stolz ist und in hohem Bogen pinkeln kann, kommt es sich schäbig und unbedarft vor. Das ist nach Freud Quelle verbreiteter weiblicher Minderwertigkeitsgefühle.

Das Mädchen stellt zwar fest, dass ihm ein Penis fehlt, dieser »kleine« Unterschied, würde aber, um mit Alice Schwarzer (1975) zu sprechen, keine so »große« Bedeutung annehmen, wäre die Mutter von ihrer weiblichen Identität mehr überzeugt. Hat außerdem der Vater keine hohe Meinung vom weiblichen Geschlecht, wird die negative Bewertung der Frau, wie sie die Mutter empfindet und wie sie von der Tochter übernommen wird, noch verstärkt.

Die Tatsache, dass das weibliche Genitale nicht so wie das männliche, vor allem im erigierten Zustand, sichtbar ist, soll in diesem Zusammenhang gewiss nicht unterschätzt werden. Die Analysen von erwachsenen Frauen und von weiblichen Kindern zeigen übereinstimmend, dass die fehlende Wahrnehmung des Genitale dem Mädchen Schwierigkeiten bereitet. Vor allem die Wahrnehmung der innerlich versteckten Scheide und der sich daran anschließenden Eileiter und Ovarien ist naturgemäß schwierig. Das Bild von einem inneren Reichtum des weiblichen Genitale kann nur über die eigene Untersuchung – mit dem Finger oder, wie in Frauengruppen, mithilfe des Spekulums – erfolgen; manchmal kann diese Feststellung, wie im Fall einer Patientin, durch eine einfühlsame Gynäkologin gefördert werden, die der staunenden Frau mithilfe von Bildern zeigt, wie aufregend es sein kann, wenn die inneren Organe einer Frau während des Orgasmus durch die starke Durchblutung strotzen, wenn der Eisprung erfolgt, die Eileitertrichter das Ei empfangen oder wenn sich die Gebärmutter auf dem Höhepunkt zusammenzieht. Die Frau fühlt sich dann im Genitalbereich nicht leer und strukturlos, sondern hat sich ein Körperbild aufgebaut, in dem das Genitale nicht unterbelichtet, sondern in differenzierter Weise vertreten ist. Damit sind nicht nur gute Voraussetzungen für das Erleben weiblicher Sexualität geschaffen, sondern auch für das Austragen einer Schwangerschaft, für das Gebären und Aufziehen eines Kindes.

Wird weibliche Sexualität auf solche Weise neu bewertet, können wir die frühere phallische Orientierung der Psychoanalyse vergessen. Die Freudschen Thesen von Penisneid und weiblicher Minderwertigkeit sind auch durch die Antithesen zahlreicher feministischer Autorinnen längst korrigiert.

Gleichwohl ist Penisneid in Form vielfältiger bewusster und unbewusster Phantasie in den Analysen von Frauen nach wie vor klinisch häufig nachweisbar. Oft handelt es sich um ein komplexes, aus vielen bewussten und unbewussten Strebungen zusammengesetztes Gefühl und erweist sich als verdichteter symptomatischer Ausdruck für eine Reihe von spezifischen weiblichen

Ängsten vor körperlicher Beschädigung: Angst, das Körperinnere könne ausfließen, Angst vor Verletzung des weiblichen Körpers durch invasive Objekte, Angst vor dem Innern des weiblichen Körpers, Penisneid als projektive Verarbeitung des Brustneids und des Neids auf die Andersartigkeit des Vaters und auf die generativen Fähigkeiten des Elternpaars.

Die besondere Bedeutung des Objektwechsels in der Entwicklung einer gesunden weiblichen Sexualität wurde noch nicht erwähnt. Es stimmt nach wie vor, was schon Sigmund Freud in seinen Arbeiten über weibliche Sexualität herausgestellt hat: dass die Frau in ihrer Beziehung zur Mutter als dem ersten Objekt früher oder später überwechseln muss in eine Beziehung zum Vater als dem zweiten Objekt. In pathologischen Fällen, nach Traumen und bei Defiziten, bleibt die primäre Bindung an die Mutter permanent bestehen. Das kann man als eine Entwicklungshemmung bezeichnen. Sie wird erleichtert durch negative Erfahrungen in der Beziehung zum Vater. Der Wechsel des Objekts von Mutter zu Vater wird dagegen durch ungünstige Erfahrung in der Beziehung zur Mutter und durch günstige in der zum Vater gefördert.

Die weibliche Kerngeschlechtsidentität beruht, neben dem Einfluss somatischer Faktoren, auf primären Identifizierungen mit dem Objekt gleichen Geschlechts. Diese Identifizierungen gehen in das entstehende Körperbild ein, und bei einem gelungenen Verlauf führen sie zu einer lebenslangen stabilen weiblichen Geschlechtsidentität. Viel früher als Freud annahm, nimmt das weibliche Kleinkind die eigene Genitalregion wahr und erlebt in der Entwicklung lustvolle haptische und kinästhetische Empfindungen (Parens et al. 1976). Eine libidinöse Besetzung der Weiblichkeit durch die Mutter unterstützt diesen Prozess. Schrittweise treten dann Ängste vor Verletzungen des weiblichen Körpers in den Vordergrund und bedrohen die Entwicklung des Körperselbst. Die im Rahmen des Separations- und Individuationsprozesses auftretenden Konflikte führen auch beim weiblichen Kleinkind zu narzisstischer Verunsicherung und Angst und prädisponieren es zu multiplen Kränkungen. Besonders in der Phase der Wiederannäherung kommt es zu einem intensiven Aufwallen von Konflikten zwischen liebevoller Bindung und abgrenzender Autonomie im Verhältnis zur Mutter.

Etwa in die zweite Hälfte des zweiten Lebensjahrs fällt das Gewahrwerden des anatomischen Geschlechtsunterschieds, und die Erkenntnis, dass das primäre mütterliche Objekt gleichen Geschlechts ist, hat einen stabilisierenden Einfluss auf die Entwicklung der weiblichen Geschlechtsidentität. Auftretende Kastrationsängste beziehen sich auf die Angst vor körperlicher Beschädigung. Bei einer libidinös besetzten Beziehung zu beiden Eltern können diese Ängste überwunden und integriert werden. Bei Störungen und nicht integrierten Konflikten aus der Wiederannäherungskrise kann es schon frühzeitig zu neurotischen, etwa depressiven Verstimmungen kommen. Neidgefühle in dieser Phase spiegeln häufig unbewusste Konflikte mit der Mutter wider, da das Mädchen zunehmend die eigenen infantilen Omnipotenzphantasien in der Realität enttäuscht sieht. Auch das Mädchen steht in dieser Phase vor der Aufgabe, die nun nicht mehr zu leugnende Getrenntheit und psychische Andersartigkeit zwischen ihr und der Mutter und deren andersartige sexuelle Beziehung zum Vater wahrzunehmen und zu verarbeiten. Ähnlich wie der Penisneid sind auch die weiblichen Kastrationsängste häufig verdichteter Ausdruck einer Reihe unterschiedlicher Ängste, die aus den Ambivalenzkonflikten der oralen und analen Mutterbeziehung herrühren und in Versagungen und narzisstischen Kränkungen im Zuge der Entwöhnung, der Sauberkeitserziehung sowie der Wiederannäherungskrise ihren Ursprung haben.

Forschungen zeigen nun eindeutig, dass das kleine Mädchen schon lange vor der phallischen Phase sich für die eigene Klitoris und für die Vagina interessiert und masturbatorische Aktivitäten entwickelt. Ebenfalls wurde nachgewiesen, dass das kleine Mädchen eine intensive homosexuelle idealisierende Beziehung zum Körper der Mutter entwickelt und zugleich in intensive Minderwertigkeits-, Scham- und Neid- sowie Schuldkonflikte mit dem idealisierten mütterlichen Objekt verwickelt ist. Eine bedeutsame Rolle spielen dabei, auch in der Entwicklung des Jungen (vgl. Kap. V.3), der präödipale Vater und die präödipale Triangulierung. Offensichtlich gibt es eine geschlechtsspezifische differenzielle Bedeutung des Vaters (Tyson & Tyson 1990, S. 116 ff.). Zwar divergieren die einzelnen psychoanalytischen Befunde im Hinblick auf die Rolle des präödipalen Vaters. Einigkeit besteht jedoch darin, dass der Vater als drittes Objekt von Beginn des Lebens an, besonders aber ab der frühen analen Phase und der Periode der Wiederannäherung, eine von der primären Beziehung zur Mutter unterschiedliche andere Beziehung dem Kind anbietet und das Kind spätestens dann gewahr wird, dass er eine von dieser Mutterbeziehung unterschiedliche sexuelle Beziehung zur Frau (der Mutter des Kindes) unterhält. Die multiplen Identifizierungen mit diesen verschiedenen Beziehungsformen ermöglichen es dem Kind, erst die präödipale, dann die ödipale Triangulierung als innere Struktur zu entwickeln.

Auch für das weibliche Kleinkind ist der Vater als drittes, ein die Triangulierung ermöglichendes Objekt während der gesamten Entwicklung, besonders aber während der Wiederannäherungskrise und des ödipalen Komplexes, von entscheidender Bedeutung. Forcierte Idealisierungen des Vaters, ausgeprägter Penisneid und massive Kastrationsängste weisen auf eine neurotische Fehlentwicklung hin auf der Basis einer gestörten Mutter-Tochter-Beziehung. In der phallisch-narzisstischen Entwicklungsphase stehen exhibitionistische Haltungen, Lust an der Motorik deutlich im Vordergrund, und eine libidinöse Beziehung zwischen den Eltern sowie den Eltern zum Mädchen erleichtern dem weiblichen Kleinkind die Lösung der narzisstischen Konflikte in dieser Phase. Ausgeprägte identifikatorische Prozesse mit dem idealisierten mütterlichen Vorbild spielen in dieser Phase eine große Rolle. Das Mädchen steht dann vor der Aufgabe, die aus multiplen Quellen sich speisenden Neidgefühle und Labilisierungen seines weiblichen Narzissmus zu integrieren. Dabei zeigen sich Anzeichen einer weiblichen Geschlechtsrollenidentität schon in dem frühzeitig auftretenden Wunsch, wie die idealisierte Mutter auch Babys bekommen zu wollen. Zwar spiegeln sich in diesem Wunsch auch protektiv-defensiv motivierte Bewegungen, die oralen und analen Versagungen und Ambivalenzkonflikte mit der Mutter zu lösen; jedoch zeigt sich häufig darin, so die Forschung übereinstimmend (Tyson & Tyson 1990), ein Aspekt einer gelingenden weiblichen stabilen Geschlechtsrollenidentität.

Anders als Freud glaubt die moderne psychoanalytische Entwicklungstheorie, dass die Stabilität der weiblichen Geschlechtsrollenidentität nicht Folge, sondern Voraussetzung für den Eintritt in die ödipale Phase ist. In dieser Phase ist das Mädchen mit negativ und positiv ödipalen Konflikten befasst, die ihrerseits ebenfalls in Konflikt miteinander treten können und die ihrem Wesen nach tief greifende Ambivalenzkonflikte darstellen. Dabei prädisponiert die präödipale enge Bindung des Mädchens an die Mutter Schuld- und Schamkonflikte, die um Abgrenzung und Rivalität um den Vater kreisen; gleichzeitig ist das Mädchen für eine gelungene ödipale Annäherung an den Vater auf eine positive libidinöse und narzisstische Identifizierung mit der Mutter angewiesen. Zudem steht das Mädchen vor dem wichtigen Entwicklungsschritt des Objektwechsels in der ödipalen Phase. Hier bietet sich die Identifizierung mit dem triangulären Beziehungsmuster als Lösung an, um die präödipale Beziehung zur Mutter auf einer anderen Ebene aufzuheben. Der sich von der Entwicklung der männlichen Geschlechtsidentität unterscheidende Prozess beim Mädchen schlägt sich auch in einer unterschiedlich strukturierten Überich-Genese nieder. Freuds Vermutungen über die Unreife des weiblichen Überichs wurde schon früh von seinen Schülern heftig widersprochen (Klein 1967, Jacobson 1964, Chasseguet-Smirgel 1964).

Heute ist sich die Forschung weitgehend einig, dass die Überich-Entwicklung des Mädchens schon sehr früh einsetzt und den Versuch darstellt, Verlust und Trennungserfahrungen vor allem der analen Phase zu verarbeiten. Besonders sind es nach moderner psychoanalytischer Auffassung unbewusste Ängste vor Beschädigung des weiblichen Körpers (u.a. projektiv entstanden durch die aggressiven oralen und analen Raubimpulse gegen das mütterliche Primärobjekt, d.h. durch positions- und phasentypische Konflikte und durch nicht integrierbare traumatische Erfahrungen) sowie die narzisstische Labilisierung in der weiblichen Entwicklung, die eine mächtige Triebfeder für die Entstehung der Überich-Strukturen bilden. Es waren besonders M. Klein und E. Jacobson, später dann französische Analytikerinnen wie Chasseguet-Smirgel und McDougall, die die These vertraten, dass die vom kleinen Mädchen wahrgenommene Penislosigkeit eine schwere narzisstische Kränkung darstellt und eine Verdichtung komplexer konflikthafter Beziehungsphantasien zur Mutter bedeutet (projizierte oral-sadistische Impulse gegen die Mutter, Objektverlust- und Liebesverlustängste, Ängste, die mit der Notwendigkeit des Objektwechsels einhergehen, sowie Kastrationsängste). Dabei zeigte sich auch, dass forcierte entwertende Konflikte zwischen Mutter und Tochter häufig der Abwehr intensiv erlebter, enttäuschter homosexueller Sehnsüchte nach der Mutter besonders aus der analen Phase gelten.

5.3 Männliche Geschlechtsidentität

Die Entwicklung der männlichen Kerngeschlechtsidentität setzt zum Teil pränatal mit den Phantasien des Elternpaars über den Fötus ein, mit Sicherheit jedoch mit Beginn der Geburt. Der affektive Umgang mit dem Neugeborenen lässt geschlechtsspezifische Differenzen erkennen. Ab etwa der zweiten Hälfte des ersten Lebensjahrs, zu einer Zeit, in der noch kein stabiles Körperbild existiert, beginnt der männliche Säugling den eigenen Penis zu entdecken und erste haptische, visuelle und kinestätische Erfahrungen mit den Genitalien zu machen. Diese werden in entstehende Selbstrepräsentanzen integriert. Es ist dann besonders die urethrale Phase, die das männliche Kleinkind den Geschlechtsunterschied zur Mutter gewahr werden lässt. Daher treten hier erste Manifestationen von Kastrationsängsten auf, zumal mit der Wiederannäherungskrise die aggressiven und Ambivalenzkonflikte gegenüber dem mütterlichen Primärobjekt verstärkt werden. In dieser analen Phase hält es das Kleinkind für möglich, Teile seines Körpers zu verlieren (urinieren, defäzieren), und die Entdeckung des anderen Geschlechts wird häufig als Penislosigkeit (»schon kastriert als Strafe«) interpretiert. In dieser Phase spielt die emotionale Präsenz des Vaters, auch zur Regulierung der intensiven Ambivalenzkonflikte in der Wiederannäherungsphase, eine entscheidende Rolle. Da die Kerngeschlechtsidentität aufgrund der Andersartigkeit des Geschlechts des primären Objekts ohnehin labiler ist und eher für Kränkungen, Verunsicherungen und Ängste multipler Art prädisponiert, ist das männliche Kleinkind auf die Identifizierung mit dem gleichen Geschlecht, dem Vater, angewiesen.

In der sich anschließenden phallisch-narzisstischen Phase kommt es häufig zur Idealisierung des Penis und der gesamten Männlichkeit, oft auch in Gestalt aggressiven Verhaltens, um tief sitzende Kastrationsängste und narzisstische Kränkungen abzuwehren, etwa die unbewusste Ahnung, kein gleichwertiger Partner für die Mutter sein zu können (Chasseguet-Smirgel 1964). Dazu gesellen sich intensive Neidgefühle auf die generativen Fähigkeiten der Frau und des Mädchens sowie die zunehmende Konfrontation mit der Realität, hier auch elterliche Verbote, die Kastrationsängste schüren. Sie stellen die aus der analen Phase stammenden magischen Omnipotenzphantasien erheblich in Frage. Auch in dieser Phase ist die emotionale Verfügbarkeit des Vaters als Identifikationsvorbild von größter Bedeutung. Phallisch-narzisstische Phantasien, der Mutter aufgrund des anderen Geschlechts überlegen zu sein, vermögen die in der oralen und analen Phase verwurzelten Gefühle von Ohnmacht und Hilflosigkeit gegenüber dem mütterlichen Primärobjekt partiell zu kompensieren (ebd.).

Ein weiterer wichtiger Entwicklungsschritt ist die mit der Lösung des Ambivalenzkonflikts in der Beziehung zum Vater einhergehende notwendige Entidentifizierung von der Mutter (Greenson 1968). Mit diesem in der Psychoanalyse auch kontrovers diskutierten Konzept ist allerdings nach unserer Auffassung keineswegs gemeint, dass das männliche Kleinkind eine pointiert aggressive, die Mutter und die Weiblichkeit entwertende, pseudo-phallische und pseudo-autonome affektiv-kognitive Position einnehmen müsste, um einen nun notwendigen Wechsel der Identifikation vorzunehmen, damit die ödipalen Konflikte gelöst werden könnten. Ist dies der Fall, handelt es sich meistens schon um neurotische Fehlentwicklungen. Nach unserer Auffassung ist mit dem Konzept der Entidentifizierung – ein insgesamt ungenauer Terminus, handelt es sich doch vielmehr um Auffächerungen und weitere, andersartige Identifizierungen – folgendes gemeint: Das Selbstbild des männlichen Kleinkinds ist aufgrund der primären Identifizierungen mit einem andersgeschlechtlichen Objekt erheblichen Labilisierungen ausgesetzt. Zwar helfen diese Identifizierungen dem männlichen Kleinkind einerseits, Objektverlustängste und Trennungen zu kompensieren, aber der Junge steht andererseits vor der Notwendigkeit der emotionalen und kognitiven, ja unbewussten Anerkennung der Andersartigkeit und Getrenntheit des eigenen und des mütterlichen Geschlechts. Es ist diese psychische und anatomische Realität, die seinen Narzissmus labilisiert, zumal die Lösung, die Hinwendung zum Vater, nun neue, dramatische ödipale Ambivalenzkonflikte für ihn bereithält.

Die Andersartigkeit der Geschlechtlichkeit bietet ihm aber auch die Möglichkeit der Abgrenzung und eigenen autonomen Entwicklung. Um diese erfolgreich durchlaufen zu können, benötigt er unbedingt libidinös besetzte, stabile Identifikationen mit dem mütterlichen Primärobjekt. Eine Entidentifizierung bedeutet daher nach unserer Auffassung die psychische Anerkennung der Andersartigkeit des eigenen und mütterlichen Geschlechts sowie die Anerkennung des Generationenunterschieds unter Bewahrung der positiven liebevollen Beziehungsaspekte und Identifikationen mit der Mutter. Auch in dieser für den Jungen schwierigen Phase kann der Vater als Identifikationsvorbild helfen, als ein Mensch des gleichen Geschlechts, der eine liebevolle Beziehung zur Mutter des Kindes, seiner Frau, lebt. Insofern ist auch die Qualität der elterlichen Beziehung entscheidend für die Lösung dieser multiplen Ambivalenzkonflikte des männlichen Kleinkinds. Die männliche Geschlechtsidentität und Geschlechtsrollenidentität erlangt er durch die Identifizierung mit dem Vater, was im Fall von vaterlos aufwachsenden Jungen auch durch eine Identifizierung mit dem bewussten und unbewussten Bild des Mannes, das seine Mutter in sich trägt, geschehen kann. Im Unterschied zum Mädchen muss der Junge allerdings nicht einen Objektwechsel vornehmen. Dies macht ihn zum Rivalen des Vaters in der Beziehung zur Mutter. Hier ist nun der Junge mit den intensiven Ambivalenzkonflikten des ödipalen Komplexes konfrontiert. Intensive Kastrationsängste sowie narzisstische Bedrohungen können zu einem häufigen Wechsel des Vorherrschens von positivem und negativem

Ödipuskomplex führen, und der Junge kann zwischen beiden Gefühlseinstellungen und Beziehungsmustern ebenfalls in Konflikt geraten. Das Ausleben beider Versionen des Ödipuskomplexes kann nicht nur an realen Gegebenheiten scheitern, sondern auch an der Unmöglichkeit ihrer innerpsychischen Verwirklichung.

5.4 Homosexualität

Der weiblichen Homosexualität liegt vielfach eine latente Mutterbindung zugrunde. Entweder schließt sich eine jüngere Frau einer älteren Frau an, die dann die Mutter repräsentiert, oder eine ältere Frau liebt eine jüngere und wiederholt damit die Mutter-Kind-Beziehung aus der Position der Mutter gegenüber der Tochter. Lesbische Beziehungen können Ausdruck einer neurotischen Angst vor dem Mann sein. Meist sind sie aber narzisstisch strukturiert, wie von Freud (1910 c) zuerst in seiner Leonardo-Arbeit erforscht, wenn Aspekte des Selbst und der inneren Objekte in die lesbische Partnerin externalisiert werden. Die Vorzüge weiblicher Sexualität scheinen außerdem in der besonderen Form von Zärtlichkeit zu liegen, wie sie in einer Beziehung zwischen Frau und Mann selten ist.

Über die männliche Homosexualität ist mehr bekannt. Sie wird genau wie die weibliche Homosexualität als eine Variante sexuellen Verhaltens verstanden, die genauso normal oder pathologisch sein kann wie heterosexuelle Bindungen. Dabei erscheinen diejenigen homosexuellen Beziehungen als normal, die aus freier Entscheidung zustande gekommen sind und zu denen die betreffenden Männer bewusst stehen. Dann handelt es sich im Rahmen der psychoanalytischen Persönlichkeitstheorie um eine effektive Erweiterung persönlichen Erlebens, d. h. um gleichgeschlechtliche Beziehungen, die, wie viele Männerfreundschaften bezeugen, nicht nur darin bestehen müssen, dass sich Männer umarmen und küssen, sondern sich auch sexuell begegnen. Häufig scheint die Beziehung zwischen Mann und Mann aber durch eine reduzierte Sexualität gekennzeichnet zu sein, die sich in harten Kämpfen, brutalen sexuellen Akten und gegenseitigen Angriffen ausdrücken kann, wie der letzte Film Rainer Werner Fassbinders *Querelle* eindrucksvoll zeigt. Die Psychoanalyse hat deswegen nicht so unrecht, wenn sie bei männlicher Homosexualität vielfache pathologische Prozesse beschreibt, wie sie in der psychoanalytischen Behandlung von Männern berichtet werden. Es ist aber sicher falsch, derartige Befunde von einzelnen Personen zu verallgemeinern und auf männliche Homosexualität generell zu übertragen. Entsprechend pathologisch fallen psychoanalytische Deutungen männlicher Homosexualität aus. Die mildeste Deutung ist die einer Neurose, in der nicht gelöste ödipale Konflikte unüberwindbare Ängste vor dem weiblichen Geschlecht nach sich ziehen. Das weibliche Geschlecht wird wie ein phobisch gemiedener Gegenstand umgangen. Damit würde das homosexuelle Verhalten genau denjenigen unbewussten Prozessen folgen, wie sie bei den Phobien (vgl. Kap. VII.2.3) bekannt sind. Eine folgenreichere Interpretation ist die, dass Homosexualität beim Mann aus sehr früh entstandenen präödipalen Konflikten abzuleiten ist. Es zeigt sich dann, dass der Homosexuelle eine gestörte Mutter-Kind-Beziehung so neurotisch verarbeitet hat, dass er sich unbewusst mit der Mutter identifiziert. Diese Deutung ist nahe liegend, wenn sich der männliche Homosexuelle wie eine Frau fühlt. Er muss dabei nicht weiblich aussehen, »tuntenhaft«, wie man in Homosexuellen-Kreisen zu sagen pflegt. Bei dieser femininen Form männlicher Homosexualität besteht also eine enge Verwandtschaft zum Transvestitismus – Mann kleidet sich selbst wie eine Frau – bzw. zum Transsexualismus – Mann will Frau *sein*.

Lassen sich mütterliche Elemente in Fühlen und Verhalten homosexueller Männer nachweisen, mag eine derartige psychoanalytische Deutung einiges für sich haben. Sexuelle Beziehungen zwischen Männern, die jeder weiblichen oder gar mütterlichen Komponente entbehren, sprechen dagegen eher für die erstgenannte Deutung, dass der sexuelle Kontakt zu Männern gesucht wird, weil der zu Frauen wegen nicht bewusster Ängste vor Frauen gemieden wird.

Zuweilen spielen auch entwicklungsbedingte oder aus Abwehrgründen erfolgte Identifizierungen mit einer Vaterfigur eine Rolle, in deren Position der jüngere Mann so geliebt wird, wie man sich gewünscht hätte, vom Vater geliebt zu werden – ein schon in Sigmund Freuds (1911b) am Fall des Senatspräsidenten Schreber exemplarisch herausgestellter latenter narzisstischer Wunsch gegenüber dem homosexuellen Freund.

Häufig lässt sich homosexuelles Verhalten aus einer mangelnden Beziehung zum Vater ableiten. Der homosexuelle Partner, meist ein älterer Mann, soll die seit der Kindheit ersehnte, aber nie erfüllte Befriedigung durch die Zuwendung des älteren Mannes ersetzen. Elizabeth R. Moberly (1983) vertritt diesen Standpunkt. Insofern sind homosexuelle Beziehungen Versuche, das in der Beziehung zum Vater Versäumte nachzuholen oder die in derselben Beziehung erlittenen und schwer heilenden Wunden in einem unbewussten

Selbstheilungsversuch doch noch zum Heilen zu bringen. In dieselbe Richtung zielt Fritz Morgenthalers (1984) Verständnis einer bestimmten Gruppe von Homosexualität, bei der solche Defizite in der psychischen Struktur bestehen, dass diese wie das Loch im Zahn nach einer Plombe verlangen, die der homosexuelle Partner repräsentiert. In dieser Sicht erscheinen manche Homosexuelle als Menschen, denen elementare Zuwendung im Kindesalter gefehlt hat und die nun in der homosexuellen Beziehung versuchen, ihre Mängel zu kompensieren.

Gleichwohl harren eine Reihe dynamischer, struktureller und ätiologischer Fragen hinsichtlich der weiblichen und männlichen Homosexualität bis heute einer Erklärung. Dies liegt unter anderem daran, dass kaum ein Forschungsfeld in der Psychoanalyse für den Einfluss gesellschaftlicher Wertvorstellung so anfällig ist wie die Sexualität. Zudem gewinnen somatische Faktoren durch den Erkenntniszuwachs in den biologischen Wissenschaften einen immer größeren Stellenwert, etwa im Hinblick auf genetische Einflüsse auf die Bildung der Kerngeschlechtsidentität. In deren Gewichtung weichen die einzelnen psychoanalytischen Schulen erheblich voneinander ab, wenn auch Konsens darüber besteht, dass die intrapsychischen und interpersonellen Prozesse bei der Entwicklung der Geschlechtsidentität einen herausragenden Einfluss ausüben. Nach Freud (1905d) existiert eine seelische Bisexualität, die auf die multiplen Identifizierungen während der negativ und positiv ödipalen Phase zurückgeht. Tyson & Tyson (1990) knüpfen an dieses Konzept an und postulieren, dass weibliche wie männliche Geschlechtsidentität, vor dem Hintergrund einer genetischen Anlage, durch die unbewussten Identifizierungen mit gleichgeschlechtlicher primärer weiblicher, respektive männlicher Genitalität entsteht. Laplanche (1987) greift ebenfalls Freuds Konzept auf und sieht die Kerngeschlechtsidentität zum großen Teil verwurzelt in der unbewussten je geschlechtsspezifischen Erotisierung des Säuglings innerhalb der Mutter-Kleinkind-Beziehung. Er kritisiert, wie eine Reihe anderer französischer Analytiker, die eklatante Vernachlässigung präödipaler und ödipaler Konflikte, ja der Sexualität schlechthin, in modernen objektbeziehungstheoretischen Modellen. Mit dieser Kritik hat Laplanche (1988) seine »allgemeine Verführungstheorie« – ein Hinweis auf Freuds ätiologisches Konzept zur Hysterie – entwickelt. Danach fördert die Mutter mit ihrem eigenen unbewussten sexuellen Verlangen die von den erogenen Zonen ausgehenden Triebbedürfnisse des männlichen und weiblichen Säuglings in je geschlechtsspezifischer Weise, was vom Säugling als »rätselhafte Botschaft«

erlebt wird. Diese hat eine strukturbildende Wirkung im Hinblick auf die Entwicklung der Sexualität und der Geschlechtsidentität des männlichen wie weiblichen Säuglings insofern, als dadurch »nachträglich« unbewusste sexuelle Phantasien beim Säugling erzeugt und in Gang gesetzt werden. Nach Laplanche entwickelt der Säugling eine zweifache Identifizierung: Weiblicher wie männlicher Säugling, weibliches wie männliches Kleinkind identifizieren sich sowohl mit den unbewussten primären Erotisierungen durch die Mutter als auch mit der Tatsache, dass sich die Mutter wieder vom Säugling und Kleinkind zurückzieht und sich dem Mann zuwendet – die Grundlage einer archaischen ödipalen Struktur.

Wenn man vermutet, dass bereits während der präödipalen Entwicklung gleich- und gegengeschlechtliche Identifizierungen stattfinden, lässt sich Freuds Konzept der psychischen Bisexualität aufgrund dieser modernen Konzepte so verstehen, dass Bisexualität die Grundlage für die spätere Kerngeschlechtsidentität bildet. Viele Autoren nehmen an, dass aufgrund der primären Identifizierung mit der gegengeschlechtlichen Mutter die Kerngeschlechtsidentität des männlichen Kleinkinds störanfälliger als die des kleinen Mädchens ist (Stoller 1975, Kernberg 1992, De Masi 2003). Allerdings lässt sich von in Analysen gebildeten Rekonstruktionen die Vermutung äußern, dass Mütter männliche und weibliche Kinder häufig unterschiedlich behandeln, indem sie sich – dies gilt zumindest für die »gelungene« seelische Entwicklung – empathisch in die jeweiligen phasentypischen Bedürfnisse, Ängste und Konflikte ihrer Töchter wie ihrer Söhne einfühlen und diese bei deren Verarbeitung unterstützen und insofern auch dem männlichen Kleinkind von Beginn an zur Entwicklung einer stabilen männlichen Kerngeschlechtsidentität verhelfen können. Manche Autoren vertreten nun die Auffassung (Morgenthaler 1984, Isay 1989) einer biologisch determinierten Homosexualität als »normaler«, gesunder Entwicklungsmöglichkeit des kleinen Jungen. Die Mehrzahl psychoanalytischer Autoren hält dagegen an der Auffassung fest, dass – auch auf Grundlage der neurobiologischen und entwicklungspsychologischen Befunde – die Integration narzisstisch strukturierter (die Getrenntheit und Andersartigkeit des Objekts verleugnender) Beziehungen und eine Auflösung des Ödipuskomplexes nur durch die unbewusste Identifizierung mit dem gleichgeschlechtlichen Elternteil gelingen kann. Sie lehnen eine »normale«, d.h. seelisch gesunde homosexuelle Entwicklung des Mannes ab und betrachten diese als Abwehrorganisation nicht nur gegen ödipale, sondern vor allem gegen anal-narzisstische

Konflikte (Chasseguet-Smirgel 1984). Konsens wiederum besteht in der Psychoanalyse darüber, dass eine gestörte Geschlechtsidentität in den meisten Fällen mit frühkindlichen traumatischen Erfahrungen ursächlich in Zusammenhang gebracht werden kann. Zugleich entwickelt ein sehr hoher prozentualer Anteil von Jungen mit gestörter Geschlechtsidentität im späteren Verlauf ihres Lebens eine homosexuelle Identität; allerdings weist wiederum die Mehrzahl männlicher Homosexueller, die sich in therapeutische Behandlung begibt, keine gestörte Geschlechtsidentität auf (Coates 1992, Friedmann 1994).

Kernberg hat aus diesen widersprüchlichen Befunden und theoretischen Kontroversen den Vorschlag abgeleitet, die Hypothese einer normalen homosexuellen Entwicklung aufrechtzuerhalten und durch weitere Forschungen zu überprüfen. Homosexualität im Sinne einer seelischen Erkrankung differenziert er nach dem Organisationsniveau der seelischen Funktionen in eine neurotische Variante (hier überwiegt die Abwehr ödipaler Konflikte auf Grundlage einer defensiven Identifizierung mit der Mutter), eine Borderline-Version (kennzeichnend sind hier die Merkmale des niedrigen Strukturniveaus), eine narzisstische Version (dabei geht es um die Abwehr der Anerkennung von Andersartigkeit und Getrenntheit des Objekts) und Homosexualität im Rahmen von struktureller Perversion, begleitet vom Syndrom des malignen Narzissmus (hier gelten die für die strukturellen Perversionen charakteristischen Kennzeichen (vgl. Kap. VII.9).

Ähnlich kontrovers diskutiert werden Ätiologie und Dynamik der weiblichen Homosexualität. Französische Analytiker betonen eine narzisstische Störung bei weiblich Homosexuellen, die in traumatischen Erfahrungen während der frühesten Mutter-Kind-Beziehung ihren Ursprung hat. So etwa kann das kleine Mädchen von der Mutter in seiner narzisstischen und sexuellen Entwicklung dadurch blockiert werden, dass eine narzisstische wie auch erotisierende (sensu Laplanche) Besetzung des weiblichen Säuglings durch die Mutter unterbleibt, da die Mutter ein entwertetes Bild ihres Selbst in die Tochter projiziert. Die Tochter identifiziert sich damit und bleibt als spätere Erwachsene unbewusst an idealisierte Mutterfiguren fixiert. Diese Autoren sehen vor allem in der Zurückweisung und Entwertung der primären vaginalen Genitalität des kleinen Mädchens durch die Mutter die ätiologischen Faktoren für die Entwicklung einer weiblichen Homosexualität (McDougall 1982). Andere Autoren vermuten dagegen eine primäre homosexuelle Beziehung des kleinen Mädchens zur Mutter, die durch multiple Ängste des weiblichen Kleinkinds abgewehrt werden muss und die Hinwendung zum ödipalen Vater zu einer sekundären protektiv-defensive Bewegung geraten lässt.

5.5 Rolle und Funktion des Vaters

Das Vaterproblem

Das Thema »Vater« taucht in der psychoanalytischen Literatur an vielen Stellen auf, und zwar – ganz im Sinne der klassischen Psychoanalyse – überwiegend als ödipaler Vater, den der heranwachsende Sohn in seinem Begehren, die Mutter zu besitzen, beseitigen will, aber auch – für das Mädchen – als geliebtes zweites Objekt, das hilft, sich von dem mächtigen ersten Objekt Mutter besser abzugrenzen.

Es war aber auch von Vaterverlust als Trauma die Rede, von »Hölderlin und (der) Suche nach dem Vater« (Laplanche 1975) und von dessen entscheidender Funktion als Identifizierungsobjekt für die Entwicklung einer gesunden Geschlechtsidentität, und zwar nicht nur für den Sohn, sondern auch für die Tochter. »Eine überwiegend libidinös und nicht aggressiv besetzte Beziehung« ist dazu eine wichtige Voraussetzung (Kutter 1986, S. 37). Störungen in der Vaterbeziehung können der Grund für eine Entwicklung zur homosexuellen Orientierung sein. Fehlende Väter führen zwangsläufig zu defizitären Persönlichkeitsstrukturen. Väter, die die Söhne misshandeln oder unterdrücken oder die Tochter sexuell missbrauchen, wurden erwähnt im Rahmen von Traumatisierung und deren deletäre Folgen für die Entwicklung.

Jochen Stork (1986) hat sich mit dem »Vaterbild in Kontinuität und Wandlung« auseinandergesetzt. Hier wird die Sehnsucht nach einem väterlichem Vorbild betont, ist von Vätern die Rede, die sich in die Bedürfnisse des Sohnes nach Zärtlichkeit einfühlen und dessen wachsende Geschlechtsidentität respektieren. Der eine von uns (Kutter 1986) hat in seinem Beitrag zu Storks Buch die »konfliktreiche Beziehung zwischen Vater und Sohn« behandelt, und zwar aus der Sicht des Vaters: Ein Vater wünscht sich einen Sohn, möchte ihn in charakteristischer Ambivalenz aber auch nicht haben, weil er ihn unbewusst als werdenden Konkurrenten fürchtet. Gleichzeitig steht der Vater in Konkurrenz zu seiner Frau, der Mutter des Sohnes, die in seiner Vorstellung den Sohn mehr liebt als ihn und seine Eifersucht weckt. Für jeden Vater ist nicht nur eine gesunde Basis in der Beziehung zur Mutter, sondern auch eine überwiegend gute Beziehung zum eigenen Vater eine wichtige Voraussetzung für eine gesunde Väterlichkeit, was wiederum eine Lösung aus der basalen Mutterbindung voraussetzt.

Die aus dem Krieg zurückkommenden geschlagenen Väter, in ihrer Persönlichkeit gebrochen, boten dagegen dem heranwachsenden Sohn kein Vorbild, mit dem zu identifizieren sich gelohnt hätte. Massive strukturelle Defizite in der männlichen Identität sind zwangsläufig die Folge. In vielen Fallgeschichten werden abwesende, fehlende und bestenfalls schwache Väter beschrieben, die den Söhnen nicht minder große Probleme bereiteten. In deren Analyse stellt sich heraus, dass die Lösungen klassischer ödipaler Konflikte nicht ausgereicht hatten, um die strukturellen Defizite bei schweren Persönlichkeitsstörungen, bei psychosomatischen Krankheiten und bei Borderline-Fällen auch nur in Grenzen zu kompensieren und gar zu bewältigen.

Männer als Väter

Heinz Walter (2002) hat in seinem Buch *Männer als Väter* die relevante Literatur historisch-kritisch aufgearbeitet. Fhtenakis (1985) ist darin ebenso berücksichtigt wie Ergebnisse der Bindungsforschung, der empirischen Säuglingsforschung bis hin zum »Lausanner Trialogspiel« von Fivaz-Depeursinge (1999), in dem von Anfang an die Väter in die Vater-Mutter-Kind-Beziehung eingebunden sind. Das Verschwinden und Wiederauftauchen der Väter wird nachgezeichnet, die »neuen« Väter und Mütter mit ihren neuen Arrangements der Lebensführung sind ebenso erfasst wie die Probleme allein erziehender und nicht verheirateter Väter. Im Ergebnis kommen viel positivere Bilder von Männern als Väter heraus, als es die psychoanalytischen Befunde erwarten ließen. Ihre »väterliche Kompetenz« ist sogar beachtlich stabil, wenn sich Männer selbst als Väter sehen, wenn sie von ihren Frauen eingeschätzt werden, von ihren Kindern, aber auch dann, wenn diese ihrerseits den Mann bzw. Vater einschätzen. Andere psychoanalytische Eindrücke werden aber auch bestätigt. So spiegelt sich in der Beziehung des Vaters zu Söhnen und Töchtern diejenige wider, die der Vater als Kind zu seinem Vater hatte. Desgleichen kommt die »ungestillte Sehnsucht« der Söhne nach einem Vater deutlich heraus. Diese Sehnsucht nach dem Vater teilen auch die Töchter. Ein schönes literarisches Beispiel dafür ist der Roman *Der Schwimmer* von Zsuzsa Bánk (2002). Hier wird der Vater trotz seiner menschlichen Schwächen nicht gehasst oder entwertet, sondern sogar geliebt.

In jüngster Zeit sind nun weitere Publikationen zur »Bedeutung des Vaters«, wie z. B. von Dammasch und Metzger (2006), erschienen, die zu einem Update geradezu herausfordern. Hier wird deutlicher als bisher das faktisch beobachtbare Verhalten des realen Vaters von dem Vaterbild unterschieden, das sich Sohn bzw. Tochter vom Vater im Laufe der Entwicklung machen. Britta Heberle (2006) differenziert vier Vaterbilder, und zwar

1. den Vater als Befreier aus der Mutterbindung, und das nicht erst ödipal, sondern schon präödipal. In einer frühen präödipalen Triangulierung (Abelin 1986) identifiziert sich der heranwachsende Sohn mit dem Vater, um eine stabile männliche Identität zu entwickeln, ein Aspekt, um den sich für den deutschen Sprachraum neben Rotmann (1978) auch Bürgin (1998) sowie Dammasch & Metzger (2006) verdient gemacht haben;

2. den Vater im Bild der Mutter bzw. den symbolisch in der Mutter repräsentierten Vater. Damit ist das in der Gesellschaft vorherrschende Vaterbild gemeint, dessen Name, dessen Gesetz, dessen »Nein« zum Inzest mit der Mutter (Lacan 1953), das auch dann in der Imagination gilt, wenn der Vater faktisch fehlt;

3. den dyadischen Vater. Dieser Vater bildet mit dem Sohn bzw. der Tochter, neben der Beziehung zur Mutter, eine eigene besondere Beziehung, charakterisiert durch seinen geschlechtsspezifisch anderen Umgangsstil, der mehr erregt als beruhigt, der gelingen, aber auch scheitern kann, je nachdem, wie sich der Vater faktisch gegenüber Sohn bzw. Tochter verhält; und schließlich

4. den triadischen Vater. Dies ist der Vater, der von Anfang an neben der Mutter eine maßgebende Rolle spielt. Damit übernimmt Heberle (2006) wie vor ihr schon Bürgin (1998) und Metzger (in: Dammasch & Metzger 2006) die Position von Fivaz-Depeursinge (1999) – ein Standpunkt, den Kai von Klitzing (2002) empirisch nachweisen konnte. Dabei ist das Bild, das sich der Vater von Sohn bzw. Tochter macht, was er ihnen zutraut und was nicht, entscheidender als das faktische Verhalten. Diese Vorstellungen im Vater von dem, was Sohn oder Tochter jeweils fühlen, wünschen, fürchten, ermöglichen in dem lebendigen Wechselspiel zwischen den jeweils beteiligten Personen dem Selbst eine wachsende Strukturbildung. Herbert Blaß (2002) führt diesen Ansatz weiter, indem er speziell dem Vater eine »mentalisierende« Funktion zuschreibt. Voraussetzung dazu ist eine »überwiegend libidinös und nicht aggressiv besetzte Beziehung zum Vater« (Kutter 1986, S. 73), ein »genügend guter Vater«, durch die ein Mann nicht nur fähig wird, »eine Frau achten zu

können« (Blaß 2002, S. 62 ff.), sondern die es ihm in der Vaterrolle auch ermöglicht, sich in ein Kind einzufühlen, sich ein Bild von seinen Wünschen und Ängsten zu machen, auf der Ebene des kindlichen Spiels spielerisch mitmachen zu können, was voraussetzt, sich gleichzeitig von den eigenen Affekten zu distanzieren.

Sollte bisher der Eindruck entstanden sein, die Bedeutung des Vaters sei nur für den Sohn behandelt worden und nicht für die junge Frau, möchten wir versuchen zu korrigieren, indem wir jetzt gesondert auf die weiblichen Verhältnisse eingehen. Nach Benjamin (1990) befreit sich die junge Frau von einer allzu mächtigen Mutter dadurch, dass sie sich früh mit dem Vater identifiziert (ebd., S. 95). Ihn erlebt sie als »erregenden und stimulierenden anderen« (ebd., S. 103). Dabei haben Töchter größere Schwierigkeiten, sich von der Mutter abzulösen als Söhne, zum Teil deswegen, weil Mütter die Unabhängigkeit der Tochter weniger fördern als die des Sohnes. Wichtig ist jedoch, dass das weibliche Kind das Begehren des Vaters wahrnimmt und sich – in einer Art »identifikatorischer Liebe« zum Vater – damit identifiziert (ebd., S. 104), und zwar zeitlich *vor* der ödipalen Konstellation. Gelingt diese Identifizierung mit dem Vater, fördert dies die Entwicklung zu Autonomie und eigenständigem Begehren. Wird sie vereitelt, resultiert eine unerfüllbare Sehnsucht, verbunden mit der Bereitschaft zur Selbsterniedrigung (ebd., S. 120).

Vaterschicksale

Für den Sohn wird das ödipale Schicksal ganz unterschiedlich ausfallen, je nachdem, wie sich der Vater tatsächlich verhält. Unterdrückt er die Entwicklung des Sohnes, neidet er ihm seine Intelligenz und möchte er ihn zwar nicht physisch, aber seelisch auslöschen (Seelenmord), wird die Lösung des »normalen« Ödipuskonflikts erheblich erschwert. Würde der Analytiker die väterliche Verformung des ödipalen Geschehens nicht sehen und lediglich auf die Inzest- und Todeswünsche des Sohnes gegenüber Mutter und Vater schauen, würden wir die durch das faktische väterliche Verhalten entstandene Not des Sohnes nicht anerkennen und ihm Unrecht tun. In einem Fall war die Analyse längere Zeit im klassischen Sinne verlaufen; erst als der Patient mit den klassischen Deutungen nichts anfangen konnte, als der Analytiker an deren Richtigkeit zweifelte und sich das faktische Verhalten des Vaters in Erinnerung rief, fühlte sich der Patient verstanden, denn er (der Patient) war ja wirklich nicht nur Täter, sondern auch Opfer.

Ein schwacher Vater verändert den Ödipuskomplex dahingehend, dass der Sohn Schwierigkeiten hat, gegen diesen aggressiv vorzugehen; der Vater tut ihm dann nur leid; er bekommt leichter Schuldgefühle, weil der Vater sich nicht wehrt.

Noch schwieriger ist es, gegen einen nicht anwesenden Vater aggressiv anzugehen. So fiel es einem Patienten, dessen Vater in Stalingrad gefallen war, schwer, den freien Platz neben der Mutter einzunehmen; starke Schuldgefühle waren die Folge.

Ein tyrannisch auftretender Vater wiederum kann die primäre Aggressivität des Sohnes sekundär verstärken, was aber auch rasch zur Unterwerfung führen kann in dem Sinne: »Gegen den komme ich ja eh nicht an.« Ständiges Aufbegehren gegen den despotischen Vater verzehrt die Kräfte, stärkt jedoch auch das aggressive Potenzial. Lenkt der Vater ein, bestätigt es den heranwachsenden Sohn in seiner aggressiven Potenz; gibt er dagegen nicht nach und will ständig das letzte Wort behalten, wird die Vater-Sohn-Beziehung nachhaltig gestört bleiben.

Seelische Struktur kann sich nur bilden, wenn es zwischen dem heranwachsenden Kind und den wichtigsten Bezugspersonen zu lebendigen Auseinandersetzungen kommt; liebend und hassend, in ständigem Auf und Ab. Das beginnt, wie die Säuglingsforschung gezeigt hat, vom ersten Lebenstag an, vorwiegend in der Beziehung zwischen Mutter und Kind, je nach den faktischen Verhältnissen, bald aber auch unter Einbeziehung des Vaters. Die spezifischen Vaterbesonderheiten in der Zuwendung des Vaters gegenüber dem Sohn charakterisieren die Vater-Sohn-Beziehung, geben ihr eine ganz persönliche Färbung. Deren Besonderheiten schlagen sich, nach Verinnerlichung dieser ursprünglich äußeren Beziehungen, innerseelisch als Struktur nieder. Wie die neurobiologische Forschung neuerdings gezeigt hat (vgl. Kap. IV.8), wirken sich diese seelischen Erfahrungen auch körperlich auf die Gestaltung der Hirnstrukturen aus. Dabei sind die ersten Erfahrungen bis zum 15. Lebensmonat averbal, rein körperliche Erfahrungen, durchaus sinnlich, angenehm oder unangenehm, mit entsprechenden Affekten verknüpft (freudig, traurig, ärgerlich), »gelebte Erfahrungen« (Lichtenberg 1989). Es ist die Art der Bewegung, die der Vater dem Sohn vermittelt, sein besonderer Geruch, seine Art, den Sohn zu berühren, ihn in den Arm zu nehmen, mit ihm lustvoll zu streiten, mit ihm zu spielen.

Fehlen derartige Erfahrungen, kommt es in logischer Konsequenz zu entsprechenden Strukturdefiziten. Wo bei anderen Strukturen sind, fehlen diese dann. Wenn aber seelische Strukturen fehlen, fehlen auch diejenigen Funktionen und Fähigkeiten, die auf diesen Strukturen beruhen. Das, was andere können, kann ein Mensch ohne diese Strukturen nicht. Es fehlt ihm eine ganze Reihe von Fähigkeiten. Wo andere auf Strukturen zurückgreifen können, aus dem Vollen schöpfen können, ist Leere, verbunden mit dem verzweifelten Bemühen, es doch auch können zu können, mit immer neuen vergeblichen Versuchen und Niederlagen. Zur Unfähigkeit kommt dann noch die Depression.

Fehlende Väter führen insofern folgerichtig zu massiv fehlenden Strukturen; schwache Väter zu entsprechend schwachen Strukturen, mit nur gering ausgeprägten Fähigkeiten bzw. Fertigkeiten, entsprechend zu handeln.

Gingen Misshandlungen voraus, z. B. durch immer noch vorkommendes Schlagen des Sohnes, hinterlassen diese Misshandlungen seelische Verwundungen, Verletzungen, die ebenso wie körperliche Wunden wehtun und ständigen seelischen Aufwand erfordern, um einigermaßen bewältigt zu werden. Betrifft die seelische Verletzung das Selbstwertsystem, resultieren aus den vorausgegangenen narzisstischen Kränkungen als zwangsläufige Folge »narzisstische Persönlichkeiten« (vgl. Kap. VII.4). Wird der heranwachsende Sohn in seiner sexuellen Neugier gezielt getroffen, z. B. wegen Masturbation gestraft oder bloßgestellt, kommt es folgerichtig zu Potenzstörungen, unsicherer männlicher Identität, zur Unfähigkeit, eine Frau zu erobern, für sich einzunehmen.

In solchen Fällen müssen die seelischen Verwundungen zuerst wieder aufgesucht, die damit verbundenen Schmerzen spürbar gemacht, ins Bewusstsein gerufen und mithilfe des Analytikers, so schwer es auch fällt, als Realität anerkannt werden. Erst dann können neue Erfahrungen gemacht, kann einiges vom Versäumten nachgeholt werden.

Fanden sich ständig wiederholende »kumulative Traumata« (Khan 1979, S. 50 ff.) in der Kindheit statt, resultiert eine insgesamt verletzbare, selbstunsichere Persönlichkeit mit charakteristischer Vulnerabilität, verbunden mit einer basalen Anfälligkeit für jedwede Art seelischer Störungen.

Vatersehnsucht

Mit diesem schönen Wort möchten wir auf ein weit verbreitetes Phänomen hinweisen, über das der eine von uns (Kutter 1993 a) eine Fallstudie veröffentlichte: eine ungestillte, unstillbare Sehnsucht nach Väterlichkeit, oft so idealisiert, dass sie nie erfüllt werden und zu einem suchtartigen Suchen nach einer idealen Vaterfigur führen kann. »Nur wer die Sehnsucht kennt, weiß, was ich leide« (Goethe). Die Sehnsucht nach einem verständnisvollen Vater, ständig mit schmerzlichen und leidvollen Gefühlen verbunden, ist Thema in der einschlägigen Literatur: in Franz Kafkas *Brief an den Vater,* in Thomas Bernhardts *Am Ortler,* in Paul Kerstens *Der alltägliche Tod meines Vaters,* in Christof Meckels *Suchbild,* in Siegfried Gauchs *Vaterspuren* und in Peter Härtlings *Nachgetragene Liebe.* Diese Vatersehnsucht finden wir auch bei muttergebundenen Männern: Ihnen fehlte der Vater, der sie als der außen stehende Dritte aus der dualen Mutter-Kind-Beziehung herausholt, und daher suchen sie ihn in immer neuen Vaterersatzfiguren. Hierzu ein Fallbeispiel:

Ein Unternehmer hatte den Vater schon in früher Kindheit verloren, und zwar als er gerade ein Jahr alt war. Die Mutter heiratete noch einmal; vom Stiefvater fühlte sich der Junge aber nie anerkannt. Negative Prophezeiungen, wie z. B. »Aus dir wird nie etwas«, erschwerten zudem die Entwicklung. Was blieb dem verzweifelten Jungen anderes übrig, als selbst zu versuchen, gegen den Stiefvater anzugehen. Da die basale Identität durch den frühen Verlust des Vaters aber geschwächt war, folgte die Niederlage auf dem Fuße. Der Heranwachsende entwickelte unter Aufbietung aller Kräfte eine Fähigkeit, anderen zu helfen, selbst dem Stiefvater, der Mutter und vielen Fremden, was wir in der Psychoanalyse als einen Appell verstanden: »Helft mir doch so wie ich euch helfe.« Mit der übersteigerten Autonomie wollte der Patient vermeiden, abhängig zu werden, denn Abhängigkeit bedeutete für ihn: früher Verlust, Unordnung und frühes Leid, alleingelassen werden. Hatte er wieder einmal mit größter Anstrengung einen Sieg errungen, war es ein Pyrrhussieg; am Schluss ging er wie in Hemmingways Erzählung *Der alte Mann und das Meer* »leer aus«. Die Symptome, die der Patient entwickelte, Depressionen, Angstzustände, Panikattacken, hatten die unbewusste Bedeutung von Vorwürfen, in dem Sinne: »Das habt ihr davon, wenn ihr euch nicht um mich kümmert, mich nicht anerkennt, mich im Stich lasst.« Dieses charakteristische Beziehungsmuster wiederholte sich natürlich im analytischen Prozess in Übertragung und Gegenübertragung, wurde aber erkannt. Der Patient wollte nicht mit dem Analytiker in ödipaler Rivalität rivalisieren, er wollte vielmehr, dass seine berechtigten Bedürfnisse, vom anderen verstanden zu werden, anerkannt werden. Dabei war es ein wichtiger Wendepunkt in dieser Analyse, dass der Analytiker einräumen konnte, ihn tatsächlich, z. B. bei Stundenausfällen oder Ferienunterbrechungen, im Stich gelassen zu haben, und zwar zu Zeiten, in denen der Patient besonders bedürftig gewesen war. In einem Traum kam seine Vatersehnsucht unverhüllt heraus: »Ein älterer Mann streichelt mir zärtlich die Wange. Ich weine vor Rührung.«

Die entscheidende Psychodynamik war der sich ständig wiederholende Wunsch, endlich von einem Vater wahrgenommen, anerkannt und wenn nötig unterstützt zu werden. Der Patient wünschte sich, dass man seine Leistung wahrnimmt, spiegelt, würdigt, anerkennt und lobt. Wir können, so wie Kohut (1971, S. 141) vom »Glanz im Auge der Mutter« spricht, auch von einem »Glanz im Auge des Vaters« reden; eine gefühlvolle Reaktion, ein Einstimmen auf die Gefühle des Sohnes, nicht ohne Rührung. Wird die Aktivität des Sohnes auf diese Weise gespiegelt, kann die bestätigte Aktion im Sinne Goethes »Was du ererbt von den Vätern hast, erwirb es, um es zu besitzen« verinnerlicht und zu seelischer Struktur werden.

6. Emotionalität und Körperlichkeit – die psychoanalytische Affekttheorie

6.1 Die menschlichen Leidenschaften

1978 veröffentlichte der eine von uns (Kutter) ein Buch über *Die menschlichen Leidenschaften,* in dem Liebe und Hass, Eifersucht und Neid zentrale Themen waren, auch Gier und Rache, Neugier und Begeisterung. Unsere Sozialisation zielt auf den angepassten Menschen. Nach Winnicott (1953, 1967) lebt er meistens nicht sein »wahres«, sondern sein »falsches« Selbst. Dies ist allemal ein unterdrücktes Selbst, das sich nicht entfalten kann, das – in unserem Zusammenhang – keinen Zugang zu seinen Gefühlen, Emotionen und Affekten hat (wobei wir hier, um den Gegenstand nicht unnötig zu komplizieren, im Rahmen dieser Einführung die genannten Begriffe synonym gebrauchen). Und das bedeutet in der psychoanalytischen Objektbeziehungstheorie stets: kein Zugang zu seinen Gefühlen, zu anderen Menschen, zu sich selbst. In dieser Perspektive hat der Mensch die bange Wahl, wie Max Frisch anschaulich beschreibt, ein »homo faber« zu sein oder auch ein »homo sentiens«, ein fühlender Mensch. Das Descartes'sche »cogito, ergo sum« (Ich denke, also bin ich) wäre durch ein »sentio, ergo sum« (Ich fühle, also bin ich) zu ergänzen.

Die Psychoanalyse hat die Welt der Emotionen lange vernachlässigt, vor allem in der hohen Zeit der Ich-Psychologie. Erst in den 1970er Jahren wurden die Affekte für die Psychoanalyse wiederentdeckt. Affekte dienen nicht nur der Abfuhr von Trieben, sie bereichern zwischenmenschliche Beziehungen, machen sie erst menschlich. Sie beleben auch die psychoanalytische Praxis. Deswegen sollten Psychoanalytikern Leidenschaften nicht fremd sein. Sie tun gut daran, voll am Leben teilzuhaben, an einem Leben, dem nichts Menschliches fremd ist.

Die moderne Affekttheorie berücksichtigt im Einzelnen die Primäraffekte Freude, Trauer, Wut, Furcht, Ekel, Überraschung, Interesse und Scham. In jedem dieser Affekte sind körperliche (physiologisch-hormonelle und motorische, d.h. die Muskulatur innervierende), den Affekt in Mimik und Gestik ausdrückende (expressive) sowie kognitive Anteile vereinigt (Krause 1988). Sie können uns als Gefühl bewusst werden. Sie befallen uns (passiv), und wir äußern sie (aktiv). Hinsichtlich ihrer sozialen Dimension steuern sie Nähe und Distanz: In der Freude wollen wir den andern umarmen, im Ekel uns von ihm entfernen.

Affekte erleben wir auch in der Beziehung zu uns selbst. Wir schämen uns vor uns selbst, wenn wir unseren Idealen nicht entsprechen. Dann kann Scham ein sinnvolles Signal sein. Scham kann aber auch die Beziehung zu uns und anderen stören, z. B. wenn eine Mutter ihr Kind gerade dann, wenn es stolz auf eine eigene Leistung ist, dadurch frustriert, dass sie sagt: Schäme dich! Das Kind wird seine Freude über eine Leistung mit einer peinlichen Erfahrung verknüpfen, was sich leicht im späteren Leben in ähnlichen Situationen wiederholen kann.

6.2 Moderne Affekttheorie

Nach Krause und Merten (1996) sowie Moser (2005) haben Affekte in Objektbeziehungen in erster Linie kommunikative Funktionen und sind daher mehr als nur psychophysiologisches Korrelat. Affekte bestehen aus verschiedenen einzelnen Elementen: Ausdruck, hormonal-physiologisch, motivational, Gewahrwerden und Kognition. Die psychoanalytische Affekttheorie vermutet angeborene Primäraffekte (vgl. Kap. IV.7) und hat gezeigt, dass Säuglinge schon sehr früh im Leben in der Lage sind, die emotionale Verfassung der Primärobjekte, wie sie sich etwa in Mimik und Gestik widerspiegeln, zu erkennen. Solms (1996) fand heraus, dass die Affekte die körperlichen und seelischen Prozesse verknüpfen, weil sie einen Signalcharakter für die Strukturierung und »Kommunikation« der Objektbeziehungen und des Selbsterlebens besitzen, die Qualitäten von Wahrnehmung der innerseelischen und körperlichen Vorgänge sind. Wie die Sinnesorgane die äußere Wirklichkeit zu erfassen suchen, sind die Affekte angeborene Modalitäten, um Körperprozesse sowie seelische Zustände der Primärobjekte und dann auch des Selbst zu begreifen. So beeinflussen die angeborenen Affekte von Beginn des Lebens an die Beziehung zu den Primärobjekten auf differenzierte Weise (Dornes 1993, 1997). Andererseits beeinflussen auch die frühen Objekterfahrungen die weitere Entwicklung der Affekte als psychophysiologische Korrelate und kommunikative Modi. Diese gleichsam objektbeziehungstheoretischen Modelle der Affekte weisen den Emotionen Signalcharakter, kommunikative Funktion, Beziehungsregulierung sowie Bedeutungsgenerierung zu. Anknüpfend an Freuds zweite Angsttheorie, in der Freud (1926 d) zwischen automatischer Angst und Angst als Signalaffekt unterschied, erweitern diese Modelle die intentionale und motivationale Qualität der Affekte. In der Klinik zeigt sich etwa, dass ein narzisstisch-vulnerables, in seiner Struktur inkohärentes Selbst mit der Differenzierung, der Toleranz und der Kontrolle der Affekte sowie ihrer vom Objekt zu Verständigung und Austausch genutzten kommunikativen Qualität etwa in Konfliktsituationen rasch überfordert wird und häufig körperliche Erkrankungen als regressiver Konfliktlösungsmodus gewählt werden. Störungen in den frühesten Primärobjektbeziehungen führen zu nicht kontrollierbaren existentiellen Trennungs- und Verlustängsten sowie zu destruktiv-zerstörerischem Verhalten, was dann sekundär am und mit dem Körper »verarbeitet« zu werden versucht (vgl. Kap. VII.6). Gleichwohl zeigt die psychosomatische Forschung (Ermann 2004, Uexküll et al. 2005, Zepf 2006 b), dass auch Freuds erste Affekttheorie – die Affekte als Abkömmlinge der Triebe unter ökonomischen, d. h. quantitativen Gesichtspunkten – nichts von ihrer Bedeutung verloren hat. In diesem Model können Affekt-Quanten in Körpersymptome überführt oder blockiert werden:

> »In den Modellen der chronisch unterdrückten Affektspannung, des Affektkorrelats, d. h., der Affekt wird von vegetativen Symptomen begleitet, oder des Affektäquivalents, d. h. nur das physiologische System wird aktiviert, der Affekt aber wird nicht bewusst erlebt, haben diese frühen Gedanken Freuds bis heute nicht ihre Aktualität verloren« (Overbeck et al. 1999, S. 382).

Nach neueren Forschungen sind Säuglinge in der Lage, unterschiedliche Qualitäten und Quantitäten verschiedener Affekte zu erleben und zu kommunizieren sowie damit »Bedeutungen« zu transportieren. Der Säugling verfügt ferner über ein angeborenes Repertoire an Grundaffekten: über kategoriale Affekte (Stern, 1986) wie Freude, Trauer, Wut, Angst, Neugier, Interesse, Ekel sowie über Vitalitätsaffekte, die mittels »tunement« und »attunement«, einer gelungenen bzw. misslungenen Art der affektiven Kommunikation zwischen Mutter und Kind (Dornes 1993), ausgetauscht werden. Bei der affektiven Kommunikation handelt es sich um dynamische Vorgänge mit spezifischer Quantität, Intensität, Form, sowie Färbung, Rhythmus und Klang. Diese angeborenen Affektdispositionen beeinflussen die Erfahrungen in der Mutter-Kind-Interaktion und begleiten die Internalisierung von Selbst- und Objektvorstellungen (Moser & Zeppelin 1996). Eine der wichtigsten Funktionen der Affekte ist ihre Signalfunktion, was nicht nur für die Angst gilt. Affektdifferenzierung, Affekttoleranz, die Signalfunktion von Affekten, ihre Desomatisierung und zunehmende Verbalisierung, die Fähigkeit zur Synthese unterschiedlicher Affekterfahrungen müssen sich innerhalb der affektiven Interaktion des Mutter-Kind-Paars ausbilden, wenn auch Affektdispositionen von Geburt an verfügbar sind. Zudem muss im Verlauf der Affektentwicklung der Affekt mit dem Objekt und der Interaktion sowie den Bedeutungen assoziiert werden. Dies geschieht über die Identifizierung mit den mütterlichen affektverarbeitenden Funktionen.

Dabei stellen libidinöse und aggressive Triebe übergeordnete Motivationssysteme dar, die ihren Ursprung in der Organisation von Affektzuständen haben. Angeborene Affektdispositionen werden im Verlauf der Entwicklung als »nur gute« und »nur böse« affektive Zustände in die Objektbeziehungen und Selbstvorstellungen integriert. Triebe stammen somit von angeborenen Affektdispositionen ab (Krause 1983, 1988). Es ist insbesondere die affektive Beziehung innerhalb der Mutter-Kind-Matrix, die die Differenzierung der Triebe beeinflusst. Dabei entsteht Libido aus der Integration »nur guter«, Aggression als Trieb aus der Integration »nur böser« affektiver Zustände. In objektbeziehungstheoretischer Sicht beinhalten Affekte immer eine Objektbeziehung und die Vorstellung vom Selbst und deren Interaktion (Kernberg 1984). Erfahrungen, die das Kind in Zuständen »nur guter« Affekte macht, stoßen die Internalisierung und den Aufbau »nur guter« Objektvorstellungen an; das gleiche gilt für den gegenteiligen Fall, die Internalisierung »nur schlechter« Objektbeziehungen und für den Aufbau der unterschiedlichen Selbstvorstellungen.

6.3 Körperlichkeit

Was die Psychoanalyse sträflich vernachlässigt hat, ist Körperlichkeit. Psychoanalyse läuft über Sprache ab, bezieht sich auf Vorstellungen und Phantasien, der Körper bleibt allzu leicht ausgespart. Damit wiederholt sich eine Erfahrung, die viele unserer Patienten früher als Kind bei ihren Eltern erlebt haben: dass diese sich nicht um den Körper kümmerten. Wie sollten dann die Patienten in der Analyse lernen, eine Beziehung zu ihrem Körper zu finden, wenn sie die Kindheitserfahrung der »Körperlosigkeit« als Erwachsene auf der Couch noch einmal erleben?

Die durch die Psychoanalyse offen gelassene Lücke füllten dann andere Verfahren, die sich gezielt auf den Körper konzentrierten, z. B. die konzentrative Bewegungstherapie, die funktionelle Entspannung, die Bio-Energetik. Inzwischen haben Psychoanalytiker aber ihre Versäumnisse entdeckt: Wir *sind* Körper (als Subjekt) und *haben* einen Körper (als Objekt). In dieser Subjekt/Objektspaltung stehen wir zu unserem Körper. Wir können unseren Körper lieben oder hassen wie einen anderen Menschen, achten oder missachten, gut behandeln oder misshandeln. Als Säugling entwickeln wir über die körperlichen Kontakte, Berührungen und seelischen Austauschprozesse allmählich ein Gefühl und ein Bild von unserem Körper, ein Körperbild, zu dem wir über eine Art »psychosomatische Triangulierung« zwischen Mutterbild und Selbstbild in eine wohltuende oder schädigende Beziehung treten.

Frühe Körpererfahrungen wirken sich auf unser Erleben aus, besonders auf unser Verhalten in der Sexualität, auf Gesundheit und Krankheit. Soviel ist sicher: Unsere Persönlichkeit ist ohne Körper unvollständig. Das meinte Freud, wenn er in *Das Ich und das Es* (1923 b, S. 253) schrieb: »Das Ich ist vor allem ein körperliches«. Die Art des Umgangs unserer Mütter mit unserem Körper (beim Füttern, In-den-Arm-Nehmen, Halten) zu einer Zeit, zu der wir noch nicht zu einem Bewusstsein unserer Selbst gekommen sind, wirkt sich nachhaltig auf die Beziehung zu unserem Körper aus: ob wir locker und frei damit umgehen oder gehemmt und verkrampft. Mit solchen neuen Akzentuierungen hat die Psychoanalyse die dualistische Triebtheorie mit ihrer ausschließlichen Orientierung auf Sexualität und Aggressivität überwunden. Sie bietet heute ein wesentlich differenzierteres Bild vom Menschen: mit existenziell wichtigen Bedürfnissen nach Befriedigung basaler physiologischer Notwendigkeiten wie Schlafen und Wachen, nach Bindung, Nähe und Zärtlichkeit, aber auch mit ebenso starken narzisstischen Wünschen nach Anerkennung, mit Neugier und Selbstbehauptung und, nicht zu vergessen, mit sexuellem Begehren.

Heute hat die Psychoanalyse die körperliche Dimension in Ergänzung der bahnbrechenden Arbeiten Tilman Mosers (1989) längst in ihre Theorie und Praxis einbezogen (Kutter 2001). Andererseits haben sich körpertherapeutische Verfahren theoretisch und praktisch der Psychoanalyse angenähert und berücksichtigen Übertragung und Gegenübertragung. Dies belegen die Arbeiten von Trautmann-Voigt & Voigt (2007) und Geißler (2003) sowie die Zeitschrift *Psychoanalyse und Körper*.

7. Seelische Verletzungen – die psychoanalytische Traumatheorie

7.1 Klassische Sicht

In der Psychoanalyse hat die Diskussion über Konvergenzen und Divergenzen unterschiedlicher Trauma-, Defizit- und Konfliktmodelle eine lange Tradition. Die Diskussion ist schwer zu überblicken, auch weil unterschiedliche Schulen ganz verschiedene Konzepte von Trauma, Defizit und Konflikt vertreten (vgl. *Jahrbuch der Psychoanalyse* 2003). Freud entwickelte mit dem Konzept des inneren und äußeren Traumas (1920g, 1926d) den theoretischen Rahmen für alle nachfolgenden Traumamodelle. Als Trauma wird ein Erlebnis beschrieben, das die je subjektiven seelischen Verarbeitungsmöglichkeiten überfordert. Es führt zu einem Zustand »automatischer Angst« (Freud 1926d) und extremer Ohnmacht und Hilflosigkeit, Gefühle, die auf den mehr oder minder vollständigen Zusammenbruch seelischer Funktionen hinweisen können. In Träumen sowie in dem Wiederholungszwang gehorchenden Verhaltensweisen wird versucht, das Trauma zu bewältigen. Die traumatische Erfahrung durchbricht den »Reizschutz«, wodurch die grundlegenden Regulierungsprinzipien der Seele nachhaltig geschädigt werden (Fischer & Riedesser 1998). Eine klare Formulierung der psycho-ökonomischen Konzeptualisierung findet sich in Freuds Schrift *Jenseits des Lustprinzips* (1920g), in der das Trauma als Zerstörung des Reizschutzes (begriffen als biologische und psychologische Schutzvorkehrung) verstanden wurde. Dadurch wird nicht nur der Triebhaushalt, sondern die gesamte seelische Struktur, das Ich in seinem Kern, gefährdet. Freuds Weggefährten und Nachfolger interessierten sich besonders unter objektbeziehungstheoretischen Aspekten für die Wirkung des Traumas. Ferenczi (1932) arbeitete als erster einen von A. Freud (1936) später dann so bezeichneten Mechanismus der Identifizierung mit dem Aggressor (Unterwerfung, Introjektion des Angreifers bei Ferenczi) als Versuch der Traumabewältigung heraus. Diese führt in Verbindung mit Freuds Konzept des entlehnten Schuldgefühls zu der Bildung eines Fremdkörpers, der sich in Form eines Affekts oder einer Grundhaltung gegen das Subjekt richtet. In der weiteren Entwicklung wurde zwischen Stress- und Schocktrauma unterschieden, und Khan (1974) entwickelte das Konzept des kumulativen Traumas. Diese theoretischen Modelle sollten der klinischen Tatsache Rechnung tragen, dass nicht nur ein einzelnes massiv eintretendes Ereignis wie etwa bei einer Extremtraumatisierung (Grubrich-Simitis 1979, 1987), sondern auch die quantitative Anhäufung von Erfahrungen der Versagung (Khan 1974), etwa der Verlust elterlicher Fürsorglichkeit und Grenzen, für das Selbst traumatisch überwältigend sein kann.

Neben der Untersuchung der traumatischen Wirkung von Kriegserlebnissen, die in Folge der durch den 1. Weltkrieg ausgelösten traumatischen Neurosen entstand, beschäftigte sich die Psychoanalyse vor allem mit den Folgen des Holocaust als Extremtraumatisierung (Laub 1998, 2000). Krystal (2000) stellte einige gängige psycho-ökonomische Hypothesen in Frage und betonte ausdrücklich die individuelle Wahrnehmung und Verarbeitung traumatischer Affekte und Ereignisse. In den bahnbrechenden Arbeiten von Krystal (ebd.), Kogan (1990) sowie Grubrich-Simitis (1979, 1987) und Kestenberg (1989) wurde die unbewusste Weitergabe der traumatischen Folgen des Holocaust für die nachfolgenden Generationen und die dabei zugrunde liegenden unbewussten Identifizierungsprozesse (Transposition, Kestenberg 1989, Téléscopage, Faimberg 1988) erforscht. Diese Konzepte wurden auch verwendet, um die durch den 2. Weltkrieg entstandenen Traumatisierungen, wie sie in Analysen im Nachkriegsdeutschland zu Tage traten (2. Generation, Täter-Opfer-Generation; Eckstaedt 1989), zu verstehen.

Bei seiner Diskussion der psychoanalytischen Traumatheorie kritisiert Bohleber mit einer »hermeneutischen und psycho-ökonomischen Konzeptualisierung« des Traumas die Psychoanalyse nicht nur wegen der stiefmütterlichen Behandlung schwerer Traumatisierungen von Menschen im Allgemeinen, sondern auch wegen der intersubjektivistischen, konstruktivistischen und narrativen Zugangsweise im Besonderen.

»Bei der Behandlung von Traumatisierungen tritt nun diese Einseitigkeit postmodern-intersubjektiver Theorien besonders hervor, denn das Trauma durchschlägt den Schutzmantel, den die seelische Bedeutungsstruktur des Menschen bildet. Es wird dem Körper eingeschrieben und wirkt sich unmittelbar auf das organische Substrat seelischen Funktionierens aus. Das Spezifische des Traumas, das psychologisch angemessen beschrieben werden muß, liegt in der Struktur der Wahrnehmungsprozesse und der Affekte sowie der Erfahrung, daß der psychische Raum durchbrochen und die Symbolisierung zerstört wird« (Bohleber 2000, S. 798).

Freuds erstes Traumamodell, die Verführungstheorie, an der er, entgegen populärer Vorurteile, Zeit seines Lebens implizit festgehalten hat, wurde in den Konzepten der unbewussten Phantasie und der psychischen Realität im Hegelschen Sinne aufgehoben. Insofern ist Ehlert-Balzer (1996) zuzustimmen, dass sich zwischen dem Triebmodell und dem Traumamodell kein Widerspruch befindet. Denn wie Freud 1926 d im Konzept des inneren und äußeren Traumas darlegte, können auch unbewusste Phantasien und Triebansprüche traumatisch wirken. Zustände von absoluter Hilflosigkeit und Ohnmacht resultieren daraus. Zu Recht hebt Bohleber in seiner kritischen Analyse die Pionier-Rolle Ferenczis hervor, der in seinem Traumamodell viele spätere Erkenntnisse der Traumaforschung vorweggenommen hat: Die zerstörerische Wirkung des Traumas, durch die ein totes Ich-Stück und eine Agonie entsteht; das Enactment, durch das sich das Trauma in der Behandlung ausdrückt; die Spaltung des Ichs in eine beobachtende Instanz und einen preisgegebenen Körper; die Lähmung der Affekte … und insbesondere die Wirkung des Schweigens und der Sprachlosigkeit des Täters auf das traumatisierte Kind« (Bohleber 2000, S. 803).

7.2 Moderne Perspektiven

Aus neurobiologischer Sicht wurde die Hypothese vertreten, dass ein spezifisches traumatisches Gedächtnis Erinnerungen auf eine anders kodierte Art und Weise speichert, als dies im expliziten autobiographischen Gedächtnis geschieht (van der Kolk 1996). Dadurch wird die Möglichkeit der Encodierung und weiteren Verarbeitung der traumatischen Ereignisse, etwa in Gestalt von Erinnerungen im semantischen Gedächtnis, zerstört, und ein affektiver Zustand wird als somatische Empfindung, als konkretes visuelles Bild gespeichert, die beide nicht symbolisch repräsentiert sind. Neurobiologisch gesprochen zerstört Cortisol Hirnfunktionen und -strukturen im Hippocampus (deklaratives Gedächtnis), ein »Loch«, ein »Nichts«, ein Defekt, entsteht. In diesem neurobiologischen Modell werden meist die biologischen Faktoren betont, die zum Trauma führen: Das Trauma als ein von außen einwirkendes Ereignis mit deletären Folgen für Gehirnphysiologie und -biochemie. Dieser Ansatz hat unser Wissen über die Wirkung des Traumas beträchtlich erweitert. Die Psychoanalyse stellt aber überdies das subjektive Erleben, die psychische Realität in den Vordergrund der Untersuchung, die unbewusste Bedeutung und die Abwehrstrukturen. Sie sieht daher das Individuum nicht nur passiv einem endogenen oder exogenen traumatischen Geschehen ausgeliefert, sondern fragt nach den prä- und posttraumatischen seelischen Strukturen, nach deren wechselseitiger Beeinflussung, damit nach dem Zusammenhang zwischen Identitätsbildung und Symbolisierung für Bedeutung und Verarbeitung des Traumas. Die Psychoanalyse hat in ihrer Geschichte vielfältige, teils konvergierende, teils sich ergänzende, aber auch sich ausschließende Modelle entwickelt, die diesen Prozess der Identitätsbildung und Symbolisierung aus unterschiedlicher Perspektive erforschten. Bei allen Unterschieden scheint Konsens darüber zu herrschen, dass es für die »psychische Geburt« eines Menschen unabdingbar ist, dass all die inneren »Zustände«, die Sinneswahrnehmungen und Körpersensationen seines psycho-physischen Selbst am Beginn des Lebens mithilfe des seelischen Apparats eines Objekts – dessen Fühlen, Denken und Sprache – in symbolisierbares, repräsentierbares, fühl- und reflektierbares »Material« transformiert werden, um dann sprachlich verhandelt werden zu können (Bion 1962, Green 1986, Williams 2005, S. 307, De Masi 2003 a). So ist es etwa für die Identitätsbildung unerlässlich, dass die Affekte des Kindes vom Objekt gespiegelt werden (Lacan 1956, Winnicott 1967). Nur dann kann das Kind seines Selbst wie des Objekts gewahr werden. Dazu muss das Objekt die Proto-Affekte und Proto-Gedanken des Kindes aufnehmen, sie halten und dann »spiegelnd« zurückgeben; allerdings nicht als Abbildung, sondern als Interpretation, entweder in konkordanter oder in komplementärer Identifizierung. Beide Haltungen müssen vom Objekt wechselnd eingenommen werden, und mit beiden Haltungen und den damit vermittelten Inhalten muss sich das Kind seinerseits identifizieren können, ansonsten werden Symbolisierung, Mentalisierung, Einfühlung gestört:

»Das kleine Kind, das sich im Spiegel sieht, bedarf …, um sich als es selbst erkennen zu können, erst der Deutung und dann der Anerkennung und Bestätigung des

Gesehenen durch einen Anderen. Dieser Andere führt somit in die Zweiheit von Bild und Spiegelbild die Kategorie der Freiheit, die Position des Dritten ein« (Haesler 1995).

Indem das Objekt entweder seine/ihre eigenen Gedanken und Gefühle über die seelisch-körperlichen Zustände des Kindes (komplementäre Position) oder in konkordanter Identifizierung (Racker 1968) die Zustände des Kindes in Gefühle und Gedanken und schließlich Sprache kleidet, wird zusätzlich zur Qualität der Dualität auch die Kategorie der Triangulierung eingeführt, die es schließlich dem Kind ermöglicht, sich als getrennt vom Objekt und zugleich mit ihm verbunden zu erleben.

In jüngster Zeit wurde nun wiederholt auf die Notwendigkeit einer Differentialdiagnose traumatischer Erkrankungen (Bokanowski 2005, Gerzi 2005) hingewiesen. Zu Recht wurde bemerkt, dass auch psychoanalytischen Traumakonzepten zuweilen die Tendenz eignet, die je subjektiven, durch spezifische biographische Erlebnisse, unbewusste Phantasien und Triebkonflikte gefärbten Verarbeitungen des Traumas zu vernachlässigen und dadurch zu einer mechanistischen Konzeptualisierung zu gelangen. Zu wenig werde berücksichtigt, auf welche seelische Strukturen ein Trauma einwirke, welches die unbewusste Bedeutung des Traumas für das Subjekt sei. Die Ausweitung des Konzepts beraube es zudem seiner Spezifität, und Trauma werde dann entweder als eine Art mechanische Einwirkung oder von unbewussten Konflikten als kaum mehr unterscheidbar angesehen. Aus psychoanalytischer Sicht ist aber ein Trauma eben nicht nur ein von außen auf das Selbst einwirkendes Ereignis (van der Kolk 1996), sondern entscheidend ist das subjektive Erleben in Verbindung mit einem Versagen des Objekts (Bohleber 2000, Varvin 2003, Hardtke 2005). Nur die analytische Untersuchung der Lebensgeschichte, der Struktur und Dynamik der verinnerlichten Objektbeziehungen kann daher der Komplexität des je individuellen Erlebens gerecht zu werden versuchen. Aus differentialdiagnostischer Sicht ergeben sich dann etwa folgende Fragen: Weshalb können bei Extremtraumatisierungen Erwachsener existente Symbolisierungsfunktionen bestimmte Erlebnisse nicht repräsentieren? Handelt es sich um funktionelle oder strukturelle Störungen? Anders als bei Traumatisierungen während der Kindheit konnten sich hier ja Symbolisierungsfunktionen entwickeln. Dennoch scheint bei Extremtraumatisierungen die prätraumatische Persönlichkeitsstruktur nicht von ausschlaggebender Bedeutung zu sein (Bohleber 2000).

Die detaillierten Untersuchungen der vergangenen Jahrzehnte über den Zusammenhang zwischen Trauma und Konflikt, über die Art und die Schwere, den Zeitpunkt des Traumas sowie über die prätraumatische seelische Struktur legen die Vermutung nahe, dass »Trauma«, »traumatische Neurose, Störung, Zustände«, »Traumatisierung« Omnibusbegriffe sind, die ein Spektrum unterschiedlicher dynamischer, genetischer und struktureller Erkrankungen umfassen. Besonders komplex gestaltet sich die dynamische Verbindung zwischen prä- und posttraumatischen Strukturen. Bokanowski (2005) unterscheidet »traumatism« von »trauma« oder »traumatic« und untersucht, ob traumatische Ereignisse Menschen mit seelischen Funktionen höheren oder niedrigen Strukturniveaus treffen, inwiefern letzteres regressiv verändert wird und auf welchem Strukturniveau das Trauma verarbeitet werden kann. Dabei können, Freuds Konzept vom inneren und äußeren Trauma (Green 2002b) weiterführend, unterschiedliche psychoökonomische (affektive) Wirkungen und Verarbeitungsmodi des Traumas differenziert werden. Auf höherem, psychoneurotischem Strukturniveau bleiben trotz Einwirkung mitunter extremer äußerer Traumata die dreiteilige psychische Struktur und die Objektbesetzungen erhalten. Trauma erzeugt extreme Hilflosigkeit des Ichs, die eine zweifache ist: überflutet von außen einwirkenden Reizen und überschwemmt von inneren bislang erfolgreich abgewehrten Ängsten und Triebimpulsen. Diese dynamischen und sich bedingenden Verschränkungen von innerem und äußerem Trauma zwingen das Ich zu multiplen Regressionen genetischer, struktureller und topischer Natur und können zu andauernden affektiven Einschränkungen führen (Krystal 2000). Die Verarbeitung des Traumas erfolgt gemäß der erzwungenen Regression durch die Introjektion des traumatisierenden Objekts, durch Dissoziation (Gullestadt 2005) sowie durch Gegenbesetzungen von guten inneren Objekten (Ehlert & Lorke 1988). Die Introjektion des verfolgenden Objekts in das Ichideal-System führt aber zu einer tief greifenden Veränderung der Ich-Selbst-Struktur (A. Freud 1936, Grubrich-Simitis 1979, 1987): Im Wiederholungszwang gefangen, versucht das Ich dem durch die Introjektion gleichsam pervertierten, dennoch oft als ich-synthon empfundenen Ideal zu entsprechen und wird fixiert in ständigen Retraumatisierungen: beschämende und erniedrigende, traumatisierende Beziehungserfahrungen werden unbewusst aktiv konstelliert, um keine Diskrepanz zum Introjekt erleben zu müssen, was noch intensivere Angst vor Verlust des narzisstischen Ideal-Objekts und damit Teilen des Selbst auslösen würde (Sachse 1993, Henningsen 2005).

Eine weitere damit in Verbindung stehende Möglichkeit der Differentialdiagnose liegt in der Bestimmung des Ausmaßes und der Qualität der Symbolisierungsstörung. In der Psychoanalyse wird unter Symbolisierung die Fähigkeit zur Unterscheidung zwischen Signifikat und Signifikant, Wort und Ding, Repräsentation und Repräsentiertem (Segal 1957) verstanden. Die verschiedenen Konzepte: Verlust der Metaphernfunktion (Grubrich-Simitis 1979), symbolic equation (Segal 1957), Dominanz von Beta-Elementen (Bion 1962), Verlust der Repräsentationsfunktion, gleichen sich bei allen Unterschieden darin, dass sie den Verlust der Ich-Funktion der symbolisch-metaphorischen Verarbeitung beschreiben (Küchenhoff 2005). Allerdings lassen sich verschiedene Stufen und Qualitäten der Symbolisierung unterscheiden, und die Frage ist, auf welcher Ebene die Symbolisierungsfunktion jeweils gestört ist. Die oben genannte Definition von Symbolisierung gilt eher für das System Ubw/Bw, für die Ebene der reflexiven Apperzeption. Traumata, die die seelischen Operationen auf höherem/mittlerem (neurotischem) Strukturniveau betreffen, führen zu einer Störung der Symbolisierungsfunktion auf dieser Ebene (Signifikat – Signifikant, symbolic equation – symbolic representation). Aber auch im System Ubw gibt es Symbolisierung und Repräsentation: Der Trieb ist erstens die seelische Repräsentanz einer innersomatischen Reizquelle; der Trieb seinerseits kann zweitens nur vermittels der Repräsentation in Affekt und Vorstellung ausgedrückt werden; die Sachvorstellungen der Objekte im Ubw sind drittens ebenfalls symbolische Bearbeitungen der Objekte und nicht mehr diese selbst; die Wortvorstellungen im System Ubw/Bw sind viertens noch weiter differenzierte Symbolisierungen.

Dagegen bewirken traumatische Erfahrungen, die das Selbst in frühesten Entwicklungsstadien treffen, bestimmte Extremtraumatisierungen oder Traumatisierungen, die Menschen mit seelischen Funktionen auf niedrigem Strukturniveau treffen: die Zerstörung der Fähigkeit zur Symbolisierung, Mentalisierung und psychischen Repräsentation durch die Aktivierung automatischer, d. h. bedeutungsleerer Angst (Baranger et al. 1988). Das Trauma vernichtet die Objektbesetzungen (Bohleber 2000) und die libidinösen und aggressiven Selbsterhaltungstriebe des Ichs, vielleicht irreversibel. Diese psychisch nicht integrierbaren Ängste, die als »namen-los« erlebt werden, treten gleichsam »nachträglich« bei jeder an das ursprüngliche Trauma »erinnernden« Begegnung erneut auf, widersetzen sich der »Historisierung«, auch weil der Versuch der Historisierung oft, paradoxerweise, als Unverständnis, als Nicht-Verstanden-Werden, als Weigerung des Objekts erlebt wird, die traumatische

Situation anzuerkennen (worin sich die Introjektion des traumatischen Objekts zeigt) und damit gleichsam die »traumatische, traumatogene Identität« (vgl. Abrahams Konzept der Traumatophilie [1907]) zerstört zu werden droht. Diese Introjekte attackieren die narzisstischen und Objektbesetzungen (Bokanowski 2005, S. 262). Bei Traumatisierungen, die während der Kindheit erlitten wurden, erwies sich das Objekt nicht nur nicht zu Containing, Holding und Metabolisierung in der Lage, was für sich schon als eine Traumatisierung erlebt werden kann, sondern attackierte überdies das Selbst auf zerstörerische Weise (Gerzi 2005). Dadurch ist es dem Selbst nicht möglich, vom Mechanismus der Verdrängung Gebrauch zu machen, Triebabwehr-Konflikte zu entwickeln und diese zu integrieren (Symbolisierung), sondern mit Fragmentierung, Verleugnung und Spaltung von Erfahrungen, Objektbeziehungen und vor allem der traumatisierten Anteile des Selbst, dem traumatischen Kern, zu reagieren (Hardtke 2005, S. 282 f.).

Auch Gerzi (2005) unterscheidet zwei fundamental verschiedene Arten von Traumata. Das extreme, schwere Trauma ist gekennzeichnet durch bewusste, aktive Aggression eines Objekts gegen das Selbst. Der seelische Schutzschild, die narzisstische Hülle wird dadurch zerrissen. Dagegen resultiert ein Trauma, verursacht durch »deficient selfobjects« (ebd., S. 1036), durch Vertreibung, Nahrungsmangel, Entbehrungen und Versagungen aller Art, kurz: Deprivationen, in die klinisch bekannten Spielarten narzisstischer Störungen; die Symbolisierungsfunktion bleibt erhalten. Handelt es sich im zweiten Fall um die Abwesenheit, das Versagen eines guten Objekts (Selbstobjekt), ist die Situation im ersten Fall durch die Anwesenheit eines bösen Objekts gekennzeichnet, etwa bei Opfern des Holocaust. Im zweiten Fall spricht Gerzi daher von »death narcissism« in Anlehnung an Greens Konzept des »narcissime de mort« (2002 b) und implizit Rosenfelds Theorie des malignen Narzissmus (1987); im zweiten Fall stirbt der Narzissmus, ein Loch in der Hülle entsteht, ein »hole object«, ein seelisches schwarzes Loch (Grotstein 1990), das alle Erfahrung vernichtet, letztlich ein irreversibler Defekt, ein Zustand der Leere, ohne Repräsentation und Gedächtnis, eine »absence of psychic structure«, wie Gerzi in diesem Zusammenhang Kinston & Cohen (1986) zitiert; die Symbolisierung ist irreversibel zerstört. Dabei sollen die defensiven Operationen das Selbst vor der Berührung mit der traumatischen Erfahrung und dem traumatischen Objekt schützen, verhindern aber dessen Integration in den psychischen Apparat, damit die Möglichkeit der Symbolisierung und Verdrängung, und perpetuieren »endlos« (Matte-Blanco). Denn durch Dissoziation, Introjektion des

Angreifers und Einkapselung kommt es zu einer katastrophalen, traumatischen Re-Somatisierung (Schur), De-Symbolisierung, De-Mentalisierung, zum Verlust der Funktion der Repräsentation. Die Verbindungen zwischen somatischer Erregung, Trieben, deren psychischen Repräsentanzen, Vorstellungen und Affekten werden aufgelöst (»unbinding, disobjectalising function« Hardtke 2005, S. 283); nach Green (1986, S. 654): eine Aktivität des Todestriebs.

8. Seelische Vernachlässigung führt zu strukturellen Defiziten

8.1 Überblick

Der Ausdruck Defizit stammt von dem lateinischen Verb »deficit«, was nichts anderes wörtlich besagt als »es fehlt«. Implizit enthält also die vielfach von Ärzten an ihren Patienten gerichtete erste Frage »Was fehlt ihnen?« genau das, um was es hier geht. Es wird vermutet, dass etwas fehlt.

Die Frage aber ist, *was* fehlt. Es muss etwas Wichtiges sein, ein Not wendendes Element, wie die emotionale Zuwendung einer Elternfigur gegenüber dem Baby. Das Fehlen Not wendender emotionaler Zufuhr ist definitionsgemäß emotionale Deprivation. Im Extremfall fehlt die Mutter als Objekt völlig. In den meisten Fällen ist sie zwar anwesend, lässt es aber an der nötigen emotionalen Zuwendung fehlen. Die unvermeidlichen Folgen sind strukturelle Defizite des Kindes. Bestimmte Verhaltensweisen der Eltern führen dabei zu ganz bestimmten Defiziten.

Risikofaktoren für strukturelle Defizite sind niedriger sozioökonomischer Status, mütterliche Berufstätigkeit im ersten Lebensjahr, schlechte Schulbildung der Eltern, große Familie, Kriminalität eines Elternteils, chronische Disharmonie, unsicheres Bindungsverhalten, schwere körperliche Erkrankungen bei Mutter oder Vater, allein erziehende Mutter, autoritärer Vater, Verlust der Mutter, wechselnde frühe Beziehungen, sexueller oder aggressiver Missbrauch, wenig Kontakte zu Gleichaltrigen, geringer Altersabstand zu Geschwistern, uneheliche Geburt (Egle, Hoffmann & Steffens 1997, S. 19).

Diese für die Leser vielleicht bedrückenden Erkenntnisse können jedoch zumindest teilweise kompensiert werden, und zwar durch eine gute und dauerhafte Versorgung seitens einer anderen Person, durch anderweitige positive emotionale Beziehungen zu Verwandten, Lehrern, Pfarrern, durch eigene kreative Problemlösungen, durch Erfolge im Beruf, Sport, Kunst, sowie durch geeignete emotionale Unterstützung außerhalb der Familie (ebd., S. 52).

Ist keine Kompensationsmöglichkeit gegeben, resultieren Defizite an psychischer Struktur, an Sicherheit ermöglichenden inneren Leitbildern, an orientierenden Strukturen, an Vorbildern, mit denen man sich identifizieren kann. In schlichten Worten: Es mangelt an Liebe und Zuwendung. Um zu einer erwachsenen Persönlichkeit heranzureifen, ist es für das Mädchen ebenso wie für den Jungen unerlässlich, sich mit dem Vater in positiver Weise identifizieren zu können (vgl. Kap. VI.5.2 u. 5.5). Man muss wenigstens einige gute Züge des Vaters für wert erachten und in die eigene Persönlichkeit einbauen können. Defizite in der Identifizierung mit der Mutter und mit dem Vater führen zu strukturellen Defiziten. Derartige Störungen sind sehr häufig, was bei aller Vorsicht der Interpretation auch damit zusammenhängen mag, dass es uns heute an soliden Vorbildern mangelt, mit denen zu identifizieren es sich lohnt. Margarete Mitscherlich sprach 1978 vom Ende der Vorbilder. Ein besonders großes Defizit an identifizierungsfähigen Vorbildern herrschte für die Generation, deren Väter und Mütter im Dritten Reich aktiv handelnd oder passiv mitlaufend beteiligt waren.

Auf der körperlichen Ebene ist die Nahrung, ohne die das Baby verhungern würde, die Voraussetzung dafür, dass der Stoffwechsel in Gang gehalten wird, dass Muskelsubstanz aufgebaut werden kann, dass Energie zur Verfügung gestellt wird. Wenn wir nun diese naturwissenschaftliche Modellvorstellung auf die Ebene der Psychologie anwenden, sind ganz bestimmte psychische Quantitäten mit bestimmten Qualitäten notwendig, damit sich psychische Strukturen bilden können. Sollen diese auch funktionieren und seelische Prozesse, seien sie nun kognitiver oder emotionaler Art, unterhalten können, ist wiederum, um in unserem psychologischen Bild zu bleiben, psychische Zufuhr erforderlich. Wie sieht dies nun aber genauer aus?

Im traditionellen psychoanalytischen Triebmodell müssen die Voraussetzungen dafür geschaffen werden, dass die Triebe, sexuelle wie aggressive, funktionieren können. Ihre Quelle liegt im Körper verborgen. Damit die Triebe aber fließen können, muss etwas von außen zugefügt werden.

8.2 Unordnung und frühes Leid

Besonders starke Defizite resultieren natürlich bei mehr oder weniger frühem Elternverlust, bei Tod des Vaters oder der Mutter, aber auch bei enttäuschenden Eltern, nicht anwesenden Vätern, bei seelisch erkrankten Eltern, bei ihrerseits schwer traumatisierten Eltern, wie sie bei Holocaust-Opfern bis in die dritte Generation beschrieben werden, aber auch bei Täter-Kindern.

Um noch besser verstehen zu können, wie leicht es zu Defiziten in der Entwicklung von Kindern kommen kann, hilft uns die moderne Selbstpsychologie (vgl. Kap. II.5.4), in der, wie nirgends sonst, die narzisstischen Bedürfnisse zur Bestätigung unseres Selbstwertgefühls betont werden. Hier noch einmal kurz die wichtigsten Bedürfnisse:

1. Bedürfnisse nach Spiegelung, in denen wir wünschen, dass andere uns wichtige Mitmenschen das spiegeln, was uns im Moment seelisch bewegt,
2. Bedürfnisse nach Idealisierung, die dann erfüllt sind, wenn andere uns wichtige Menschen uns bewundern – etwas mehr als es vielleicht real angemessen wäre, und
3. Bedürfnisse nach Gleichheit und Zugehörigkeit; dies sind Wünsche gegenüber anderen uns wichtigen Personen, dass sie das uns Wichtige mit uns teilen, bestätigen, genauso erleben wie wir selbst.

Wenn wir diese elementaren Bedürfnisse beachten, wird angesichts der herrschenden gesellschaftlichen und familiären Verhältnisse, aus denen unsere heutigen Patienten stammen, schnell klar, was ihnen fehlt, an welchen Defiziten sie leiden. Wir denken an psychosomatisch kranke Patienten (vgl. Kap. VII.6) mit Gefühlen der Leere, von Sinnlosigkeit und Nutzlosigkeit; an Menschen, die wir klinisch mit verschiedenen Epitheta versehen, also Attributen wie Depression, Alexithymie (wörtlich: Unfähigkeit, Gefühle zu fühlen und zu lesen), »pensée opératoire« (sinngemäß: instrumentelles Denken), Pinocchio-Syndrom, Hypochondrie, Borderline-Syndrom oder ich-strukturelle Störung. Manche sprechen sogar, sehr prosaisch, von einem »Loch« im Ich, wie dies Kinston & Cohen (1986) bei Patienten mit elementaren Strukturmängeln in so genannten objekt-narzisstischen Zuständen konstatiert haben. Wir erinnern auch an Michael Balints (1970) Ausdruck »basic fault« (wörtlich = Fehler), um den pejorativen Ausdruck »Defekt« zu vermeiden. Die deutsche Übersetzung »Grundstörung« trifft dagegen leider nicht den »basalen Mangel«.

8.3 Strukturelle Defizite – wo bleibt die vertraute neurotische Psychodynamik?

Wir haben es hier weniger mit unbewussten Konflikten zu tun, sondern mit besonderen Strukturen. Kernbergs bekannte Unterscheidung von neurotischen, Borderline- und psychotischen Strukturen soll später diskutiert werden (Kap. VII.3); an dieser Stelle lernen wir zunächst die aus der OPD (Operationalisierte Psychodynamische Diagnostik) abgeleitete moderne, praktikable Differenzierung durch Gerd Rudolf (2004, S. 78 ff.) in gut, mäßig und gering integrierte und desintegrierte Strukturen kennen. Der unscharfe Begriff Struktur wird hier klar definiert als ganz bestimmte differenzierende, regulierende und integrierende Fähigkeiten, Fertigkeiten oder Funktionen, die mehr oder weniger verfügbar sind. Wir halten davon folgende für wesentlich:

1. sich selbst wahrzunehmen und andere wahrzunehmen (Selbstreflexion, Selbstbild, Körperbild, Selbstwertregulierung, Identität);
2. Beziehungen einzugehen, zu verinnerlichen und sich abzulösen (Kontaktfähigkeit, Selbst-Objekt-Differenzierung, Empathie, Internalisierung, Reziprozität, Loslösung);
3. Affekte bei sich und anderen hinreichend wahrzunehmen, zu tolerieren, zu differenzieren, auszudrücken und zu steuern (Affektdifferenzierung, Affekttoleranz, Impulssteuerung, Affektmitteilung); sowie
4. sich selbst durch geeignete interpersonale oder intrapsychische Abwehr zu schützen.

Ähnlichkeiten mit der psychoanalytischen Selbstpsychologie (vgl. Kap. II.5) und den Ergebnissen der Säuglingsforschung (vgl. Kap. IV.5) sind nicht zu übersehen, wenn z. B. die elterliche Feinfühligkeit als Voraussetzung für eine gesunde strukturelle Entwicklung betont wird. Aus der psychoanalytischen Praxis abgeleitete besondere Funktionen sind, orientiert an Rudolf (ebd., S. 17 f.), zum Verständnis struktureller Defizite besonders wichtig:

1. sich ausdrücken und ein wichtiges Objekt erreichen zu können;
2. die Erfahrung, beachtet, verstanden, beruhigt und getröstet zu werden;
3. eine Situation gemeinsam affektiv erleben und bewerten zu können;
4. sich körperlich erfahren zu können und
5. Affekte angemessen sprachlich differenzieren zu können.

Bei strukturellen Defiziten sind die genannten Funktionen mehr oder weniger eingeschränkt (ebd., S. 51 ff.).

Andere Menschen und deren Affekte können bei labilem Selbstgefühl nicht ertragen werden, besonders wenn diese einem zu nahe kommen (Grundkonflikt der Nähe), bei zu großer Bindung (Grundkonflikt der Bindung), wenn die eigene Autonomie bedroht ist (Grundkonflikt der Autonomie) und wenn die eigene Identität unsicher ist (Grundkonflikt der Identität). Strukturelle Störungen werden nun – orientiert an den genannten einzelnen Fähigkeiten – in vier Grade eingeteilt: 1. gut integriert, 2. mäßig integriert, 3. gering integriert und 4. desintegriert.

9. Selbstliebe – psychoanalytische Narzissmustheorie

9.1 Klassische Theorie

Freud hat den Begriff Narzissmus in mehrfacher Hinsicht verwandt. Narzissmus bezeichnet ein Entwicklungsstadium (präobjektal), einen Zustand der Psychopathologie (Hypochondrie, Perversion, Schizophrenie), eine Objektbeziehung (Homosexualität). Nicht immer ist klar, wann Freud den Begriff Narzissmus in genetischer, struktureller oder dynamischer und psychopathologischer Sicht benutzte (Sandler 1991). Freud definiert den Narzissmus zunächst als eine Art der Objektbeziehung, in der das Ich das Objekt insofern liebt, als es ihm selbst ähnelt. Er beschreibt einen Typus der homosexuellen Objektwahl, in der eine libidinöse Beziehung zwischen dem männlichen Kind und seiner Mutter durch Identifizierung aufgehoben wird und der Junge in der Folge Objekte wählt, die ihm ähnlich sind. In ihnen liebt er sich so, »wie die Mutter ihn als Kind geliebt hat. Wir sagen, er findet seine Liebesobjekte auf dem Wege des Narzißmus« (Freud 1910c, S. 169). In der Schreber-Analyse wird der Narzissmus als libidinöses Entwicklungsstadium konzipiert,

> »welches auf dem Wege vom Autoerotismus zur Objektliebe durchschritten wird … Es besteht darin, daß das in der Entwicklung begriffene Individuum, welches seine autoerotisch arbeitenden Sexualtriebe zu einer Einheit zusammenfaßt, um ein Liebesobjekt zu gewinnen, zunächst sich selbst, seinen eigenen Körper zum Liebesobjekt nimmt, ehe es von diesem zur Objektwahl einer fremden Person übergeht. Eine solche zwischen Autoerotismus und Objektwahl vermittelnde Phase ist vielleicht normalerweise unerläßlich … der weitere Weg führt zur Wahl eines Objekts mit ähnlichen Genitalien, also über die homosexuelle Objektwahl zur Heterosexualität« (Freud 1911c, S. 296 ff.).

Narzissmus bezeichnet hier eine Periode, in der Bemühungen um seelische Integration im Zentrum stehen: in einem Objekt und durch ein Objekt soll Disparates zusammengehalten werden.

In der Arbeit »Zur Einführung des Narzißmus« von 1914 unterscheidet Freud den primären vom sekundären Narzissmus als Entwicklungsphase. Er entwickelt diese Hypothesen durch die Untersuchung der Schizophrenie und formuliert das folgende Entwicklungsschicksal: Autoerotismus – primärer Narzissmus – Objektliebe (homosexuelle und heterosexuelle) – Rückzug der Besetzung von den Objekten: sekundärer Narzissmus. Freud vermutet,

»daß eine dem Ich vergleichbare Einheit nicht von Anfang an im Individuum vorhanden ist; das Ich muß entwickelt werden. Die autoerotischen Triebe sind aber uranfänglich; es muß also irgendetwas zum Autoerotismus hinzukommen, eine neue psychische Aktion, um den Narzißmus zu gestalten« (Freud 1914c, S. 142).

Das »Ichideal« wird zum Ersatz für den verlorenen Narzissmus der Kindheit. Freud unterscheidet in dieser Arbeit ebenfalls eine »Objektwahl vom Anlehnungstypus« und vom »narzißtischen Typus«, bei der das Ich ein Objekt liebt, das ihm oder seinem Ideal gleicht. Er formuliert den primären Narzissmus als objektlos; gleichzeitig besteht Freud (ebd., S. 123) allerdings darauf, dass die ursprünglichste Beziehung die zur Mutterbrust ist, das Vorbild jeder späteren Liebesbeziehung, der Autoerotismus und primäre Narzissmus damit schon kein objektloser Zustand, sondern ebenfalls sekundär sind (Wahl 1985).

9.2 Moderne Weiterentwicklungen

Freuds Nachfolger arbeiteten die unterschiedlichen Dimensionen des Konzepts – genetische, dynamische, strukturelle und psychopathologische – weiter aus. Vor allem Objektbeziehungstheoretiker wie M. Klein, R. Fairbairn und M. Balint bestritten die Existenz eines objektlosen primären Narzissmus, und entwarfen eigene Vorstellungen über die narzisstische Entwicklung, etwa das Konzept der primären Objektliebe von M. Balint, des Spiegelstadiums von J. Lacan. Wegweisend dafür war die konzeptuelle Klärung durch Hartmann, der das Selbst vom Ich unterschied und das Ich durch seine Funktionen definierte, das Selbst als das Gesamt der Person. Die Repräsentanzentheorie (Jacobson, Sandler, Mahler, Kernberg) erweiterten den Hartmannschen Ansatz. Hartmann hatte den normalen Narzissmus als libidinöse Besetzung des Selbst definiert. Das Selbst dagegen ist eine intrapsychische Struktur, das sich aus Selbstrepräsentanzen, Objektrepräsentanzen und den damit verbundenen Affekten konstituiert. Repräsentanzen sind affektive-kognitive Strukturen,

»die die Selbstwahrnehmung einer Person in ihren realen Interaktionen mit bedeutsamen Bezugspersonen und in phantasierten Interaktionen mit inneren Repräsentanzen dieser anderen Personen, den so genannten Objektrepräsentanzen widerspiegeln. Das Selbst ist Bestandteil des Ichs, das daneben noch andere Strukturelemente enthält, nämlich die zuvor erwähnten Objektrepräsentanzen sowie Idealselbst- und Idealobjektvorstellungen« (Kernberg 1975, S. 358).

Das Selbst enthält in dieser Sicht neben den libidinösen auch aggressiv besetzte Aspekte, und ein integriertes Selbst besteht aus der Verbindung guter und schlechter Selbstrepräsentanzen.

Auch jener Aspekt der Freudschen Theorie über den Narzissmus als einer Periode halluzinierter Integration auf Grundlage narzisstischer Identifizierungen, die in der weiteren Entwicklung durch die Verarbeitung der »Relationen der Objekteindrücke« (1911 b, S. 233 f.) zu einer realen, »zweckmäßigeren« Integration führen muss, wurde von verschiedenen Autoren weiterentwickelt. Bick (1968) und Anzieu (1985) vertraten die Vorstellung, dass dem Haut-Ich eine kohäsive, integrative Funktion bei der Identitätsbildung zukommt, denn das (»autoerotische«) primitive Ich erlebt sich als disparat, nicht zusammengehalten. Dabei ist der Körper ein primäres Objekt, das als inneres Objekt internalisiert werden kann, wenn das Kind eine Beziehung zu ihm aufnimmt. Rosenfeld (1987) und Green (2002 b) betonen als Ziel des libidinösen, positiven Narzissmus die Herstellung der Selbstkohärenz und unterscheiden ihn von seiner destruktiven Variante. Ogden konzipiert eine Entwicklung, in der der Säugling sich von der narzisstischen Identifizierung (Freud [1914 c, 1916–17 g]: Das Objekt wird als Erweiterung des Selbst erlebt) über eine »narcissistic form of relatedness to objects« hin zu einer »more mature form of object-love« entwickelt (Ogden 2002, S. 773 f.).

Zum gegenwärtigen Zeitpunkt lassen sich vier unterschiedliche Narzissmustheorien unterscheiden (Grinberg 1991): Ein objektbeziehungstheoretisches Modell des Narzissmus formuliert den primären wie sekundären Narzissmus als primitive Objektbeziehung, die durch Omnipotenz, Verleugnung der Getrenntheit und Andersartigkeit von Selbst und Objekt sowie Neid und Aggression geprägt ist. Dieser pathologische, maligne Narzissmus wird von einer libidinösen, positiven entwicklungsfördernden Version unterschieden

(Post-Kleinianer, Green). Die Untersuchung des libidinösen wie destruktiven, malignen Narzissmus in der kleinianischen und post-kleinianischen Theorie stützt sich zum großen Teil auf Rosenfelds Untersuchungen aus den 1960er und 1970er Jahren. Er arbeitete besonders die Bedeutung der introjektiven und projektiven Identifizierung bei narzisstischen Zuständen heraus: Sie dienen der Verleugnung und Aufhebung jeglicher Getrenntheit (im Fall der Psychosen) und Andersartigkeit (im Fall von Borderline- und narzisstischen Persönlichkeitsstörungen) von Selbst und Objekt. Ebenfalls sind die narzisstischen Zustände alle durch eine Verleugnung, einem Ausweichen vor dem Durcharbeiten der depressiven Position sowie des ödipalen Komplexes gekennzeichnet; insofern werden Abhängigkeit, Ambivalenz gegenüber dem guten Objekt ebenso geleugnet wie intensiver Neid, der aufgrund dieser Abhängigkeiten entsteht. Dabei vertritt Rosenfeld wie schon M. Klein die Auffassung, dass der Neid der klinische und innerseelische Ausdruck des metapsychologischen Konzepts des Todestriebs sei, der früheste Ausdruck von Aggression in Objektbeziehungen. Zugleich ist mit diesen narzisstischen Zuständen meist ein stark idealisiertes Bild des eigenen Selbst verbunden, wobei alle Selbstaspekte, die dieser Idealisierung zuwiderlaufen, verleugnet, abgespalten und projiziert werden. Falls diese Idealisierung des Selbstbilds noch zusätzlich durch aggressive Impulse gleichsam angereichert ist, damit also destruktive, omnipotente Aspekte des Selbst idealisiert werden, spricht Rosenfeld vom malignen, destruktiven Narzissmus, der darin besteht, dass aggressiv besetzte und zugleich idealisierte Selbstanteile die zur Abhängigkeit fähigen, libidinösen Selbstaspekte ständig unter Druck setzen und attackieren (Rosenfeld 1964, 1971, 1987). Nach Rosenfeld entsteht im pathologischen wie bösartigen Narzissmus ein idealisiertes Selbstbild, das durch eine Fusion und Introjektion nur böser Teil-Selbst- und Teil-Objekt-Bilder entstanden ist, Beziehungsstrukturen, die stark von unintegriertem Neid geprägt sind. Für kleinianische Autoren besteht ferner ein enger Zusammenhang zwischen Omnipotenz und Narzissmus, weil die projektive Identifizierung unerwünschte Anteile des Selbst und der inneren Objekte in omnipotenter, d. h. die Realität verleugnender Weise in äußere Objekte verlagert und diese damit identifiziert.

Dieses Konzept wird von Steiner (1993) weiterentwickelt in seiner Theorie der pathologischen Persönlichkeitsorganisation, einer hoch organisierten narzisstischen Abwehrposition. Ein »Ort des seelischen Rückzugs« wird benutzt, um den Ängsten und Schuldgefühlen der paranoid-schizoiden Position wie auch der depressiven Position und ferner extremen Schamängsten auszuweichen. Diese Rückzugsposition ist deshalb narzisstisch, weil sie auf einer pathologischen Idealisierung einer Abwehrformation und der Verleugnung von Grundtatsachen des menschlichen Lebens, insbesondere der Abhängigkeit von guten Objekten, der Anerkennung des Geschlechtsunterschieds und der Generativität des Elternpaars sowie der Zeit und des Todes beruhen. Wie Rosenfeld vermutet auch Steiner, dass positive libidinöse Aspekte des Selbst und der Objekte gleichzeitig verleugnet und entwertet werden.

Kritik erfuhr diese Position vor allem von selbstpsychologischer sowie ichpsychologischer/objektbeziehungstheoretischer Seite (Kernberg 1984). Kritisiert wurden vor allem die Herleitung der primären Aggression aus dem Todestrieb sowie die Auffassung, dass sich die beschriebenen narzisstischen Zustände innerhalb des ersten Lebensjahrs ausbilden. Zudem wurde angemerkt, dass Rosenfeld eine strukturelle und dynamische Differenzierung zwischen narzisstischen und psychotischen Zuständen vermissen lasse. Narzisstische Zustände verleugnen, hier ist Kernberg zuzustimmen, nicht die Getrenntheit, sondern die Andersartigkeit von Selbst und Objekt. Fasst man psychotische Zustände ebenfalls als narzisstisch strukturiert auf (in dem Sinne, dass introjektive und projektive Identifizierung die Grenze zwischen Selbst und Objekt vermischen), ist die Vermutung plausibel, dass narzisstisch-psychotische Zustände außer der Andersartigkeit zudem noch die Getrenntheit von Selbst und Objekt verleugnen.

Eine zweite Theorie (Lacan, Grunberger, Chasseguet-Smirgel, Aulagnier, McDougall) betont, dass primärer Narzissmus jenes ursprünglichste, pränatale Entwicklungsstadium des Menschen einschließlich des Wunsches, in jenen harmonischen Primärzustand zurückzukehren, bezeichnet. Für Grunberger (1988) ist der Narzissmus in der pränatalen Existenz verankert, ein idealer Zustand harmonischer Verschränkung und Glückseligkeit, in dem Bedürfnisse sofort erfüllt werden, noch bevor sie wahrgenommen und erlebt worden sind. Im narzisstischen Zustand wird das Objekt nicht als eigenständig erlebt. Dieses primäre Stadium wird mit dem intrauterinen Zustand gleichgesetzt, der als konfliktlos, grenzenlos, zeitlos und auch objektlos und damit autark vorgestellt wird. Der Mensch versuche, so Grunberger, in diesen Zustand zurückzukehren, eine narzisstische Restituierung zu erreichen. Daher berge die ödipale Situation eine narzisstische Dimension in dem Sinne, dass das Inzestverbot das Selbst vor einem Wiedererleben des ursprünglichen narzisstischen Traumas, das von Angst, Schuld und Schamgefühlen erfüllt ist, bewahren soll. Die psychische Leistung des Kindes (und des ödipalen Komplexes als strukturbildendem Element) besteht darin, dass in symbolischer Weise ein Verbot ausgesprochen wird, das ein präverbales Trauma: die absolute Hilflosigkeit der frühen narzisstischen Entwicklung vom mütterlichen Objekt, beherrschbar und handhabbar machen soll. Die verschiedenen Formen der Kastrationsängste sowie der Penisneid sind Ausdruck für die Unmöglichkeit, diesen Wunsch zu realisieren. Nach Lacan und Grunberger müssen beide Geschlechter die in diesem Sinne verstandene symbolische Kastration akzeptieren und den Verlust der narzisstischen Vollständigkeit betrauern. Grunberger arbeitet auch die aggressive, destruktive Variante des Narzissmus heraus und postuliert eine Bipolarität des Narzissmus. Der aggressive Narzissmus versucht das Objekt zu beherrschen, es in die Erlangung des Ziels, der Erreichung der narzisstischen Vollkommenheit, zu zwingen.

Eine dritte Theorie (Selbstpsychologie) formuliert die Annahme, dass die Allmacht und Vollkommenheit des primären Narzissmus durch das Größenselbst sowie die idealisierten Elternimagines ersetzt und modifiziert werden. Kohuts (1971) Auffassung, die Objektlibido und die narzisstische Libido habe einen gemeinsamen Ursprung, sich dann aber getrennt und unabhängig voneinander weiterentwickelt, geht letztlich auf Freuds Vorstellung zurück, dass zunächst eine narzisstische Libido und erst sekundär dann Objektlibido bestehen (vgl. Kap. IV.5).

Dagegen vertritt eine vierte Theorie des Narzissmus (Jacobson, Mahler, Kernberg) die Auffassung, dass jenes Größenselbst wie auch die idealisierten Elternimagines keine »normalen« Entwicklungsschicksale des primären und sekundären Narzissmus und auch keine libidinöse Besetzung archaischer Strukturen sind. Im Unterschied zur dritten Auffassung hebt jene vierte Theorie die Bedeutung der libidinösen wie der aggressiven Triebimpulse hervor und lehnt die Auffassung einer von der aggressiven Triebentwicklung und der Entwicklung der Objektbeziehung unabhängigen narzisstischen Entwicklungslinie ab. Normaler Narzissmus ist die libidinöse Besetzung des Selbst, eine Struktur, die mit Libido wie mit Aggression besetzte Aspekte beinhaltet. Notwendig ist die Integration guter und schlechter Selbstaspekte in ein integriertes Selbst. Im Gegensatz dazu sind pathologische narzisstische Zustände Ausdruck der libidinösen Besetzung einer pathologischen Struktur im Selbst, dem Größenselbst. Es ist eine Verdichtung von Realselbst, Idealselbst- und Idealobjekt-Vorstellungen. Entwertete oder aggressiv besetzte Selbst- und Objektrepräsentanzen werden verleugnet und abgespalten oder projiziert. Damit wird die normale Integration libidinös und aggressiv besetzter Selbst-

und Objektrepräsentanzen verfehlt. Das normale Selbst umfasst libidinös und aggressiv besetzte und integrierte Selbst- und Objektrepräsentanzen, was im Fall des pathologischen Narzissmus nicht gegeben ist, in dem eine pathologische Struktur, das grandiose Selbst dominiert. Im Unterschied dazu ist im Falle des malignen, bösartigen Narzissmus das Größenselbst von Aggression durchsetzt. In narzisstischen Zuständen, sowohl »normalen« als auch in der Psychopathologie, besteht immer ein dynamisches Zusammenspiel von Selbst-Objektrepräsentanzen und äußeren Objekten sowie libidinösen und aggressiven Triebkonflikten.

In den Abbildungen 8 und 9 sind normaler und pathologischer Narzissmus dargestellt.

10. Moderne Objektbeziehungstheorien

In zeitgenössischer Sicht können drei unterschiedliche Konzepte und Begriffe von Objektbeziehungstheorie differenziert werden (Kernberg 2001). Im allgemeinsten Sinn befassen sich alle Objektbeziehungstheorien unter gene-

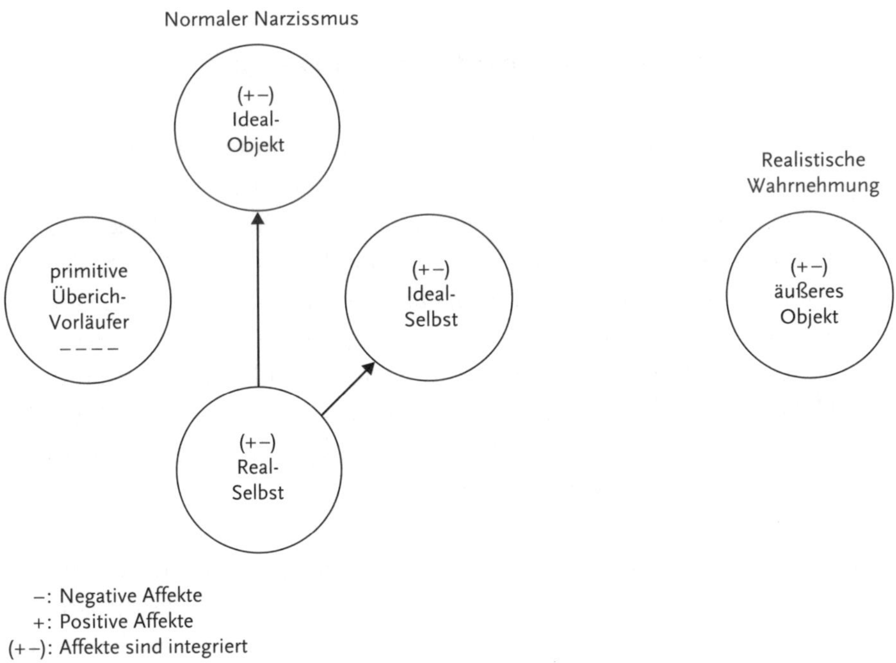

Abb. 8: Normale Selbstwertregulierung (modif. nach Kernberg 1989)

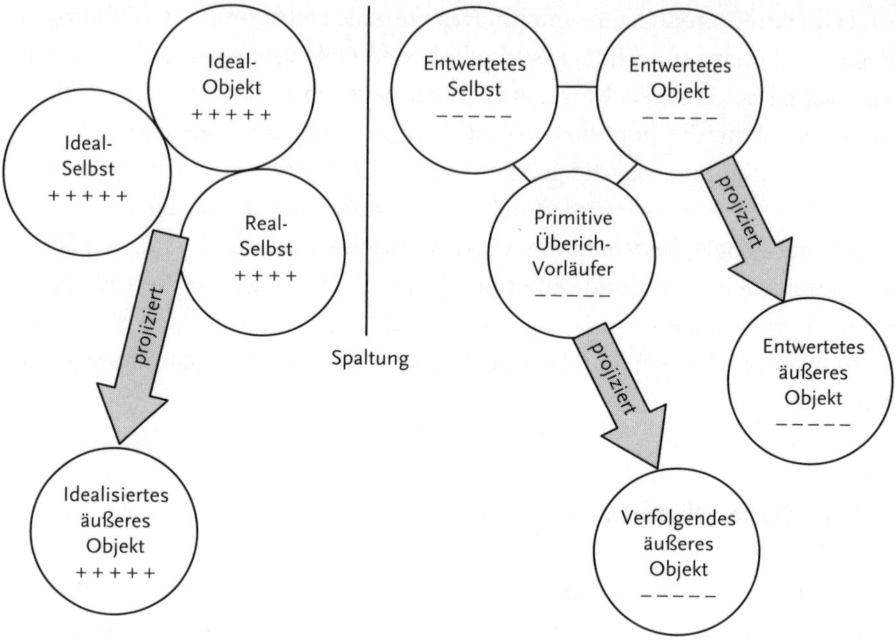

–: Negative Affekte
+: Positive Affekte
(+–): Affekte sind integriert

Abb. 9: Pathologischer Narzissmus (modif. nach Kernberg 1989)

tischen Gesichtspunkten mit der Frage nach dem Einfluss der inneren wie äußeren Objektrepräsentanzen auf die seelische Entwicklung des Selbst. So unterscheidet Freud implizit ein orales, anales und ödipales Objekt und damit in Verbindung stehende unbewusste Konflikte und Phantasien, die zur Strukturierung des seelischen Apparats führen. Objektbeziehungstheorie beschäftigt sich in dieser Perspektive mit der Internalisierung von Beziehungserfahrungen während der seelischen Entwicklung des Kleinkinds, deren strukturbildender Wirkung, den phasentypischen Beziehungskonflikten sowie der Re-Aktualisierung internalisierter Objektbeziehungen innerhalb des Übertragungs-/Gegenübertragungsgeschehens.

Eine zweite, spezifischere Bedeutung und Verwendung des Konzepts Objektbeziehung (Kleinianer, Ich-Psychologen, moderne Strukturtheoretiker, Entwicklungspsychologen, Middle group) betont in erster Linie die strukturbildende Wirkung der verinnerlichten Objektbeziehungen und den Stellenwert der unbewussten Phantasie. Innerhalb dieses Modells lässt sich die kleinianische Position differenzieren. Sie unterscheidet sich von der ich-psychologischen Richtung dadurch, dass sie sich stärker auf die Entwicklung und die Struktur der inneren Objekte konzentriert, während die Ich-Psychologie traditionell sich eher der Untersuchung der Triebregungen widmet.

Eine dritte Definition versucht eine Integration kleinianischer und ich-psychologisch/objektbeziehungstheoretischer Ansätze. Kernberg unternimmt in der Tradition von Jacobson (1964, 1971) und Mahler et al. (1975) sowie Klein (1962) eine Integration der ich-psychologischen Trieb- und Repräsentanzentheorie mit der kleinianischen Positionstheorie. Nach Kernberg sind alle libidinösen und aggressiven Entwicklungsstadien von den Entwicklungsschicksalen internalisierter Objektbeziehungen abhängig. Um eine Integration der Selbst- und Objektrepräsentanzen zu gewährleisten, muss es frühzeitig zu einer Neutralisierung (Desexualisierung, Deaggressivierung) der Triebimpulse kommen. Kernberg hält grundsätzlich an Freuds dualer Triebtheorie fest und betrachtet die Triebe als hierarchisch übergeordnete Motivationssysteme, während er die Affekte als konstituierende Komponenten ansieht. In dieser Sicht beinhalten intrapsychische Konflikte immer Selbst- und Objektrepräsentanzen, die mit bestimmten Affekten besetzt sind und die zu widersprüchlichen, entgegengesetzten Selbst- und Objektrepräsentanzen, die ebenfalls mit einem Affekt besetzt sind, im Konflikt stehen. Letztere spiegeln die Abwehrstruktur wider. Insofern ist aus dieser objektbeziehungstheoretischen Sicht ein intrapsychischer Konflikt kein Impuls-Abwehr-Konflikt, sondern immer Ausdruck einer internalisierten Objektbeziehung, die die Triebseite zum Ausdruck bringt und die mit einer anderen Selbst-Objektrepräsentanz-Einheit, die die Abwehr ausdrückt, im Konflikt steht. Die Konstituierung des Mentalen wird als Entwicklung intrapsychischer Vorstellungen von Selbst- und Objektbildern begriffen, die in der ursprünglichen dyadischen Mutter-Kind-Beziehung ihren Ursprung haben und sich über weitere, differenziertere dyadische, dann triadische sowie trianguläre Strukturen entfalten.

Wesentliche Unterschiede zwischen den Hauptströmungen der Objektbeziehungstheorien ergeben sich im Hinblick auf die Frage nach den primären Motivationskräften im Seelenleben (Triebe und Affekte versus Objektbeziehungen), der Existenz einer primären versus sekundären, frustragenen Aggression, der Bedeutung der äußeren Realität für die seelische Strukturbildung (unbewusste Phantasien und innere Objekte versus reales Verhalten der Umwelt), dem Verständnis von Übertragung und Gegenübertragung sowie entwicklungspsychologischen Konzepten wie Internalisierung und ödipale Struktur und schließlich Konzepte des Konflikts und der Psychopathologie.

In der kleinianischen Objektbeziehungstheorie sind zwei Konzepte von besonderer Bedeutung: die unbewusste Phantasie und die inneren Objekte (Hinshelwood 1989, Bott Spillius 2002), die sie von den anderen Objektbeziehungstheorien unterscheidet. Schon Freuds und Kleins Auffassungen über die unbewusste Phantasie differieren in gewisser Hinsicht. Bei Freud meint unbewusste Phantasie so viel wie unbewusster Wunsch oder vorbewusste Tagtraumphantasie. Freud glaubte, dass die Phantasien aus bewussten oder vorbewussten Tagträumen stammen, die dann aufgrund des konflikthaften Charakters verdrängt werden. Somit koppelt Freud den Phantasiebegriff an das neurotische Konfliktmodell. Phantasien sind in diesem Konzept häufig Kompromissbildungen, an deren Zustandekommen die verschiedenen Instanzen und Systeme beteiligt sind. Nach Freud gibt es aber auch im Unbewussten schon Phantasien; hier sind sie als Vorstellungen die psychischen Repräsentanzen des Triebs. Damit verwurzelt Freud die unbewusste Phantasie stärker als Klein in unbewussten Wünschen, den primären Motivationskräften, den psychischen Repräsentanzen der Triebe. Freud entwickelte aber im Konzept der Urphantasien eine etwas abweichende Auffassung. Er glaubte, dass es bestimmte phylogenetisch vererbte Urphantasien gibt (Phantasien über die Urszene, die Kastration und die sexuelle Verführung), die strukturbildend für den seelischen Apparat wirken.

Dagegen sieht Klein in der unbewussten Phantasie die primäre Triebfeder für alle seelischen Aktivitäten. Sie glaubt, dass bestimmte rudimentäre Formen von unbewusster Phantasie angeboren sind und von Beginn des Lebens an das innere Erleben sowie die zwischenmenschlichen Beziehungen des Säuglings strukturieren. Nach Klein beeinflussen diese unbewussten, angeborenen Phantasien die seelische Entwicklung des Säuglings weitaus stärker als äußere, reale Einflüsse durch Objekte. Äußere Objekte sind notwendig, um die archaische Gewalt und Konkretheit der angeborenen unbewussten Phantasien gleichsam zu mildern oder zu korrigieren. In der Arbeit von Isaacs (1952) wurde die kleinianische Auffassung der unbewussten Phantasie definiert; es wurden viele Verbindungen, aber auch grundlegende Unterschiede zum Freudschen Phantasiebegriff hergestellt. Phantasie wird dort definiert als primärer Inhalt unbewusster psychischer Prozesse und als psychische Entsprechung und Repräsentanz des Triebs. In dieser Definition sind die Phantasien äquivalent zu den Repräsentanzen des Triebs, den Vorstellungen und den

Affekten in Freuds Konzeption. Diese Definition des Phantasiebegriffs ermöglichte Klein die Öffnung zur Theorie der unbewussten inneren Objekte:

»Eine unbewußte Phantasie ist die Überzeugung von der Aktivität konkret empfundener ›innerer‹ Objekte ... Eine körperliche Sensation zieht ein psychisches Erleben nach sich, das als Beziehung zu einem Objekt gedeutet wird – zu einem Objekt, das diese Sensation auslösen will und vom Objekt geliebt oder gehaßt wird, je nach dem ob das Objekt es gut meint oder aber böse Absichten hegt ... So wird eine unangenehme Empfindung psychisch durch die Beziehung zu einem ›bösen Objekt‹ repräsentiert, welches das Subjekt verletzen oder ihm Schaden zufügen will ... Umgekehrt erlebt der Säugling, wenn er gestillt wird, ein Objekt, das wir als Mutter oder als Milch identifizieren können; der Säugling aber identifiziert es als Objekt in seinem Bauch, das gute Absichten hat und ihm angenehme Empfindungen vermitteln möchte« (Hinshelwood 1989, S. 42).

Diese unbewussten Phantasien sind omnipotent: Gewünscht ist gleich erfüllt, gedacht ist gemacht, beides fällt zusammen. Eine bedeutsame Weiterentwicklung erfuhr diese Theorie der unbewussten Phantasie in Bions Theorie des Denkens (vgl. Kap. II.5). Durch die Mechanismen von Introjektion und Projektion, Aktivitäten, in denen sich ebenfalls unbewusste Phantasien und Objektbeziehungen ausdrücken, wird allmählich eine komplexe Phantasiewelt und Beziehungswelt zwischen inneren Objekten und Selbst hergestellt. Diese innere Welt entspricht der Freudschen Konzeption der »psychischen Realität« und strukturiert das Erleben und das Verhalten weit grundlegender und nachhaltiger als reale äußere Einflüsse. Die Welt der inneren Objekte ist gleichsam die objektbeziehungstheoretische Erweiterung der Freudschen unbewussten psychischen Realität. Kleinianische Objektbeziehungstheorie versuchte dann im weiteren Verlauf auch alle von Freud beschriebenen Triebwünsche sowie Abwehrtätigkeiten des Ichs in Begriffen von unbewussten Phantasien und inneren Objektbeziehungen zu formulieren. Sie versucht, in einzelnen Abwehrmechanismen komplexe unbewusste Objektbeziehungen und unbewusste Phantasien darüber aufzuspüren. Innere Objekte sind »das von den Schicksalen der unbewußten (triebbedingten) Phantasie bestimmte innere Erleben äußerer Objekte« (Bacal & Newman 1990, S. 81). Wie die Repräsentanzen von Selbst und Objekt (Sandlers Repräsentanzentheorie) besitzen sie die Qualität einer seelischen Repräsentanz, sind allerdings gleichzeitig konkreter als die inneren Vorstellungsbilder. Aus dieser Definition der unbewussten Phantasie leitet die kleinianische Objektbeziehungstheorie ab, dass »die gesamtpsychische Aktivität … auf phantasierten Beziehungen zu Objekten (beruht), einschließlich der Wahrnehmungsaktivität, die als konkrete in Kooperation über den Wahrnehmungsapparat phantasiert wird, und der Gedanken, die als Objekte erlebt werden« (Hinshelwood 1989, S. 41).

Auch im Hinblick auf die Phasen der seelischen Entwicklung, des Narzissmus und der ödipalen Position differiert die kleinianische Objektbeziehungstheorie von anderen Objektbeziehungstheorien (Roskamp & Wilde 1999). Kleins Theorie der Entwicklungspositionen, die im Unterschied zu den von Freud konzipierten Entwicklungsstadien nicht überwunden oder abgeschlossen werden, sondern lebenslang in einem dynamischen Spannungsverhältnis stehen, bezeichnen kognitiv-affektive, mentale Zustände des Ichs (Angst, Abwehr, internalisierte Objektbeziehungen). Die paranoid-schizoide Position ist durch narzisstisch strukturierte Objektbeziehungen gekennzeichnet. Im Unterschied zu Freud nahm Klein an, dass es keine primär-narzisstische Phase gibt, die präobjektal, frei von Konflikten oder Ängsten ist. In der paranoid-schizoiden Position steht die Angst vor der Vernichtung des Selbst durch »böse« Objekte und Selbstaspekte im Vordergrund. Die vorrangige Abwehr besteht in der Idealisierung guter Objekte und Selbstanteile. Die Idealisierung des guten Objekts und des guten Selbst geht dann schrittweise in eine realistischere Wahrnehmung über, und somit entsteht das für die Entwicklung bedeutsame gute innere Objekt. In dieser Entwicklungsphase bilden sich Beziehungen zu so genannten Partial-Objekten, konkret empfundenen inneren Objekten, die meist mit Körperteilen oder inneren Organen gleichgesetzt werden. Dagegen steht in der depressiven Position das Ambivalenzerleben im Vordergrund, die Integration von gut und böse empfundenen Selbst- und Objektaspekten. Die Angst richtet sich nun auf den Erhalt des Objekts, auf Verlust oder Schuld, das Objekt beschädigt zu haben sowie auf die nachfolgenden Wiedergutmachungsbemühungen. Die narzisstisch strukturierten Beziehungen, die auf Projektionen von Selbstanteilen und Introjektionen von Objektanteilen beruhen (daher ihrem Wesen nach narzisstisch sind (vgl. Freuds Leonardo-Arbeit [1910 c]) werden modifiziert und machen Objektbeziehungen Platz, die von Sorge um das Objekt und das Selbst geprägt sind.

Ebenso weicht die Konzeptualisierung der ödipalen Phase und der ödipalen Position von Freuds Vorstellung und den Theorien anderer Objektbeziehungstheorien ab. Britton (1992) legt ein Konzept vor, das die Dynamik und Struktur sowie die Qualität der Objektbeziehungen von depressiver Position und ödipaler Situation miteinander verknüpft. Nach kleinianischer Auffassung werden alle drei Positionen niemals im Leben vollständig überwunden, sondern stehen in einem dynamischen Wechselspiel. Gemeinsame strukturelle Momente zwischen depressiver Position und ödipaler Situation liegen darin, dass die Beziehung zu Partialobjekten durch die Beziehung zu ganzen Objekten gekennzeichnet ist, in der Entwicklung von Ambivalenz und der Integration des Selbst. Die zunächst in der paranoid-schizoiden Position stark aufgespaltenen Selbst- und Objektvorstellungen in ideale, nur gute und verfolgende böse macht in der depressiven und ödipalen Situation einer Integration Platz: »In der depressiven Position muß nicht nur die des unaufhörlichen Besitzes des Objekts aufgegeben werden, sondern es muß auch auf das Ideal des alleinigen Besitzes des begehrten Elternteils verzichtet werden« (Roskamp & Wilde 1999, S. 179). In der depressiven wie der ödipalen Situation müssen Getrenntheit und Andersartigkeit des Objekts anerkannt werden sowie die Tatsache, dass das Objekt zu anderen Objekten unterschiedlich gestaltete Beziehungen unterhält, aus denen das Selbst ausgeschlossen ist. Diese zugrunde liegende Struktur der Anerkennung der Getrenntheit und Andersartigkeit bildet ein gemeinsames Strukturelement zwischen depressiver und ödipaler Situation. Die Anerkennung dieser Tatsachen mündet in die Anerkennung der drei Grundtatsachen des menschlichen Lebens: die Anerkennung der Brust als potenziell gutem Objekt, die Anerkennung der Kreativität und Fruchtbarkeit der Elternbeziehung sowie der Anerkennung des Todes. Auch die trianguläre Struktur der Objektbeziehungen ist ein gemeinsames Element von ödipaler und depressiver Position.

VII. Die Psychoanalyse – eine Krankheitslehre

»Die Krankheit erst bewährt den Gesunden.«
(*Goethe,* Tagebuch)

1. Allgemeine Neurosenlehre

1.1 Angst und Abwehr

In der Ursachenkette zwischen auslösender Konfliktkonstellation und späteren neurotischen Erkrankungen spielen Angst und Abwehrmechanismen eine wesentliche Rolle. Ohne Angst keine Neurose.

Angst kann uns schlagartig überfallen, diffus die gesamte Person erfassen, ohne dass wir den gleichsam automatischen Ablauf des Angstanfalls kontrollieren können. Wir sind ihr hilflos und ohnmächtig ausgeliefert.

Panik entsteht, wenn die Kontrolle der Angst versagt. Damit sind wir in einen längst überwunden geglaubten früheren Zustand, in dem wir als Kinder der Angst ausgesetzt waren, zurückgefallen.

Angst kann aber auch ein sinnvolles und zweckmäßiges Signal vor einer Gefahr sein, das wir, im Vollbesitz unserer seelischen Kräfte, wahrnehmen und entsprechend verarbeiten, um der Angst angemessen zu begegnen.

Die zuerst genannte automatisch ablaufende unkontrollierbare Angst mit Panik entspricht sehr frühen archaischen Entwicklungsstufen. Die Fähigkeit zur Signalangst setzt eine gewisse Reife der Persönlichkeit voraus. Während die erstgenannte Angst das Ich überwältigt, steht die Signalangst im Dienste des Ichs, denn sie schützt ja vor Gefahren.

Ein derartiger Schutz vor Gefahren setzt aber die Fähigkeit voraus, den Gefahren auch begegnen zu können. Diese Fähigkeit ist im Kindesalter noch nicht ausgebildet. Es leuchtet daher unmittelbar ein, dass Angst im Kindesalter ein weit verbreitetes Phänomen ist, wie jeder aus eigener Erinnerung weiß und bei Kindern seiner Umgebung täglich beobachten kann: Angst vor Dunkelheit, Angst vor Alleinsein, Angst vor Geistern, die einen verfolgen und vernichten können, Angst vor Gewittern, Angst vor Einbrechern usw. Dem kindlichen Ich stehen keine Verhaltensweisen zur Verfügung, um diesen Ängsten angemessen begegnen zu können.

In seiner Not erfindet das Kind bestimmte seelische Mechanismen, die es, wenn sie funktionieren, vor der Angst schützen. Damit wird die Angst zumindest erträglich, wenn dies auch einen gewissen Preis kostet, den wir bald noch näher kennenlernen werden. Das Ich baut zu seinem Schutz gegenüber der Gefahr gleichsam einen Schutzwall auf, um sich dahinter verstecken zu können. Dazu sollte der Schutzwall, weiterhin bildlich gesprochen, so gestaltet sein, dass er die Angst wirkungsvoll abwehren kann (Ich-Schutz oder Selbst-Schutz). Die Gefahr muss nicht immer von außen kommen. Sie kann auch von innen, aus dem eigenen psychischen Bereich, stammen. Wir können also zwischen Schutzwällen gegenüber äußeren Gefahren und solchen gegenüber inneren Gefahren differenzieren.

Welche unterschiedlichen Formen von Angst unterscheiden wir? Angst vor Strafe, Angst vor Verletzung (Kastrationsangst), Angst vor Beschämung (Schamangst) und Angst vor Liebesverlust. Gründe der Abwehr sind Schuld- und Schamgefühle.

Versetzen wir uns in den Zustand eines bedrohten Ichs, das vom Es her mit Impulsen, z. B. mit Kot zu schmieren, bedrängt wird: das Ich wird aus Angst, deswegen bestraft zu werden, alles daransetzen, dies gerade nicht zu tun. Wir sagen: Das Ich reagiert in Form einer Gegenreaktion, einer Reaktionsbildung. Das heißt, das Ich reagiert auf die Regungen, mit Kot zu schmieren, in der Form, dass es das krasse Gegenteil tut: es wird zum Reinlichkeitsfanatiker.

In einem anderen Abwehrmechanismus, der Isolierung, wird die mit einer Triebregung verbundene Vorstellung oder Phantasie von dem damit zusammenhängenden Affekt isoliert. Das kann der Angstaffekt selber sein. Das können aber auch mit Schuld- und Schamgefühl verbundene Affekte sein oder Affekte der Freude und der Trauer. Die Isolierung besteht dann jeweils darin, dass die damit zusammenhängenden Vorstellungen von den dazugehörigen Affekten isoliert werden. Ein praktisches Beispiel aus dem Alltagsleben: Ich bin auf einen Freund wütend und möchte ihn deswegen verletzen. Das erlaubt mir aber mein Ideal nicht, denn ich habe ja meinen Freund auch gern. Um ihn zu schützen, isoliere ich den Affekt »Wut« von der Vorstellung »Freund«. Der »neurotische« Gewinn besteht darin, dass der Affekt Wut von der Vorstellung Freund isoliert ist. Die Wut allein ist dann lange nicht so bedrohlich wie die mit der Vorstellung »Freund« verbundene Wut.

Bei dem Abwehrmechanismus der Verschiebung tritt die Angst nicht mehr vor der ursprünglich Angst erregenden Situation auf, etwa vor dem das Kind misshandelnden Vater, sondern z. B. verschoben auf einen Hund in einer Situation, in der das Kind von einem Hund bedroht wird. Der besonders bei den Phobien eingesetzte Abwehrmechanismus hat dann immerhin erreicht, dass die Angst vor dem misshandelnden Vater verschwunden ist. Begegnet das Kind keinem Hund, ist es völlig frei von Angst. Verschiebungen kommen besonders häufig im Traum vor, wenn z. B. ein für das Bewusstsein peinlicher Inhalt auf einen weniger peinlichen verschoben wird. Aber das ganze Leben ist voll von derartigen Verschiebungen. Wir müssen nur einmal darauf achten, zu welchen Kunststücken wir in dieser Hinsicht fähig sind, wenn wir uns z. B. nicht mehr an einen bestimmten Namen erinnern, etwas verlegt haben oder wenn wir uns versprechen. Freud (1901b) hat derartige Fälle in seiner *Psychopathologie des Alltagslebens* anschaulich beschrieben.

Ein weiterer wichtiger Abwehrmechanismus ist die Projektion. Sie besteht darin, dass wir Triebregungen, die uns unangenehm sind, einfach dadurch abwehren, dass wir sie in andere Personen projizieren, d.h. hineinverlegen. Damit nehmen wir aber die andere Person, in die wir projiziert haben, nicht mehr so wahr, wie sie wirklich ist, sondern verzerrt, d.h. so, wie wir glauben, dass sie sei. Nach psychoanalytischer Erfahrung sind derartige Projektionsmechanismen ungemein häufig. Sie sind mittlerweile auch mithilfe raffinierter psychologischer Untersuchungen experimentell nachgewiesen, z. B. mittels des »semantischen Differentials«: So verändert sich z. B. das Bild des Analytikers während einer Psychoanalyse dadurch, dass das Bild des Vaters auf das Bild des Analytikers projiziert wird. In einer psychoanalytischen Gruppenbehandlung machen z. B. mehrere Personen eine bestimmte Person zum Sündenbock und stellen dann fest, dass sie in diese Person etwas hineingesehen haben, das gar nicht in ihr, sondern ursprünglich in ihnen selber war. Der durch die Projektion veränderten Wahrnehmung des anderen entspricht nach Bewusstwerden des Vorgangs eine veränderte Wahrnehmung: Die in den anderen projizierten Persönlichkeitsanteile werden als dessen sexuelle oder aggressive Impulse registriert und nicht mehr als eigene. Der Abwehrmechanismus der Projektion bezieht übrigens im Gegensatz zu den Abwehrmechanismen Verdrängung, Reaktionsbildung und Isolierung regelmäßig eine andere Person in die Abwehrbemühungen ein. Es handelt sich damit um einen so genannten interpersonalen Abwehrmechanismus, im Gegensatz zu den nur in uns selbst intrapsychisch oder monopersonal ablaufenden Abwehrprozessen wie Verdrängung, Reaktionsbildung oder Isolierung. Projektionen können sich aber nicht nur auf andere Personen beziehen, sondern auch auf Institutionen, auf die Gesellschaft als Ganzes oder auf Teile davon, z. B. auf Regierung, Parlament, Rechtsprechung oder Schule, Familie, Industrie oder Wirtschaft. Immer dann, wenn derartige Institutionen allzu stark entweder verteufelt oder idealisiert werden, besteht der Verdacht, dass unbewusste Projektionen eine Rolle spielen. In diesem Zusammenhang kann die Psychoanalyse einen wichtigen Beitrag zur realistischen Wahrnehmung von politischen Prozessen leisten. Dafür sind in erster Linie Politikwissenschaftler und Soziologen zuständig. Psychoanalytiker können aber bei besonders übertriebenen und auffallend oft wiederholten Idealisierungen oder Entwertungen bestimmter Institutionen unserer Gesellschaft den vorsichtigen Verdacht aussprechen, ob hier nicht projektive Prozesse unbewusst mit am Werk seien, z. B. bei extremer Verteufelung des Staates und seiner Apparate durch Terroristen oder bei allzu großer Idealisierung staatlicher Einrichtungen durch konservative Bürger. Auch die ebenso in der internationalen Politik wie in der Landes- und Kommunalpolitik vorkommenden Feindbilder sind, wenn sie in extremer Form immer wieder geäußert werden, projektiver Prozesse verdächtig.

Die Abbildung 10 auf der gegenüberliegenden Seite gibt einen schematischen Überblick über Inhalte und Strukturen der unterschiedlichen Angstarten.

1.2 Der Weg zum Symptom – Konflikt, Regression, Fixierung und Kompromissbildung

Das in der Psychoanalyse weithin anerkannte Konfliktmodell der Symptomneurosen beruht auf dem Konzept von Regression und Fixierung. Entstehen in den einzelnen Entwicklungsphasen durch dynamisches Zusammenwirken von traumatischen Erfahrungen, innerer und äußerer Realität der Primärobjekte nicht integrierbare seelische Konflikte, kommt es zu Fixierungen in der betreffenden Entwicklungsphase. Spätere Belastungssituationen, so genannte psychodynamisch wirksame auslösende Situationen (häufig sind dies typische Schwellensituationen wie Ablösung aus dem Elternhaus, erste sexuelle Partnerschaften, Heirat, Krankheiten, Familiengründung, berufliche Konflikte), werden unbewusst als Re-Aktualisierung jener nicht integrierten infantilen Konflikte der spezifischen Entwicklungsphase erlebt und lösen massive Angst aus. Das Ich versucht nun mithilfe des Abwehrmechanismus der Regression dem aktuellen Konflikt dadurch zu begegnen, dass die für jene Entwicklungs-

Zweidimensionales Kontinuum der manifesten Angstzustände

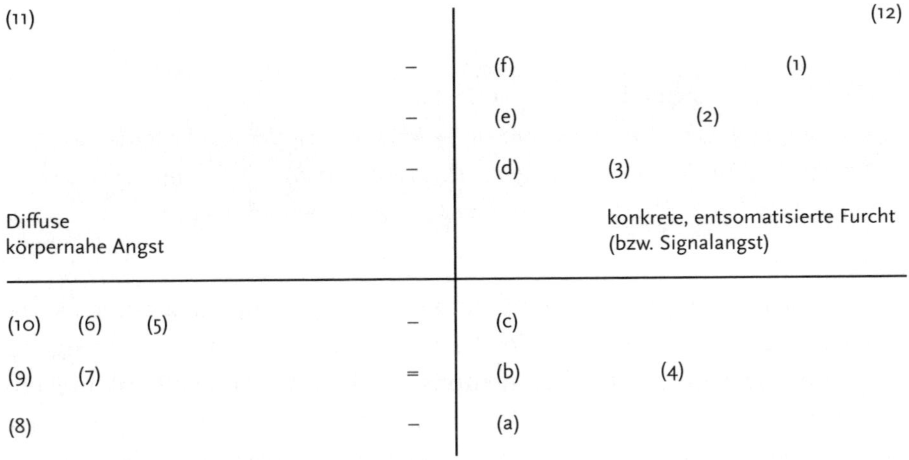

(a) = Psychotische (Desintegrations-)Angst
(b) = Angst vor der Vernichtung der »guten« Anteile (Borderline)
(c) = Angst vor Verlust der Objekt- und somit der Selbstrepräsentanz (Angstneurose)
(d) = Angst vor Wertverlust (narzisstische Störungen)
(e) = Angst vor Liebes- oder Autonomieverlust (Autonomie-Abhängigkeitskonflikt)
(f) = Kastrationsangst, reife Überich-Angst (»reife« Psychoneurosen)

---

(1) »Reife« Phobie
(2) »Der kleine Hans«?
(3) Phobie bei einer narzisstischen Störung
(4) Phobie bei Borderline
(5) Agoraphobie
(6) Typischer angstneurotischer Anfall
(7) Diffuser Angstzustand bei Borderline
(8) Diffuser psychotischer Angstzustand
(9) Panische Angst bei Borderline
(10) Dekompensierte angstneurotische (oder Achtmonats-)Angst
(11) Panische Angst der Gesunden bei Naturkatastrophen
(12) Normale Furcht (Realangst)

Abb. 10: Inhalte und Strukturen der unterschiedlichen Angstarten (modif. nach Mentzos 1984)

phase, in der die Fixierung erlitten wurde, spezifischen seelischen Strukturen (Denken, Abwehr, Objektbeziehungen) aktualisiert werden. Die neurotische Symptombildung ist somit als Kompromissbildung zu verstehen, da Triebabkömmlinge und Abwehrmodalitäten sowie Anforderungen der äußeren Realität in das Symptom, das die Angst bindet, einfließen (Laplanche &

Pontalis 1967). Hoffmann & Hochapfel (2005, S. 67) stellen folgendes Schema auf:

> »Auslösende Situation« → aktueller Konflikt → Angst → Regression → Reaktualisierung von infantilen Konflikten → Verstärkung der Konfliktspannung (Angst) → Abwehr → »Misslingen« der Verdrängung → »Kompromissbildung« zwischen den einzelnen Konfliktanteilen → Symptombildung

Die Psychoanalyse betrachtet somit das neurotische Symptom als einen kompromisshaften Lösungsversuch des Ichs, als einen Versuch der Bewältigung von Angst und untersucht das neurotische Symptom unter strukturellen, dynamischen und genetischen Gesichtspunkten. Freud hatte erkannt, dass neurotische Symptome wie auch andere seelische Phänomene ähnlich wie der Traum aufgebaut sind. In diesem Konfliktmodell steht das Ich im Zentrum des Bemühens um Synthese und versucht Triebansprüche, Erfordernisse der äußeren Realität, Überich-Anforderungen und die Erhaltung des Selbst in kompromisshafter Form zu befriedigen. Die Psychoanalyse unterscheidet hierbei zwischen Es-Ich-Konflikten, Konflikten zwischen Ich und Überich sowie Konflikten zwischen Ich und Außenwelt und ordnet diesen Konflikten unterschiedliche kompromisshafte symptomatische Lösungsversuche zu. Bei den Konflikten zwischen Ich und Es sowie zwischen Ich und Überich handelt es sich um innere Konflikte, wenn etwa ein pathologisch strenges archaisches Überich das Ich ständig verfolgt oder wenn das Ich bestimmte Phasen spezifischer Triebimpulse nicht verarbeiten kann. So können – in der Sprache der Triebtheorie formuliert – orale und anale Phase zwar gut integriert worden sein; dann aber kann aufgrund des Zusammenwirkens traumatischer Erfahrungen, Realität der Primärobjekte sowie Ich-Struktur in der phallisch-narzisstischen Phase das Ich von narzisstischen und aggressiven Impulsen bedroht werden und mit extremer Kastrationsangst und entsprechenden Symptombildungen im Erwachsenenalter reagieren.

Ausgangspunkt für die neurotische Symptombildung ist meist ein äußerer Konflikt, der eine Versagung, Kränkung darstellt und Angst auslöst. Das Ich kann nun auf alloplastische, d. h. auf die Realität und die äußeren Objekte einwirkende Art und Weise versuchen, Versagung und Kränkung zu kompensieren und die Angst zu mindern, oder dem Ich steht die Möglichkeit offen, durch autoplastische Veränderung eine Konfliktlösung zu suchen. Dem starken, gesunden Ich gelingt in der Regel eine Lösung des äußeren Konflikts entweder durch Adaption an die gegebenen Verhältnisse oder durch Verzicht auf Triebbefriedigung, Annehmen der Versagung, narzisstische Kompensationsmöglichkeiten, Sublimierung, Triebaufschub sowie Frustrationstoleranz, die Angst zu mindern. Dagegen erlebt ein im strukturellen Sinne geschwächtes Ich, das durch unterschiedliche Fixierungen gleichsam vorbelastet ist, den äußeren Konflikt im Unbewussten als eine Re-Aktualisierung nicht integrierter infantiler konflikthafter Objektbeziehungen. Das Ich versucht zunächst mithilfe der Regression jene nicht integrierten Fixierungen in der infantilen Entwicklung wiederzubeleben. Sexuelle wie aggressive Impulse sowie auch narzisstische Wünsche treffen nun auf Überich-Verbote sowie Ichideal-Anforderungen, und das Ich erleidet auf der Folie der äußeren, aktuellen Konflikte erneut die Versagungen, Kränkungen und Ängste jener infantilen Entwicklungsphase. Das Ich muss nun versuchen, zwischen Trieb- und narzisstischen Wünschen, Überich- und Ichideal-Anforderungen, der Selbsterhaltung sowie den äußeren Anforderungen eine kompromisshafte Lösung zu finden: das neurotische Symptom. Unter diesem Gesichtspunkt ist die neurotische Symptomlösung immer eine autoplastische Lösung, gleichsam erkauft mit einer krankheitswertigen, d.h. Leid verursachenden Veränderung des Ichs.

Freud sprach im Hinblick auf die Frage nach der Entstehung von Fixierungen in der Kindheitsgeschichte von einer Ergänzungsreihe (Freud 1905d, S. 141) zwischen konstitutionellen Faktoren wie Triebstärke, Ich-Stärke und Erfahrungen in den primären Objektbeziehungen. Entscheidend im Hinblick auf die Regression ist, dass die Ich-Funktionen wie auch die Art und Weise der Triebbefriedigung, das narzisstische System wie auch Überich- und Ichideal-System auf frühere Entwicklungsphasen zurückfallen können. Dies gilt ebenfalls für Art und Inhalt der Objektbeziehungen. Dispositionelle Faktoren des Ichs sind seine synthetischen und organisierenden Funktionen (Nunberg 1959). Neben den autonom-konfliktfreien Ich-Funktionen (Hartmann 1964) sind die Ich-Funktionen aber auch von der Qualität der primären Objekterfahrungen abhängig.

2. Spezielle Neurosenlehre

2.1 *Der geheimnisvolle Sprung ins Körperliche*

Konversionsneurose

Die im triangulären Konflikt zwischen Kind, Mutter und Vater beteiligten Triebregungen sind sexueller Natur, im engeren Sinne des Wortes: genitaler Natur, d. h. auf die Genitalien bzw. auf die geschlechtliche Vereinigung ausgerichtet. Das heißt am Beispiel des Knaben: Er möchte mit Mama »schlafen«. Das bedeutet zugleich: der die Mutter begehrende Junge möchte den dabei störenden Vater beseitigen. Wir sprechen von Inzest- und Todeswünschen.

Zu derartig verpönten Wünschen gehören natürlich Ängste, wegen solcher Wünsche bestraft zu werden (Angst vor Strafe). Die Ängste beziehen sich nicht immer unmittelbar auf das Genitale, wie die in der Psychoanalyse oft zitierte Kastrationsangst vermuten ließe, sondern darauf, überhaupt körperlich verletzt zu werden. Noch schlimmer wirken Strafen, die darin bestehen, dem Kind wegen seiner Wünsche Liebe und Zuwendung zu entziehen (Angst vor Liebesverlust).

Die genannten Triebwünsche, die deswegen gefürchteten Strafen und die damit verbundenen Ängste werden nun bei der Hysterie über den unbewussten Prozess der Verdrängung allesamt aus dem Bewusstsein ausgeschlossen. Der Erfolg dieser pauschalen Schutzmaßnahme ist der, dass die durch die verpönten Triebwünsche ausgelösten Turbulenzen abklingen und einer ruhigen Atmosphäre Platz machen. Der Nachteil einer derartigen Notlösung ist aber das Entstehen eines körperlichen Symptoms. Triebwünsche wie die damit verbundenen Erregungen wurden unter Kompromissbildung in hysterische Symptome verwandelt: sie sind konvertiert (daher der Ausdruck Konversionsneurose). Wir »fiebern« seelisch erregt einer Begegnung entgegen, von der wir uns die Erfüllung sexueller Wünsche erhoffen, selbst dann, wenn dies nur in der Phantasie sein sollte. Die mit den seelischen Wünschen verbundenen körperlichen Erregungen aktivieren automatisch diejenigen Organe, die im Hinblick auf die Erfüllung der Triebwünsche in Aktion treten müssten. Dies sind bei sexuellen Wünschen natürlich in erster Linie die Sexualorgane.

Diese Erregung kann nun durch »Verschiebung« auf andere Organe verschoben werden. So entwickelte ein Patient, Klavierspieler, einen typischen Klavierspieler-Arm. Bei einer Frau waren es die Arme, die schmerzten, weil sich die ursprünglich wegen unbefriedigter sexueller Wünsche im Genitalbereich lokalisierten Sensationen über Verschiebung in »Gliederschmerzen« verwandelt hatten. Nach diesem Muster können vielfältige »hysterische« Symptome entstehen:

1. nicht objektivierbare Kopfschmerzen, die dadurch erklärt werden können, dass die nicht abgeführte sexuelle Erregung in den Kopf steigt;
2. Bauchkrämpfe, wenn die »Wut im Bauch« nicht abgeführt werden kann;
3. »hysterisches« Erbrechen, wenn die mit sexuellen Regungen verbundenen Ekelgefühle nicht direkt zum Ausdruck kommen, sondern nur indirekt über das Erbrechen im Sinne von »Das kotzt mich an«;
4. Seh- und Hörstörungen, die sich dadurch leicht aufklären lassen, dass verbotene Triebwünsche übersehen oder überhört werden sollen, um das Bewusstsein nicht zu beunruhigen.

Es werden also immer Symptome als das geringere Übel in Kauf genommen, um das größere Übel: die sexuellen Triebwünsche, die dazu gehörigen Verbote und die damit verbundenen Konflikte, nicht wahrzunehmen. Hysterische Symptome folgen im Übrigen, in striktem Gegensatz zu neurologisch bedingten Lähmungen und Kontrakturen, nicht den Gesetzmäßigkeiten der Neurologie, sondern populären Vorstellungen über den Körper. Bei unserem Klavierspieler war es vor allem die Steifheit des Unterarms, die dem steifen Glied entsprach, und bei der genannten Patientin waren es Arme und Beine insgesamt, die schmerzten, nicht bestimmte Gelenke oder bestimmte nervös versorgte Regionen.

Wenn wir also die sexuellen Phantasien stets zusammen mit den sie begleitenden körperlichen Prozessen betrachten, ist das bislang ungelöste Problem des mysteriösen Sprungs vom Seelischen ins Körperliche gelöst.

Wunscherfüllungs- und Rachetyp

Neben den körperlichen Funktionsstörungen gibt es bei der Hysterie auch ausschließlich im psychischen Bereich bleibende Störungen, wie z. B. Bewusstseinsstörungen, in denen wir bestimmte Ereignisse nicht mehr wahrnehmen, nichts mehr davon wissen; ferner Gedächtnis- und Erinnerungsstörungen, wenn es um Ereignisse oder Erlebnisse der Vergangenheit geht. Die Erinnerungsstörung auf der Akropolis von Freud (1927c, S. 347) gehört dazu. Auch beim so genannten hysterischen Charakter bleiben die unbewussten Prozesse ausschließlich im psychischen Bereich.

Beim Wunscherfüllungstyp lebt z. B. eine Frau ihre unbewussten Wünsche, Mann zu sein, indirekt dadurch aus, dass sie sich wie ein Mann verhält. Die von Kuiper (1968) beschriebene liebevoll kastrierende Frau verhält sich gegenüber einem Mann besonders liebevoll, um ihn dann umso besser »kastrieren« zu können. Sie erregt ihn zuerst sexuell, verweigert ihm dann aber die Erfüllung seiner sexuellen Wünsche dadurch, dass sie ihn in seiner Männlichkeit »kleinmacht« oder »entwertet«.

Derartige unbewusste Prozesse sind aber nicht auf Frauen beschränkt. Auch Männer können ihre nicht erfüllten Wünsche so in ihr Verhalten einbauen, dass sie sich einbilden, gerade durch ihr Verhalten die verbotenen Wünsche doch noch erfüllt zu bekommen: etwa ständig im Mittelpunkt zu stehen, von vielen geliebt zu werden oder auf der Erfolgsleiter ganz oben zu sein.

Von einem Rachetyp sprechen wir, wenn unbewusste Rache das gesamte Verhalten bestimmt, wie etwa das Beispiel Elektras zeigt, die den Mord am geliebten Vater Agamemnon nicht überwinden kann und ihr ganzes Leben lang auf Rache sinnt, bis der Bruder Orest den Rachewunsch dadurch erfüllt, dass er Klytämnestra tötet. In milderem Licht erscheinen jene Frauen, die sich an ihrem Freund dadurch rächen, dass sie ihn genauso abweisen, wie sie sich früher vom geliebten »Papa« abgewiesen gefühlt hatten.

Gesellschaftliche Faktoren

In gesellschaftskritischer Sicht enthält die Hysterie die Botschaft: Die durch eure Kultur begründeten Verbote sexueller Wünsche gehen entschieden zu weit. Das hält keine Frau aus! Die häufigen hysterischen Symptome am Ende des 19. Jahrhunderts waren Ausdruck gesellschaftlicher Unterdrückung. Die Doppelmoral jener Zeit gestattete es dem Mann, sexuelle Wünsche auszuleben, verbot Entsprechendes aber den Frauen. Damit war den Frauen ein im Vergleich zum Mann größerer Verdrängungsaufwand auferlegt, der die größere Häufigkeit hysterischer Symptome bei Frauen jener Zeit gut erklärt.

Heute sind es in einer Zeit größerer Liberalisierung sexuellen Verhaltens eher aggressive oder narzisstische Wünsche, die sich, wenn sie im aktuellen Leben nicht befriedigt werden, über Symptome oder das manifeste Verhalten indirekt äußern, wenn z. B. reaktiv entstandener Hass nicht direkt ausgedrückt wird, sondern indirekt, etwa dadurch, dass der andere ständig kritisiert, in Frage gestellt oder auf seine Treue hin überprüft wird. Ein solches Verhalten erscheint besonders leicht als hysterisch, wenn die Kritik indirekt über ein Symptom zum Ausdruck gebracht wird. Kopfschmerzen können so die unbewusste Bedeutung annehmen: »Du beachtest mich nicht genügend. Und weil du dies nicht tust, hast du nun eine mit Kopfschmerzen behaftete Frau.«

Moderne Aspekte

Der die Hysterie grundlegend charakterisierende Abwehrvorgang ist die Verdrängung. Sie kommt zwar auch bei anderen Symptomneurosen und Persönlichkeitsstörungen vor; allerdings ist die Verdrängung dort meist eine unter vielen anderen Abwehrformationen. Bei der Hysterie spielt die Verdrängung zusammen mit der Konversion und der Genitalisierung nicht sexueller Körperteile eine herausragende Rolle im Abwehrkampf gegen die ödipalen und inzestuösen Wünsche sowie die dadurch ausgelösten schweren Schuld- und Kastrationsängste. Der männliche Hysteriker kann etwa versuchen, die ödipal-inzestuösen Wünsche durch Ausweichen in eine passive-feminine Position abzuwehren, was aber häufig Erektions- und/oder Potenzstörungen nach sich ziehen kann. Oder er wählt unbewusst eine forciert phallisch-narzisstische Einstellung (Regression auf die phallisch-narzisstische Entwicklungsphase), um mit phallischem Imponiergehabe sich und seiner Umwelt die scheinbar erfolgreiche Bewältigung der Kastrationsängste zu demonstrieren (klinische Beispiele: Don Juanismus, Matcho-Verhalten, Idealisierung des Phallus). Zentral ist beim Hysteriker ein Ich-Überich-Konflikt. Die Konversion ist eine Genitalisierung, d. h. sexualisierte Körperteile stellen im Unbewussten das Genitale symbolisch dar. Freud (1950 c [1895]) hatte schon früh darauf hingewiesen, dass hysterische Symptome Erinnerungssymbole sind, d. h. im Symptom findet sich häufig in verdichteter, ja kunstvoll arrangierter Form der gesamte ödipale Konflikt widergespiegelt. Durch die analytische Arbeit kann die unbewusste Beteiligung der einzelnen Protagonisten in diesem ödipalen Drama aufgefächert werden. Eindrucksvolle Beispiele finden sich in Freuds *Studien über Hysterie* (1895 d). Weil Symptome immer den Charakter einer Kompromissbildung haben, repräsentiert das Symptom auf symbolische Weise nicht nur den ödipal-genitalen Triebimpuls, sondern auch das vom Überich ausgehende Verbot – gleichsam der Strafaspekt des gesamten Konflikts. Das Ich kann diese Strafe zuweilen masochistisch genießen und einen sekundären Krankheitsgewinn daraus schöpfen. Der primäre Krankheitsgewinn, der bei jeder Symptombildung ebenfalls von entscheidender Bedeutung ist, besteht darin, dass dem ursprünglichen Konflikt mithilfe der Symptombildung ausgewichen werden kann, allerdings auf Kosten der Erkrankung des Ichs. Auf der bewussten Ebene ist das Ich frei von Scham- oder Schuldgefühlen. In der Klinik lässt sich häufig finden, dass nicht nur heterosexuelle ödipale Impulse auf Verbote des Überichs stoßen, sondern dies gilt in gleichem Ausmaß für die homosexuellen Gefühle und Triebimpulse; deren Abwehr und kompromisshafte Verarbeitung kann ebenfalls zur hysterischen Symptombildung führen.

Auch bei der Hysterikerin findet sich unbewusst häufig ein so genannter Männlichkeitskomplex, d. h. eine narzisstische Überschätzung (Idealisierung) des männlichen Genitales und des männlichen Objekts, was zuweilen in forcierter Rivalität oder in masochistischer Unterwerfung zum Ausdruck kommt. Damit sollen unbewusste Minderwertigkeitsgefühle sowie Ängste vor Liebesverlust in Schach gehalten werden, auf einer tieferen Ebene ebenfalls intensive Neidgefühle. Der klinisch häufig zu beobachtende Penisneid der Hysterikerin bezieht sich dabei nicht nur auf die unbewusst phantasierte »besondere Ausrüstung« des Vaters/Mannes, sondern dahinter liegend auch auf die unbewusst so erlebte Unterlegenheit gegenüber dem primären mütterlichen Objekt. Sexuelle Frigidität ist daher ein häufiges Begleitsymptom. Auch für die Hysterikerin sind die unbewussten Überich-Verbote im Hinblick auf heterosexuelle wie homosexuelle Impulse motivierend, die jeweils den gleich- bzw. andersgeschlechtlichen Elternteil als Rivalen zum Gegner machen. Genauso häufig finden sich unbewusste Verbote, mit dem unbewusst überschätzten Mann zu rivalisieren, was häufig in masochistisch-depressiven Symptomen ihren Ausgang findet.

Mentzos (1984) betont, dass zwar der konfliktverarbeitende Modus der Hysterie vor allem in der Konversion und der Verdrängung mit den dargestellten Symptombildungen besteht; allerdings zeige sich unter genetischen Aspekten, dass nicht nur ödipal-genitale und/oder phallisch-narzisstische, sondern besonders auch orale und narzisstische Konflikte eine bedeutsame Rolle bei der hysterischen Symptombildung spielen (vgl. auch Hoffmann 1979). So wurden in der Literatur (Brenman 1990) intensive orale Neidkonflikte mit dem mütterlichen Primärobjekt beschrieben, ebenso narzisstische Konflikte, die um schwere Minderwertigkeitsgefühle kreisen. In jüngster Zeit hat Rupprecht-Schampera (1997) versucht, die Hysterie als Folge eines gescheiterten Triangulierungsversuchs zu verstehen; damit betont sie neben der oral-narzisstischen auch die anal-narzisstische Konfliktthematik, die in Eriksons (1950) Modell als Autonomie versus Scham und Zweifel beschrieben wurde. Die Autorin versteht die hysterische Symptombildung als einen gescheiterten Versuch, den Separations- und Triangulierungsprozess auf der präödipalen sowie auf der ödipalen Ebene zu integrieren.

2.2 Die Zwangsneurose

Klassische Aspekte

Im Gegensatz zur Hysterie bewegen wir uns hier ausschließlich im psychischen Bereich. Das Denken ist auf der Ebene der Symptome in charakteristischer Weise dadurch gestört, dass der gleiche Gedanke zwanghaft immer wiederholt werden muss, obwohl man selbst einsieht, dass dies unsinnig ist. Es gibt Zwänge, zu zählen, Sätze zu wiederholen, oder ein Grübeln und Zweifeln im Hinblick darauf, ob ein Tatbestand so oder anders war. Ein an Zwangsneurose Leidender wird gleichsam gezwungen, ständig zu grübeln, zu ordnen oder bestimmte Regeln zu beachten. Gegenüber dem zwanghaften Denken sind Phantasie, Gefühlsleben und Körperempfindungen völlig zurückgedrängt. Neben dem Zwangsdenken können auch Zwangshandlungen auftreten wie beim bekannten Waschzwang. Zum Beispiel brauchte ein Patient im extremen Stadium seiner Zwangskrankheit mehrere Stunden, um sich an- oder auszuziehen, weil alles einer ganz bestimmten Ordnung entsprechen musste, die nicht durcheinander kommen durfte.

Hier sind die Parallelen zwischen Zwangsneurosen und bestimmten Praktiken in religiösen Bereichen – auch zum Aberglauben – besonders deutlich, wenn z. B. bestimmte Gesten das gefürchtete böse Schicksal bannen sollen. Schließlich sind auch noch Zwangsantriebe und Impulse zu erwähnen: plötzliche Regungen, die den Patienten besonders erschrecken, weil sie gar nicht ins Bewusstsein passen. Denken wir an Impulse, das zufällig daliegende Brotmesser zu nehmen und damit das eigene Kind zu töten, eine vor dem Lehrer stehende attraktive Schülerin am Busen oder am Genitale zu berühren, mit einer Ziege geschlechtlich zu verkehren, einer angesehenen Persönlichkeit urplötzlich ins Gesicht zu spucken, ein Denkmal in der Öffentlichkeit anzupinkeln usw. – alles Beispiele aus der eigenen psychoanalytischen Praxis.

Psychodynamik

In der Vorgeschichte derartiger Patienten finden wir eine starke Unterdrückung aller sexuellen und aggressiven Impulse, oft verbunden mit fehlender emotionaler Zuwendung bei lieblosem, uneinfühlsamem Verhalten der Eltern. Die Mutter wurde häufig als verführerisch, der Vater als strafend erlebt. Auffallend häufig wurden alle expansiven, insbesondere motorischen Bedürfnisse durch Drohungen und Strafmaßnahmen behindert und eingeengt. Wenn wir derartige Berichte von Patienten hören, denken wir in erster Linie daran, dass die Neurose eine Antwort auf traumatisierende Einflüsse seitens der Umwelt ist.

Die Patienten reden aber auch von ihren eigenen Bedürfnissen, vor allem von ihrer starken Neugier, z. B. das Sprechzimmer des Analytikers bis in die letzten Ecken auszukundschaften, von ihren über sie kommenden Bedürfnissen, sich zu zeigen, zu onanieren, als Mann Frauen zu erobern, zu verführen, oder als Frau die Geliebte vieler Männer zu sein. Die von Freud (1915 c, S. 219 ff.) beschriebenen sadistischen Schlagephantasien, die dementsprechende »sadistische Auffassung des Koitus« (Freud 1908 c, S. 182) als Kampf voller feindseliger grausamer Impulse sowie die »verdrängte homosexuelle Sexualströmung« (Freud 1918 b, S. 149) finden wir häufig. Die deswegen gefürchteten Ängste vor Strafe, vor Schlägen, vor Verfolgung lassen sich dabei ebenso aufdecken wie die strengen Gebote und Verbote. Schwieriger ist es, die eigentlichen Triebregungen bewusst zu machen: Zwangsimpulse, das eigene Kind zu töten oder perverse Handlungen auszuführen. Dies gelingt verständlicherweise erst nach Überwindung schambedingter Widerstände.

Zwei Fallbeispiele aus Freuds Praxis

Der »Rattenmann«

Bekannte Beispiele von Zwangsneurosen sind die beiden von Freud selbst ausführlich beschriebenen Fälle des »Rattenmannes« (1909 d) oder des »Wolfsmannes« (1918 b).

Der »Rattenmann« litt u. a. daran, dass er befürchtete, seinem Vater und einer von ihm verehrten Dame würde etwas Böses geschehen. Er verspürte immer wieder den zwanghaften Impuls, sich mit dem Rasiermesser in den

Hals zu schneiden. Die Analyse deckte dann neben vielen anderen Einzelheiten die mit den Symptomen ursächlich zusammenhängenden Triebbedürfnisse auf, die Frau sexuell zu erobern, den Vater zu beseitigen und sich wegen dieser verpönten Wunschregungen durch das Sich-in-den-Hals-Schneiden selbst zu bestrafen. Zu dem seltsamen Namen »Rattenmann« kam der Patient übrigens aufgrund einer Phantasie, die er nur nach Überwindung größter Widerstände gestehen konnte, weil sie ihm selbst extrem fremdartig und bizarr vorkam: »... über sein Gesäß ein Topf gestülpt, in diesen dann Ratten eingelassen, die sich ... einbohrten. In den After ...« (1909 d, S. 392). In dem Moment, als der Patient dies dem Analytiker eröffnete, durchzuckte ihn der Gedanke, dass dieses seltsame Geschehen nicht ihm, sondern dem Vater gelte, und zwar im Sinne einer Rachephantasie als Reaktion darauf, dass er glaubte, der Vater würde ihm die Befriedigung seiner sexuellen Wünsche verbieten.

Der »Wolfsmann«

Im berühmten Traum vom »Wolfsmann« sieht ein Mann hinter dem aufgehenden Fenster mehrere Wölfe, die regungslos auf einem Baum sitzen. Die Analyse entdeckte in der Deutung oder Interpretation dieses Traums auch die vom Bewusstsein verpönten homosexuellen Wünsche des Knaben gegenüber dem Vater, die in der ebenso lustvollen wie Angst erregenden Phantasie gipfelten, vom Vater wie eine Frau koitiert zu werden. Im Zusammenhang mit dieser Phantasie stand eine Erinnerung an ein erregendes Erlebnis der Kindheit: Der kleine Junge sah das den Boden putzende Kindermädchen Gruscha von hinten. Das erregte ihn sehr. In der Erinnerung daran führten weitere Assoziationen zu der Vorstellung, die Eltern in heftiger Bewegung koitierend gesehen zu haben – ob nun wirklich oder in der Phantasie, muss offen bleiben. Diese so genannte Urszene ängstigte und erregte das Kind dermaßen, dass es unter dem Eindruck innerer Verbote, so etwas sehen zu dürfen, alle damit zusammenhängenden Phantasien und Gefühle abwehrte. Das geschah um den Preis zahlreicher zwanghafter Symptome, die sich besonders in der peinlichen Befolgung religiös vorgegebener Handlungen manifestierten. Dabei kommt es zu charakteristischen Kombinationen wie z. B.: »Gott« – »Hurenbock«, was angesichts der Verbote für blasphemische Äußerungen zwangsläufig zu Sühne- und Reuehandlungen führt.

Zwei aktuelle Beispiele aus der Praxis

Ein 42-jähriger Oberlehrer musste die Geschwindigkeitsbegrenzungen beim Autofahren peinlich genau einhalten (wobei er nebenbei eine kleine sadistische Freude genoss, wenn sich hinter ihm eine lange Autoschlange gestaut hatte). Er erinnerte sich nach Überwindung innerer Widerstände an eine homosexuelle Handlung, die er mit einem Jungen aus der Nachbarschaft erlebt hatte, als er sechs Jahre alt war. Noch schwerer fiel es ihm einzugestehen, dass er immer den Zwang verspürt hatte, die Ziege seiner Eltern von hinten zu koitieren. Derartige Erinnerungen waren für ihn ebenso schockierend wie die Impulse, eine zufällig vor ihm stehende Schülerin »unsittlich« zu berühren. Er war in einem streng pietistischen Milieu aufgewachsen, in dem nicht nur sexuelle Bedürfnisse, sondern jede Lust überhaupt streng verboten waren. Schon allein die Vorstellung einer sexuellen Handlung war verpönt. (»Wer eine Frau nur ansieht, ihrer zu begehren, der hat schon mit ihr die Ehe gebrochen in seinem Herzen«, Matth. 5, 28.) Das Bewusstwerden der ihn schockierenden Triebregungen mithilfe des Psychoanalytikers half ihm dann, diese als nicht mehr so schlimm einzuschätzen wie er es im Laufe seiner streng religiösen Erziehung gelernt hatte. Eine Nachbefragung nach zehn Jahren ergab, dass die Symptome verschwunden blieben.

Ein 31-jähriger Kaufmann, Vater von zwei Kindern, fürchtete zwanghaft, seine Kinder umbringen zu müssen, und zwar schon beim Anblick eines zufällig auf dem Tisch liegenden Messers. Im Laufe der Analyse erinnerte er sich, wie der Vater auf dem Fahrrad mit ihm spazieren fuhr. Er saß, dreieinhalbjährig, auf dem Kindersitz und brachte plötzlich einen Fuß in die Speichen des Vorderrads. Das tragische Ergebnis dieses Unfalls war, dass der Fuß verkrüppelt blieb. Der kleine Junge war ohnehin auf den Vater böse gewesen und fühlte sich von ihm vernachlässigt. Nach dem Unfall fühlte er sich zusätzlich vom Vater geschädigt. Gleichzeitig fürchtete er aber, vom Vater zurechtgewiesen zu werden, und empfand Schuldgefühle wegen seiner bösen Regungen gegen den Vater. Die ihn ängstigenden Wünsche, seine Kinder zu töten, ließen sich in dieser Perspektive als Verschiebungen der Wünsche, den Vater zu töten, verstehen, was dem Patienten einleuchtete. Ebenso einsichtig waren ihm Interpretationen in der Richtung, sich selbst mit seinen Zwangsimpulsen zu bestrafen. Vielleicht hatte er sich damals in Form des Unfalls unbewusst auch dadurch selbst gestraft, dass er den Fuß zwischen die Speichen gebracht hatte. Danach wurde dem Patienten bewusst, dass er sich in der Tat aus mehreren Gründen schuldig gefühlt hatte: weil er vom Vater gegenüber den Geschwistern vorgezogen wurde und bei der Mutter gerade um die Zeit des dritten Lebensjahrs den Platz des Vaters eingenommen hatte. Insofern würde dieser Fall in das ödipale Schema des die Mutter begehrenden und den Vater beseitigenden Knaben passen. Auch in diesem Fall zeigte die Katamnese nach zehn Jahren, dass die Analyse erfolgreich verlaufen war.

Moderne Aspekte

In den vergangenen Jahren wurde herausgearbeitet (Grunberger 1988, Quint 1988, 2000), dass unter psychodynamischen Gesichtspunkten die Zwangsneurose nicht nur einer regressiven Abwehrformation gegen ödipale Konflikte und Kastrationsängste dient, sondern auch eine progressive Abwehr gegen narzisstische und vor allem orale Konflikte darstellen kann. Der an der Zwangsneurose Erkrankte reagiert unbewusst gleichsam nach dem Prinzip: »Flucht nach vorne«, eine protektiv-defensive, forcierte Ich-Progression. Damit soll eine Abwehr gegen narzisstische Kränkungen vonseiten idealisierter Objekte wie auch gegen Verlust- und Trennungsängste, die aus der oralen Phase herrühren, aufgebaut werden. Auch kann besonders der anale Sadismus die unbewusste Funktion besitzen, oral-sadistische Impulse gleichsam zu überdecken. Diese als »antidepressive« Bedeutung zu bezeichnende Funktion der Zwangssymptome macht ihre analytische Auflösung zuweilen recht schwierig, da die Zwangsneurose gleichsam gegen zwei Gefahrenquellen, gegen die ödipalen Kastrations- und Inzestkonflikte sowie gegen die oralen und narzisstischen Ängste, entwickelt wurde.

In triebpsychologischer Sichtweise ist die Zwangsneurose der klassische Ich-Es-Konflikt, sowohl im Hinblick auf die sexuellen wie auch anal-sadistischen Impulse. Gleichzeitig muss sich das Ich viel stärker als bei Hysterie und Phobie gegen den Einfluss des grausameren anal-sadistischen Überich erwehren. Häufig finden wir bei der Zwangsneurose auch einen ausgesprochenen Konflikt zwischen den beiden Triebarten, den sexuellen und aggressiven Impulsen; die so genannte Triebmischung ist teilweise rückgängig gemacht. Es dominieren intensive Ambivalenzkonflikte. Der Zwangsneurotiker ist ständig in Angst, geliebte Objekte durch seinen Sadismus zu zerstören oder zu beschädigen, und muss daher ständige Wiedergutmachungsarbeit leisten, auch, um das Wohlwollen des Überichs zurückzugewinnen. Ebenfalls dominieren in der Klinik ausgeprägte Konflikte zwischen passiven und aktiven Strebungen. Dabei resultiert die Strenge des anal-sadistischen Überichs daraus, dass das Überich selbst Folge eines verinnerlichten Ambivalenzkonflikts ist

(Internalisierung des gehassten und zugleich geliebten ödipalen Rivalen) und ein Teil seiner Grausamkeit und Stärke von der Aggression des Kindes gegen die Elternfiguren herrührt. Dies gilt umso mehr für das anale Überich, das seine Grausamkeit ebenfalls unter anderem den sadistischen Impulsen des Kindes gegen die Elternfiguren verdankt (Freud 1923b, S. 283f.). Aus diesem Grund zeigen sich die analen Schuldgefühle des Zwangsneurotikers vor allem in Form von Vergeltungs- und Strafängsten.

Grunberger (1988) hat auf den engen Zusammenhang zwischen Analität und Narzissmus aufmerksam gemacht. In der Tat findet sich regelmäßig in der Analyse von Zwangsneurosen eine psychodynamisch bedeutsame narzisstische Problematik. Diese liegt nicht nur darin, dass der Zwangsneurotiker einen Zustand der Freiheit und Abwesenheit von jeglicher konflikthafter Ambivalenz anstrebt, sondern vor allem in dem realitätsfernen, irrealen Ichideal, das mit unerbittlicher Strenge den Kranken quält. Unterschiedliche Vorstellungen wurden über die Ursprünge dieses Ichideals formuliert, etwa seine Verwurzelung in der Identifizierung mit dem präödipalen, ambivalenzfreien Vater. Nach dieser Theorie versucht das Kind eine frustrierende oder gar traumatisch erlebte präödipale, symbiotische Beziehung zum mütterlichen Primärobjekt dadurch zu kompensieren, dass es den in dieser analen Phase ohnehin immer mehr an Bedeutung gewinnenden Vater als drittes und ideales Objekt internalisiert, gleichsam als Schutz gegen das internalisierte frustrierend oder gar traumatisch erlebte mütterliche Objekt. Der Vater ist in dieser Phase vor allem für den Jungen ein wichtiges triangulierendes Objekt, das ihm eine Beziehung jenseits der symbiotischen Dualunion ermöglicht. Es ist aber der gleiche Vater, der im unbewussten Erleben des Jungen in die Dualunion eindringt, das Kind daraus vertreibt und mit dem die Mutter nun in ihrer Rolle als Frau eine sexuelle Beziehung unterhält, aus der das Kind ausgeschlossen ist. Das internalisierte Ideal ist damit hochgradig ambivalent, gleichzeitig kann die Ambivalenz aber noch nicht integriert werden. Die narzisstische Konfliktdynamik der Zwangsneurose zeigt sich dann vorwiegend als Problem, sich aus der symbiotischen primären Beziehung zum mütterlichen Objekt zu lösen. Hier dominieren Konflikte zwischen Trennungsangst und Trennungsschuld, Autonomie versus Abhängigkeit (Erikson 1950). Neben den anal-erotischen Wünschen (Lust, zu beschmutzen) spielen die anal-sadistischen (Lust, zu zerstören) eine ausschlaggebende Rolle. Das Denken des Zwangsneurotikers ist durchweg magisch, animistisch organisiert, allerdings sind nicht alle Ich-Funktionen von der anal-sadistischen Regression betroffen. Viele Ich-Funktionen bleiben intakt, so etwa Realitätsprüfung und vor allem viele kognitive Funktionen.

2.3 Die Phobie

Klassische Aspekte

Der Ausdruck Phobie besagt (griech. phobos = Furcht) nichts anderes als nackte Angst. Die kunstvollen Fremdworte wie Klaustrophobie oder Agoraphobie beschreiben lediglich die näheren Umstände, unter denen es zu Angstzuständen kommt. Es sind Situationen oder Gegenstände, häufig auch Tiere, die Ängste auslösen.

Die Abwehr der Angst besteht also bei den Phobien darin, dass die ursprüngliche Angst, die nicht bewusst ist, auf bestimmte Angst erregende Situationen oder Gegenstände verschoben wird. Der Gewinn des unbewussten Abwehrprozesses liegt darin, dass man nun in der ursprünglichen Situation keine Angst mehr empfindet, dafür aber – über den unbewussten Abwehrprozess der Verschiebung – in einer anderen Situation. Diese Situation, z. B. das Überqueren großer öffentlicher Plätze, kann aber vermieden werden. Der trügerische Gewinn an Symptomfreiheit wird freilich mit einem erheblichen Verlust an Bewegungsfreiheit erkauft.

Spezielle Phobien

Weitere Formen von Phobie sind noch besonders hervorzuheben, weil sie häufig vorkommen und einen besonderen Leidensdruck bedingen:

1. die Erythrophobie, die Angst zu erröten;
2. die Herzphobie (fälschlich oft Herzneurose genannt), die Angst, herzkrank zu sein oder zu werden, und
3. die Carzino-Phobie, die Angst, an Krebs zu erkranken.

Zwei moderne Phobien kommen hinzu:

4. die AIDS-Phobie, die Angst, sich mit AIDS angesteckt zu haben, bzw.
5. die Becquerel-Phobie, die Angst, von radioaktiven Strahlen geschädigt zu werden.

Derartige Ängste sind real nicht ganz unbegründet; sind sie aber extrem ausgeprägt, ist die Wahrscheinlichkeit groß, dass sie zumindest neurotisch überlagert sind.

Ödipale Dynamik

So unterschiedlich die phobischen Bilder sind, so vielfältig sind auch die psychischen Ursachen. In der klassischen psychoanalytischen Perspektive ist es natürlich der Ödipuskomplex, der an der Quelle der Angst steht. Damit ist vor allem die Angst vor inzestuösen Wünschen gemeint: der Wunsch des Sohnes, die Mutter zu besitzen, und das Begehren der Tochter, dem Vater sexuell nahezukommen, und gleichzeitig die jeweils gegengeschlechtliche Person aus dem Felde zu schlagen.

Dazu kommen im Sinne des negativen Ödipuskomplexes die gegenteiligen Strebungen, die meistens stärker abgewehrt sind als die des »positiven« triangulären Konflikts zwischen Kind, Mutter und Vater: homosexuelle Regungen der Tochter gegenüber der Mutter und homosexuelle Impulse des Sohnes gegenüber dem Vater, jeweils verbunden mit »bösen« Wünschen gegenüber dem gegengeschlechtlichen Elternteil.

Es gibt aber nach wie vor Fälle, die dem klassischen Muster des (positiven) Ödipuskonflikts folgen: So können es Wünsche nach sexuellen Abenteuern sein, die manche Menschen Straßen und Plätze bewusst aufsuchen lassen, auch ganz berüchtigte wie das Rotlicht-Viertel einer Großstadt. Phobisch gestörte Menschen können sich derartige Wünsche wegen ihrer verinnerlichten Verbote gegenüber derartigen Wünschen nicht bewusst gestatten. Diese werden also, im Prinzip wie bei der Hysterie, aus dem Bewusstsein verdrängt. Die Abwehr wirkt sich aber im Gegensatz zur Hysterie nicht im Körper aus. Sie wird vielmehr auf bestimmte Gegenstände oder Situationen verschoben. Erst in der Konfrontation damit kommt es dann wegen der dort neu auftretenden Versuchung zu Angst. Deswegen müssen diese Gegenstände (z. B. eine Spinne) oder Situationen (z. B. ein großer Platz) unter allen Umständen vermieden werden.

Fallbeispiel

Der folgende Fall einer Schulphobie, mit einer lange unerklärlichen Angst vor der Schule, zeigt besonders eindrucksvoll, wie eng das faktische Verhalten der Mutter mit der Entwicklung der Phobie des Kindes verflochten sein kann. Das mit sieben Jahren eingeschulte Kind wurde wegen eines leichten Stotterns von den Mitschülern viel gehänselt und entwickelte sich langsam aber sicher zum Außenseiter und Sündenbock der Klasse. Als Folge davon bekam das Kind zunehmend Angst, in die

Schule zu gehen. Eine Zeit lang war dies noch in Begleitung der Mutter möglich. Dann gelang auch das nicht mehr.

Zunächst suchte man die Ursache der Störung im Kind, in möglichen Phantasien von Strafe und Verfolgung. Das Kind hatte auch Angst vor Geistern, die es aufzufressen drohten. Im Laufe der psychoanalytischen Behandlung des Kindes und der begleitenden Psychotherapie der Mutter zeigte sich dann aber, dass es die Mutter war, die ihre Ehe als sehr unbefriedigend erlebte. Sie suchte deshalb im Sohn ein Substitut für ihren Mann (Richter 1963).

Die Abhängigkeit zwischen Mutter und Sohn musste im Laufe der Therapie aufseiten des Kindes wie aufseiten der Mutter bewusst gemacht werden, um beide beteiligte Personen aus ihrem »Clinch« zu befreien. Der Vollständigkeit halber bleibt noch zu erwähnen, dass es eigentlich die Aufgabe des Vaters gewesen wäre, nicht nur seine Rolle als Mann bei der Frau einzunehmen, sondern auch die des Vaters gegenüber dem Sohn, eines Vaters, der dem Sohn zeigt, dass es neben der Bindung an die Mutter in der Welt noch viele interessante Dinge zu entdecken gibt.

Moderne Aspekte

Bei der Phobie reicht die Verdrängung und die Konversion als Abwehr ödipaler Konflikte nicht mehr aus. In einem weiteren Abwehrschritt werden regressiv die phallisch-narzisstische Entwicklungsphase und die für diese Phase charakteristischen Abwehrmodalitäten, wie Verschiebung, Intellektualisierung, Rationalisierung und Externalisierung, wiederbesetzt. Vor allem der letztgenannte Abwehrmechanismus zusammen mit der Verschiebung entlastet das Ich erheblich und führt zur erfolgreichen Bindung der Angst durch das Symptom. Die von Freud (1909 b) durchgeführte »Analyse der Phobie eines fünfjährigen Knaben« (der »kleine Hans«) zeigt die oben beschriebene Psychodynamik: Der kleine Junge hatte versucht, seine ödipale Rivalität gegen den Vater durch Verschiebung auf ein Pferd abzuwehren, was zunächst erfolgreich gelang. Er entwickelte dann allerdings die Phobie, von diesem Pferd attackiert und gebissen zu werden. Der gegen den Vater gerichtete ödipale Hass drang nun, zwar im Symptom gebunden, wieder zurück ins Bewusstsein und führte zur Angstentwicklung. Zunächst gelang es dem kleinen Hans, Pferde zu vermeiden, aber schließlich wurde das Symptom immer stärker. Freuds Analyse ergab, dass nicht nur Verschiebung und Externalisierung der ödipalen Hassgefühle auf das Pferd stattgefunden hatten, sondern auch eine Projektion. Der kleine Hans fürchtete nun seinerseits, vom Pferd gebissen zu werden, nicht nur als Ausdruck der verschobenen Kastrationsangst vor dem Vater, sondern auch als Ausdruck der eigenen unbewussten ödipalen Hasswünsche gegen ihn.

In der Vergangenheit wurde aber auch, wie im Fall der Zwangsneurose, auf die Beteiligung der präödipalen Konfliktdynamik bei der Entstehung von Phobien hingewiesen (Loch & Jappe 1974, Thomä 1995, Hoffmann 1999, Plänkers 2003) und damit der progressive Abwehrcharakter der phobischen Symptombildung gegen Ängste, die aus der analen Phase stammen und um Autonomie und Abhängigkeit vom Primärobjekt kreisen, hervorgehoben. Ebenso wurde die Bedeutung sowohl ödipal als auch anal (hier besonders um die Thematik der Autonomie kreisender) motivierter aggressiver Konflikte für die Entstehung der phobischen Symptomatik betont.

2.4 Neurotische Depression

Symptomatik

Die Symptome sind: depressive Verstimmungen, Lustlosigkeit, mangelnder Antrieb und eine mehr oder weniger starke Tendenz, sich zurückzuziehen. Dazu kommen charakteristische Schlafstörungen und viele nicht objektivierbare körperliche Beschwerden. Stehen die körperlichen Symptome im Vordergrund, spricht man von einer lavierten (maskierten, versteckten) Depression.

Psychogenese

Die Gründe für den depressiven Zustand sind den davon betroffenen Menschen nicht bewusst. Analysiert man sie, finden sich – aus didaktischen Gründen hier systematisch geordnet – die folgenden vier psychodynamischen Merkmale:

1. Depression als Folge von Verlusterlebnissen: Ein Verlusterlebnis besteht z. B. darin, dass eine wichtige Bezugsperson gestorben ist. Es kann aber auch dann empfunden werden, wenn uns ein wichtiger Mensch enttäuscht hat oder wenn wir über uns selbst enttäuscht sind. Wir empfinden dann jeweils gegenüber der zuvor herrschenden Hoffnung eine Enttäuschung. Mit anderen Worten: Wir fühlen uns um eine Hoffnung betrogen – in der Liebe, im Beruf, im Sport oder im musisch-künstlerischen Bereich. Wir haben etwas Wichtiges verloren, uns fehlt etwas, als Folge des Verlusts resultiert Depression.

2. Depression als Folge einer Schuldthematik: Hinter depressiven Gefühlen stecken vielfach Schuldgefühle aus den verschiedensten Gründen: weil wir über einen uns wichtigen Menschen schlecht gedacht hatten oder ihm böse waren. Wir fühlen uns dann wegen dieser bösen Gedanken schuldig, besonders, wenn uns der betreffende Mensch weiterhin freundlich begegnet oder sogar freundlicher ist als zuvor. Ein anderer Grund von Schuldgefühlen können unbewusste Beseitigungswünsche gegenüber einem Rivalen sein, sei es in der Liebe oder im Beruf, wenn uns z. B. ein Rivale die Geliebte streitig machen will oder uns im beruflichen Feld die Schau stiehlt. Das Ergebnis ist ein schlechtes Gewissen, das nun seinerseits abgewehrt wird, wenn auch um den Preis einer Depression.

3. Depression als Folge von Konflikten im Bereich der Aggressivität: Hassgefühle gegenüber einem Rivalen gelten im Allgemeinen als verpönt. Sie werden daher leicht aus dem Bewusstsein verdrängt. Dabei können sie in einem schon von Freud (1915c, S. 220) beschriebenen Abwehrmechanismus in einer charakteristischen Wendung gegen sich selbst gerichtet werden. Diese Wendung gegen die eigene Person ist von Selbsthass begleitet. Sie führt nach dem Selbsthass als erstem Schritt im zweiten Schritt zur Traurigkeit, weil unsere Selbstachtung diesen Zustand nicht ertragen kann. Jedenfalls kann man in der Analyse der Fälle von neurotischer Depression immer wieder Selbstanklagen und -vorwürfe feststellen, ohne dass ein plausibler Grund vorhanden wäre. Die Interpretation, wonach die Selbstanklage und -vorwürfe eigentlich einer anderen Person gelten, trifft ebenfalls häufig zu. Wir wollen dann einen Menschen, der uns wert und teuer ist, dadurch vor unserer Anklage schützen, dass wir statt seiner lieber uns selbst anklagen.

4. Depression als Folge von Selbstwertproblemen: Sie sind das Resultat narzisstischer Kränkungen. Wenn uns z. B. jemand beschämt hat, uns einen Fehler nachweist, wir in einer uns wichtigen Sache einfach übergangen oder gar mit Verachtung gestraft wurden, fühlen wir uns in unserem Selbstwert gekränkt. Die Kränkung wirkt umso mehr, je verletzlicher wir sind. Unserer Erfahrung nach sind es meistens ungerechtfertigte Kränkungen, die uns zu Recht verletzen und deswegen verständlicherweise ein trauriges Gefühl hinterlassen, zumal mit der Kränkung immer auch eine Ent-Täuschung über die Einschätzung anderer Personen verbunden ist. Insofern sind Selbstwertproblematik und Verlustthematik schwer voneinander zu trennen und miteinander vermischt, speziell mit der Selbstwertthematik bzw. mit dem Thema des Narzissmus (vgl. Kap. VII.4).

Neben diesen durch ungelöste Konflikte bedingten Depressionen gibt es

5. Depressionen als Folge von Traumatisierungen wie sexueller Missbrauch, Misshandlung, Verachtung (Traumamodell).

6. Depressionen als Folge von Deprivation (Entbehrung) oder Mangelzuständen (Defizitmodell): Frustrationen elementarer Bedürfnisse wie derjenigen, die Lichtenberg (1989) herausgestellt hat (vgl. Kap. VI.8), führen zu strukturellen Defiziten, zu einer Grundstörung im Sinne von Balint (1970), zu einem unterstimulierten Selbst (Wolf 1996).

7. Depression als Folge abgewehrter Trauer: Erinnern wir uns an Depression als Ergebnis unverarbeiteter Verlusterlebnisse, wäre Trauer die normale Reaktion, Depression das pathologische Geschehen. Depression imponiert in dieser Sicht als schlichte Folge abgewehrter Trauer. Wird Trauer als wichtiger menschlicher Affekt (neben Freude, Wut, Angst, Ekel, Scham- und Schuldgefühlen) nicht zugelassen und nicht verarbeitet – wird keine Trauerarbeit geleistet (Freud 1916–17a) –, sondern pathologisch abgewehrt, kann Depression das Resultat dieser verhinderten Trauerarbeit sein. Trauer ist ein lebendiger Prozess der Auseinandersetzung durch »Erinnern, Wiederholen und Durcharbeiten« (Freud 1914g) nach einem Verlust, einer Enttäuschung. Sozial vermittelte Rituale und Zeremonien erleichtern diesen Trauerprozess. Bleibt dieser lebendige Prozess stecken, könnte man von einer Art »seelischem Infarkt« sprechen, einer Blockade. Wichtigstes therapeutisches Ziel wäre dann, diesen stecken gebliebenen Trauerprozess wieder in Gang zu bringen, den davon betroffenen Menschen beim Trauern zu unterstützen.

8. Depression als normale Reaktion auf schwer erträgliche Situationen und Zustände: Hierbei denken wir an Arbeitslosigkeit, Einsamkeit, Armut, schwere körperliche Erkrankung, Behinderung. Ehrenberg (1998) spricht von einem »erschöpften Selbst«, das durch die herrschenden gesellschaftlichen Zustände heillos überfordert wird. Unerbittlicher Konkurrenzdruck, einschränkende Gesetze, bedrohende Globalisierung und die nicht gebannte Terrorgefahr setzen jedem so zu, dass die individuelle Souveränität nicht aufrechterhalten werden kann. Entsprechende soziale Hilfen fehlen ebenso wie schützende Institutionen. Außerdem ging der frühere Rückhalt in der Religion durch die zunehmende Säkularisierung verloren.

Psychodynamik

Die hinter einer neurotischen Depression verborgenen unbewussten Prozesse betreffen Triebkonflikte sexueller wie aggressiver Art. Die genitale Sexualität ist gestört, durch Schuldkonflikte kompliziert. Oder die Kranken werden von aggressiven Gefühlsregungen bedrängt, die in charakteristischer Wendung gegen die eigene Person gerichtet werden und auf Selbstzerstörung zielen. Passiv-orale Konflikte kreisen um Wünsche, unbedingt etwas zu erhalten. Kommt es nicht dazu, führt die Enttäuschung darüber, leer ausgegangen zu sein, zu reaktiver Wut. Darüber hinaus kommt es zu Ängsten, in der reaktiven Wut gerade das zu zerstören, was einen noch am Leben hält. Die um Haben-Wollen und Enttäuschungswut kreisenden Konflikte lassen sich am besten als oral-sadistische Konflikte verstehen. Sie sind in der Sicht Melanie Kleins (1962) besonders stark ausgeprägt, weil sie letztlich konstitutioneller Natur sind und den Menschen von innen bedrängen. Dabei spielen besonders Gier und Neid eine große Rolle. Insofern könnte man hier von endogenen (von innen kommende) Ursachen der Depression sprechen, wäre diese Bezeichnung nicht von den Psychiatern für die psychotische Depression reserviert. Aber es finden sich bei näherer Analyse depressiver Zustände immer auch äußere Gründe für die depressive Verstimmung: die Enttäuschung berechtigter Wünsche nach optimaler Beachtung und Zuwendung. Hauptmerkmal des depressiven Prozesses ist ein effektiver Zustand von Hilflosigkeit und Ohnmacht. Dabei handelt es sich nach Bibring (1953) um eine fundamentale menschliche Weise des Reagierens auf Frustration, die ebenso grundlegend ist wie die Angstreaktion angesichts konkreter Gefahr. Jeder von uns wünscht, geliebt und geachtet zu werden. Jeder hat das Bedürfnis, sich groß, stark und sicher zu fühlen. Und jeder möchte gerne andere Menschen lieben. Es sind genau die Versagungen dieser drei Wünsche, die reaktiv zur Depression führen. Die drei Wünsche passen zur Selbstwertthematik der psychoanalytischen Narzissmustheorie (vgl. Kap. IV.3).

Die Abwehrmechanismen, die der narzisstischen Persönlichkeit zur Verfügung stehen, fehlen den Depressiven. Dies ist ein charakteristischer qualitativer Unterschied. Trotzdem finden sich auch Abwehrmechanismen wie die der Spaltung, der Introjektion und Projektion. Charakteristisch ist der Abwehrmechanismus der Einkapselung (D. Rosenfeld 1992). Der Depressive versucht z. B. unbewusst, seine Selbstachtung (das »wahre Selbst« im Sinne von Winnicott 1967) dadurch vor dem Zugriff entwertender und zerstörender Prozesse zu retten, dass er es einkapselt. Damit ist das wahre Selbst zwar geschützt, kann aber dem betreffenden Menschen nicht mehr nützen, weil es ja unzugänglich geworden ist – ein untauglicher Abwehrmechanismus.

Nicht weniger tauglich erscheint der Abwehrversuch der Identifizierung mit dem bedrohenden, verfolgenden oder strafenden Objekt. Der Erfolg der Abwehr besteht dann darin, nicht mehr ständig gequält, verfolgt, gestraft, verurteilt zu werden. Der Preis dafür ist aber der damit verbundene partielle Selbstverlust.

Der depressive Prozess

Der depressive Prozess besteht bei der Depression darin, dass Teile der Persönlichkeit – in Freuds Strukturmodell das Ich – durch bedrohende Instanzen – in Freuds Strukturmodell das Überich – verändert werden. Sie werden von einer zuerst drohenden, dann aber direkt angreifenden Instanz – die Leser mögen die militärische Ausdrucksweise entschuldigen – »erobert«, »besetzt« und schließlich »vereinnahmt«, um nicht zu sagen »aufgefressen«. Der depressive Prozess kann aber auch darin bestehen, dass sich das Ich der vermeintlichen oder realen Übermacht des Überichs gleichsam »opfert« und sich »vereinnahmen« und »auffressen« lässt, mit dem Ergebnis der völligen Kapitulation. Meistens besteht an der Grenze zwischen eigenem Bereich und fremder Okkupation ein bewegtes Hin und Her, in dem einmal die eine Seite, dann wieder die andere Seite gewinnt oder verliert. Damit ist eine plausible Erklärung gegeben für die von den Psychiatern beschriebenen unterschiedlichen Zustände zwischen der gehemmten Depression, in der das Ich gegenüber dem Überich kapituliert hat, und der erregten Depression, in der der Kampf zwischen Ich und Überich in vollem Gange ist (vgl. Abb. 11).

Freud (1916–17g, S. 437) spricht in seiner anschaulichen Sprache davon, dass der »Schatten des Objekts« auf das Ich gefallen ist. Der zweifelhafte Gewinn der Abwehr besteht darin, wenigstens nicht mehr ständig mit dem bedrohenden, strafenden oder verfolgenden Objekt konfrontiert zu sein. Der Selbstverlust ist freilich ein hoher Preis für diesen Gewinn. Ein weiterer Nachteil besteht darin, dass auch gute Anteile des Objekts über den depressiven Prozess der Vereinnahmung dem Ich verloren gegangen sind und nun nicht mehr außen zur Verfügung stehen. Wenn der Apfel gegessen ist, haben wir ihn nicht mehr in der Hand. Im Gegensatz zur neurotischen Depression sind bei der psychotischen Depression eigene und fremde Persönlichkeitsanteile

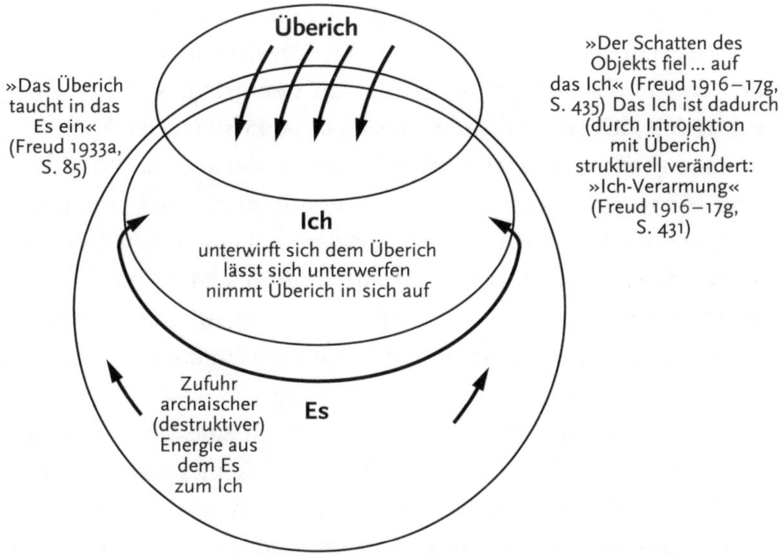

Abb. 11: Neurotischer Typ der Depression. Das Ich ist nahezu vom Überich »vereinnahmt«, »aufgefressen«. Das Überich ist wie ein Schatten auf das Ich gefallen.

nicht scharf voneinander getrennt. In diesem psychodynamischen Merkmal ist die psychotische Depression ebenso psychotisch wie die Schizophrenie, wenn auch die depressive Persönlichkeit nicht wie die schizophrene Persönlichkeit in viele Teile aufgespalten ist. Hier besteht ein scharfer qualitativer Unterschied zur neurotischen Depression, bei der die Grenzen zwischen Ich und Nicht-Ich immer streng gewahrt sind.

Stellen wir abschließend den depressiven Prozess in chronologischer Folge dar:

1. Beginn mit einer Enttäuschung an sich selbst oder an anderen;
2. narzisstische Kränkung;
3. die entstandene Hilflosigkeit kann nicht ausgehalten werden;
4. deswegen wird als Ausgleich für die Kränkung unbewusst versucht, vom Objekt narzisstische Zufuhr zu erhalten;
5. die damit bestehende Abhängigkeit wird zusätzlich als narzisstisch kränkend empfunden, sodass sie verleugnet werden muss;
6. die unerträgliche Abhängigkeit von einem mächtigen Objekt kann dadurch leichter ertragen werden, dass das Objekt herabgesetzt, entwertet wird;
7. dies kann eine Genugtuung sein.

Man schneidet sich damit aber ins eigene Fleisch, weil ein entwertetes Objekt keine narzisstische Zufuhr mehr gewähren kann. Immerhin ist der andere dann nicht besser als man selbst. Dies kann wenigstens vorübergehend zur Aussöhnung mit sich selbst führen. Geringste Anlässe wie die kleinste Provokation können aber das prekäre Gleichgewicht wieder stören. Die reaktive Wut kann dann leicht gerade das Objekt, von dem man abhängt, zerstören. Dies wäre auf der einen Seite ein Triumph. Auf der anderen Seite würde man aber damit gerade den Ast absägen, auf dem man selbst sitzt. Um dies zu vermeiden, wird die Aggressivität gegen die eigene Person gewendet. Dies wiederum wird als geringeres Übel hingenommen, mit dem Ergebnis massiver Selbstzweifel und extrem herabgesetzter Selbstachtung.

Im Falle der neurotischen Depression bietet sich eine Verknüpfung neurobiologischer und psychoanalytischer Befunde an. Gemeinsame Schnittfläche ist aus beider Sicht der Affekt der Depression, der aus psychoanalytischer Sicht als Ausdruck des Verlusts des Ideal-Objekts und wegen der narzisstischen Beziehung letztlich auch teilweise des Selbst zu verstehen ist. Empirische Forschungen aus verschiedenen Wissenschaftsgebieten haben gezeigt, dass eine frühzeitige und abrupte Trennung von der Mutter depressive Affekte und Reaktionsweisen entstehen lässt. Dies stellt eine für viele Primaten typische psycho-biologische Antwort auf traumatische Verlusterfahrungen dar. Hier befinden sich Psychoanalyse, Bindungsforschung, Entwicklungspsychologie und Neurobiologie in Konvergenz. Die biologische Psychiatrie hat sich bemüht, die genetischen Dispositionen bei der Frage der Entstehung affektiver Störungen zu klären (Marneros 1989, Helmchen et al. 2000), und hat dabei Störungen der dopaminergen und serotonergen Systeme, in denen das neurobiologische Korrelat der Affektentstehung verortet wird, gefunden. Auf diesem Gebiet gibt es, ähnlich wie bei den schizophrenen Psychosen, hochinteressante und Erfolg versprechende Forschungsarbeiten, um weiteren Aufschluss über die Entstehungsbedingungen dieser schweren seelischen Erkrankungen zu erlangen.

2.5 *Die Angstneurose*

Symptomatik

Charakteristisch für das Krankheitsbild sind Somatisierung und ein gewisser nicht-psychotischer Konkretismus: Herzbeschwerden, Schwindelgefühle,

Durchfälle, erhöhte Atemfrequenz, Angstschweiß sowie die Überzeugung, an einer körperlichen Erkrankung im nächsten Moment sterben zu müssen. Der angstneurotische Anfall, die Panikattacke, kann Minuten oder Stunden andauern, geht einher mit erhöhter Pulsfrequenz, Schweißausbruch, starker Atmung sowie Bluthochdruck. Daher tauchen diese Patienten häufig in Notfallambulanzen, beim Internisten oder im psychiatrischen Notdienst auf. Eingeleitete somatische diagnostische Verfahren bleiben ohne Befund. Durch Zuwendung beruhigen die Patienten sich oft, sind auch durch den negativen Befund kurzzeitig entlastet; allerdings kommt es häufig zum Wiederauftreten des Angstanfalls. Die Angstattacken sind zudem von einem Gefühl der Hilflosigkeit und absoluten Ohnmacht gekennzeichnet. Die meisten Patienten sind von einer somatischen, organischen Genese ihrer Erkrankung felsenfest überzeugt. Die Angstneurose ist von der Phobie sowie von der Hypochondrie differentialdiagnostisch abzugrenzen (Nissen 2003). Die Phobie ist durch ein höheres Strukturniveau der Persönlichkeit gekennzeichnet, und wie bei der Hypochondrie gelingt es, die Angst in einem Symptom zu binden. In der Forschung wird diskutiert, ob die Angstneurose den Hinweis auf einen strukturellen Ich-Defekt darstellt, damit einer Ausfallserscheinung gleichkommt und einem Zusammenbrechen der Abwehr zu verdanken ist, oder ob in der Symptombildung der Angstneurose ebenfalls eine Konflikt-Abwehr-Dynamik zu erkennen ist und das Symptom existenziellere Ängste, seelische Schmerz-Schuldgefühle und Aggressionskonflikte kontrollieren soll (Mentzos 1984).

Psychodynamik

Freud grenzte in der topographischen Theorie die Aktualneurosen von den Übertragungsneurosen ab. Er zählte die Angstneurose zu den Aktualneurosen und betonte Somatisierung und Konkretismus als pathognomonische Merkmale. In moderner Terminologie formuliert sind die Symbolisierungs- und Repräsentanzfunktion bei der Angstneurose nicht entwickelt und/oder regressiv blockiert. Psychogenetisch wird eine Fixierung um die Zeit der Achtmonatsangst vermutet, da in dieser Phase erste Differenzierungen von Selbst- und Objektrepräsentanzen stattfinden, Objektkonstanz sensu Mahler allerdings noch nicht entwickelt ist. Psychodynamische Hypothesen vermuten deshalb, dass bei der Angstneurose die Differenzierung von Selbst und Objekt in Ansätzen gelungen ist, allerdings nicht abgeschlossen werden konnte, und dass zudem die Integration von nur guten und nur bösen Selbst- und Objektrepräsentanzen sowie das Erreichen der Objektkonstanz nicht stabil internalisiert ist:

»Der angstneurotische Patient leidet an einer Labilität oder Schwäche der Objektkonstanz ... Er kann diese Schwäche und Labilität durch die räumliche Anwesenheit und den ständigen Kontakt mit äußeren Objekten, die Vertrauen erwecken, kompensieren. Dagegen fühlt er sich akut gefährdet, wenn er sich von diesen Personen trennen muß, wenn er diese Person verliert oder wenn er aufgrund von eigenen Autonomiestrebungen sich distanziert oder sogar aggressive Impulse gegen diese Personen entwickelt« (Mentzos 1984, S. 21).

Daher wird vermutet, dass der Angstneurotiker von der Verschiebung Gebrauch macht: Obwohl die Todesangst

»ursprünglich eine Angst vom Verlust der eigenen psychischen Existenz ist (der eigenen Selbstrepräsentanz), erscheint sie – verschoben – als eine Angst um die eigene Gesundheit und physische Existenz. Die manifeste Angst ist nur die Konkretisierung und die symbolhafte Darstellung des eigentlich gefürchteten psychischen Selbstverlustes« (ebd., S. 22).

Aktuelle Hypothesen

Im Hinblick auf die Objektbeziehungen wurde die Hypothese formuliert, dass die Objekte des Angstneurotikers von jeglichen starken Gefühlen sofort ablenken,

»wodurch eine wichtige emotionale Erfahrung verdünnt wird, sobald sie entsteht. Den Interaktionen kommt zu wenig Gewicht zu, um prägend verinnerlicht zu werden. So entstehen Repräsentanzen, die sozusagen blaß sind ... (Der Angstneurotiker) bleibt weiterhin von der Aktualisierung abhängig, da diese auf Ablenkung und Vermeidung beruht und somit eine Verinnerlichung und eine weitere Entwicklung nicht begünstigt. Das Dilemma des Angstneurotikers stellt sich wie folgt dar: Man kann keine sicheren Repräsentanzen ohne ausreichendes Affekterleben entwickeln, aber der Angstneurotiker vermeidet Affekte, denn die altbekannte Interaktion, die er ständig aktualisiert, besteht aus Affektvermeidung« (Schoenhals-Hart 2006, S. 197).

Alternativ zu diesem Ansatz wäre denkbar, dass eben gerade diese Art der Interaktion verinnerlicht wird, die sich dann in der Übertragungs-/Gegenübertragungsdynamik zum Ausdruck bringt. In dieser Perspektive wären die Repräsentanzen nicht blass, sondern instabil verankert, da diese spezifische Art der Interaktion als zerstörerischer Angriff (möglicherweise entstanden durch Projektion?) erlebt wird. Neuere Arbeiten betonen des Weiteren den Einfluss eines destruktiven Überichs im Sinne Bions, daraus resultierende überwältigende Scham- und Schuldkonflikte, ein fehlendes Containment in den primären Objektbeziehungen, was zur Aufhäufung einer psychisch nicht symbolisierbaren, körpernahen Erregungssumme (physiologischer Zustand der Angst) führt (Plänkers 2003), sowie – im Hinblick auf die Angst vor dem Verrücktwerden, die viele Angstneurotiker beherrscht – Projektionen eines unzuverlässigen Objekts auf das lebenswichtige Hirnorgan (Mentzos 1984), verknüpft mit der Angst, dass durch die Verbindung von Gedanken und die Beziehung zu Objekten (was grundsätzlich möglich wäre) unerträgliche seelische Zustände ausgelöst würden (Green 2002b).

2.6 Die Hypochondrie

Ein einheitliches Syndrom

Die Hypochondrie zählt zu jenen Erkrankungen, mit deren Erforschung die abendländische Medizin und Psychologie entstanden sind. Seit der Antike wird sie in allen wichtigen psychologischen und medizinischen Lehrbüchern verhandelt und traditionell mit der Melancholie assoziiert (Müller 1990). Phänomenologisch stellt sie ein einheitliches Syndrom dar. Ihr pathognomonisches Merkmal ist die verfestigte Überzeugung, an einer lebensbedrohlichen körperlichen Erkrankung zu leiden, was quälende Todesängste auslöst. Zugleich haben diagnostische Untersuchungen, die allesamt ohne Befund bleiben, keinen entlastenden Einfluss. Die Hypochondrie bildet keine nosologische Entität (Küchenhoff 1985, Hirsch 1989, Röder et al. 1995, Nissen 2003). Vielmehr können hypochondrische Symptome mit unterschiedlichen Erkrankungen assoziiert sein. Die Differentialdiagnose zu organischen oder Angsterkrankungen ist oft schwierig. Unter Berücksichtigung des Strukturniveaus (vgl. Kap. VII.3.1) ergeben sich folgende Überlegungen: Auf höherem Strukturniveau ist sie von sadomasochistischen Persönlichkeitsstörungen zu differenzieren. Auf niedrigem Strukturniveau ist sie häufig nur im Längsschnitt oder im Verlauf einer Therapie von narzisstischen oder Borderline-Persönlichkeitsstörungen abzugrenzen, da hier transitorischen und chronischen hypochondrischen Symptomen eine zentrale Bedeutung zukommt. Auf niedrigem sensu psychotischem Strukturniveau tritt die Hypochondrie entweder als monosymptomatischer Wahn (wahnhafte Störung) auf und ist dann vom körperdysmorphophoben Wahn abzugrenzen. Sie kann ferner als Begleitsymptom bei der coenästhetischen Schizophrenie auftreten (Müller 2003b) und fehlt auch selten bei affektiven Psychosen als Teil der Wahnsymptomatik (Röder et al. 1995). Dieser Vorschlag zur Differentialdiagnose befindet sich unter phänomenologisch-symptomatologischen Aspekten in Übereinstimmung mit der deskriptiven psychiatrischen Nosologie (Fuchs 2000) und in dynamischer und struktureller Hinsicht in Konvergenz mit den Überlegungen einer Reihe von ich-psychologischen, objektbeziehungstheoretischen und kleinianischen Autorinnen und Autoren, die mit unterschiedlicher Gewichtung ebenfalls Formen der neurotischen und psychotischen Hypochondrie voneinander unterscheiden.

Spezielle Perspektiven

Aus objektbeziehungstheoretischer Sicht differenziert Rosenfeld im Anschluss an Freud ebenfalls zwei Versionen von Hypochondrie:

»die eigentliche Hypochondrie – die eine ausgesprochene chronische Psychose ist, der man im allgemeinen eine schlechte Prognose gibt – (und die) hypochondrischen Zustände …, die mehr vorübergehenden Charakter haben und psychotischen oder neurotischen Ursprungs sein können. Hypochondrische Zustände finden sich bei Neurosen und Psychosen …, (während) die chronische Hypochondrie jedoch ein Syndrom ganz anderer Art zu sein scheint« (Rosenfeld 1964, S. 205 ff.).

Damit vertiefte er die Überlegungen M. Kleins, die »betonte, daß selbst bei narzißtischen Zuständen wie z. B. Hypochondrie libidinöse und aggressive Impulse an gute und schlechte Objekte im Ich gebunden bleiben« (ebd., S. 213), und narzisstisch hypochondrische Zustände daher nur phänomenologisch als Rückzug aus den Objektbeziehungen imponieren. Ähnlich wie Klein vermutet auch Rosenfeld, dass die tiefste Angstquelle bei der Hypochondrie in der »Furcht vor Verfolgung innerhalb des Körpers (Angriff durch introjizierte Verfolgungsobjekte oder Schaden, den der eigene Sadismus durch Angriffe mit gefährlichen Exkrementen den inneren Objekten zugefügt hat)« zu suchen ist. Im Gegensatz zu Klein glaubt aber Rosenfeld, »daß die Unfähigkeit des Hypochonders, von dem Mechanismus der Projektion Gebrauch zu machen, nur eine scheinbare ist« (ebd., S. 214). Aus diesem Grund misst er den Introjektionsmechanismen einen großen Stellenwert zu:

»Meiner Ansicht nach projiziert der hypochondrische Patient ständig Teile seines psychischen und manchmal auch physischen Selbst – sowie innere Objekte – in äußere Objekte, aber es ist für die Krankheit charakteristisch, daß das äußere Objekt nach der Projektion sofort vom Ich zurück introjiziert und in den Körper oder in bestimmte Körperorgane abgespalten wird. Bei vielen Patienten kommt es zu mehrfachen Re-Projektionen und Re-Introjektionen« (ebd., S. 215).

Rosenfeld arbeitet ferner die Bedeutung der pathologischen Spaltungen und der daraus resultierenden Verwirrtheitszustände heraus. Verwirrungen seien für das Ich deshalb schwer zu ertragen, weil die guten Selbst- und Objektanteile »vom schlechten Selbst und den schlechten Objekten, mit denen sie vermischt sind, überwältigt zu werden« drohen (ebd.). Die depressive Position kann nicht durchgearbeitet werden, weil dafür die normale Spaltung zwischen guten und schlechten Objekten und Selbstanteilen sowie Wiedergutmachung notwendig sind. Deshalb entwickeln »sich aus dem Mißlingen der normalen Spaltung und Differenzierung zwischen guten und schlechten Objekten abnormale Spaltungsprozesse oder -mechanismen …, (um) die Verwirrtheitszustände loszuwerden«, die dann in den Körper verlagert werden (ebd., S. 218). Somit kann die chronische Hypochondrie nicht einfach als ein regressiver Zustand betrachtet werden, sondern ist als »Abwehrformation gegen eine akute Schizophrenie oder paranoide Psychose« zu verstehen (ebd., S. 219).

Vom ich-psychologischen Standpunkt lassen sich eine narzisstische und eine neurotische Dynamik bei der Hypochondrie unterscheiden: »Bei der neurotischen Reaktion können hinter der hypochondrischen Phantasie unbewußte Konflikte stecken; bei der narzißtischen Charakterstörung … wird die Hypochondrie benötigt, um die drohende Selbstfragmentierung abzuwehren« (Hirsch 1989, S. 77). Wie Kohut versteht Hirsch »die Hypochondrie sowohl als Signal und Ausdruck der Selbstfragmentierung als auch ihrer Verhinderung« (ebd.), wobei die aktuellen Auslöser meist im Verlust des oder in Kränkungen durch das Selbstobjekt zu finden sind: »Der Körper oder Teile von ihm treten also mittels der Hypochondrie an die Stelle des für die Selbstkohärenz notwendigen Selbstobjekts« (ebd.). Psychodynamisch sind Trennungskonflikte und Trennungsambivalenz sowie die Angst, »vom Partner durch Verlassenwerden gestraft zu werden« (ebd., S. 84), von erheblichem Gewicht. In Anlehnung an frühere Arbeiten von A. Freud arbeitet Hirsch Verhaltensweisen des Primärobjekts heraus, die in Verbindung zum neurotischen »Autonomie-Abhängigkeitskonflikt« und zum narzisstischen Konflikt »der Loslösung aus der Symbiose und Wiederannäherung« zu sehen sind. »In der ersten Gruppe sind die Mütter selbst chronisch oder hypochondrisch krank und verhindern, mit Hilfe der Krankheit Schuldgefühle machend, die Ablösung des Kindes …; die zweite Gruppe zeichnet sich aus durch übermäßige Besorgtheit um die körperliche Gesundheit des Kindes« (ebd., S. 87 f.). In jüngster Zeit haben Nissen et al. (2003) die zentrale psychodynamische Rolle von Trennungs- und Abhängigkeitskonflikten hervorgehoben. Oral- und anal-sadistische sowie narzisstisch-perverse Abwehrformationen werden aktiviert, um die existenziellen Verlustängste zu binden. Da die Externalisierung und Re-Inszenierung in aktuellen Beziehungen auf Dauer scheitern müssen, entwickelt sich schließlich die hypochondrische Symptomatik, wenn diese Strukturen ins Körperorgan re-introjiziert werden. Die hypochondrischen Symptome dienen jetzt der Abwehr der Angst vor vernichtender Selbstfragmentierung.

3. Allgemeine Theorie der Persönlichkeitsstörungen

3.1 Unterschiedliche Strukturniveaus

Neben den Symptomneurosen bildet die Gruppe der Persönlichkeitsstörungen das Gros der klinisch-psychoanalytischen Praxis. Kernbergs (1976) klinische Typologie der Persönlichkeitsstörungen stellt eine klinisch brauchbare und empirisch validierte Theorie der Persönlichkeitsstörungen dar. Dieser Typologie liegt der Versuch zugrunde, die deskriptive Charakterdiagnose mit der entsprechenden Strukturebene der Charakterpathologie zu verbinden. Er klassifiziert die Persönlichkeitsstörung nach folgenden strukturellen Gesichtspunkten: Pathologie von Ich und Überich, Pathologie der internalisierten Objektbeziehungen, Störung der Entwicklung libidinöser und aggressiver Triebabkömmlinge. Danach lassen sich unterschiedliche Organisationsstufen seelischer Strukturen unterscheiden:

1. *Die höhere Strukturebene:* Bei diesen Störungen liegt ein gut integriertes, aber strenges, strafendes Überich vor. Auch das Ich des Patienten ist gut integriert, eine stabile Ich-Identität im Sinne Eriksons und ein stabiles Selbstkonzept sowie stabile, integrierte Repräsentanzen von Selbst und Objekt sind entwickelt. Die unbewussten Konflikte sind vorwiegend ödipaler Natur, die

Abwehrmechanismen sind um die Verdrängung zentriert. Die Fähigkeit zu Ambivalenzerleben innerhalb von Ganzobjekt-Beziehungen ist vorhanden. Die Charakterabwehr besteht meist aus Reaktionsbildungen gegen verdrängte Triebbedürfnisse, ist selbst aber nicht von Triebaktivität durchsetzt. Die Patienten sind im sozialen Bereich gut integriert, zeigen stabile Objektbeziehungen, sind zu echten Schuldgefühlen und Wiedergutmachungsleistungen in der Lage. Nach Kernberg sind die meisten hysterischen Charaktere, die depressiv-masochistischen Charaktere sowie die Zwangscharaktere auf dieser höheren Strukturebene angesiedelt.

2. *Die mittlere Strukturebene:* Auf dieser Ebene ist das Überich qualitativ und quantitativ strafender, strenger ausgeprägt und auch nicht so gut integriert wie auf der höheren Strukturebene. Das Überich kann erste Anzeichen von Spaltung aufweisen, indem es widersprüchliche und nebeneinander bestehende Forderungen von verbietenden, aggressiven, teils anal-sadistischen Überich-Verboten impliziert und toleriert, zugleich aber im Bereich des Ichideals auch magische, idealisierende Vorstellungen vertritt. Aufgrund dieser mangelnden Integration des Überichs können einzelne Überich-Anteile projiziert werden, was einerseits zu übermäßiger Abhängigkeit von idealisierten Objekten oder den Trägern von Ichidealen führt, andererseits in stärkerem Ausmaß zu verfolgenden Schuldgefühlen (Angst vor Autoritäten). Zwar steht weiterhin die Verdrängung im Zentrum der Abwehrorganisation; jedoch ist die Charakterabwehr weniger hemmend und schon stärker durchsetzt mit Triebstrebungen, d. h. Abwehroperationen dienen teilweise bereits der Triebbefriedigung. Neben Verdrängung imponieren vor allem Intellektualisierung, Ungeschehenmachen und Rationalisierung, zum Teil aber auch mildere Formen von Projektion und Spaltung. Häufiger treten nun prägenitale, hier vor allem orale Impulse auf, die Regressionsneigung dieser Patienten ist stärker ausgeprägt. Gleichwohl werden die aggressiven Triebimpulse auf dieser mittleren Strukturebene noch stark durch libidinöse Impulse abgeschwächt. Die Fähigkeit zu stabilen Objektbeziehungen besteht, ebenfalls die Toleranz von Ambivalenz und die Fähigkeit zur Affektdifferenzierung und Affekttoleranz. Nach Kernberg sind vor allem die sadomasochistischen Persönlichkeitsstörungen, viele narzisstische Persönlichkeitsstörungen, die oralen sowie die passiv-aggressiven Charakterpathologien auf diesem mittleren Niveau organisiert. Auch die leichteren narzisstischen Persönlichkeitsstörungen, etwa der phallisch-narzisstische Charakter oder hysterische Persönlichkeitsstörungen mit vorwiegend narzisstischer Note (Rachetypus, Wunscherfüllungstypus) zählen hierzu.

3. Die niedere Strukturebene: Ihr Hauptkennzeichen ist das Syndrom der Identitätsdiffusion. Der Patient verfügt nicht über ein integriertes Selbstkonzept oder stabile innere Repräsentanzen. Selbst- und Objektbilder sind aufgespalten in »nur gute« und »nur schlechte/böse« Versionen. Das Überich ist minimal integriert und infolgedessen die Neigung zur Projektion und projektiver Identifizierung von Überich-Kernen stark ausgeprägt mit der Folge irreal überhöhter, idealisierter Beziehungen einerseits sowie verfolgenden, beängstigenden Beziehungen andererseits. Es besteht kaum Ambivalenztoleranz, Affektdifferenzierung und Affekttoleranz. Affekte werden selten als Signale, sondern häufig als automatisch und damit überflutend erlebt. Die Fähigkeit zu Anteilnahme, Schuldgefühl und Dankbarkeit ist nicht ausgeprägt. Diese niedere Strukturebene der Charakterpathologie entspricht in etwa den strukturellen und dynamischen Verhältnissen, wie sie von der kleinianischen Objektbeziehungstheorie der paranoid-schizoiden Position oder von Kohut den archaischen Selbst- und Objektimagines zugeordnet werden. Hauptabwehrmechanismen sind Spaltung und projektive Identifizierung sowie Idealisierung und omnipotente Verleugnung, die nicht nur für die verschwimmende intrapsychische Grenze zwischen Ich und Überich sowie Selbst- und Objektrepräsentanzen verantwortlich sind, sondern auch jene zwischen Selbst und äußeren Objekten. Die Regressionsneigung ist maximal. Die synthetisierenden und organisierenden Ich-Funktionen sind schwer gestört, was sich in der rasch wechselnden Folge von unterschiedlichen Ich-Zuständen und Objektvorstellungen ausdrückt. Auf dieser niedrigen Struktur der Charakterpathologie zeigt sich eine aus Abwehrgründen gegen »nur schlechte« Objektbeziehungen eingesetzte introjektive Identifizierung des Selbst mit seinen idealisierten Selbst- und Objektbildern. Vor allem hat die Charakterabwehr oft eine der Triebbefriedigung dienende Zielrichtung. Bei diesen Patienten herrscht ein verfolgendes Schuldgefühl vor, sie leiden an diskontinuierlichen Objektbeziehungen sowie Beziehungen zum Selbst. »Nur gute« und »nur schlechte« Selbst- und Objektbilder stehen sich im ständigen Konflikt gegenüber, werden in rasch wechselnder Folge auf äußere Objekte projiziert. Zudem leiden diese Patienten unter massiven Aggressionskonflikten prägenitaler Natur und zeigen häufig auch eine Verdichtung prägenitaler und genitaler Konflikte. Das Stadium der Objektkonstanz ist nicht erreicht; die Fixierungen liegen in der Phase der Wiederannäherungskrise. Dieses auch als »Borderline«-Ebene bezeichnetes Niveau der Struktur ist charakteristisch für die meisten infantilen Persönlichkeiten, für viele narzisstische Persönlichkeiten im engeren Sinne, die antisozialen Charakterpathologien, präpsychotische wie hypomanische, schizoide und paranoide Persönlichkeitsstörungen. Auch die meisten »Als-ob«-Charaktere und die strukturellen Perversionen sowie Suchterkrankungen sind auf dieser Strukturebene angesiedelt, ebenfalls die Borderline-Persönlichkeitsstörung im engeren Sinn.

Klinisch hilfreich und empirisch gut abgesichert ist die Unterscheidung zwischen hysterischer und infantiler Persönlichkeitsstörung. Die hysterische Persönlichkeit, auf höherem Strukturniveau angesiedelt, verfügt über ein starkes Ich und integriertes Überich und zeigt ein regressives Verhalten nur in realen oder symbolisch-sexuellen Situationen. Die Impulsivität und emotionale Labilität ist ebenfalls auf sexuelle Interaktionen begrenzt. Sowohl ihre exhibitionistische Tendenz wie auch ihre Abhängigkeitsbedürfnisse sind immer in den Kontext von sexuellen Interaktionen eingebettet. Sie wollen geliebt werden, im Mittelpunkt der Aufmerksamkeit stehen, attraktiv scheinen. Sie weisen eine spezifische Mischung aus Pseudo-Hypersexualität und sexueller Hemmung auf, die sich einerseits in einem sexuell provozierenden Verhalten zeigt, andererseits in Frigidität in sexuellen Beziehungen, die ihrerseits wiederum meist »Dreiecksqualität« besitzt. Häufig neigen sie zu masochistischen Triebbedürfnissen. Die hysterische Persönlichkeit rivalisiert mit beiden Geschlechtern, meistens mit anderen Frauen um Männer, dagegen zeigt sich in der Rivalität mit Männern ihre unbewusst so erlebte eigene Minderwertigkeit und die phantasierte Überlegenheit der Männer, genauer des Phallus. Hysterikerinnen sind narzisstisch in dem Sinn, dass sie extrovertiert und exhibitionistisch sind. Dagegen zeigt die auf niedrigem Strukturniveau angesiedelte infantile Persönlichkeit emotionale diffuse Labilität in allen Objektbeziehungen, leidet unter Identitätsdiffusion und zeigt keine tiefe emotionale Verbindung zu anderen Menschen. Sie ist extrem abhängig von übermäßig idealisierten Objekten und zeigt ein »dependent and demanding«-Verhalten. Die Abhängigkeitsbedürfnisse und die exhibitionistischen Tendenzen sind weniger stark sexualisiert, sie leidet unter geringeren sexuellen Hemmungen, zeigt häufig Promiskuität. Die Sexualisierung verschiedener zwischenmenschlicher Beziehungen dient vorwiegend der Suche nach oraler Sicherheit und narzisstischer Stabilität.

3.2 Psychotische Persönlichkeitsstruktur

Auf dieser Strukturebene ist die gesamte Gruppe der Psychosen angesiedelt. Ihr Hauptkennzeichen ist der Zerfall der Selbst- und Objektstruktur, der durch omnipotente neuartige Selbst-Objekt-Einheiten restituiert werden soll. Gemeinsames Merkmal ist der Verlust der Realitätsprüfung. Ferner lassen sich weitere Differenzierungen ausmachen; je nach Quantität und Qualität des Zerfalls der Selbststruktur, der Bedeutung des nicht-psychotischen Persönlichkeitsanteils sowie der Bedeutung der Affekte lassen sich verschiedene Gruppen von affektiven Psychosen, schizophrenen Psychosen und monosymptomatischen Psychosen unterscheiden (Kap. VII.10).

Zwei klinisch häufig auftretende Persönlichkeitsstörungen seien im Folgenden ausführlicher dargestellt.

4. Narzisstische Persönlichkeitsstörungen

4.1 Geschichte

Narzissmus war ursprünglich ein Begriff aus der Psychiatrie. Psychiater bezeichneten damit ein Verhalten, das dadurch gekennzeichnet ist, dass nicht eine andere Person, sei sie des anderen oder des gleichen Geschlechts, geliebt wird, sondern die eigene Person. Der Ausdruck ist von Narziss abgeleitet, einem Jüngling der griechischen Sage, der sich nach einem beschwerlichen Leben und vielen Enttäuschungen in der Liebe schließlich in sich selbst verliebte und dabei so unglücklich wurde, dass er starb. Die Geschichte von Narziss ist in Ovids Metamorphosen nachzulesen. Dort ist das Wesentliche der narzisstischen Problematik so klar wiedergegeben, dass ich sie dem Leser nicht vorenthalten möchte.

Die tragische Selbstliebe des Narziss ist bei Ovid Teil einer Diskussion über die Liebe überhaupt. Juno und Jupiter diskutieren – nach der Darstellung Ovids eher scherzhaft – über die Vorzüge der Liebe und überlegen, wer eher in der Lage sei, sexuelle Lust zu empfinden, die Frau oder der Mann. Jupiter behauptet, die Frauen seien eher dazu in der Lage als die Männer. Teiresias, der sieben Jahre lang als Frau lebte, wird nach seiner Meinung gefragt und bestätigt Jupiters Worte.

Die Sage von Narziss

Narziss ging aus einer Vergewaltigung hervor. Er war ein unerwünschtes Kind, das, wie es bei Ovid heißt, »Liebe verdiente, aber nicht bekam«. Sein Name Narziss leitet sich aus dem persischen Wort »nargis« ab, woher auch das Wort »Narkose« kommt, was so viel heißt wie starr, betäubt, gelähmt sein. Von Anfang an ist Narziss vom Tod bedroht. Nach dem Orakel kann er nur dann am Leben bleiben, »wenn er sich fremd bleibt«.

Zum Jüngling herangewachsen, war Narziss von liebender Sehnsucht erfüllt, aber »niemand vermag den Schönen zu rühren, kein Jüngling, kein Mädchen«. Auf der Jagd begegnet er Echo, einer schönen Nymphe, deren Tragik darin besteht, dass sie nicht mehr selbständig sprechen kann. Sie kann nur das wiedergeben, was andere sagen. Echo verliebt sich in Narziss, folgt ihm, kann aber wegen ihrer Sprechstörung kein Gespräch beginnen. Narziss, der sich, wie gesagt, selbst fremd ist, um überhaupt weiterleben zu können, kann sich ebenso wenig Echo zuwenden. Als Echo sich ihm nähert, ergreift er in panischer Angst die Flucht, »fort, fort mit Händen und Armen«. Zärtliche Berührung ist ihm unerträglich: »Eher würde ich sterben.« Die tragische Liebesgeschichte endet damit, dass Echo in einen Stein und Narziss in die Blume Narziss verwandelt wird: »Was ich erschaue und liebe, kann ich nicht greifen. Den Liebenden hemmt eine mächtige Täuschung … Ich bin es ja selbst!«

Was kann uns der griechische Mythos von Narziss heute sagen? In unserer Interpretation ist es eine Warnung vor den Gefahren allzu großer Selbstliebe und vor den Gefahren des Mangels an Liebe. Wenn Juno und Jupiter darüber streiten, wer mehr lieben kann, der Mann oder die Frau, geht es ihnen nur um die eigene Lust, nicht um den anderen. Wenn Narziss ein unerwünschtes Kind war, wurde ihm zuwenig Liebe zuteil. Damit hat er schon als Kind nicht gelernt, was Liebe ist und sein kann. Er begreift daher Echo eher als eine Gefahr denn als eine Chance, geliebt zu werden und seinerseits zu lieben. Als er schließlich, über das Wasser geneigt, sein Spiegelbild erblickt, hält er es für eine andere Person, glaubt diese zu lieben. Er muss aber entdecken, dass dies eine Illusion war und dass er sich getäuscht hatte. Nach meiner Deutung stirbt er aus Gram über die ihm vorenthaltene Liebe. Wenn uns Liebe vorenthalten wird, wenn wir also niemanden finden, den wir lieben können, bleibt uns immer noch die Selbstliebe.

Narziss ist in der älteren Psychoanalyse ein Durchgangsstadium seelischer Entwicklung. Demzufolge würde der Weg zur Liebe zu einem anderen Menschen über die Selbstliebe führen. Selbstliebe und Liebe zu einem anderen Menschen ergänzen sich gegenseitig, können sich aber auch in dem Sinne gegenseitig ausschließen, dass die Selbstliebe umso größer ist je geringer die Objektliebe.

4.3 Narzisstische Persönlichkeitsstörungen

In der Narzissmustheorie (Kohut 1971) und in selbstpsychologischer Sicht (Kohut 1977) sind narzisstische Persönlichkeitsstörungen zwischen den Psychosen und den Borderline-Störungen angesiedelt. Die strukturellen und dynamischen Besonderheiten dieser Patientengruppe können, so Kohut, vor allem durch die Entwicklung der Übertragung herausgearbeitet werden. Kohut hat zwei typische Übertragungsmuster bei diesen Patienten untersucht, die idealisierende und die Spiegelübertragung. In der idealisierenden Übertragung wird auf den Analytiker eine idealisierte Eltern-Imago, die sich aus einem archaischen narzisstischen Selbstobjekt entwickelt hat, projiziert. Der Patient fühlt sich vollständig vom Analytiker abhängig, lebt gleichsam nur im Schutze dieser idealisierenden Übertragung. Nach Kohut soll das auf den Analytiker projizierte Ideal-Objekt eine strukturelle Leere in seinem Selbst füllen, die aufgrund traumatischer Erfahrungen in den primären Objektbeziehungen entstanden ist. Dagegen wird in der Spiegelübertragung ein grandioses Selbst auf den Analytiker projiziert. Die Spiegelübertragung kann regressiv fluktuieren und eine archaische Verschmelzungs- oder Zwillingsübertragung entwickeln. Beide Übertragungsformationen reflektieren nach Kohut einen Entwicklungsstillstand des narzisstischen Regulationssystems aufgrund mangelnder Spiegelung und Empathie der Primärobjekte, die zu Fixierungen auf der Ebene des archaischen grandiosen Selbst und des archaischen narzisstischen Selbstobjekts geführt haben.

In objekttheoretischer Sicht sind narzisstische Persönlichkeitsstörungen im engeren Sinne – d. h. im Unterschied zu hysterischen oder analen Charakterpathologien mit narzisstischer Abwehr, die Ausdruck eines irrealen Ichideals und zugleich Abwehrorganisation meist analer oder ödipaler Konflikte ist – durch die Ausbildung eines narzisstischen Größenselbst gekennzeichnet. Es reflektiert eine pathologische narzisstische Struktur, die diesen Patienten zu einer gewissen sozialen Anpassung, im Unterschied zu den Borderline-Störungen, verhilft. Dieses pathologische narzisstische Größenselbst stellt eine Verdichtung aus den Repräsentanzen von Real-Selbst, Ideal-Selbst und Ideal-Objekt dar. Es hat die Funktion, die hinter dieser Struktur verborgenen konflikthaften Persönlichkeitselemente, die meist depressiver und paranoider

Natur sind, zu verbergen. Es hilft diesen Patienten über einen gewissen Zeitraum, sich gegen Konflikte in zwischenmenschlichen Beziehungen, die um Abhängigkeit, Bedürftigkeit und Neid kreisen, zu schützen:

»Ich brauche ja gar nicht zu fürchten, abgelehnt zu werden, weil ich meinem Idealbild nicht so entspreche, wie ich es müßte, um von der Idealperson, an deren Liebe mir liegt, überhaupt geliebt werden zu können. Nein, diese ideale Person und mein eigenes Ideal und mein wirkliches Leben sind ein und dasselbe; ich bin selbst mein Ideal, und damit bin ich viel besser als diese Idealperson, die mich hätte lieben sollen, und brauche niemanden« (Kernberg 1975, S. 266).

Erst bei dem Zusammenbruch dieser Struktur werden dann die für die niedrige Strukturebene (vgl. Kap. VII.3.1) typischen Konflikte und charakteristischen Gegebenheiten sichtbar. Entwertete oder aggressiv besetzte Selbst- und Objektvorstellungen werden abgespalten und projiziert. In dieser objektbeziehungstheoretischen Sicht umfasst der pathologische Narzissmus narzisstischer Persönlichkeitsstörungen die libidinösen wie die aggressiv besetzten Entwicklungsschicksale von Selbst- und Objektrepräsentanzen. In kleinianischer Sicht stellt das narzisstische Größenselbst eine typische pathologische Organisation dar. Es soll einen Ort des seelischen Rückzugs bieten, der gegen Ängste schützt, die im Zusammenhang mit der Wahrnehmung der Getrenntheit und Andersartigkeit des Objekts spürbar werden (Rosenfeld 1987, Steiner 1993). Ist das Größenselbst sexualisiert, handelt es sich um eine perverse Struktur (Chasseguet-Smirgel 1964, 1984; vgl. Kap. VII.9).

Der Hauptunterschied zur selbstpsychologischen Betrachtungsweise liegt darin, dass die strukturellen Merkmale narzisstischer Persönlichkeiten nicht einfach als Fixierung auf einer psychogenetischen Entwicklungsphase und als direktes Abbild des Versagens der Primärobjekte betrachtet werden, sondern zusätzlich als eine protektiv-defensive Reaktion des Selbst auf diese Erfahrungen. Zwei weitere Unterschiede liegen darin, dass in objektbeziehungstheoretischer Sicht libidinöse und aggressive Entwicklungsschicksale von Selbst- und Objektrepräsentanzen sowie die libidinöse Besetzung in Verbindung mit verinnerlichten Objektbeziehungen untersucht werden.

In der Vorgeschichte dieser Patienten finden sich häufig als kalt und mit verdeckter Aggression gegen das Kind erlebte Elternfiguren, die das infantile Selbst zur Stabilisierung der eigenen narzisstischen Bedürfnisse »brauchten« (Kernberg 1989, Volkan & Ast 1994).

4.4 Moderne Perspektiven

In den vergangenen Jahren wurden verschiedene Modelle über narzisstische Persönlichkeitsstörungen und bestimmte Unterformen entwickelt. Der extrovertierte, expansive oder dickfellige Typus des narzisstischen Patienten (Grunberger 1988, Rosenfeld 1987, Green 2002b, Perelberg 2004) ist der Typus des arroganten, intrusiven, häufig oberflächlichen Exhibitionisten. Er will auf besondere Weise behandelt werden, sucht Bewunderung, die er aufgrund großartiger Leistungen auch verdient zu haben glaubt, und ist schnell bereit, andere Menschen zu entwerten und zu verachten. Häufig fühlt er sich leer und gelangweilt, kann auch zu Don Juanismus neigen. Er neigt des Weiteren dazu, andere Menschen auszubeuten und sie dann »wie eine ausgequetschte Zitrone« fallen zu lassen. Er lässt die Fähigkeit zu echten Schuldgefühlen und Anteilnahme ebenso vermissen wie zu Dankbarkeit. Andere Menschen dienen ihm eher als eine Zuhörerschaft und ein Auditorium zur Spiegelung seines grandiosen Selbst. Zuweilen zeigen sich verdeckte oder offen perverse Züge und die Neigung zu Manipulation und Ausbeutung. Die Grandiosität ist vollständig ich-synton. Dagegen neigt der dünnhäutige, überwachsame und sich bedeckt haltende Typus des narzisstischen Patienten eher zum Rückzug, lebt in ständiger Angst vor Verurteilung und Entwertung. Kleinste Meinungsverschiedenheiten können schwere Kränkungen in ihm auslösen, daher fühlt er sich häufig verfolgt und schlecht behandelt. Hervorstechende charakterliche Eigenschaften sind scheuer Rückzug, Hemmung und eine Vermeidung sozialer Beziehungen. Häufig ist sein inneres Erleben angefüllt von Hilflosigkeit, Verzweiflung und dem Gefühl einer chronischen Unzulänglichkeit. Er leidet häufig unter massiven Schamängsten. Beide Typen von narzisstischen Patienten bilden die extremen Pole der narzisstischen Persönlichkeitsstörung. Strukturell gelten die oben unter dem Aspekt des niedrigen Strukturniveaus geschilderten Zusammenhänge. Neuere Forschungen haben gezeigt, dass es ein Kontinuum zu geben scheint zwischen narzisstischen Persönlichkeitsstörungen, die auf offenem Borderline-Niveau funktionieren, einer zweiten Gruppe, die sich mit der Ausbildung des narzisstischen Größenselbst gegen eben jene, die erste Gruppe kennzeichnenden chaotischen Gefühls- und Beziehungsschwankungen schützt, und einer dritten Gruppe auf höchster Funktionsebene mit guter Anpassung, ohne Krankheitsgefühl, außer einem chronischen Gefühl der Leere und Langeweile.

Bei der ersten Gruppe der narzisstischen Persönlichkeitsstörungen gibt es ebenfalls ein Spektrum hin zu perversen Persönlichkeitsstörungen sowie der antisozialen und psychopathischen Persönlichkeitsstörung mit dem Syndrom des malignen Narzissmus.

Fallbeispiel

Ein 40-jähriger Architekt war als Kind über seine eigene Identität im Unklaren gelassen worden (er hatte erst in der späteren Kindheit entdeckt, dass der vermeintliche Vater gar nicht sein Vater, sondern sein »Onkel« war). Gebunden an eine mütterliche Partnerin, zweifelte er in höchstem Grade an sich selbst. Seine Selbstzweifel fanden darin Nahrung, dass er nur langsam und mit Mühe denken, nicht frei sprechen konnte, sich in der Öffentlichkeit gänzlich verunsichert fühlte und darüber hinaus wegen »Herz-Kreislaufstörungen« immer wieder glaubte, den täglichen Anforderungen nicht gewachsen zu sein. Alle seine Symptome ließen sich auf mangelnde Zuwendung in der Kindheit, Unverständnis der Erwachsenen und manche seelische Verletzungen zurückführen.

Während des analytischen Prozesses war es interessant zu verfolgen, wie das eigene Denken und Handeln, das eigene Fühlen und Erleben zum Mittelpunkt der Betrachtungen beider beteiligter Personen wurden. Dabei konnte der Patient das nachholen, was er als Kind versäumt hatte, und erfahren, dass sich der andere für ihn interessierte, für seine Gedanken, sein Handeln, sein Fühlen und seine Körperwahrnehmung. Mit großer Instinktsicherheit suchte er sich in Ergänzung zur Analyse, die ja im Wesentlichen auf Sprache beschränkt ist, zusätzliche Möglichkeiten, sodass man sich mit ihm befasste: Eine Yogalehrerin verhalf ihm über Yoga zu einem neuen Selbsterleben, ein Skilehrer zu neuer Körperbeherrschung, und ein Bademeister brachte ihm das Schwimmen bei, vor dem er sich als Kind gefürchtet hatte. Dabei war es über viele Stunden wesentlich, dem Patienten in seinen Erzählungen über seine neuen Selbst- und Körpererfahrungen aufmerksam zuzuhören, sich in ihn einzufühlen, Worte und Sätze für seine Erlebnisse zu finden und ihm das Gefühl zu vermitteln, dass er dabei etwas Lebenswichtiges nachholte. Dieser Patient entwickelte sich über die Stabilisierung seines gesunden Narzissmus in ungeahnter Weise weiter. Er fand nicht nur eine neue Partnerin, mit der er eine Beziehung gegenseitiger Achtung aufbauen konnte, sondern entfaltete eine reiche künstlerische Tätigkeit mit großer Produktivität. Der Verlauf dieser Analyse ist ein Beleg dafür, dass durch genügend lange, geduldige, nachträgliche Einfühlung echte Nachentwicklung möglich ist, die wir früher in der Psychoanalyse nicht für möglich gehalten hätten.

5. Borderline-Störungen

5.1 *Symptomebene und Struktur*

Symptomatologisch leidet der typische Borderline-Patient häufig unter chronischer diffuser und frei flottierender Angst, polymorph perversem Sexualverhalten und polysymptomatischen neurotischen Symptomen (etwa hypochondrische, dissoziative oder paranoide Symptome). Die Borderline-Persönlichkeitsorganisation zeichnet sich durch die folgenden strukturellen Merkmale aus:

1. eine Verschränkung präödipaler und ödipaler Konflikte, begleitet von einer vorzeitigen Entfaltung des ödipalen Komplexes;
2. eine Verschiebung der oral-aggressiven Konflikte von der Mutter auf den Vater;
3. eine übermäßige aggressive Aufladung der ödipalen Konflikte, die phasentypischen ödipalen Ängste (Kastrationsangst, Penisneid) sind übersteigert;
4. eine pathologische Idealisierung des heterosexuellen wie homosexuellen Liebesobjekts, die häufig der Abwehr von Hass gegen sie dient.

Borderline-Persönlichkeitsstörung ist danach eine spezifische strukturelle Organisation, die durch die für das niedrige Strukturniveau typischen Abwehrmechanismen und inneren Objektbeziehungen geprägt ist. Borderline-Persönlichkeitsstörung ist weder eine deskriptive Diagnose noch eine isolierte Persönlichkeitsstörung. Historisch betrachtet nahm die Erforschung der Borderline-Persönlichkeitsstörung ihren Ausgang bei der Frage, ob es ein Spektrum von Schizophrenien gibt. Frühere Begriffe für seelische Störungen, die weder den Neurosen und Persönlichkeitsstörungen noch den Psychosen eindeutig zugeordnet werden konnten, waren ambulatorische Schizophrenie, präpsychotische Persönlichkeit, pseudoneurotische Schizophrenie, Borderline-Schizophrenie. Tatsächlich liegt der gesamten zeitgenössischen Literatur über die Erforschung von Borderline-Zuständen der Versuch zugrunde, zu klären, ob es »Borderline-Schizophrenie« gibt und wie weit man diese Gruppe differenzieren kann in a) Patienten mit »psychotischen Persönlichkeits«-Strukturen oder »atypischen« oder »latenten« oder »einfachen« oder »residualen« Formen schizophrener Krankheit und b) echte Borderline-Persönlichkeiten, die eindeutig nicht psychotisch sind (Kernberg 1984, S. 133). Neuere Forschungen haben ein breites Spektrum innerhalb der Borderline-Persönlichkeitsorganisation ergeben: Grenzfälle zur Psychose, »Als-ob«-Persönlichkeiten, falsches Selbst, multiple Persönlichkeiten, Borderline-Kernsyndrom, Grenzfälle zur Neurose. Für alle vier Gruppen gelten die oben dargelegten dynamischen Verhältnisse sowie die Kennzeichen des niedrigen Strukturniveaus.

5.2 Abwehrebene

Neben den Gefühlen der Leere und Sinnlosigkeit existieren, getrennt davon, Größenideen, Vorstellungen von eigener Grandiosität und Vollkommenheit. Die Persönlichkeit ist gleichsam in zwei Teile gespalten: Der eine Teil fühlt sich vollkommen und großartig, der andere leer und sinnlos (Rey 1988, Steiner 1993). Der Abwehraufwand besteht nun darin, die beiden sich widersprechenden psychischen Bereiche ständig voneinander getrennt zu halten. Dabei ist zu einem gegebenen Zeitpunkt immer nur ein Teil bewusst, während der andere unbewusst bleibt. Das Charakteristische an Borderline-Persönlichkeiten besteht darin, dass die Zustände von vollkommener Grandiosität und hilfloser Leere und Sinnlosigkeit rasch miteinander abwechseln können.

Neben den widersprüchlichen Selbstbildern gibt es widersprüchliche Bilder über die wichtigsten Bezugspersonen. Auch diese erscheinen entweder großartig und ideal oder abgrundtief schlecht und unfähig. Auch diese Vorstellung über andere kann rasch wechseln. In der Beziehung zu anderen ergeben sich somit ebenfalls schnell wechselnde Interaktionsmuster: eines, in dem man sich selbst großartig vorkommt und den anderen als verächtlich, klein und abhängig neben sich erlebt, und ein anderes, in dem man sich selbst klein und abhängig fühlt, während der andere als großartig empfunden wird.

Wir müssen uns die hier theoretisch gegebenen Beziehungsmuster aber viel lebendiger vorstellen als Beziehungen, die mit starken Affekten verbunden sind. Neid, Wut, Hass, Verachtung und alle Formen von Entwertung wie Verspotten, Lächerlichmachen usw. seien genannt. Dabei können sich solche Gefühle einmal gegen den anderen, ein andermal gegen die eigene Person richten. Da durch den Abwehrmechanismus der Spaltung die entwertenden Prozesse genauso wie die sich selbst oder den anderen idealisierenden Vorgänge voneinander getrennt sind, ohne sich gegenseitig zu stören, kann das aus der Abwehr resultierende System der Borderline-Persönlichkeit relativ gut funktionieren.

Es funktioniert dann besonders reibungslos, wenn es einem Menschen mit Borderline-Persönlichkeit gelingt, eine andere Person im Sinne einer interpersonalen Abwehr in das System mit einzubeziehen, und zwar eine Person, die idealisiert und bewundert, wenn man sich selbst gering schätzt. Im umgekehrten Fall wird eine andere Person abgewertet und geringschätzig behandelt, während man sich selbst idealisiert. In der nächsten Abbildung (Abb. 12) können wir eine vertikale Spaltung von einer horizontalen unterscheiden: Die vertikale Spaltung trennt die entwerteten Selbst- und Objektanteile von den entsprechenden idealisierten Bereichen des Selbst und des Objekts ab, während die horizontale Spaltung die jeweiligen Bilder von Objekt und Selbst voneinander getrennt hält.

Eine derartige mehrfach in sich gespaltene Persönlichkeit kann nicht selbstsicher sein, sie kann keine Sicherheit ausstrahlen und vor allem nicht verlässlich sein. Daraus ergibt sich eine in sich selbst unsichere, schwache Persönlichkeit. Sie erscheint auch dann schwach, wenn sie bei guter Intelligenz auf den ersten Blick gar nicht so wirkt: Intelligente Patienten mit Borderline-Persönlichkeit können mithilfe ihrer Intelligenz die Schwächen ihrer Persönlichkeit so überspielen, dass sie ihre Umwelt über ihre tatsächlichen persönlichen Schwächen lange täuschen können.

Weitere Abwehrmechanismen sind Spaltung, projektive Identifizierung, Verleugnung und Depersonalisation sowie pathologische Idealisierung und Entwertung. Entscheidend ist, dass diese Abwehrmechanismen keine Defekte in der Struktur des Ichs darstellen, sondern aktive Ich-Leistungen, die allerdings sekundär das Ich erheblich schwächen, das daher als »defekt« erscheint. Trotz des chronischen Zustands von Identitätsdiffusion bleibt die Realitätsprüfung strukturell erhalten.

5.3 Typisch gestörte Objektbeziehungen

Die genannten Abwehrmechanismen sind eng mit den typischen inneren Objektbeziehungen verbunden, die in gute, idealisierte und schlechte, verfolgende aufgespalten sind. Zwar sind Selbst- und Objektrepräsentanzen psychisch differenziert (wenn auch zuweilen labil), aber die Integration widersprüchlicher Selbst-, Objekt- und Affektrepräsentanzen wird aus Angst vor der Bedrohung der wertvollen durch die entwerteten Repräsentanzen mittels der beschriebenen Mechanismen abgewehrt, sodass diese Patienten über keine integrierten Vorstellungen vom Selbst und bedeutsamen Anderen verfügen.

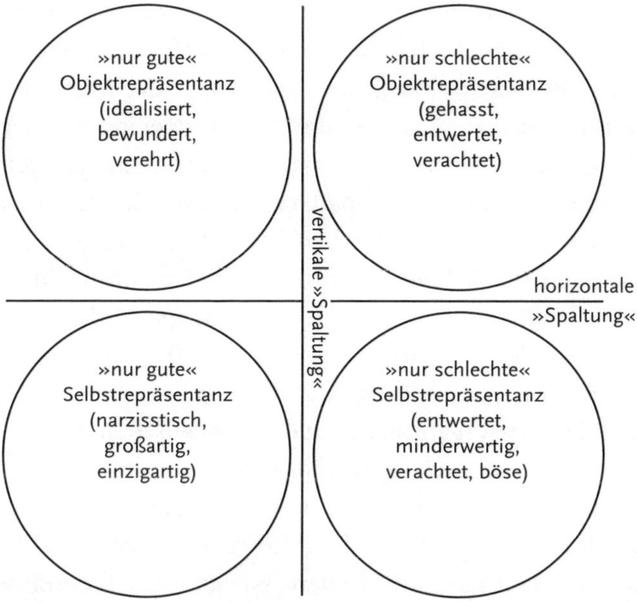

Abb. 12: Struktur der Borderline-Persönlichkeit (modif. nach Kernberg 1975)
Die *vertikale* »Spaltung« trennt entwertete (böse) und idealisierte (gute) Selbst- und Objektanteile voneinander. Die *horizontale* »Spaltung« hält Selbst- und Objektrepräsentanzen voneinander getrennt. Klinisch kommen vier Konstellationen vor:

1. Das Individuum erlebt sich selbst bewusst als großartig, das Objekt ebenso ideal. Die schlechten Selbst- und Objektrepräsentanzen sind durch vertikale Spaltung verleugnet.
2. Das Individuum erlebt sich bewusst als verachtenswert, desgleichen das Objekt – Zustand der Depression – die idealisierten Selbst- und Objektrepräsentanzen sind durch vertikale Spaltung abgewehrt.
3. Das Individuum erlebt sich bewusst als gut und das Objekt als entwertet. Die schlechten Selbstanteile sind ebenso durch vertikale Spaltung unbewusst wie die guten Objektanteile gegenüber den schlechten Objektanteilen durch vertikale Spaltung unbewusst sind. Gegenüber dem sich als gut erlebenden Selbst ist das gute Objekt durch horizontale Spaltung abgewehrt.
4. Das Individuum erlebt sich bewusst als minderwertig und das Objekt als ideal. Die idealen Selbstanteile sind gegenüber dem sich als minderwertig erlebenden Selbst durch vertikale Spaltung unbewusst. Die schlechten Objektanteile sind gegenüber dem guten Objekt durch vertikale Spaltung, gegenüber dem schlechten Selbst durch horizontale Spaltung abgewehrt.

In Verbindung mit einer instabilen Überich-Integration führen diese Spaltungen zum chronischen Zustand der Identitätsdiffusion, allerdings bei strukturell erhaltener Realitätsprüfung. Das Spezifische der inneren Objektbeziehungen besteht darin, dass durch die Abwehroperationen gegensätzliche Ich-Zustände und widersprüchliche Objektbilder voneinander getrennt gehalten werden. Zudem sind in den gespaltenen und voneinander getrennt gehaltenen Ich-Zuständen widersprüchliche Objektbeziehungen enthalten: »Jeder dieser dissoziierten Ich-Anteile … (enthält) eine bestimmte Objekt-Imago in Verbindung mit einer entsprechenden Selbst-Imago und einer bestimmten Affektdisposition« (Kernberg 1975, S. 55 f., vgl. Volkan & Ast 1994, Kutter & Müller 1999, S. 256). Die modernen kleinianischen Konzepte der pathologischen Persönlichkeitsorganisation und des seelischen Rückzugs (Steiner 1993, Bott Spillius 2002) verstehen die Borderline-Struktur als organisierte Abwehrposition gegen die Konflikte und Ängste der paranoid-schizoiden, der depressiven wie der ödipalen Position. Sie ist motiviert vom Bemühen des Patienten, den Kontakt mit spezifischen Aspekten der inneren wie äußeren Realität auszublenden, und besteht aus charakteristischen inneren Objektbeziehungen. Diese Strategie des strukturellen Rückzugs kann im Rahmen verschiedener Störungen – narzisstischer, perverser, antisozialer, psychosomatischer Art – auftreten. In erster Linie soll diese Abwehrorganisation »primitive Destruktivität, woher sie auch immer stammen mag, neutralisieren«, da sie die Integrität des Selbst bedroht (Steiner 1993, S. 22). Projektiv-identifikatorische Prozesse spielen bei dem Zustandekommen und der Aufrechterhaltung dieser Abwehrorganisation eine wichtige Rolle. Sie sind pathogen, weil ihre Reversibilität aufgehoben ist, wodurch Teile des Selbst gleichsam im Objekt verloren gehen, da sie mit dem Objekt stabil identifiziert werden, mit der Folge der Entleerung des Selbst und mitunter verzerrter Wahrnehmung des Objekts.

Steiner nennt als Beispiel Freuds Leonardo-Arbeit (1910 c), in der Freud im Grunde den Mechanismus der projektiven Identifizierung aufgedeckt, wenn auch nicht benannt hat. Leonardo projiziert sein infantiles Selbst in seine Schüler und umsorgt diese so, wie er es sich von seiner eigenen Mutter ersehnt hätte. Dabei wird ein Teil des Selbst abgespalten und in das Objekt projiziert, damit verleugnet, dass dieser Selbstaspekt zum Selbst gehört, da er mit dem Objekt identifiziert wird. Das Objekt wird nicht als ein anderes, vom Selbst getrenntes Objekt anerkannt, da eben das Objekt mit dem in es hineinprojizierten idealen Selbstanteil identifiziert und verzerrt wahrgenommen wird. In anderen Fällen pathologischer Organisationen ist die Situation komplizierter.

»Es kann zu einer pathologischen Spaltung von Selbst und Objekt mit anschließender Ausstoßung der Fragmente in einer gewaltsameren und primitiveren Form von projektiver Identifizierung kommen … In einer solchen Situation können sich pathologische Organisationen ausbilden, um die Fragmente einzusammeln. Das Ergebnis mag wiederum wie ein beschützendes gutes Objekt aussehen, das von den schlechten Objekten getrennt ist. Jetzt aber ist das, was als relativ einfache Spaltung zwischen Gut und Böse erscheint, in Wirklichkeit das Resultat einer Spaltung der Persönlichkeit in verschiedene Elemente, die, jedes für sich, in Objekte projiziert und dann in einer Weise wieder zusammengefügt wurden, die die aufbewahrende (containing) Funktion eines Objekts nur vortäuscht. Dabei kann sich die Organisation selbst als gutes Objekt präsentieren, von dem das Individuum vor destruktiven Angriffen geschützt wird. Tatsächlich ist ihre Struktur aber aus guten und schlechten Selbst- und Objektanteilen zusammengesetzt, welche projiziert und dann als Bausteine für die daraus hervorgehende extrem komplexe Organisation verwendet wurden« (Steiner 1993, S. 25).

Die Situation wird dadurch kompliziert, dass sich Patienten häufig destruktive Objekte auswählen – die projektive Identifikation destruktiver Selbstanteile passt dann wie der Schlüssel zum Schloss. Eine Reversibilität der projektiven Identifizierung wäre nur dann möglich, wenn projizierte Teile des Selbst (mitunter auch des inneren Objekts) vom Selbst zurückgenommen werden könnten, was voraussetzt, dass das Selbst das Objekt als ein anderes und getrenntes anerkennen kann. Diese Anerkennung würde einen Trauerprozess in Gang setzten und eine Verinnerlichung einleiten. Zentral dabei ist die Anerkennung der Getrenntheit und Andersartigkeit von Selbst und Objekt sowie der daraus sich ergebenden »Grundtatsachen« des Lebens (vgl. Kap. VII.9).

5.4 Traumen in der Vorgeschichte

Die Vorgeschichte dieser Patienten ist häufig von traumatischen Erfahrungen bestimmt, die mit einem gestörten Verhalten der primären Bezugspersonen zusammenzuhängen scheinen (Stone 1989, Dümpelmann 2001, Mentzos 2000). So können Ablehnung, Unterdrückung oder Ausbeutung des Kindes für eigene Zwecke durch die Erwachsenen die sozialen Ursachen für die spezifische Pathologie der Borderline-Störungen sein. Dabei ist die oral versagende, »kalte Feindseligkeit einer gleichermaßen selbstsüchtigen wie das Kind übertrieben beschützenden Mutter« (Kernberg 1975, S. 276) ebenso schädlich wie eine ihr Kind als Ausstellungsstück behandelnde Mutter. Verschiedene Autoren haben beschrieben, wie das Kind mit der Entwicklung einer unbewussten »Identifikationsphantasie« diese Beziehungserfahrungen zu verarbeiten sucht: sie besteht darin, dass das Kind sich mit den abgewehrten Impulsen oder Persönlichkeitsanteilen bzw. Objektbeziehungen von einem oder beiden Elternteilen identifiziert und sie stellvertretend für die Eltern auslebt (Faimberg 1988, Kernberg et al. 1999).

Fallbeispiel

Eine 39-jährige Lehrerin klagt über Müdigkeit, schwere Kopfschmerzen und die Unfähigkeit, ihren täglichen Aufgaben gewachsen zu sein. Sie fühlt sich innerlich leer und kommt sich dumm vor. Sie empfindet außerdem sadistische Anwandlungen gegenüber Männern, denen sie in der Phantasie das Glied abschneiden will, während sie sich gleichzeitig von Frauen eher angezogen fühlt. Sie fürchtet sich vor der Dunkelheit, vor Fremden, vor Wasser sowie vor Höhen und Tiefen.

In der über 500 Stunden umfassenden Psychoanalyse kommt es zu einem starken Clinch zwischen Analysandin und Analytiker. Die Analysandin fühlt sich zuerst erhaben über ihn und traut ihm überhaupt nichts zu. Dann ist es in umgekehrter Konstellation die Analysandin, die, sich entwertend, sich ohnmächtig, hilfsbedürftig und abhängig vorkommt, während der Analytiker als total unabhängig, im Vollbesitz aller Kräfte und mächtig erlebt wird. Er erscheint der Patientin als ein Mann, der die Frau quält, klein hält, ihr alles vorenthält, was er im Überfluss hat, nur um ihr zu zeigen, wie wertlos, abhängig und hilfsbedürftig sie sei.

Dieses Beziehungsmuster entpuppt sich als Wiederholung der Beziehung zwischen Tochter und Vater: Vom Vater fühlte sie sich ausgenutzt, missbraucht, ständig bloßgestellt und gedemütigt. Später stellte sich heraus, dass der Vater die elfjährige Tochter im Wald verführt hatte und sein erigiertes Glied in ihre Scheide stecken wollte. Diesbezügliche Erinnerungen waren so realistisch, dass die Alternative, es handele sich hierbei nur um eine Phantasie, als unwahrscheinlich ausschied.

Das für Borderline-Störungen charakteristische Nebeneinander von Entwertung und Idealisierung betraf in diesem konkreten Fall also den Vater und die eigene Person und dies wiederum in charakteristischem Wechsel: Einmal fühlte sich die

Patientin über ihren Vater erhaben, der es wagte, derartige inzestuöse Handlungen an ihr zu begehen; ein andermal ist sie es selbst, die sich wie der letzte Dreck vorkommt, während der Vater idealisiert wird.

In tieferer Schicht wiederholte sich dieses die eine Seite jeweils idealisierende und die andere Seite entwertende Beziehungsmuster in der Interaktion zwischen Tochter und Mutter: Auch die Mutter nutzte die Tochter, freilich ohne es bewusst zu wollen, für ihre Zwecke aus. Sie fühlte sich selbst gegenüber ihrem Mann sehr unsicher und kam sich dann wenigstens gegenüber der Tochter überlegen vor, indem sie die von ihr abhängige Tochter zu ihrer Selbstbestätigung nutzte, um nicht zu sagen: missbrauchte.

Im Laufe der Analyse erinnerte sich die Patientin an Erfahrungen, wonach sie als kleines Kind furchtbar eng gewickelt und ans Bett festgebunden wurde und von der Mutter, vermeintlich aus Spaß, beim Baden unter Wasser gehalten wurde. Die Patientin erlebte die damit verbundenen Ängste wieder, umgebracht zu werden. Dies war für sie so unerträglich, dass sie sich lieber selbst umbringen wollte.

Wir wundern uns bei einer derartig belastenden Kindheit nicht weiter, dass ein so geschädigter Mensch sich nicht wohlfühlen kann. Er muss seine geschädigten Beziehungen im Umgang mit anderen Menschen unbewusst wiederholen. Er kann schon allein deswegen nicht voll funktionsfähig sein, weil die unbewältigten Traumatisierungen ständig seelische Energie verbrauchen, die dann für das tägliche Leben nicht mehr zur Verfügung steht.

So musste die Patientin im Laufe der Analyse einsehen, dass sie sich mit der Berufswahl als Lehrerin in eigener Idealisierung überfordert hatte. Auch der Versuch, einen anderen Beruf zu erlernen, scheiterte an den begrenzten Fähigkeiten, sich auf andere Menschen einzulassen und mit ihnen gesunde Beziehungen aufzubauen. Die Analyse musste aus äußeren Gründen abgebrochen werden. Die Patientin fand dann insofern ein inneres Gleichgewicht, als sie religiös wurde und gleichsam in der Kirche eine sie bejahende Mutter und in Gott, so glaubte sie zumindest, endlich einen sie liebenden Vater fand, an die sie glauben konnte und von denen sie sich nicht missbraucht fühlte.

5.5 *Eine exotische Seltenheit: Die multiple Persönlichkeit*

Während die Borderline-Struktur in der Regel durch eine typische Spaltung in eine gute und böse Seite gekennzeichnet ist, gibt es als eher exotische Seltenheit die multiple Persönlichkeit. Hier werden in ein und derselben Person unterschiedliche Seelenzustände aus verschiedenen Lebensaltern aktiv.

Sie können unvermittelt und ohne Kontrolle den aktuellen seelischen Zustand dominieren. Wahrnehmung, Gedächtnis und Selbstgefühl sind massiv gestört. Im Unterschied zur Psychose empfindet der Kranke aber die Gespaltenheit in verschiedene Personen als nicht zu sich gehörend, peinlich und unerklärlich. Da in diesen Fällen besonders die eigene Identität gestört ist, lautet die Diagnose heute »Dissoziative Identitätsstörung«. Ursachen sind besondere traumatische Erfahrungen in der Kindheit. Die Therapie der Wahl ist die psychoanalytische Langzeittherapie (Gast et al. 2006).

6. Psychosomatische Störungen

6.1 Klassische Aspekte

Franz Alexander (1951) und seine Mitarbeiter am Chicago Institute of Psychoanalysis unterschieden die folgenden so genannten sieben »heiligen« Krankheiten: 1. Fett- und Magersucht, 2. Asthma bronchiale, 3. Essentielle Hypertonie (Bluthochdruck), 4. Neurodermitis und andere Hautkrankheiten, 5. Thyreotoxikose (Schilddrüsenüberfunktion), 6. Diabetes mellitus (Zuckerkrankheit) und 7. Rheumatische Arthritis (Gelenkrheumatismus).

Fortschrittliche Mediziner haben sich aber daran gewöhnt, eigentlich alle Krankheiten als psychosomatische Krankheiten zu verstehen, weil in jedem Falle psychische Faktoren am Werke sind, und zwar

1. sekundär als psychische Reaktionen auf eine organisch bedingte Krankheit. Hier müsste man sinngemäß von »somato-psychischen« Störungen sprechen, da der Krankheitsprozess zuerst somatischer, also körperlicher Natur ist, und erst in zweiter Linie den psychischen Bereich erfasst.
2. Primär psychische Ursachen führen sekundär zu körperlichen Störungen, zu den eigentlichen »psycho-somatischen« Störungen.

Im Volksmund finden sich zahlreiche Hinweise auf psychische Ursachen körperlicher Störungen. Wir brauchen uns nur die Mühe zu machen und uns an die im Alltag ständig wiederkehrenden Redensarten zu erinnern: Ich habe die Nase voll (Schnupfen), es drückt mir das Herz ab (Herzbeklemmungen), das gibt mir einen Stich (Herzstiche), daran habe ich schwer zu schlucken (Schluckbeschwerden), das liegt mir schwer im Magen, das muss ich erst verdauen, da reagiere ich sauer, ich hab' die Wut im Bauch (Magen- und Darmbeschwerden), da läuft mir die Galle über, ich ärgere mich grün und blau, sie spuckt Gift und Galle (Gallenbeschwerden), der macht ja in die Hosen, den werde ich aber anscheißen, da habe ich Schiss oder noch etwas drastischer »Schleimscheißer« (verschiedene Störungen beim Stuhlgang), da ist ihm eine Laus über die Leber gelaufen (Erkrankungen der Leber).

Auch die Haltung des Menschen, wie sie sich in der Körperhaltung ausdrückt, findet im Volksmund viele Anspielungen: Ein Mensch ohne Rückgrat, dem wurde das Rückgrat gebrochen, der hat einen breiten Buckel, halte dich steif. Man denke auch an die Wunschformel: Hals- und Beinbruch. Bezogen auf den Kopf, halten wir den Kopf oben, steht uns das Wasser bis zum Hals, kann einer den Hals nicht voll genug kriegen, ist hartnäckig, halsstarrig, zerbricht einer sich den Kopf oder macht sich über dies oder das Kopfschmerzen.

Wir könnten nun die einzelnen psychosomatischen Krankheiten nacheinander rekapitulieren, wie sich das Wissen um psychosomatische Störungen entwickelt hat, oder wir könnten uns die psychosomatischen Konzepte herausragender Autoren nacheinander ansehen. Dies würde im vorliegenden Buch in jedem Falle zu weit führen. Wir haben uns daher für eine subjektiv gewichtete Übersicht über die wichtigsten psychoanalytischen Aspekte psychosomatischer Störungen entschieden.

Einiges ist uns schon bekannt: Wir hatten bei der Besprechung der Hysterie oder Konversionsneurose festgestellt, dass es hier wegen unerträglicher verdrängter Vorstellungen zu vielseitigen, nicht objektivierbaren körperlichen Störungen kommen kann. Damit sind auch hysterisch bedingte Körperstörungen im weitesten Sinne des Wortes psycho-somatische Störungen.

Im Unterschied zu psychosomatischen Krankheiten lassen sich bei der Hysterie aber keine Störungen der Körperfunktionen nachweisen. Im populärwissenschaftlichen Sinn handelt es sich insofern bei hysterischen oder konversionsneurotischen Beschwerden wirklich um »eingebildete« Störungen, d.h. um Störungen, die in der Einbildung, in der Phantasie zwar vorhanden sind, nicht aber in der Realität des Körpers. Sie werden, anders ausgedrückt, lediglich in die Körpersphäre projiziert und dort so erlebt, als ob sie wirklich wären.

6.2 Funktionelle Störungen

Die funktionellen Störungen sind, wie der Name sagt, tatsächlich Störungen der Funktionen, und zwar der inneren Organe: beschleunigte oder verlangsamte Atmung, beschleunigter oder verlangsamter Herzschlag, zu starke oder zu schwache Darmtätigkeit, erhöhter oder zu niedriger Blutdruck, Verkrampfungen der Gallenblase, Verengungen der Blutgefäße, gesteigerte oder verlangsamte Funktion innersekretorischer Organe wie Schilddrüse oder Keimdrüsen.

Den oft hartnäckig anhaltenden oder nach vorübergehender Besserung häufig wiederkehrenden Symptomen entsprechen nicht immer innerseelische Konflikte. Vor allem ist der Beweis eines ursächlichen Zusammenhangs zwischen funktionellen Störungen einerseits und inneren Konflikten andererseits sehr schwer zu führen, weil innere Konflikte zur conditio humana gehören, zum allgemeinmenschlichen Dasein. Lassen sich aber zeitliche Zusammenhänge nachweisen, ist die Wahrscheinlichkeit eines ursächlichen Zusammenhangs schon wesentlich größer, etwa bei einem Schnupfen nach einer Kränkung durch eine Person, auf die wir wütend sind; Magenbeschwerden nach der Mitteilung, dass uns eine Kündigung ins Haus steht; Herzstiche nach einer Enttäuschung in der Liebe; Durchfall nach dem Verlust einer wichtigen Bezugsperson. Viktor von Weizsäcker, der diese auf das Subjekt bezogene Betrachtungsweise in die Medizin einführte, fragte immer: »Warum gerade jetzt?« Die Frage zielt auf kränkende Erlebnisse ab, die dem ersten Auftreten der körperlichen Beschwerden unmittelbar vorausgegangen sind. Die ursächlichen Zusammenhänge sind nicht so leicht zu durchschauen, wenn die auslösenden Ursachen so geringfügig sind, dass sie keine plausible Erklärung für die entstandene psychosomatische Störung darstellen. Hier sind es nach psychoanalytischer Auffassung in der Kindheit erworbene Dispositionen oder Anfälligkeiten, die ein Organ oder ein Organsystem besonders leicht auf Kränkungen reagieren lassen. Dabei gibt es teilweise ererbte, teilweise aber auch über Identifizierungen zustande gekommene Empfindlichkeiten besonderer Organe im Sinne einer »Organ-Tradition«. So reagiert z. B. die eine Familie auf seelischen Stress mit Herzbeschwerden und die andere mit Magenbeschwerden.

6.3 *Organwahl*

Damit ist die schwierige Frage der unbewussten Organwahl angeschnitten, die nicht so leicht zu beantworten, aber durch logisches Denken zu erschließen ist. So können z. B. Dispositionen zu Hautkrankheiten dadurch entstehen, dass die Haut des Babys entweder überhaupt nicht gestreichelt oder zu grob behandelt wurde. Man denke an überängstliche oder nervöse Mütter und Väter. So kann man sich auch leicht vorstellen, dass ein ständiger Streit um das Essen die Vorgänge der Nahrungsaufnahme irritiert und zu Empfindlichkeiten im Bereich des Magens oder Darms führt. Ebenso ist es denkbar, dass eine stark affektbesetzte Reinlichkeitserziehung durch eine auf extreme Reinlichkeit erpichte Mutter die Ausscheidungsfunktionen eines Kindes stört. Schwieriger ist es nachzuvollziehen, dass die asthmatischen Anfälle eines Babys darauf zurückzuführen sind, dass ihm eine beherrschende Mutter gleichsam »die Luft wegnimmt«.

6.4 Existenzielle Angst und Basiskonflikt

Wenn wir uns aber tiefer in das Erleben dieser Menschen einfühlen, rühren wir an die hinter dem Symptom versteckte existenzielle Angst, eine Angst, die in Qualität und Quantität von der Signalangst der Neurosen weit entfernt ist und für den Betroffenen Vernichtung, Verlust der Existenz oder gar Tod bedeutet.

Diese besondere existenzielle Angst ist der Schlüssel zum Verständnis psychosomatischer Störungen. Sie ist das Resultat eines basalen Konflikts, der darin besteht, dass ein malignes Introjekt das Selbst existenziell bedroht (Kutter 1993). Dabei gibt es drei Lösungen: 1. Das Selbst unterwirft sich, 2. es lehnt sich dagegen auf und wehrt sich erfolgreich oder 3. es kommt zum Kompromiss um den Preis des psychosomatischen Symptoms.

6.5 Körpersprache

Abendländischer Tradition folgend, stehen wir alle unter der Auswirkung einer Spaltung von Seele und Körper. In Wirklichkeit stellen aber Körper und Seele eine Einheit dar. Beide reagieren einheitlich. Davon können wir uns jederzeit bei Kindern überzeugen: Sie empfinden gleichzeitig Angst (seelisch) und reagieren (körperlich) mit Herzklopfen, Schwitzen und Zittern.

Im Laufe unserer Sozialisation lernen wir, die körperliche Seite psychosomatischen Reagierens immer mehr zu unterdrücken. Das heißt aber nicht, dass unser Körper jetzt nicht mehr auf Angst reagierte. Das gleiche gilt für andere, Seele und Körper gleichermaßen betreffende Affekte wie Trauer, Verzweiflung, Hilflosigkeit, ohnmächtige Wut und Schmerz. Alle diese Affekte sind jederzeit abrufbar in unserer Psyche gespeichert und können, ausgelöst durch narzisstische Kränkungen – man beachte den Ausdruck der Sprache: Kränkung = krank machend – jederzeit wieder aktiviert werden.

Neben der Psycho-Logik der Psychologie müssen wir also auch die Somato-Logik des Körpers beachten, um psychosomatische Störungen verstehen zu können. Wir müssen, mit anderen Worten, die Körpersprache lernen.

Erinnern wir uns an die am Kapitelanfang wiedergegebenen Redewendungen, die nachdrücklich auf die Sprache des Körpers verweisen. In vielen Fällen lässt sich allerdings die körperliche Symptomatik nicht ohne weiteres in gesprochene Sprache übersetzen. In einem Fall dauerte es z. B. lange, bis zu verstehen war, dass die nach Therapieunterbrechungen regelmäßig auftretenden Verschlimmerungen der Herzanfälle und Migräneattacken Angriffe und Vorwürfe gegenüber einer wichtigen Bezugsperson ausdrückten, von deren Anwesenheit oder Abwesenheit das seelische Wohlbefinden abhing. In dieser Behandlung hatte sich in der Übertragung regressiv ein kindliches Beziehungsmuster wiederbelebt, demzufolge der Analytiker als Mutter erfahren wurde, die in sträflicher Weise immer wieder das Kind verlässt. Die altersgemäße Reaktion eines Kindes darauf können sehr wohl Herzanfälle und Kopfschmerzen sein, ist doch ein kleines Kind von der realen Präsenz wichtiger Bezugspersonen existenziell abhängig. Es gibt Menschen, die genauso wie ein Kind auf Kränkungen unmittelbar körperlich reagieren, als ob Körper und Seele nicht durch Sozialisationseinwirkungen voneinander getrennt wären.

6.6 Der »Kampf um den Körper« und drei wichtige pathogene Interaktionsmuster

Ein unbewusster Prozess spielt hierbei noch eine wesentliche Rolle: die Wiederaneignung des durch die Mutter oder eine andere wichtige Bezugsperson enteigneten Körpers. Ist es doch in jedem Fall die Mutter, die das Kind während der Schwangerschaft ursprünglich besitzt und es dann bei der physischen Geburt zum ersten Mal und bei der psychischen Geburt – um mit Mahler, Pine & Bergman (1975) zu sprechen – zum zweiten Mal freigibt und damit dem heranwachsenden Kind die Chance gibt, sich den eigenen Körper nach und nach anzueignen, ihn in Besitz zu nehmen.

Es leuchtet unmittelbar ein, dass ein Kind, das in besitzergreifender und festhaltender Weise von einer Mutter in Beschlag genommen wird, sich nur schwer aus der damit verbundenen Abhängigkeit befreien kann. Befreit es sich trotzdem, erkauft es dies mit Schuldgefühlen.

In anderen Fällen kommt es zu ein-dringenden Verhaltensweisen der Mütter. Sie führen dem Kind, z. B. aus pathologischer Angst, es würde den Stuhlgang nicht rechtzeitig ausscheiden, ständig Klistiere in den After ein. Sie respektieren damit den körperlichen Innenraum des Kindes nicht. Leider sind derartige seelische Übergriffe allzu dominierender Mütter, die die Privatheit ihres größer werdenden Kindes nicht achten und durch Übergriffe verletzen, nicht selten.

Als ein weiteres, drittes, pathogenes Beziehungsmuster erwies sich die Nicht-Beziehung. Sie besteht darin, dass das Kind nicht beachtet, missachtet oder gar verachtet wird. Auf diese Weise »links liegen gelassen«, muss es sich zwangsläufig ungeliebt fühlen. Damit werden die naturhaft vorgegebenen Bedürfnisse nach emotionaler Versorgung und narzisstischer Beachtung zwangsläufig frustriert.

Ein weiteres vielfach beschriebenes Phänomen wurde bereits kurz erwähnt (Kap. VI.8): das der »pensée opératoire« der französischen Autoren Marty & de M'Uzan (1963) oder der »Alexithymie« im Sinne von Nemiah & Sifneos (1970). Diese kunstvollen Ausdrücke besagen folgendes:

Psychosomatisch kranke Patienten denken mechanistisch. Sie reden über ganz konkrete Gegenstände, über ihr Auto oder über das Wetter. Sie haben wenig Phantasie. Sie können sich außerdem nicht in andere Menschen einfühlen. Diese stellen sie sich höchstens so vor, wie sie selbst sind. Sie sehen im anderen also ein Doppel (Reduplikation).

Der Vergleich mit Pinocchio, dem hölzernen Menschlein, das seine Eltern sucht, macht in anschaulicher Weise die hölzerne Art deutlich, die psychosomatisch kranke Patienten bei oberflächlicher Betrachtung erkennen lassen. Lässt man sich aber auf diese Menschen wirklich ein und gibt ihnen zu verstehen, dass man sie in ihrer Art akzeptiert und in ihrer Not ernst nimmt, öffnen sie sich. Sie beginnen, von ihren kränkenden Erlebnissen zu erzählen oder von Misshandlungen, die sie durch die nächsten Angehörigen erfahren haben. Sie fangen an, ihre jahrelang unterdrückte Wut wieder zu spüren. Es kommt daher während der Behandlung psychosomatisch gestörter Menschen häufig zu einer »psychosomatischen Krise« (Widok 1978). Das ist eine Krise, die dadurch entsteht, dass die bislang schlafenden Hunde geweckt werden und gewaltig zu bellen und zu beißen beginnen. Jetzt werden die im psychosomatischen Symptom gebundenen bedrohlichen Affekte frei. Diese sind in der Tat bedrohlich, denn sie können entweder andere Menschen gefährden oder sich gegen die eigene Person wenden.

6.7 Moderne Aspekte

In der Forschung (Ermann 2004, Uexküll et al. 2005, Zepf 2006b) besteht Konsens über eine multifaktorielle, somatopsychisch-psychosomatische Ätiologie bei den Psychosomatosen mit der Folge von Organläsionen (Morphologie und Funktion) und einer vorwiegend psychogenen Entstehungsursache bei den funktionellen Erkrankungen (keine Läsion, nur Funktionsstörung, die aber unbehandelt zur Läsion werden kann). Aus psychoanalytischer Sicht wird in psychodynamisch wirksamen Auslösesituationen der psychosomatische Basiskonflikt aktiviert, was etwa allergische, entzündliche oder immunologische Prozesse in Gang setzt, die letztlich zu morphologischen Veränderungen, zur Organläsion führen. Im Unterschied zum neurotischen Symptom oder den Symptomen bei Persönlichkeitsstörungen repräsentieren psychosomatische Symptome nicht auf symbolische Art und Weise präödipale, präverbale oder ödipale Erfahrungen. Die verschiedenen Modelle in der Psychoanalyse, beginnend mit Freuds Konzepten der Aktualneurose und dem Konversionsmodell, der Re- und Desomatisierung von Affekten (M. Schur), dem Spezifitätskonzept (Alexander) sowie der zweiphasigen Verdrängung (A. Mitscherlich), versuchen unterschiedliche Phasen dieses komplexen Prozesses zu konzeptualisieren.

Nach moderner Auffassung (Küchenhoff 1995) stellen die psychosomatischen Symptome keine symbolischen Repräsentanzen von konflikthaften Erfahrungen dar, sondern sind konkret präsentierte »somatische Erinnerungen« (Ermann 2004, S. 321) von präverbalen Erfahrungen, Spannungszuständen oder traumatischen Erfahrungen unterschiedlichster Art, daher

> »primär körperliche Zeichen für frühe oder traumatische affektive Zustände und Beziehungserfahrungen, die im Verlauf der Entwicklung keine seelische Repräsentanz gefunden haben. Bei Psychosomatosen steht die Reaktion des Körpers anstelle einer Erfahrung, für die es keine psychische Vorstellung (Symbol, Repräsentanz) gibt, sondern nur ein vorsprachliches, körperliches Zeichen« (ebd., S. 322).

Bestimmte emotionale Erfahrungen haben aufgrund spezifischer Struktureigentümlichkeiten des Selbst und der Objekterfahrungen keine symbolische, sprachliche Repräsentanz finden können, häufig, wenn auch nicht immer, mit der Folge der Alexithymie. In neurobiologischer Perspektive bleiben bestimmte emotionale Zustände und Erfahrungen aus dem semantischen Gedächtnis ausgeschlossen, werden nicht in den sprachlichen Sinnzusammenhang integriert. Die psychosomatische Grundstörung, der Basiskonflikt, beruht meist auf einer labilen Abgrenzung von Selbst und Objekt, einhergehend mit durchlässigen Ich-Grenzen sowie der Schwierigkeit, eine »optimale Distanz« zwischen Selbst und Objekt zu konstituieren. Nähe-Distanz-Konflikte sind die unausweichliche Folge. Vorherrschende Affekte von teils überflutendem, nicht aber Signal-Charakter sind chronische Hilflosigkeit und Ohnmacht. Charakteristisch für den Basiskonflikt sind des Weiteren die schon oben angedeutete Symbolisierungsstörung sowie eine Abhängigkeit von der Realpräsenz des Ideal-Objekts, mit entsprechender Intoleranz gegenüber Kränkungen sowie Trennungserfahrungen. Plassmann (1993) schuf, in Fortführung der Konzepte vom Basiskonflikt (Kutter 1981a), die Grundlage für eine regelrechte »analytische Körperpsychologie«, die mit ihren Konzepten von Organphantasie, pathologischen Zonen und Organwelten ein differenziertes Verständnis psychosomatischer Störungen erlaubt.

Instruktiv ist das untenstehende Schema von Ermann (2004).

Nach Schur (1955) besteht die seelische Reifung in einer zunehmenden Desomatisierung. Werden in der frühkindlichen Entwicklung Affekte noch vorwiegend als somatische Reaktionen abgeführt (vgl. die Befunde der Säuglingsforschung, Kap. IV.5), besteht die weitere Entwicklung in einer zunehmenden Differenzierung und Desomatisierung des seelischen Apparats. Der umgekehrte Prozess der Resomatisierung besteht dann darin, dass Affekte

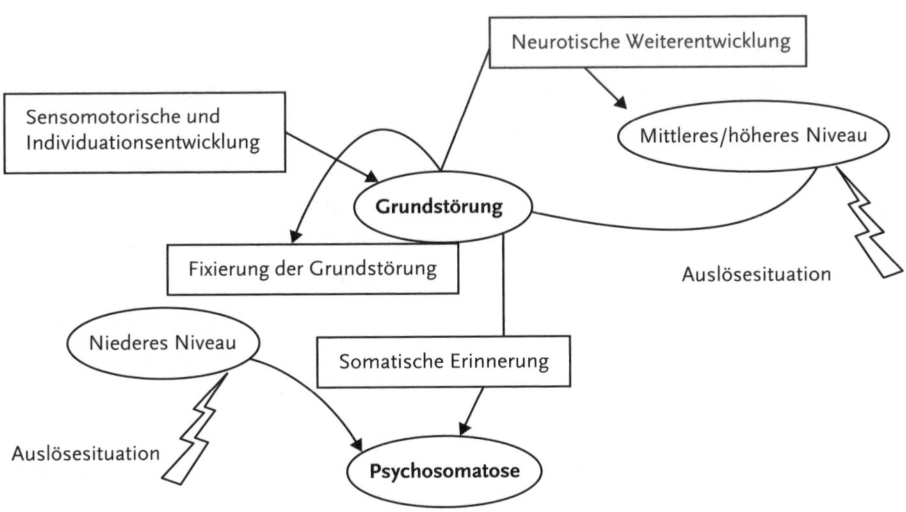

Abb. 13: Zur Symptombildung bei Psychosomatosen (modif. nach Ermann 2004)

zunehmend wieder somatisch ausgedrückt und abreagiert werden. Mitscherlichs Konzept der zweiphasigen Verdrängung, ein Prozess, der bei der Entstehung psychosomatischer Erkrankungen eine wesentliche Rolle spielt, baut auf diesem Modell auf.

6.8 Der psychosomatische Prozess

Der psychosomatische Prozess hat, modifiziert nach Mitscherlich (1967) folgende Stadien:

Die *erste Phase* hat das Ziel, eine erlebte Kränkung ausschließlich psychisch zu verarbeiten, und zwar dadurch dass a. der Kränkung angemessen begegnet wird, etwa durch eine Klärung der Beziehung zu der Person, von der man gekränkt worden ist, oder durch die angemessene Verarbeitung einer unvermeidlichen Kränkung; b. neurotische Abwehrmechanismen eingesetzt werden – wenn auch um den Preis neurotischer Symptome wie Zwangsdenken oder die phobische Vermeidung von großen Plätzen oder engen Räumen; c. die Abwehr die gesamte Persönlichkeit im Sinne einer Charakterneurose ergreift.

Im Fall eines Patienten mit Zwangscharakter ging es um die Wut über die erfahrene Unterdrückung, die Angst, sich deswegen zu wehren, sowie die Angst, dadurch umso mehr verurteilt zu werden; ferner um das Gefühl, ständig zu kurz gekommen zu sein. Da sich der Patient den von außen kommenden Forderungen beugte, unterwarf und anpasste, konnte er seine Wut über Reaktionsbildung abwehren.

Trennungen und Verlusterlebnisse stehen also am Anfang des psychosomatischen Prozesses. Diese können nicht gemeistert werden, wenn dabei, als Disposition aus der Kindheit, bestimmte Körperbereiche angesprochen werden, die auf jede Form von Kränkung übermäßig sensibel reagieren. Gelingt es bei anhaltendem Affektdruck nicht mehr, die verzweifelte Situation über eine neurotische Notlösung zu bewältigen, kommt es in einer *zweiten Phase* der körperlichen Abwehr (nach der ersten Phase der psychischen Konfliktbewältigung) zur »Somatisierung« mit Einbeziehung des Körpers in Form einer Funktionsstörung; diese kann besonders dann, wenn latente, die eigene Existenz bedrohende, basale Konflikte wiederbelebt werden, die körperlichen Funktionen so nachhaltig stören, dass in einer weiteren *dritten Phase* des psychosomatischen Prozesses strukturelle Schäden an den betroffenen Organen auftreten (z. B. Magengeschwür, Morbus Crohn, chronische Dünndarmentzündung oder Colitis ulcerosa, eine chronische Entzündung des Enddarms, verbunden mit Geschwüren).

Ein lange Zeit in der psychoanalytischen Psychosomatik verbreitetes Konzept war das Spezifitätsmodell von F. Alexander (1951). Er griff dabei auf Freuds psychosomatisches Modell zurück. Dieser unterschied zwei Formen von seelisch verursachten körperlichen Symptomen: somatische Angstäquivalente bei der Angstneurose sowie Konversionssymptome bei der Hysterie. Letztere verfügten über eine symbolische, psychisch repräsentierte Bedeutung, ersteren hingegen fehlte diese symbolische Dimension. Alexander versuchte nun das Problem der Organwahl zu lösen, indem er jeweils spezifische Konflikte bei den einzelnen psychosomatischen Erkrankungen vermutete. So etwa vermutete er bei Magengeschwüren verdrängte oral-rezeptive Wünsche, bei der Hypertonie einen Konflikt zwischen passiv-femininen Tendenzen und aggressiv-feindseligen Impulsen. Ähnlich formulierte er auch für andere Psychosomatosen spezifische Konflikte. Alexanders Arbeit stellt eine heute noch bedeutsame Forschungsleistung in der psychoanalytischen Psychosomatik dar; er konnte allerdings das Problem des »rätselhaften Sprungs vom Psychischen ins Physische und umgekehrt« nicht klären. In den vergangenen Jahren sind durch die Befunde der Neurobiologie und weitere Forschungen in der Psychosomatik (Uexküll et al. 2005) Alexanders Vorstellungen über die Konfliktspezifität einzelner psychosomatischer Erkrankungen zunehmend in die Kritik geraten (Küchenhoff 1994). Es stellte sich heraus (Overbeck et al. 1999), dass die Zuordnung spezifischer Konflikte und/oder spezifischer Persönlichkeitsmerkmale zu den einzelnen psychosomatischen Erkrankungen in dieser von Alexander konzipierten Form nicht aufrechtzuerhalten ist. So wurde gefunden, dass jenes zunächst mit den Psychosomatosen im ursächlichen Zusammenhang gebrachte alexithyme Denken, das »pensée opératoire« (Sifneos, Stephanos, Marty, de M'Uzan, Fain u.a.), auch bei nicht-psychosomatisch Erkrankten festgestellt werden konnte. In ihrer Generalisierung konnte daher Alexanders Theorie der Konfliktspezifität nicht beibehalten werden. Dies bedeutete aber nicht, dass damit die psychoanalytische Psychosomatik an ihr Ende gelangt war. Neuere empirische Forschungen etwa zum Magenulkus oder zur Colitis ulcerosa und zum Asthma bronchiale zeigen, dass der lange Jahre vermutete Abhängigkeits- und Neid-Ärger-Konflikt in der Tat für einen Teil der Ulkus-Patienten zutrifft; bei anderen Patienten spielen dagegen *andere* psychosomatische Zusammenhänge eine ausschlaggebende Rolle (Zepf 2006b, Uexküll et al. 2005).

6.9 Magersucht – eine häufige und bedrohliche Erkrankung

Sie soll wegen ihrer Bedeutung in der klinischen Realität kurz dargestellt werden. Es handelt sich um eine Störung des Essverhaltens, begleitet von Schlaflosigkeit, Hyperaktivität, übersteigertem Leistungsanspruch. Häufig werden auch Abführmittel eingenommen. Psychisch imponiert die Verleugnung der Kachexie, denn die Patientinnen und Patienten erleben ihren körperlichen Zustand nicht als krankhaft, sondern halten ihn für angemessen und normal. Sie sind fixiert auf Hunger und Nahrungsverweigerung. Es gibt eine ständige innere Auseinandersetzung damit. Eine extreme Selbstbeherrschung und eine psychische Isolation führen zum Verlust des Interesses an der Umwelt. Somatisch imponieren zunehmende Schwächezustände, Schwindelanfälle, Gewichtsabnahme bis zur Unterernährung, Amenorrhö, Obstipation. Im sozialen Bereich zeigen sich erheblich eingeschränkte Fähigkeiten zu intensivem Kontakt und emotionalem Austausch, Ablehnung von Objektbeziehungen, häufig auch bewusstes Lügen und Täuschen der Umwelt, verbunden mit dem Verlust der erotisch-sexuellen Anziehung aufgrund der Abmagerung und damit einhergehender Rückbildung der sekundären weiblichen Geschlechtsmerkmale. An unbewussten Motiven, die sich hinter diesen manifesten Störungen verbergen, vermutet man einerseits bestimmte Aspekte der sexuellen Triebabwehr und andererseits den Kampf um die Autonomie vom Primärobjekt.

Unter triebpsychologischer Perspektive kommt es bei der Anorexia nervosa zur Abwehr der Sexualität, zu einer Regression auf den oralen Bereich, d.h. genitale, vor allem ödipale sexuelle Impulse werden verleugnet, auf den Bereich der Nahrungsaufnahme verschoben und dort attackiert. Diese Verschiebung wird triebpsychologisch verstehbar wegen der Analogien und Parallelen zwischen weiblicher Sexualität und Essvorgang (rezeptive Haltung, das Glied aufnehmen, Schwangerschaft). Fixierungen in diesem frühen oralen Bereich führen zur Störung der weiteren psychosexuellen Entwicklung. Unbewusst stehen dann die oralen Phantasien stellvertretend für sexuelle Phantasien; neben Verdrängung und Regression gibt es weitere Abwehrmechanismen wie Verleugnung, altruistische Abtretung (andere, besonders Familienangehörige werden »gefüttert«), d.h. die eigenen oralen Bedürfnisse werden projektiv abgewehrt. Kommt es doch zu Kontrollverlust mit Fressanfällen, sind regelmäßig schwere Scham- und Schuldgefühle die Folge.

Diese orale Triebproblematik ist eingebettet in den übergeordneten und dominierenden Identitätskonflikt der Anorexia nervosa. Hier geht es vor allem um die Differenzierung vom Primärobjekt: es imponiert ein Kampf um Autonomie versus Sehnsüchte nach Abhängigkeit und Anlehnung. Vor allem die Mutterbeziehung wird häufig als negativ, dominant und kontrolliert erlebt, begleitet von irrealen Leistungsanforderungen, die sich in einem realitätsfernen Ichideal ausdrückt. Zusammen mit einer nicht integrierten Ambivalenz und einem sadistischen Überich führen diese Verhältnisse zur Identitätsunsicherheit der Anorexia nervosa. Unbewusst erleben die Patienten und Patientinnen den Hunger als quälend, würden auch gerne dem Bedürfnis zu essen (Abhängigkeit) nachgeben, allerdings ist der Triumph, nicht bedürftig und abhängig zu sein, die orale Gier zu befriedigen, größer als die Befriedigung des Hungers, und er sichert scheinbare Autonomie vom mütterlich versorgenden Primärobjekt. Stabilisierung des vulnerablen Narzissmuss und Abgrenzung vom Objekt werden mithilfe dieses manischen Triumphes zu erreichen versucht, sind allerdings Allmachtsphantasien und müssen an der Realität scheitern. Psychogenetisch spielt die fehlende bzw. labile Abgrenzung von Selbst und Objekt aus der frühen Mutter-Kind-Beziehung eine entscheidende Rolle. Dabei soll das narzisstische Größenselbst häufig dazu dienen, Autonomie vorzuspiegeln, und den Mangel an eigener gesunder Initiative und stabilem Narzissmus verdecken. Daher sind anorektische Patienten häufig extrem angepasst, »pflegeleicht«, oft Ausdruck eines »falschen Selbst«. In den Biographien findet man regelmäßig, dass Mutter und Kind in einer Art symbiotischer Verschränkung kognitiver und affektiver Art verbleiben, das Kind dadurch die kognitiven und affektiven Ich-Funktionen nicht differenzieren kann, sondern unbewusst von einem Ideal-Objekt abhängig bleibt.

6.10 Koronare Herzerkrankung und Herzinfarkt

Hier hat in jüngster Zeit die so genannte »Statuskonferenz Psychokardiologie«, ein neuartiger Zusammenschluss von Kardiologen, Psychologen, Soziologen und Psychoanalytikern, wichtige Ergebnisse geliefert: Der viel zitierte A-Typ (Ehrgeiz, Zeitnot, Rivalität) hat sich dabei z. B. nicht bestätigt. Stattdessen sind Angst, Depression und vitale Erschöpfung bisher unterschätzte Risikofaktoren. Dabei ist die zentrale Rolle der Depression vielfach empirisch gesichert (Jordan, Bardé & Zeiher 2007). In Bad Nauheim wurde 2006 die erste Klinik für Psychokardiologie gegründet.

7. Delinquenz, antisoziale Persönlichkeitsstörung, Dissozialität

7.1 Gesellschaftliche Aspekte

Die Karriere eines Kriminellen spielt eine verhängnisvolle Rolle, da die einmal als kriminell Bezeichneten gar nicht mehr anders können, als sich weiter kriminell zu verhalten. Die Delinquenz-Karriere läuft in folgenden Stufen ab:

1. zufällig ausgeübte primäre Delinquenz,
2. Strafe,
3. sekundäre Delinquenz,
4. schwerwiegende Strafe,
5. zunehmend delinquentes Verhalten.

Damit entsteht ein Circulus vitiosus, ein Teufelskreis, in dessen Verlauf der Delinquent ständig ebenso sich selbst wie andere schädigt. Zwischen dem delinquenten Individuum und den Menschen, die den Kriminellen verfolgen, entstehen Beziehungsmuster, denen wir bei den psychosomatischen Störungen schon begegnet sind. Es sind sehr gewalttätige Auseinandersetzungen, in denen der eine dem anderen gegenüber seine Macht demonstriert, ohne Rücksicht auf Verluste.

Auf der einen Seite stehen die mächtigen Instanzen des Staates in Gestalt der Polizei und der Staatsanwaltschaft. Auf der anderen Seite glaubt sich der Delinquente im Recht, um sich das ihm Vorenthaltene gewaltsam, etwa durch Bankraub, direkt anzueignen oder indirekt, etwa durch Betrug oder Unterschlagung, zu erschleichen.

Nach Paul Reiwald (1948) ist es die Gesellschaft selbst, die durch verständnisloses Handeln und harte Strafen geradezu die Verbrecher erzeugt, die sie vermeiden möchte. Dies ist ein Gedankengang, der manchem nicht einleuchtet, weil eigene Abwehrprozesse bei der Einschätzung der Relation zwischen dem individuellen Delinquenten und der ihn verfolgenden Gesellschaft unbewusst beteiligt sind. Es sind projektive Prozesse, die darin bestehen, dass eigene kriminelle Anteile auf den Kriminellen projiziert werden, der dann krimineller erscheint, als er wirklich ist. Deswegen wird er oft strenger bestraft, als er es verdient. Es ist durchaus möglich, dass das Strafen unbewusst eine Ersatzbefriedigung eigener aggressiv-krimineller Impulse darstellt.

Franz Alexander und Hugo Staub haben in ihrem Buch *Der Verbrecher und seine Richter* (1929) die Welt der Paragraphen psychoanalytisch durchleuchtet und in ihrer Theorie des Verbrechens die unbewusste Beteiligung der Gesellschaft an objektiven Fehlurteilen gebrandmarkt.

7.2 Individuelle Aspekte

Die antisoziale Persönlichkeitsstörung ist durch das Syndrom des malignen Narzissmus gekennzeichnet. Es besteht aus einer schweren Überich-Pathologie, die sich im Mangel idealisierter Überich-Vorläufer (idealisierter Selbst- und Objektrepräsentanzen) ausdrückt sowie in der Dominanz archaischer sadistischer Überich-Vorläufer, die die einzigen verfügbaren internalisierten Objektbeziehungen darstellen. In der unbewussten Phantasie herrscht die Überzeugung vor, dass die einzigen zuverlässigen Objekte durch grausame, sadistische, maligne Beziehungen geprägt sind. Das Syndrom des malignen Narzissmus ist ferner dadurch gekennzeichnet, dass das pathologische narzisstische Größenselbst mit Aggressivität aufgeladen ist (Rosenfeld 1964). Diese Patienten leugnen nicht nur die Andersartigkeit zwischen Selbst und Objekt und damit jede Form von Abhängigkeit, Depressivität und Konflikt schlechthin, sondern sie idealisieren gleichsam eine omnipotent destruktive Facette ihres Selbst. Dies führt dazu, dass vor allem jene Selbstanteile, die entwicklungsfördernde Abhängigkeitsbeziehungen eingehen wollen, in ihrer Entwicklung schwer beeinträchtigt werden. Die seelischen Funktionen sind auf niedriger Struktur angesiedelt, meist herrscht manifeste Borderline-Pathologie vor, mit den typischen Zeichen des Verlusts von Impulskontrolle, mangelnder Angsttoleranz und fehlenden Sublimierungen. Der pathogene Narzissmus dieser Patienten wird stabilisiert, wenn besonders gegenüber dem in andere Personen projizierten abhängigen Selbstanteil sadistische Aggression, perverse Lust, teilweise bis hin zu Körperverletzung und Mord reichende Destruktivität agiert werden können. Dieses Verhalten wird vollständig ich-synthon erlebt. Kernberg (1984) beschreibt ein Kontinuum der antisozialen Struktur, das von der antisozialen Persönlichkeit im engeren Sinn reicht, über narzisstische Persönlichkeitsstörungen, die auf manifestem Borderline-Niveau funktionieren und antisoziale Züge zeigen, bis hin zu Patienten, die bewusst und chronisch lügen, Hochstaplern und dergleichen. Die antisoziale Persönlichkeit im engeren Sinne hat eine äußerst ernste Prognose (Stone 1989). Diese Patienten lügen und betrügen bewusst, sehen in moralischen Wertsystemen anderer Menschen nur einen Anreiz, diese auszubeuten und zu zerstören. Da ihnen die Fähigkeit fehlt, sich in andere einzufühlen, authentisches

Interesse und Anteilnahme zu zeigen, begreifen sie ihr eigenes ausbeuterisches und manipulatives, häufig kriminelles Verhalten nicht.

Wie entstehen solch schwere seelische Erkrankungen? Kernberg meint, dass

»einige oder alle Aspekte des folgenden Szenarios von der Vergangenheit des Patienten daran beteiligt sind: 1. Die Erfahrung, daß äußere Objekte allmächtig und grausam sind; 2. das Gefühl, daß jede gute, liebende, wechselseitig befriedigende Beziehung zu einem Objekt schwach und leicht zerstörbar ist und, noch schlimmer, die Keime für Angriffe von seiten des überwältigenden und grausamen Objekts enthält; 3. das Gefühl, daß vollständige Unterwerfung unter dieses Objekt die einzige Überlebenschance bietet, daß darum alle Bindungen an ein gutes und schwaches Objekt durchtrennt werden müssen; 4. ein erhebendes Gefühl von Macht und Beglückung, von Freiheit und Angst, Schmerz und Furcht, wenn erst einmal die Identifizierung mit dem grausamen und allmächtigen Objekt vollzogen ist, und das Gefühl, daß Aggressionsbefriedigung die einzig sinnvolle Form der Beziehung zu anderen ist; 5. als Alternative die Entdeckung eines Fluchtweges durch das Annehmen eines ganz unaufrichtigen, zynischen oder heuchlerischen Kommunikationsmodus, das Auslöschen jeglichen Urteils, das einen Vergleich zwischen guten und bösen Objekten impliziert, und die Negation der Bedeutung jeglicher Objektbeziehung oder jeglicher Form erfolgreichen Manövrierens im allgemeinen Chaos menschlicher Beziehungen. Im letzten Fall ersetzt die unehrliche Position des unschuldigen Zuschauers die gefährliche Identifizierung mit dem grausamen Tyrannen oder die masochistische Unterwerfung unter ihn. Alle diese Gefahren, Fluchtwege und erschreckenden Konzeptionen von der menschlichen Realität repräsentieren eine dramatische, extreme Verschlechterung der internalisierten Objektbeziehungen« (Kernberg 1984, S. 429 f.).

Holländische Autoren aus der Umgebung der »Mesdag-Klinik« in Groningen sprechen von Entwicklungspsychopathie (Reicher 1976). Das heißt wörtlich übersetzt »krankhafte seelische Entwicklung«. Die sich entwickelnde Persönlichkeit wird durch unbewusste zerstörende Prozesse extrem beeinträchtigt. Ursprünglich kamen die zerstörerischen Prozesse von außen. Später werden sie nach ihrer Verinnerlichung dem eigenen Selbst zugefügt. Die Parallele zu der von Balint herausgearbeiteten Grundstörung bzw. zum Basiskonflikt (Kutter 1993) bei psychosomatischen Störungen ist nicht zu übersehen (vgl. Kap. VII.6).

8. Alkoholismus, Sucht und Drogenabhängigkeit

8.1 Alkoholismus

Wie in der Psychoanalyse nicht anders zu erwarten, werden besonders die Triebprobleme alkoholabhängiger Menschen in den Vordergrund gerückt. Das oral-saugende Verhalten alkoholabhängiger Menschen legt es nahe, hier eine Fortsetzung des Verhaltens des Säuglings an der Mutterbrust zu sehen. Die Bierflasche wäre dann Ersatz für die fehlende Mutterbrust. Die Flasche oder das Glas haben gegenüber der Brust sogar den Vorteil, jederzeit verfügbar zu sein.

Zum Akt des Trinkens kommt die Wirkung des Alkohols in Bier, Wein oder Schnaps: eine leicht anregende und gleichzeitig beruhigende Wirkung. Der sich innerlich leer fühlende oder stark beunruhigte Mensch wird dann den alkoholischen Genuss wegen der damit verbundenen guten Erfahrungen immer wieder suchen. Die bei Alkoholabhängigen zusätzlich auftretende physische Wirkung des Alkohols mit zunehmender Toleranz und Alkoholentzugssyndromen tut ein Übriges, um die Abhängigkeit vom Alkohol zu erhöhen. Im Folgenden wollen wir uns mit der Psychodynamik des Alkoholismus befassen und einige psychoanalytische Perspektiven vorstellen.

Sowohl das Trinken von alkoholischen Getränken als auch die Wirkung des Alkohols funktionieren wie Abwehrmechanismen, die den Alkoholabhängigen vor unerträglichen inneren seelischen Zuständen schützen. Das können Angst-, Schuld- und Schamgefühle sein, die nunmehr nicht, wie bei den Neurosen, Psychosen oder psychosomatischen Störungen, über besondere Abwehrmechanismen abgewehrt werden müssen, sondern einfach im Alkohol »ertränkt« werden. Strenge Gebote und Verbote werden dadurch unschädlich gemacht, dass das Überich, bildhaft gesprochen, gleichsam im Alkohol »aufgelöst« wird. Im Alkoholrausch kann der Alkoholabhängige genauso wie der Maniker über depressive Gefühle triumphieren und in der Illusion des Rausches bedrückende Sorgen vergessen.

Nach Wolf-Detlev Rost (1999) wird das selbstschädigende Moment der Alkoholiker immer mehr beachtet, läuft der Alkoholmissbrauch doch in der Tat auf eine langsame aber sichere Selbstzerstörung hinaus. Die toxische Wirkung des Alkohols schädigt Leber, Magen-Darm-Trakt und Nervensystem; von den sozialen Folgen des Alkoholismus und dem damit verbundenen sozialen Abstieg ganz zu schweigen.

Kommen Alkoholiker in die Psychoanalyse, was nicht häufig geschieht, dann gelangen die zerstörenden Prozesse, die bislang allein in der Psyche des Alkoholikers wirksam waren, zwangsläufig unmittelbar in die Beziehung zwischen Analysand und Analytiker. Das Prinzip »Wiederholungszwang« (Freud 1920g) funktioniert hier genauso wie bei Patienten mit psychosomatischen Störungen oder delinquentem Verhalten. Entweder fühlt sich der Patient vom Analytiker dadurch geschädigt, dass er sich ausgebeutet, missbraucht, ausgenutzt oder auf andere Art misshandelt vorkommt, oder umgekehrt: dann ist es der Patient, der sich unbewusst gegenüber dem Analytiker so verhält, dass dieser sich missbraucht, ausgenutzt oder geschädigt fühlt.

Es sind Interaktionsmuster, in denen der eine Macht über den anderen ausübt. Eine gewisse Lust am Quälen oder Gequältwerden, wie sie uns bei den sadistischen und masochistischen Perversionen (vgl. Kap. VII.9) begegnen, ist dabei nicht zu übersehen. Die Häufigkeit sadistischer und masochistischer Beziehungsmuster in den Behandlungen von Alkoholikern spricht dafür, dass die Beziehung zwischen Alkoholiker und alkoholischem Getränk im Grunde eine sadomasochistische Beziehung ist. Das alkoholische Getränk hat also nicht immer die eingangs beschriebenen guten Eigenschaften, weil es angenehm anregt oder beruhigt. Es hat beim ausgeprägten Alkoholiker vielmehr eher eine böse, schädigende, ja zerstörerische Eigenschaft; wohlgemerkt: in der Phantasie und weitgehend unabhängig von den – in pharmakologischer Hinsicht – schädigenden Eigenschaften des Alkohols.

Die Phantasie spielt bei Alkoholikern gegenüber der Realität eine große Rolle. Sie macht es möglich, dass die unbewusste Bedeutung des alkoholischen Getränks zu verschiedenen Zeiten stark wechselt. Das eine Mal wird das bevorzugte alkoholische Getränk über alles gelobt, das andere Mal abgelehnt, gehasst, verteufelt. Es kommt auch vor, dass beide Extreme dadurch vermieden werden, dass in der Phantasie des Alkoholrausches das totale Vergessen gesucht wird, weil das ständige Hin und Her zwischen Idealisierung und Entwertung viel schwerer auszuhalten wäre.

Wen wundert es noch, wenn die Psychoanalyse in ausgeprägten Fällen von Alkoholmissbrauch schwere Schädigungen in der frühen Kindheit feststellt. Solche Schädigungen finden wir auch in der frühen Kindheit bei Menschen, die als Erwachsene an Psychosen und psychosomatischen Störungen erkranken oder in delinquentes Verhalten ausweichen. Es sind massive Entbehrungen im Sinne der von Balint beschriebenen Grundstörung im Hinblick auf die Befriedigung elementarer narzisstischer und oraler Wünsche und/oder im

Sinne des Basiskonflikts fundamentale, die eigene Existenz bedrohende Konflikte. Sie rühren von einer Instanz her, von der man sich ständig unter Druck gesetzt und verfolgt fühlt. Dazu ein Fallbeispiel:

Der Patient war bei Therapiebeginn 27 Jahre alt und von Beruf Drogist. Er litt an einer ihn bedrängenden Angst in exponierten Situationen und fühlte sich gegenüber seiner Frau und seinen Angestellten massiv unterlegen. Mit Alkohol konnte er die Angst effektiv dämpfen. Er war bis zum achten Lebensjahr ohne Vater aufgewachsen und musste schmerzlich nach Rückkehr des Vaters aus dem Krieg miterleben, wie die acht und zehn Jahre jüngeren Schwestern als Lieblinge des Vaters vorgezogen wurden. Auch die Beziehung zur Mutter war denkbar schlecht. Er fühlte sich von beiden Eltern im Stich gelassen, vor allem dann, wenn er etwas wollte und brauchte, wobei er ständig für beide Eltern da sein musste.

Ausbruchsversuche führten zu quälenden Schuldgefühlen, die zusammen mit den gleichzeitig bestehenden Ängsten so unerträglich wurden, dass der in solchen Situationen getrunkene Alkohol entlastend wirkte. Die Flucht in den Alkohol sollte den Eltern unbewusst signalisieren, dass er hilflos und verzweifelt sei, nicht mehr ein noch aus wisse, dass man ihm doch endlich helfen müsse. Das Ergebnis war, wie zu erwarten, das Gegenteil: Er wurde noch weniger geschätzt als zuvor, vielmehr mit Verachtung gestraft und bloßgestellt.

So blieb die Psychoanalyse die einzige Möglichkeit für ihn, eine zuverlässige Bezugsperson zu erleben, die trotz seiner wiederholten Rückfälle kontinuierlich zu ihm stand. Unter diesen günstigen Bedingungen gelang es auch, die Ängste vor exponierten Situationen als Ängste vor Strafe durch den gefürchteten Vater zu erkennen. Gleichzeitig wurde klar, dass die Episoden mit Alkoholmissbrauch u.a. die Funktion hatten, auf die eigene Not aufmerksam zu machen und die wichtigsten Bezugspersonen daraufhin zu prüfen, ob sie trotz der ihnen zugemuteten Belastungen zu ihm hielten. Dabei war es tragisch, mit anzusehen, wie die nächsten Bezugspersonen, in gesellschaftlichen Vorurteilen befangen, die hinter dem Trinken verborgenen neurotischen Konflikte mit ihren Ängsten, Schuld- und Schamgefühlen nicht erkennen konnten. Deswegen mussten fremde Personen, der Analytiker und eine Freundin, die dem Patienten unvoreingenommen begegneten, die Defizite in der Zuwendung der nächsten Angehörigen ausgleichen, um dem Patienten auf diese Weise zu helfen, an seine neurotischen Probleme heranzukommen und diese zu lösen.

8.2 Sucht

Je nach struktureller Organisation der Persönlichkeit können verschiedene Untergruppen von Suchterkrankungen unterschieden werden:

Neurotische Suchterkrankung liegt vor, wenn mithilfe des Substanzmittels vorwiegend ödipale Konflikte und die sie begleitenden Kastrationsängste sowie Schuldgefühle abgewehrt werden müssen (Alpha- oder Konflikttrinker). In psychodynamisch wirksamen Situationen, die entweder sexueller Natur sein oder eine Versagung in sich tragen können, werden nicht integrierte infantile Konflikte reaktiviert. Regressionen lassen ungelöste Kastrationsängste und Schuldgefühle wieder aufleben. Diese werden mittels des Substanzmittels gleichsam neutralisiert und der Ich-Überich-Konflikt zeigt sich dann weiter bei der masochistisch-depressiven Unterwerfung des Ichs und des Überichs im Rahmen des »Katers«.

Eine zweite Gruppe von Suchterkrankten vor dem Hintergrund einer narzisstischen Störung verwendet unbewusst das Substanzmittel als eine »Plombe«, um unerträglichen seelischen Schmerzen ausweichen zu können. Überwältigende Affekte (Krystal 2000) sollen mit der Droge »unschädlich« gemacht werden und das Ich schützen. Da auf diesem Strukturniveau Affekte meist als überflutend und nicht in ihrem Signalcharakter erlebt werden, kann das Substanzmittel nicht nur gegen depressive Schmerzen, sondern auch gegen Verfolgungsgefühle oder überwältigende Hassgefühle und Empfindungen der Wertlosigkeit eingesetzt werden. Das Substanzmittel ist ein jederzeit verfügbares »Anästhetikum und Analgetikum«; die in ihrem Narzissmus erkrankten Menschen können jederzeit darauf zurückgreifen, was ihnen die Möglichkeit gibt, Abhängigkeit, Getrenntheit und Andersartigkeit des Objekts nicht wahrnehmen zu müssen.

Von Patienten mit einer Borderline-Erkrankung wird das Substanzmittel als unbelebtes Objekt (D. Rosenfeld 1992) erlebt und dabei gespalten: Als immer verfügbares »Heilmittel« wird es idealisiert, in der lebensbedrohlichen Abhängigkeit entfaltet es seine ganze Destruktivität. Psychodynamisch wirksame auslösende Situationen sind meistens schwere narzisstische Kränkungen oder Objektverluste. Sie bedeuten eine Re-Aktualisierung frühinfantiler Traumatisierungen in der Phase der Wiederannäherungskrise. Diese Patienten konnten kein gutes Objekt internalisieren; Kränkung oder Verlust werden als existenzielle Bedrohung und innere Leere erlebt, was mit den idealisierten Substanzmitteln kompensiert werden soll. Dies gelingt auf manisch-omnipotente Weise während des Rauschzustands; danach setzt sich aber die Re-Aktualisierung der frühinfantilen Traumatisierung nun in einer Art »Übertragung« auf das in den Körper introjizierte Substanzmittel fort, und das scheinbar gute Objekt verwandelt sich real (physiologisch) und seelisch unter dem Einfluss der nicht integrierten oralen Neid- und Verlustkonflikte in ein böses zerstörerisches Objekt (Rosenfeld 1964, Rost 1999, Kutter & Müller 1999).

Durch den Vorgang der oralen Inkorporation, mit denen sich das psychisch tote, leere Selbst des Abhängigen mit Leben zu füllen versucht, wird aber, ähnlich wie bei der depressiven Introjektion (vgl. Kap. VII.2.4 bzw. 10.5), das ideale Objekt zerstört. Die resultierenden Schuldgefühle werden wegen der narzisstischen Qualität der Objektbeziehungen und der latenten Destruktivität autoaggressiv ausgelebt, sodass nur neuer Alkoholgenuss in Form eines Teufelskreises das bedrohte prekäre psychische Gleichgewicht zu kompensieren vermag.

Sucht stellt sich damit einerseits als Versuch des Patienten dar, eine emotionale Erfahrung mit einem Objekt zu erleben, das einerseits seine affektiven Bedürfnisse und Schwankungen befriedigen kann, das ihm andererseits aber auch zur omnipotenten Illusion verhilft, ohne Angst und Schuld, Neid und Abhängigkeit leben zu können. Die Droge stellt wegen der Substanzwirkung eine manische Abwehr zur Verfügung. Die Tragik besteht darin, dass der Suchtkranke Lebendigkeit und eine emotionale Beziehung, die er für seine subjektiven Bedürfnisse nicht ausreichend erlebt hat, in einem unbelebten Objekt sucht, letztlich aber nur eine illusionäre Lebendigkeit findet, die ihn langfristig schädigt.

8.3 Drogenabhängigkeit

Im Gegensatz zum Alkoholkonsum, der gesellschaftlich toleriert ist, wird der Missbrauch von Heroin, Kokain oder auch nur Haschisch und Marihuana von der großen Mehrheit angepasster Bürger mehr oder weniger stark abgelehnt. Hier spielen also – wie beim delinquenten Verhalten – unbewusste Prozesse zwischen der Gesellschaft einerseits und dem einzelnen Drogenabhängigen oder der Gruppe der Drogenabhängigen andererseits eine große Rolle. Zuallererst wären hier projektive Prozesse zu nennen, in denen von der Mehrheit der Bürger unangenehme eigene Eigenschaften auf die Drogenabhängigen projiziert werden. Die Drogenabhängigen führen uns im Extrem vor, was wir uns selbst nicht eingestehen wollen. Sie spiegeln unser eigenes Konsumverhalten wider: Haben-Wollen um jeden Preis, unser Besitz- und Machtdenken, aber auch unsere geschäftliche Kälte und Lieblosigkeit, unsere Heuchelei und Unglaubwürdigkeit. Da gibt es den trinkenden Vater, der die eigene Schwäche gegenüber dem Alkohol dadurch unbewusst abwehrt, dass er die Schwäche des Haschisch konsumierenden Sohnes brandmarkt. Dazu passt die Tatsache, dass der Handel mit Heroin, Kokain usw. verboten ist, alkoholische Getränke aber frei erhältlich sind. Konsumenten harter Drogen bewegen sich deshalb zwangsläufig im Bereich der Illegalität.

Von Drogenabhängigkeit sprechen wir, wenn jemand immer wieder eine Droge einnimmt, obwohl dies schädlich ist. Dabei bedeutet psychische Abhängigkeit: ein unkontrollierbarer Drang, die Sucht, ein nicht zu unterdrückendes Verlangen, das Unersättliche, Gierige, Begehrende. Körperliche Abhängigkeit tritt auf, wenn sich unter dem ständigen Einfluss der Droge, in pharmakologischer Sicht, ein gestörtes Stoffwechselgleichgewicht eingependelt hat, das nun seinerseits aus körperlichen Gründen die Zufuhr des Stoffs erzwingt.

Neben den unbewussten psychischen Prozessen, die uns in der vorliegenden Einführung in die Psychoanalyse natürlich besonders interessieren, dürfen wir die pharmakologisch zu definierenden körperlichen Prozesse: die toxische Wirkung der Droge auf den Körper, insbesondere auf das Zentralnervensystem, nicht vernachlässigen. Es sind erregende Wirkungen mit dem Gefühl größerer Wachheit, erhöhtem Selbstvertrauen und dem typischen »High«-Gefühl, die nach Einnahme von Kokain, Amphetamin oder Ecstasy auftreten.

Heroin, Morphin und andere Narkotika oder Valium, barbitursäurehaltige Präparate und andere Sedativa beruhigen Unruhezustände, dämpfen Angstgefühle, unterdrücken überhaupt die Gefühle. Marihuana und Haschisch heben die Stimmung und lassen Hemmungen überwinden, während LSD und andere Halluzinogene die Phantasie derart anregen, dass die reale Umwelt gegenüber den aus dem Unbewussten aufsteigenden Vorstellungen und Gefühlen völlig zurücktritt. Haschisch und Marihuana gelten eher als »sanfte« Drogen, als Protest-Drogen. Heroin, Kokain und LSD sind die »harten« Drogen; deswegen hart, weil deren Wirkung Denken, Fühlen und Handeln des Konsumenten massiv verändert.

Die Wirkung der Droge beeinflusst vor allem die Affekte: Ängste, Schuld- und Schamgefühle; sie kommt somit der eines Abwehrmechanismus gleich. Was bei der Neurose der Abwehrmechanismus der Verdrängung leistet, bewirkt bei der Drogenabhängigkeit die Droge. Unangenehme Vorstellungen und Gefühle werden nicht mehr wahrgenommen.

Gegenüber dem Menschen mit einer schlichten Neurose kommt bei den Drogenabhängigen aber noch etwas hinzu: die pharmakologisch erzeugte Wirkung der Droge, entweder als Erregung oder als Beruhigung. Damit wird pharmakologisch etwas ersetzt, was psychologisch nicht vorhanden ist: die Fähigkeit, sich je nach Bedarf, unabhängig von einer Droge, zu erregen oder zu beruhigen.

Erfasst uns zu bestimmten Zeiten eine innere Erregung mit einer Sehnsucht nach Abenteuer, können wir dieser Sehnsucht nachgehen und Geselligkeit suchen und finden. Empfinden wir ein Ruhebedürfnis, können wir eine entsprechende Umgebung aufsuchen, Zärtlichkeit bei Freund oder Freundin suchen und uns dabei beruhigen. Drogenabhängige können dies nicht. Ihnen geht die Fähigkeit ab, das, was sie brauchen, in der Realität zu suchen. Es fehlt ihnen die Geduld und die Fertigkeit, das zustande zu bringen, was Nicht-Drogenabhängigen im Kontakt mit anderen Menschen gelingt.

Damit wird deutlich, dass denjenigen Menschen, die zu Drogenabhängigkeit neigen, bestimmte positive Eigenschaften fehlen, vor allem Fähigkeiten, auf andere Menschen zuzugehen, sie für sich zu gewinnen, sowie Fähigkeiten, tragende, verlässliche und gefühlvolle Beziehungen aufzubauen und aufrechtzuerhalten. Hier bestehen Erlebnislücken und mehr oder weniger ausgeprägte Defizite, die bewusst wahrzunehmen viel zu unerträglich wäre. Solchen Menschen ist daher jedes Mittel recht, auch wenn es schadet, wenn nur der unerträgliche Zustand erträglicher wird.

Dies wäre der Gewinn, den die Droge den Drogenabhängigen ermöglicht. Die Droge wird damit zu einem guten, wohltuenden Objekt, das gerade wegen der wohltuenden Wirkung begehrt wird.

Die gleichzeitig schädigende Wirkung der Droge (wegen der pharmakologischen Wirkung) wird entweder gar nicht wahrgenommen oder unter Einsatz psychologischer Abwehrmechanismen verdrängt. Es kann aber auch sein, dass die Droge unbewusst gerade wegen ihrer schädigenden Wirkung gesucht wird. Ein derartig selbstschädigendes Verhalten ist nicht leicht nachzuvollziehen. Es wird aber verständlich, wenn wir uns erinnern, dass einst als Opfer missbrauchte Kinder, wenn sie erwachsen geworden sind, sich als Täter das antun, was ihnen einst angetan worden war.

9. Die Perversionen

9.1 Überblick

Eine gesunde »reife« Sexualität setzt viele Fähigkeiten voraus: Kontaktfähigkeit, Selbstsicherheit, Humor und Witz, einen angstfreien Umgang mit anderen und mit sich selbst, ein differenziertes Gefühlsleben und ein Mindestmaß an Menschenkenntnis. Dazu gehört ebenso die Fähigkeit, sich einem anderen Menschen in der die gesamte Bandbreite der Partialtriebe einschließenden Intimität zu öffnen, potenziell aber nicht zwingend, und sich hinzugeben. Dann kann Sexualität mehr als nur primitive Triebbefriedigung sein: etwas, das den zwischenmenschlichen Kontakt belebt und bereichert.

Freud zeigte schon in seinen *Drei Abhandlungen zur Sexualtheorie* (1905d), dass wir alle von Anfang an »polymorph pervers« sind, d.h. Bedürfnisse haben,

1. sexuellen Handlungen zuzuschauen (Schautrieb, Voyeurismus);
2. die eigene Potenz zur Schau zu stellen (Zeigelust, Exhibitionismus);
3. sich eines intimen Gegenstands zu bedienen als Ersatz für die begehrte Person (Fetischismus);
4. sich in die Person des anderen Geschlechts zu versetzen, und zwar dadurch, dass man sich so kleidet wie das andere Geschlecht (Transvestismus);
5. oder mehr noch, ganz so sein zu wollen wie das andere Geschlecht (Transsexualismus);
6. andere zu quälen, zu demütigen, körperlich oder seelisch zu verletzten (Sadismus);
7. gequält, gedemütigt, ja zerstört zu werden (Masochismus).

Als »pervers« gilt alles, was in einer gegebenen Gesellschaft so bezeichnet wird. »Perverses« Verhalten ist eine gegenüber der Norm abweichende Handlung, analog dem delinquenten Verhalten. Dabei handelt es sich immer auch um ein Verhalten, das nicht den sozialen Normen entspricht, wörtlich: a-soziales, oder, falls es in direktem Gegensatz zur gesellschaftlichen Norm ausgeübt wird, anti-soziales Verhalten. Hier liegt der gemeinsame Nenner von delinquentem Verhalten, Drogenabhängigkeit und perversem Handeln.

Insofern sind »Perversion«, »Delinquenz« und »Drogenabhängigkeit« Omnibusbegriffe, die sich auch für die Aufnahme von Projektionen des gesellschaftlichen Unbewussten eignen können (Erdheim 1988). Deshalb sind alle diagnostischen Zuschreibungen immer auch von einer jeweiligen Kultur und Ideologie geprägt. Zwar meinen antisoziales Verhalten, Perversion und Drogenabhängigkeit im klinisch-psychoanalytischen Sinn eine spezifische Art der Erkrankung. Diese Kategorien unterliegen aber ähnlich wie die Begriffe »hysterisch« oder »narzisstisch« immer der Gefahr, als Projektionsfläche unerwünschter, im gesellschaftlichen Sinne entwerteter Verhaltensweisen missbraucht zu werden. Generell gilt, dass für die psychoanalytische Untersuchung normative wie auch nicht-normative Definitionen ebenso wenig brauchbar sind, wie manifestes Sexualverhalten etwas über unbewusste Phantasien und innere Objektbeziehungen aussagt. Weil die Tendenz zum Missbrauch diagnostischer Begriffe weit verbreitet ist, sind Analytiker immer dazu aufgefordert, eigene ideologische Vorurteile mit zu reflektieren.

9.2 Die Perversion – eine aggressive Form von Liebe

Wie Robert J. Stoller (1975) gezeigt hat, kommt in der perversen Handlung – hier wiederum am deutlichsten beim Sadismus – eine »erotische Form von Hass« zum Ausdruck. Es ist ein Hass, der so groß ist und nicht gesteuert werden kann, weil er in den meisten Fällen reaktiv entstanden ist: als Reaktion auf ein Trauma, das der Perverse als Kind in der Vergangenheit hinnehmen musste. Als Erwachsener und in der Gegenwart dreht der so Betroffene nun gleichsam den Spieß um und triumphiert im Handlungsvollzug des perversen Akts so über den anderen, wie dieser einst über ihn triumphiert hatte.

Den hassenden oder den andere verachtenden Anteil finden wir in vielen perversen Beziehungen, wenn auch nicht so offen wie im Verhältnis zwischen Sadist und Masochist. Der Fetischist zieht den Fetisch gegenüber dem anderen Menschen vor. Der Exhibitionist lässt sich nicht wirklich auf eine Frau ein, sondern zeigt ihr lediglich sein erigiertes Glied und hat womöglich seinen Triumph darin, sie zu erschrecken, auch auf die Gefahr hin, deswegen angezeigt zu werden. Die transsexuelle Person ist mit dem biologisch vorgegebenen Geschlecht nicht zufrieden. Sie mag sich in vielen Fällen damit begnügen, sich selbst und anderen dadurch etwas vorzumachen, dass sie Kleider des anderen Geschlechts anzieht und sich dann zeigt (Transvestismus). Sie mag aber auch mehr wollen: eine Veränderung der tatsächlichen geschlechtlichen Verhältnisse (Transsexualismus).

Das Phänomen des Geschlechterwechsels (Pfäfflin 1993) ist für viele ebenso faszinierend wie abstoßend, wenn die Wünsche einer Frau, die Mann sein will, so weit gehen, dass z. B. die Amputation der Brüste ebenso als geringeres Übel in Kauf genommen wird wie ein funktionsfähiges Penisoid, nur um sich nicht mehr als selbstgehasste Frau erleben zu müssen, sondern endlich der Mann sein zu können, als der man sich fühlt. Das subjektive Gefühl, Mann zu sein, ist viel wichtiger als die objektive Anatomie. Umgekehrt geht es einer Person, die zwar anatomisch Mann ist, das eigene männliche Geschlecht aber abgrundtief hasst. Sie kann sich selbst nur als Frau vollständig erfahren.

Es handelt sich hier um Menschen, deren Gefühl, ein Recht auf eine eigene Existenz zu haben, so gering ausgeprägt ist, dass nur der Wechsel des Geschlechts endlich die ersehnte Identität zu ermöglichen scheint.

Perverse Handlungen erscheinen durch den Anteil an offener oder versteckter Gewalt als inhuman. Bei dem Missbrauch von Kindern zur sexuellen Befriedigung kommt dies besonders drastisch zum Ausdruck. Zeigen uns jene pädophilen Menschen in ihrem Verhalten aber nicht auch, wie »abartig« wir zuweilen miteinander als Erwachsene umgehen oder unsere Kinder behandeln? Nämlich achtlos und lieblos, wie Gegenstände, nicht wie Menschen oder Gäste, denen wir Achtung entgegenbringen und denen gegenüber wir uns höflich und zuvorkommend verhalten. Insofern sollten wir die im doppelten Sinne des Wortes »unerhörte« Botschaft pervers handelnder Menschen nicht überhören: »Das kommt dabei heraus, wenn man uns als Kinder vernachlässigt, quält, missbraucht und nicht liebt!«

Insofern sollten wir die meist ungehört verhallende Botschaft der pervers handelnden Menschen als Mahnung und Appell an uns verstehen. Sie zeigen uns mit ihrem Verhalten nur zu deutlich, was wir ihnen in ihrer Kindheit vorenthalten haben.

9.3 Moderne Aspekte

Die psychoanalytische Literatur über das perverse Syndrom kann in drei theoretische Paradigmen unterteilt werden (Kernberg 1984, De Masi 2003 a): Das erste basiert auf Freuds *Drei Abhandlungen zur Sexualtheorie* (1905 d). In diesem psychosexuellen Modell ist die Perversion regressiver, meist anal-sadistischer Ausdruck der polymorph perversen infantilen Sexualität, eine Abwehr gegen Kastrationsangst, die die Überwindung des Ödipuskomplexes unmöglich macht; Angst und Schuld werden libidinisiert. In der Perversion akzeptiert das Ich sowohl den Trieb wie auch die Abwehr, was zu einer Spaltung des Ichs und einer teilweisen Verleugnung der Realität führt. Die regressive Analität des Perversen zielt auf eine fundamentale Abwehr der Anerkennung des Geschlechts- und Generationsunterschieds (Chasseguet-Smirgel, Kernberg). Im Gegensatz dazu wird von den Autoren des zweiten Paradigmas (British middle group, Selbstpsychologie, Intersubjektivisten) die zentrale Bedeutung der Abwehrfunktion des perversen Syndroms in erster Linie gegen prägenitale Ängste, die die persönliche Identität bedrohen, hervorgehoben. Die manifeste Perversion soll in dieser Sicht eine narzisstische Vulnerabilität des Selbst kompensieren, die einst durch die Psychopathologie der Primärobjekte hervorgerufen wurde. Im dritten Paradigma wird von Kleinianern und Post-Kleinianern die Bedeutung der Sexualisierung, die Rolle der Grausamkeit und der sexualisierten Aggressivität hervorgehoben. Besonders Meltzer (1973) beschreibt mit dem Konzept der sexualisierten psychischen Zustände ein wesentliches Merkmal der »perversion proper«. In dieser Theorie der perversen Organisation der Persönlichkeit gerät Destruktivität, die als Grausamkeit in erregender Kontrolle ausgeübt wird, zu offenem Sadismus. Die zunächst notwendige Spaltung zwischen Sexualität und Aggressivität zerbricht, die sexualisierten schlechten Anteile der Persönlichkeit dominieren die libidinös besetzten Anteile, sodass eine wirkliche Integration blockiert wird. Die fundamentale destruktive Qualität der Perversion, ein suchtartiger Zustand, überschattet alle anderen protektiv-defensiven Funktionen und zerstört die Struktur des Selbst.

9.4 Charakterstruktur

In den vergangenen Jahrzehnten wurden unter dem Stichwort »Perversität« nicht nur die neurotische und strukturelle Perversion, sondern auch spezifische perverse Charakterstrukturen, eine perverse Objektbeziehung und perverse Übertragungsformen postuliert und näher erforscht (McDougall 1982, Kernberg 1992, Goldberg 1995, Filipini 2005). Hauptkennzeichen dieser Form von perverser Charakterstörung, die mit und ohne manifeste perverse Symptome auftreten kann, ist eine symbiotische (nicht im psychotischen Sinne) Art »perverser Verklammerung« mit dem Objekt. Sind sexuelle Symptome und Verhaltensweisen beteiligt, ist der Hauptabwehrmechanismus die Sexualisierung. Vorrangiges unbewusstes Ziel des Perversen sind die Auslöschung der Andersartigkeit des Objekts durch dessen Dehumanisierung, die Zerstörung der Realität des Unterschieds zwischen den Generationen und Geschlechtern sowie die Verleugnung der generativen Fähigkeiten des Elternpaars und der Hilflosigkeit des Kindes. Wenn alles gleich und eingeebnet ist, gibt es weder Neid, Konflikt, Angst und Depression. Pervers ist hier im ursprünglichen Wortsinne zu verstehen: die Umkehrung und Verdrehung von Tatsachen, die Manipulation dessen, was real und wahr ist. Durch eine spezifische häufig sadomasochistische sexualisierte »Technik« (Khan 1974), die einen gewaltigen Sog auf das Objekt ausübt, wird alles, ohne dass das Objekt dies merkt, ins Gegenteil verkehrt, und das Objekt sogar gezwungen, dieses Gegenteil als das Wahre und Echte anzuerkennen. Ein Beispiel dafür ist der Film *Gaslight* (USA 1944; deutscher Titel: *Das Haus der Lady Alquist*).

Ein originelles Konzept der Perversion wurde jüngst von De Masi (2003 b) vorgelegt. Er macht in Übereinstimmung mit der Säuglingsforschung auf den kategorialen Unterschied zwischen dem perversen Syndrom und der infantilen Sexualität aufmerksam. Zwar entstehe das perverse Syndrom im Verlauf der infantilen, damit auch sexuellen Konfliktgeschichte, stelle aber keine gestörte Entwicklung oder Variante der infantilen Sexualität dar. Das gängige Regressions- und Fixierungskonzept unterschätze die Gegebenheiten der »sadomasochistic perversion proper«, etwa die Wirkung eines abgespaltenen sexualisierten Kerns, der schrittweise den Rest der Persönlichkeit zerstören kann. Um die komplizierte Ätiologie zu klären, solle daher die von vielen Analytikern vertretene Auffassung von der sexuellen Grundlage der sadomasochistischen Perversion aufgegeben werden; zudem müssten zur Untersuchung des Syndroms nicht nur die Inhalte des manifesten Sexualverhaltens, sondern besonders die Qualität der verinnerlichten Objektbeziehungen und die Rolle der Aggression berücksichtigt werden. De Masi begründet seine Auffassung u. a. damit, dass im Unterschied zu gestörtem sexuellen Erleben und Verhalten bei den verschiedensten Formen der Psychopathologie, das in der infantilen polymorph perversen Sexualität wurzele, im Fall der »sadomasochistic monad« weder Triebmischung noch Objektbeziehung in Gestalt zwischenmenschlicher Liebesbeziehungen oder Bezug zur Welt beobachtbar seien noch Urszenen- Erfahrungen in Form von Phantasien verarbeitet würden. Vielmehr bestehe die conditio sine qua non der sadomasochistischen perversen Struktur und der sie essentiell kennzeichnenden primären Lust an der Destruktivität in der Entmenschlichung und damit Verdinglichung des Objekts.

Die »sadomasochistic perversion proper« sei dadurch gekennzeichnet, dass eine primäre destruktive Lust unabdingbar gekoppelt ist an die Entmenschlichung, ja seelische und zuweilen auch körperliche Auslöschung des Objekts sowie an die Identifizierung des masochistischen »Partners« mit dieser sadistischen Lust, die sich proportional zur Unlust, Selbst-Auslöschung und Vernichtungsangst des »Partners« des Sadisten steigere. Insofern beruhe der perverse Orgasmus auf einer totalen Identifizierung. Gegen die Autoren des zweiten Paradigmas legt De Masi in diesem Zusammenhang dar, dass nicht ein vulnerables Selbst mithilfe der Sexualisierung Kohärenz suche, sondern gerade umgekehrt schwäche der Mechanismus der Sexualisierung das Selbst und führe letztlich zu seiner Zerstörung (Umkehrung der linearen Trauma-Perversion-Sequenz); gegen die post-kleinianischen Theorien führt er aus, dass die sadomasochistische Monade und die ihre Dynamik und Struktur begründende und aufrechterhaltende Sexualisierung Ausdruck einer primären Destruktionslust sei und insofern keine Abwehroperation gegen Angst, Schmerz oder den Zusammenbruch des Selbst, sondern einen Rückzug in eine private Welt bedeute; unverzichtbare Bedingung sei eben die Auslöschung der Persönlichkeit und nicht lediglich die Kontrolle oder die Aufhebung der Andersartigkeit und Getrenntheit des Objekts. Daher unterscheide sich die eigentliche sadomasochistische Perversion ätiologisch, dynamisch und strukturell auch von perversen Symptomen bei Psychosen und bei Borderline-Störungen. In diesen Fällen diene die Sexualisierung der Abwehr der Angst vor Verfolgung und Annihilation mittels agierter perverser Phantasien. Die sadomasochistische Perversion, der sexualisierte Zustand des psychotischen Anteils der Persönlichkeit, entstehe in der Kindheit als abgespaltener Kern des Selbst und sei von omnipotent narzisstischer Qualität. Dieser perverse Anteil des Selbst sexualisiere schrittweise auch die Ich-Funktionen (H. Hartmann), besonders die Wahrnehmung, und verlange als unverzichtbare Voraussetzung für orgiastisches Empfinden eine Destruktion nicht nur des Objekts, sondern auch aller nicht-perversen Aspekte des Selbst. Bei struktureller Perversion werde vitale Aggressivität durch primäre Lust an Destruktivität ersetzt, alle Objektbeziehungen mit Aggression durchwirkt und Abhängigkeitsbeziehungen in destruktive Interaktionen verwandelt. Entwicklung von vitalem Hass etwa in Gestalt der Abgrenzungs- oder Trennungsaggression sei dann nicht mehr möglich. Entscheidend sei, dass die sadomasochistische Perversion im Unterschied zu perversen Symptomen bei Kriminalität, Borderline-Störungen oder Psychosen keine protektiv-defensive Operation und auch keine pathologische Organisation der Persönlichkeit darstelle, sondern gleichsam ungefilterter Ausdruck primärer Zerstörungslust. Die sadomasochistische Lust habe einen grausamen, suchtartigen Charakter, bestehe aus einer Mischung von Erregung und Gleichgültigkeit, die Hass und Aggression gegen das Objekt ersetze.

9.5 Strukturniveau

Diese aus der Schulenspezifität resultierende Theorievielfalt muss nicht unbedingt von Nachteil sein; vielmehr könnten verschiedene theoretische Sichtweisen unterschiedliche klinische Aspekte des gleichen Syndroms darstellen (dies gilt auch für die Sucht, für Persönlichkeitsstörungen, Psychosomatosen, Psychosen). Dies würde sich insofern anbieten, als die struktur- und ich-psychologischen Ansätze jenen Aspekt des perversen Syndroms am plausibelsten konzeptualisieren könnten, der der Abwehr neurotischer Konflikte dient, hingegen würden objektbeziehungstheoretische Ansätze unterschiedlicher Provenienz andere Untergruppen des perversen Syndroms auf niedrigem Strukturniveau theoretisch begreifbar machen, mit jeweils unterschiedlicher Gewichtung des Abwehrcharakters, der Frage der narzisstischen Selbstkohäsion und der Bedeutung aggressiver Konflikte. So gesehen lassen sich entsprechend diesen Paradigmen die vier folgenden strukturellen und dynamischen Gegebenheiten von Perversionen unterscheiden:

Wurzelt die Perversion in neurotischen Konflikten, sind die Patienten zu triangulären Beziehungen in der Lage. Sie haben das Stadium der Objektkonstanz erreicht, sind zu Ambivalenzerleben fähig und können emotional tiefgehende Objektbeziehungen eingehen, einschließlich des Erlebens von Trauer und Schuld sowie der Anerkennung der Getrenntheit und Andersartigkeit des Liebesobjekts. Allerdings leiden sie häufig unter einem anal-sadistischen Überich und irrealen Ichidealen, die regressiver Ausdruck ungelöster ödipaler Konflikte sind. Kastrationsängste sind entsprechend massiv ausgeprägt. Die Perversion ist bei diesen Patienten eine kompromisshafte Konfliktlösung und insofern das »Negativ« der Neurose (Freud 1905d, Arlow 1986). Deshalb gilt, dass das perverse Symptom wie der Traum und das neurotische Symptom Kompromissbildungen darstellen. Neben Kastrationsängsten spielen auch narzisstische Versagensängste eine herausragende Rolle (Chasseguet-Smirgel 1984, 1991). Die idealisierenden Tendenzen in der perversen Szene dienen dabei der Umkehrung und der Rache und Vergeltung für erlittene Demütigungen in der phallisch-narzisstischen Phase sowie der narzisstischen Kränkung, vom Geschlechtsverkehr der Eltern ausgeschlossen worden zu sein, was wiederum, so die französische Analytikerin, eine Abwehrposition gegen das schmerzliche Eingeständnis darstellen könnte, zur Penetration (im Falle des Mannes) gar nicht in der Lage zu sein.

Für strukturelle Perversionen gelten die dynamischen und strukturellen sowie genetischen Gegebenheiten, wie sie für das niedrige Strukturniveau der Persönlichkeitsstörung charakteristisch sind. Viele dieser Patienten leiden allerdings zusätzlich noch unter einer instabilen Geschlechtsidentität. Eine Vielzahl von Untersuchungen und klinischen Erfahrungen weist daraufhin, dass Patienten mit struktureller Perversion in ihrer Kerngeschlechtsidentität bzw. der Identifizierung mit der Geschlechtsrollenidentität massive Traumatisierungen erlitten haben (Tyson & Tyson 1990). Im Unbewussten sind die Patienten verwirrt bezüglich der eigenen Geschlechtsidentität sowie der geschlechtlichen Identität der Eltern. In den Primärbeziehungen wurde der Vater häufig als distanziert und abweisend, teilweise auch effeminiert und passiv oder im Gegensatz dazu explosiv-aggressiv geschildert, in Verbindung mit sexuellen Übergriffen gegen das Kind; dagegen werden die Mütter entweder als ebenfalls distanziert und kalt oder aber als bis zur realen sexuellen Verführung hin grenzüberschreitend erinnert (Limentani 1991). Häufig wird die Situation durch eine heimliche Komplizenschaft zwischen Mutter und Sohn erschwert, der die illusionäre Überzeugung hegt, ein adäquater Partner für die Mutter zu sein (McDougall 1978, 1982, Grunberger 1988, Chasseguet-Smirgel 1991). Eine der Folgen dieser unbewussten Konstellation ist die Ausbildung der seelischen Struktur eines »montierten inneren Objekts« (Khan 1974, 1979). Dieses besteht darin, dass das kleine Kind ein idolisiertes Bild seiner Mutter von ihm selbst introjiziert. Dieses idolisierte Selbst ist ein »Ding-Geschöpf« der Mutter und unterscheidet sich von echter emotionaler Intimität und Vertrautheit; es ist das genaue Gegenteil davon. Dadurch bleibt die Möglichkeit verschlossen, die polymorph perverse infantile Sexualität zu integrieren und integrierte Repräsentanzen von Männlichkeit und Weiblichkeit zu internalisieren.

Wie Khan (1979, S. 32) dargelegt hat, versucht der Perverse mit einer spezifischen »Technik der Intimität«, einem »Spiel von Täuschung, Omnipotenz und Manipulation im Umgang mit dem Objekt«, seine Objekte in eine Beziehung von Abhängigkeit und gleichzeitiger Hingabe an triebhafte Befriedigung zu zwingen. In spezifisch gestalteten Szenen, die vom Perversen kontrolliert und sexualisiert werden, schützt sich der Perverse gegen Regression sowie Abhängigkeit. In Umkehrung von passiv in aktiv sowie mittels

Triebverkehrung werden traumatische Erfahrungen und Gefühle von äußerster Erniedrigung, Scham und Hilflosigkeit in der sexualisierten Szene mit dem Objekt in einen maniformen Triumph verwandelt. Die strukturellen Perversionen sind wegen der sexualisierten »Technik der Intimität« sowie wegen ihres progressiven und regressiven Abwehrcharakters stabile Konfigurationen. Aufgrund des maniformen Charakters der Wiedergutmachung gegenüber den Objekten wird letztlich in der perversen Szene mit dem Objekt, wenn auch oft in Umkehrung, die ursprüngliche traumatische Erfahrung wiederholt. Dabei ist eine Gruppe von strukturellen Perversionen durch eine zusammenhängende Abwehrstruktur gekennzeichnet: ein mit unbewussten perversen Phantasien besetztes Größenselbst, das dem Perversen, ähnlich wie der narzisstischen Persönlichkeitsstörung, eine gewisse (Pseudo)-Kohärenz vermittelt (Kutter & Müller 1999). Dagegen gibt es andere Gruppen von strukturellen Perversionen, die durch ein chaotisches Partialtrieb-Verhalten gekennzeichnet und auf offenem Borderline-Niveau strukturiert sind. Ein weiteres entscheidendes Kriterium dieser Patientengruppe liegt in der Verleugnung der »drei Grundtatsachen des menschlichen Lebens«: die Anerkennung der guten Brust als hilfreiches Objekt, die Kreativität des elterlichen Geschlechtsverkehrs und die Akzeptanz der Zeit und letztlich des Todes (Steiner 1993). Mit der perversen Sexualität und den perversen Objektbeziehungen werden diese Grundtatsachen in einer Art manischem Triumph verleugnet.

Eine weitere unbewusste protektiv-defensive Phantasie, die der Bearbeitung dieser infantilen traumatischen Erfahrungen dient, ist die »archaische Matrix des Ödipuskomplexes« (Chasseguet-Smirgel 1984). Auch dieses Konzept postuliert für die Ätiologie der Perversion eine präödipale Sexualisierung des Ödipuskomplexes, eine Verdichtung und Verschiebung präödipaler und ödipaler Impulse. Der unbewusste Wunschcharakter dieser Phantasie von der archaischen Matrix des Ödipuskomplexes besteht darin,

»eine Welt ohne Hindernisse, ohne Unebenheiten und ohne Unterschiede wiederzuentdecken, eine völlig glatte Welt, die mit einem seines Inhalts entleerten Mutterleib identifiziert wird, einem Innenraum, zu dem man freien Zugang hat. Hinter der Phantasie, den Penis des Vaters, die Kinder und die Exkremente im Mutterleib zu zerstören oder sich anzueignen … läßt sich ein noch grundlegenderer und archaischerer Wunsch feststellen, dessen Repräsentanz die Rückkehr in den Mutterleib ist. Letztlich geht es darum, auf der Ebene des Denkens ein psychisches Geschehen ohne Barrieren und mit frei fließender psychischer Energie wiederzufinden. Der

Vater, sein Penis, die Kinder repräsentieren die Realität. Sie müssen zerstört werden, damit die dem Lustprinzip eigene Art des psychischen Geschehens wiedererlangt werden kann. Die Phantasie, die Realität zu zerstören, verleiht der Phantasie, den Mutterleib zu leeren, ihre überragende Bedeutung. Es sind die Inhalte (des Bauches), die der Realität gleichkommen, nicht der Behälter selbst. Der leere Behälter repräsentiert die ungehemmte Lust ... alle Hindernisse auf dem Weg zum mütterlichen Körper sind Repräsentanzen der Realität« (ebd., S. 91 f.).

Strukturelle Perversionen mit dem Syndrom des malignen Narzissmus, vor allem im Rahmen der antisozialen Persönlichkeitsstörung, stellen eine äußerst gefährliche Mischung dar. Wir finden sie häufig bei Pädophilen, Vergewaltigern und Mördern (Stone 1989, Berner 2000).

10. Die psychoanalytische Psychosenlehre

10.1 Die Anfänge bei Freud

Obgleich die Psychoanalyse – sowohl Forschungsmethode als auch Theorie der Klinik und Behandlungstechnik – ihren Ursprung in der Untersuchung neurotischer Phänomene und des Traums hat, blickt sie gleichwohl auf eine lange Geschichte der Beschäftigung mit den Psychosen zurück. Denn ein charakteristisches Merkmal der Forschungsmethode Freuds lag darin, dass er zur Extrapolierung seiner klinischen und theoretischen Überlegungen in seinem gesamten Werk oft nicht auf normalpsychologische, sondern auf psychotische Prozesse zurückgriff. So wurden etwa die Theorien über den Traum, den Narzissmus, die Hypochondrie, das Überich und das Ichideal, das Unbewusste, die Prinzipien des seelischen Geschehens oder die Ich-Spaltung unter Rückgriff auf die psychotischen Phänomene erhellt. Im Verlauf dieser Arbeit entstand gleichsam als Nebenergebnis eine Reihe unterschiedlicher Modelle über die Psychosen: Psychosen als Resultat eines Konflikts (1894 a); Verbindung von Psychose, Narzissmus und Traum (1900 a, 1911 b, c, 1914 c, 1915 e, 1916–17 g); Psychose als Identifizierungsschicksal aufgegebener Objektbeziehungen (1916–17 g); Psychose als Resultat eines Konflikts des Ichs mit der Außenwelt (1924 b, e, 1940 e). Freud entwickelte in seinem gesamten Werk theoretische Modelle über die psychotische Struktur; allerdings gelang es ihm nicht immer, diese Auffassung über Psychosen in die sich weiter entwickelnde psychoanalytische Theorie zu integrieren. In der topographischen Theorie entwarf er ein konsistentes und klinisch brauchbares Modell, das zentrale Aspekte der psychotischen Struktur recht gut erklären kann. So arbeitet er etwa in der Schreber-Analyse (1911 c) den Unterschied zwischen neurotischer und psychotischer Projektion heraus und klärt den Mechanismus der Fragmentierung (»Weltuntergang«) auf, der regelmäßig im Verlauf des psychotischen Prozesses zu beobachten ist. Er erkennt klar, dass die Fragmentierung (»Zerlegung«) eine allgemeine Tendenz der Schizophrenie darstellt, »welche das Zustandekommen zu starker Eindrücke verhindern soll« (ebd., S. 285); ebenso ist die »Verwerfung« nicht einfach Verleugnung oder Verneinung, sondern weit radikaler »innere Aufhebung« sensu Auslöschung von Bedeutung und damit psychischer Repräsentation. Ebenfalls in dieser Arbeit stellt er einen objektbeziehungstheoretischen Bezug her, wenn er schreibt, dass durch Versagungen und Kränkungen psychotische Krisen entstehen können. In »Das Unbewußte« (1915 e) differenziert er dieses Modell und legt dar, dass der psychotische Prozess durch den Verlust der Besetzungen der unbewussten Objektrepräsentanzen gekennzeichnet ist. Besonders in dieser Arbeit klärt er die Struktur der Übertragungspsychose als einer konkretistischen Beziehung zu Dingen und Sachen und beschreibt die Restitution als einen omnipotenten Reparaturversuch. Er erkennt, dass der psychotische Mensch wegen des Abzugs der Besetzung von den unbewussten Objektvorstellungen sich nicht nur von der äußeren Realität und den zwischenmenschlichen Beziehungen zurückzieht und deren symbolische Repräsentanz im Unbewussten verliert, sondern dass auch – viel tief greifender – die wichtige Membran zwischen den Systemen Bw und Ubw und womöglich sogar das für die neurotischen Symptombildung und die Traumarbeit notwendige System Ubw zertrümmert wird (Müller 2008). In späteren Arbeiten (1914 c) definiert Freud den primären Narzissmus als psychotischen Zustand und klärt grundsätzliche psychotische Abwehrmechanismen wie psychotische Identifizierung (1916–17 g), psychotische Spaltung (1940 a, 1940 e), omnipotente Wiederherstellung von Selbst und Objekt (1924 b, e) und psychotische Strukturen wie das Überich (1939 a).

10.2 Moderne Weiterentwicklungen

Wertvolle Impulse erhielt die psychoanalytische Psychosentheorie und -therapie durch Freuds Schüler, zunächst den frühen Jung und dann besonders durch K. Abraham (1924), der die Objektbeziehungen der affektiven Psychosen zu erforschen begann. Englische Analytiker in der Nachfolge M. Kleins behandelten in den 1950er und 1960er Jahren psychotische Patienten mit der Psychoanalyse und gewannen fundamentale Einsichten in die Struktur und Dynamik der psychotischen Erkrankungen. Sie versuchten dies vor dem Hintergrund der kleinianischen Positionstheorie. Segal (1957, 1981) formulierte eine Theorie der psychotischen Symbolisierungsstörung: Das Denken des Kleinkinds entwickle sich von der symbolischen Gleichsetzung in der paranoid-schizoiden Position zur symbolischen Repräsentation in der depressiven Position. Werden bei der symbolischen Gleichsetzung Symbol und symbolisiertes Objekt, teilweise auch das Selbst in eins gesetzt (verursacht u. a. durch projektive Identifizierungen, die die Grenze zwischen Selbst und Objekt aufheben, kennzeichnend für die psychotische Struktur), kommt es erst in der depressiven Position zur Trennung von Symbol, Selbst und symbolisiertem Objekt, ausgedrückt als symbolische Repräsentation (nicht-psychotische Struktur). Rosenfeld (1964, 1987) untersuchte ausführlich die psychotischen positiven und negativen Übertragungen und den schizophrenen Negativismus. Er konnte zeigen, dass auch extrem zurückgezogene und negativistische psychotische Patienten durch Deutungen erreichbar waren, da sie bei der Regression auf ein sehr frühes narzisstisches Stadium selbst in diesen extremen Rückzugszuständen dennoch spezifische (psychotische) Objektbeziehungen aufrechterhalten. Bion (1962) entwickelte ebenfalls die Theorie Freuds vom psychotischen und nicht-psychotischen Persönlichkeitsanteil weiter, untersuchte die Verbindungen zwischen beiden Persönlichkeitsaspekten und erforschte die Gesetzmäßigkeit und den Entwicklungsgang des psychotischen Denkens.

Bion wie Rosenfeld zeigten auch verschiedene Funktionen und Bedeutungen der projektiven Identifizierung auf, die von kommunikativen bis hin zu protektiv-defensiven Bedeutungen reichen können, und versuchten psychotische und nicht-psychotische Versionen zu differenzieren. Sie hoben die Bedeutung der von nicht-integrierter Aggression begleiteten projektiven Identifizierungen und Spaltungen hervor, die die Grundlage für die Identitätsstörung des psychotischen Ichs bilden, der Störungen der Sprache und der Affekte sowie des Denkens. Da Angst und Schuldgefühl bei Psychosen verfolgenden Charakter haben, ziehen sie sich in psychotische Wahnwelten oder Negativismus zurück, was eine mächtige pathologische Organisation darstellt (Steiner 1993). Bion hob hervor, dass neben einer »angeborenen Disposition des Säuglings« auch Beziehungserfahrungen – im Sinne eines misslingenden Containings, unbewusst verursacht durch das mütterliche Primärobjekt –

einen Beitrag zur Entstehung einer psychotischen Erkrankung bilden können: Der zur Psychose disponierte Säugling hat in diesem Fall keine Möglichkeit, Todesangst, Hass, Neid und Gier zu integrieren, weil er ein Objekt vermissen musste, das diese Ängste hätte aufnehmen, verstehen und ihm in modifizierter Form zur Re-Introjektion hätte anbieten können. Daher identifiziert sich der Säugling mit einem Objekt, das sich von seiner Todesangst überschwemmt gefühlt hat und das dann die inneren und äußeren Beziehungen und Wahrnehmungen nachhaltig beeinflusst. Bion vertrat die Auffassung, dass bestimmten psychischen Funktionen (so genannte Alpha-Funktionen, die u.a. durch Identifizierung mit den Alpha-Funktionen der Primärobjekte entstehen) die Aufgabe zukommt, Rohdaten der Sinneswahrnehmung so zu codieren, dass sie gespeichert, erinnert und mit Bedeutung versehen werden können. Erst dann stehen diese Sinneswahrnehmungen dem bewussten und unbewussten Denken zur Verfügung. Sinneseindrücke, die nicht durch die Alpha-Funktion bearbeitet worden sind, bestehen als »Dinge an sich«, als Rohdaten weiter. Über sie kann nicht gesprochen oder selbstreflexiv gedacht werden. Daraus folgt, dass es keine Bedeutungsdimension gibt, kein Sprechen oder Denken über etwas, sondern nur Dinge, Objekte. Wahrnehmungen bedeuten, was sie konkret sind.

Die Ich-Psychologie vertiefte Freuds strukturtheoretische Auffassungen. Federn nahm Anregungen von Tausk (»Beeinflussungsapparat«) auf und entwickelte die Konzepte der beweglichen Ich-Grenzen und der wechselnden Ich-Zustände. Diese erklären die Störungen des Ich-Gefühls durch mangelhafte narzisstische Besetzung der Ich-Grenzen. Derealisierungs- und Depersonalisierungsgefühle (Überflutung von außen) sowie Wahnvorstellungen (Überflutung von innen) sind die Folgen. Hartmann (vgl. Arlow & Brenner 1964) erweiterte dieses Modell und sah im Zusammentreffen zweier Faktoren – erstens unerträgliche Konflikte zwischen Ich und Es einerseits sowie Außenwelt andererseits und zweitens die primäre Beeinträchtigung der autonomen Ich-Apparate (Störung der konfliktfreien Ich-Sphäre durch mangelnde Neutralisierung libidinöser und aggressiver Energien) – maßgebliche Bedingungen für die Entstehung einer schizophrenen Psychose. Hartmanns Konzept der Regression selektiver Ich-Funktionen hat sich als klinisch relevant erwiesen. Katan (1954) und Federn (1956) (vgl. London 1973) führten Freuds Konzept der Ich-Spaltung weiter aus und differenzierten die Theorie über die psychotischen und nicht-psychotischen Aspekte der Persönlichkeit etwa zeitgleich mit Bions Vorstellungen.

In den USA waren es vor allem die Washingtoner Schule um H. F. Searles sowie die ich-psychologisch-objektbeziehungstheoretisch orientierte Arbeit von M. Mahler und E. Jacobson, die wertvolle Impulse zur Erforschung der Psychosen gaben. Searles und seine Mitarbeiter F. Fromm-Reichmann und B. Burnham sowie deren Nachfolger (Pao, Feinsilver, Volkan) sehen in psychotischen Symptomen verzweifelte Lösungsversuche existenzieller menschlicher Konflikte, in erster Linie zwischen symbiotischen Abhängigkeitsbedürfnissen einerseits und heftiger Feindseligkeit, wahnhafter Omnipotenz sowie Separationswünschen andererseits. So wird im »need-fear-dilemma« das Objekt wegen seiner narzisstischen Qualitäten mit der gleichen Ausschließlichkeit gesucht, wie es aus Angst vor Fusion (»Objekthunger«) gefürchtet wird. Die Repräsentanzentheorie (E. Jacobson) sieht in der schizophrenen Psychose das Ergebnis regressiver Auflösungen und die Vermischung der Selbst- und Objektrepräsentanzen im Verlauf der energetisch-strukturellen Regression und deren Fusion zu neuartigen Einheiten im Verlauf der Restitution, die die inter- und intrasystemischen Grenzen nachhaltig beschädigt. Diese Vorstellungen sind aus entwicklungspsychologischer Sicht unterstützt worden (Mahler, Tustin).

Seit Beginn der 1990er Jahre begann sich die Psychoanalyse intensiver mit den Psychosen zu befassen. In Deutschland erfolgte dies in erster Linie durch die Gruppe um das »Frankfurter Psychoseprojekt«, die die der Erforschung der Psychosen gewidmete wissenschaftliche Zeitschrift *Forum der psychoanalytischen Psychosentherapie* herausgibt. S. Mentzos hat den Versuch unternommen, mithilfe einer Verbindung von Ich-Psychologie, Selbstpsychologie und Säuglingsforschung ein psychodynamisches Modell der schizophrenen Psychosen zu formulieren. Den schizophrenen Grundkonflikt verankert er in der Bipolarität zwischen selbstbezogenen und objektbezogenen Tendenzen, was zum Dilemma zwischen narzisstischem Rückzug und Fusion mit dem Objekt mit der Folge der Auflösung der Ich-Grenzen führt.

Auch in anderen Ländern beschäftigen sich psychoanalytische Kliniker und Forscher verstärkt mit dem Thema der Psychosen, so in Italien die Gruppe um C. Correale und F. De Masi, die Ansätze von Bion und Benedetti zu verbinden suchen, in Frankreich in der Tradition von Lacan, P. Aulangier und P. C. Racamier. Neuere ich-psychologische Arbeiten (Marcus, Willick) versuchen eine Integration neurobiologischer Befunde durch eine detaillierte phänomenologisch-psychopathologische Untersuchung der schizophrenen Ich-Funktionen. Analytiker der britischen Middle group sehen mit Winnicott in einem fundamentalen Versagen der Umwelt die entscheidenden pathognomischen Faktoren für die Entwicklung einer schizophrenen Psychose.

Vor dem Hintergrund der Annahme einer unabhängige Entwicklungslinie des Narzissmus untersuchte die Narzissmus- und Selbstpsychologie desintegrierte Formen des Narzissmus, regressive Bewegungen zu archaischen narzisstischen Fixierungen, Fragmentierungen des Selbst-Objekt-Systems sowie die restitutive Wiederbelebung archaisch-narzisstischer Selbst-Objekt-Konfigurationen. Psychogenetisch entstanden durch das Zusammenwirken genetischer Faktoren und einem Versagen der Primärobjekte, konnte es psychotischen Patienten nicht gelingen, ein kohärentes Kernselbst und stabile idealisierte Selbstobjekte auszubilden; vielmehr blieben sie an »archaische, Größen-Selbst-Konfigurationen und/oder an archaische, überbewertete narzißtisch besetzte Objekte fixiert«, die nicht in die Persönlichkeit integriert wurden (Kohut 1971, S. 19). Die akute Psychose ist durch einen irreversiblen Zerfall des archaischen Selbst und der narzisstisch besetzen Selbstobjekte gekennzeichnet, mit der Folge der bekannten schizophrenen Symptomatik, während in der restitutiven Phase fragmentierte psychische Strukturen in Form von häufig sexualisierten produktiven Symptomen (Wahn, Halluzinationen) wiederbelebt werden. Auslösende Situationen sind in überwiegender Zahl schwere Kränkungen des Selbstwertgefühls.

Lacan und die von ihm beeinflusste struktural-linguistische Richtung definieren in Anlehnung an Freuds Überlegungen zur Verwerfung und zum völligen Besetzungsentzug der unbewussten Objektrepräsentanzen die »foreclusion« als spezifischen Abwehrmechanismus schizophrener Psychosen. Sie besteht in einer totalen Auslöschung der Signifikanten aus der Dimension des Symbolischen, wodurch diese nicht ins Unbewusste integriert werden können, sondern immer von außen kommend als halluzinatorische Phänomene erlebt werden. Damit verbunden ist eine grundlegende Unmöglichkeit zur Symbolisierung, weil Wünsche und Gedanken keine symbolische Repräsentation im Unbewussten mehr haben, vielmehr als Sachvorstellungen bestehen. Wegen der grundsätzlichen Zerstörung der Sinndimension erhalten die psychotischen Wahnproduktionen aber erst »nachträglich« einen Sinn. Andere französische Analytiker arbeiten die Abwehrbedeutung der schizophrenen Paradoxien heraus (Nacht 1958, Doucet 1969–71). Racamier (1991) versucht das Konzept der energetischen und strukturellen Regression Jacobsons mit Lacans Vorstellungen zur Verwerfung und Freuds Libidotheorie vom totalen Besetzungsabzug zu verbinden. Nach seiner Auffassung sind die schizophrenen Symptome als Ausdruck des Kampfes gegen jegliche Ambivalenz und Konflikhaftigkeit zu verstehen, was nur um den Preis des Verlusts des Ich-Gefühls in Form eines psychischen Suizids möglich ist (sog. Anti-Narzissmus: libidinöse Entleerung des Selbst).

10.3 Ätiologie

Unter ätiopathogenetischen Gesichtspunkten wurden die Psychosen in den zurückliegenden Jahren als Psychosomatosen des Gehirns konzipiert (Volkan 1995, Mentzos 2000, Müller & Matejek 2000). Dieses Modell versucht, den genetischen, physiologischen und biochemischen Faktoren ebenso Rechnung zu tragen wie auch den psychischen Gesichtspunkten ausreichend Gewichtung beizumessen. Danach kann folgender somatopsychischer-psychosomatischer Prozess konzeptualisiert werden: Vulnerable genetisch bedingte oder durch pränatale Einflüsse verursachte gehirnphysiologische Prozesse können in spezifischer Weise auf Besonderheiten der primären Objektbeziehungen (diese können von spezifischen Charakteristika bis zu psychopathologischen Merkmalen reichen) reagieren und damit einen sowohl pathogenen Prozess im Bereich der funktionellen und strukturellen Ausbildung des Gehirns wie auch Konflikte in den Objektbeziehungen verursachen. Auf diese Weise können genetisch verursachte Defizite in Ich-Funktionen entstehen, die extreme Konflikte in zwischenmenschlichen Beziehungen zur Folge haben. Zugleich können aber auch phasentypische Konflikte zu gravierenden Veränderungen der Hirnphysiologie eines entsprechend dispositionell vulnerablen Säuglings führen. Die daraus entstehende psychotische Struktur, das infantile psychotische Selbst, hat in dieser Konstellation eine eher somatische Verankerung. Ein infantiles psychotisches Selbst kann aber auch durch Regression entstehen, wenn eine noch nicht stabil erreichte Differenzierung und Integration von Selbst- und Objektrepräsentanzen durch traumatische Einflüsse zerstört wird und an deren Stelle fusionierte Selbst-Objektrepräsentanzen treten, die mit »schlechten« Gefühlen besetzt sind. In diesem Fall ist die Ätiologie des infantilen psychotischen Selbst mehr am psychogenetischen Pol zu verorten. Vor dem Hintergrund der neurobiologischen und hirnphysiologischen Forschungen der letzten Jahre lassen sich diese klinischen Vorstellungen plausibel integrieren, weil sie zeigen, dass es sich bei der Ätiopathogenese um somatopsychische-psychosomatische Prozesse handelt. Dieses ätiopathogenetische Regressionsmodell ist ebenfalls mit Befunden der Bindungs- und Säuglingsforschung konvergent. Entscheidend ist, dass die primären Ich-Defizite durchaus genetischer Natur sein können, z. B. eine eingeschränkte Reizschutz-Schranke, eine störanfällige Affektverarbeitung sowie eingeschränkte kognitive und Wahrnehmungsfunktionen. Diese können dann, falls die primären Objekterfahrungen nicht »passen«, zu schweren Konflikten in den primären Objektbeziehungen führen (Schwarz et al. 2006; zum Zusammenhang zwischen Schweregrad der Psychose und infantilen Fixierungen vgl. Kutter & Müller 1999).

Ferner ist inzwischen bekannt, dass traumatische Objekterfahrungen und der daraus resultierende »Stress« unweigerlich zum Abbau der Neuronen im Hippocampus führen. Dieser Prozess ist nur dann reversibel, wenn die Cortisol-Glukokortikoid-Exposition unterbrochen wird. Chronischer traumatischer Stress führt zu einem endgültigen Verlust von Hippocampus-Neuronen (Mentzos 2000). Daher wird bei der Frage nach der genetischen Transmission etwa bei den Schizophrenien von neurobiologischer Seite in jüngster Zeit die Möglichkeit erörtert, ob sowohl die strukturelle Beschaffenheit als auch der funktionale Zustand des Zentralen Nervensystems nicht weitaus stärker als bislang vermutet von den affektiven Erlebnissen mit der Lebensweltumwelt beeinflusst werden (Eisenberg 2005). Ergänzend zeigen die inzwischen mehrfach replizierten Ergebnisse der Adoptions- und Zwillingsforschung (Rösler 2000, Tienari, Wynne & Wahlberg 2003), dass eine mögliche genetische Disposition zu einer schizophrenen Erkrankung mit großer Wahrscheinlichkeit erst dann ausbricht, wenn traumatische Objektbeziehungen als Auslöser wirken. Umgekehrt können genetische Dispositionen zu schizophrenen Erkrankungen vermutlich mithilfe nicht-pathologischer, protektiver Objekterfahrungen kompensiert werden. Diese theoretischen und klinischen Konzepte konnten durch empirische Studien in jüngster Zeit unterstützt werden. Langegger (2006) hat eine Studie über High-Risk-Kinder für Schizophrenie vorgelegt und anhand einer Überblicksarbeit über Adoptions-, Zwillings- und High-Risk-Studien nachgewiesen, dass die neuere Forschung in den zurückliegenden Jahren eindeutige Hinweise auf kausale psychosoziale Zusammenhänge bei der Entstehung schizophrener Erkrankungen erbrachte.

10.4 Die schizophrenen Psychosen

Persönlichkeitsorganisation

Ein Versuch der Integration der oben dargelegten heterogenen Ansätze zu einem einheitlichen psychoanalytischen Modell über die Ätiologie, Dynamik und Struktur schizophrener Psychosen wird im folgenden Modell dargelegt. Dieser Ansatz trennt die dynamischen Prozesse, die zu einer schizophrenen Psychose führen können, von ihren ätiopathogenetischen (psychogenen oder biologischen) Ursachen. Letztere siedelt er auf einem Kontinuum an, dessen Pole die Somato- und Psychogenese bilden. Er untersucht ferner das Strukturniveau (Ich-Funktionen, Objektbeziehungen, Selbstkohärenz) getrennt von der mit ihr assoziierten Persönlichkeitsstörung. Danach ist das niedrige Struk-

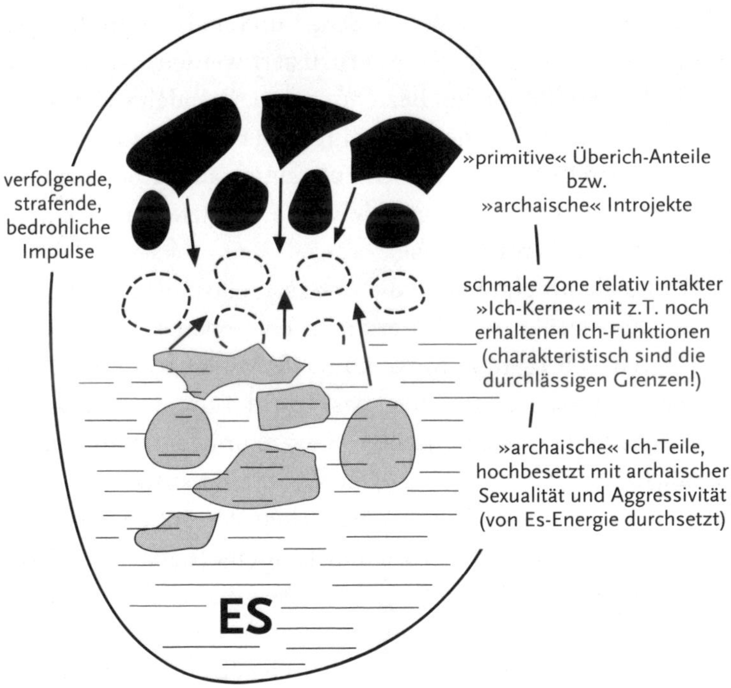

Abb. 14: Schizophrene Psychose: Das Ich ist mehrfach gespalten in »Ich-Kerne« (gestrichelt), deren Grenzen unscharf ineinander fließen. Sie sind von zwei Seiten bedroht: von »archaischen Überich-Introjektionen« (schwarz) mit Verfolgung und Strafandrohung, von archaischen »Ich-Teilen« (grau), die ganz von Es-Energie »durchsetzt«, davon »überflutet« sind.

turniveau schizophrener Psychosen nicht nur von jenem der Borderline-Organisation zu differenzieren, wodurch der Unterschied zwischen deskriptiv und strukturell psychotischen Erkrankungen markiert wird; vielmehr ist wegen unterschiedlicher Fixierungen, Dynamik und Struktur auch das niedrige Organisationsniveau der schizophrenen Psychosen selbst durch erhebliche Unterschiede gekennzeichnet. Das Modell postuliert schließlich die psychotische Persönlichkeitsorganisation als gemeinsames Merkmal psychotischer Erkrankungen. Ihr wichtigstes Kennzeichen besteht darin, dass die Wahrnehmung der Realität der Getrenntheit und Andersartigkeit von Selbst und den Objekten (einschließlich der Geschlechterdifferenz, der Differenz der Generationen, der Grenze zwischen innerer und äußerer Realität) als psychische Struktur nicht internalisiert wird, was zu fundamentalen Störungen der Triangulierung und Symbolisierung führt. Die psychotischen Persönlichkeitsanteile bestehen aus fusionierten Selbst-Objekt-Einheiten, die mit unterschiedlichen Affekten besetzt sind. Sie stehen innerhalb des Selbst und, falls sie mittels projektiver Identifizierung in äußere Objekte externalisiert werden, auch mit diesen in unterschiedlichen konflikthaften Beziehungen. Es handelt sich um nicht-integrierte Persönlichkeitsanteile des frühzeitig in der Entwicklung abgespaltenen infantilen psychotischen Selbst, dessen Entstehung auf pathologisch entgleiste und nicht etwa auf normale, regressiv wiederbesetzte Entwicklungsphasen oder Positionen zurückzuführen ist.

Neuere Untersuchungen haben die unterschiedlichen psychogenetischen, dynamischen und strukturellen Merkmale heterogener Gruppen von schizophrenen Psychosen (Lempa 1992, Kutter & Müller 1999, Cullberg 2006) herausgearbeitet. Dabei zeigte sich, dass nicht nur die neurotischen Persönlichkeitsaspekte bei psychotischen Erkrankungen heterogen sind und unterschiedliche psychogenetische, dynamische und strukturelle Eigenschaften aufweisen, sondern auch den psychotischen Persönlichkeitsaspekten eignen »mehrere, verschiedene Organisationsformen« (Kafka 1991, S. 99). Kafka prägte dafür den Begriff »multiple psychotische Persönlichkeitsorganisation«. In Abhängigkeit von der Stabilität der psychotischen Abwehr und des nicht-psychotischen Anteils der Persönlichkeit können daher unterschiedlich strukturierte Patientengruppen differenziert werden: eine Gruppe von Patienten, bei denen die chronische Fragmentierungsabwehr im Vordergrund steht (meist in Verbindung mit negativer Symptomatik), Patienten mit stabiler Spaltungs- und Fusionsabwehr und schließlich monosymptomatische Psychosen (Kutter & Müller 1999).

Differentialdiagnostisches Kennzeichen der Psychosen und Borderline-Störungen ist, dass Menschen mit einer Borderline-Struktur zwar die Differenzierung von Selbst und Objekt, nicht aber die Integration nur guter und nur böser Selbst- wie Objektaspekte gelungen ist. Den psychotisch erkrankten Menschen ist die Differenzierung wie die Integration von Selbst und Objekt misslungen. Differentialdiagnostische Unterschiede zwischen affektiven und schizophrenen Psychosen sind nicht immer leicht zu erkennen. Bei beiden Psychoseformen finden Fusionen von Objekt- und Selbstimagines statt, die die normalen sekundären Ich- und Überich-Identifizierungen ersetzen. Nach Jacobson (1971) finden bei den affektiven Psychosen die Wiederverschmelzung von Selbst- und Objektrepräsentanzen innerhalb des Ichs und des Überichs statt, ohne dass sich diese Strukturen als solche auflösen. Dagegen zerfällt bei der schizophrenen Psychose die dreiteilige psychische Struktur, und es kommt zur Neugestaltung von fusionieren Selbst-Objekt-Einheiten.

Der psychotische Prozess

Die Forschung der psychotischen Persönlichkeitsorganisation aus ich-psychologisch-objektbeziehungstheoretischer Sicht (Jacobson 1971, Grotstein 1990, Volkan 1995, Kutter & Müller 1999, Müller 2001) hat vorgeschlagen, dass die Struktur des Selbst eines psychotischen Menschen aus unterschiedlichen Persönlichkeitsfacetten besteht, die auf höherem, mittlerem, niedrigem (Borderline-Organisation im Sinne Kernbergs, vgl. Kap. VII.5) und niedrigem im Sinne psychotischem Strukturniveau organisiert sein können. Die psychotischen Anteile der Persönlichkeit formieren sich zu überdauernden, in sich heterogenen psychotischen Persönlichkeitsorganisationen. Während das nicht-psychotische Selbst sich aus internalisierten Objektbeziehungen konstituiert, die auf der Verinnerlichung einer Selbstrepräsentanz in Beziehung mit einer Objektrepräsentanz unter der Vorherrschaft eines dominierenden Affekts beruhen (Kernberg 1989), entstehen die psychotischen Anteile der Persönlichkeit ebenfalls nicht einfach aus Triebabwehrkonflikten oder Konflikten des Ichs mit der äußeren Realität, sondern u. a. durch die folgenden Vorgänge: Wenn bestimmte Versagungen in und/oder Konflikte mit der inneren wie äußeren Realität von den nicht-psychotischen Anteilen der Persönlichkeit nicht ertragen werden können, reagiert das Selbst nicht mit »Denken« (Freud 1911 b); es erlebt vielmehr »organismische Panik« (Pao 1979) und »namen-lose Angst« (Bion 1962), weil kein inneres gutes Objekt und damit keine stabile

Internalisierung von Alpha-Funktionen zur Verfügung stehen, sondern vor allem »bad« Affekte die Persönlichkeit überschwemmen. Zur Abwehr dieser existenziellen Bedrohung greift das nicht-psychotische Selbst zu pathogenen Spaltungen, die in Fragmentierungen gipfeln können und die auch die symbolisierenden und synthetischen (Nunberg 1930) sowie Wahrnehmungsfunktionen des Ichs attackieren (Bion 1967). Infolgedessen entstehen Splitter, Fragmente von Selbst- und Objektanteilen sowie von Affekten und verbindenden Strukturen. Während manche psychotische Patienten chronisch in diesem Zustand der Verwirrung und Fragmentierung verharren, gelingt es anderen Patienten, psychotische introjektive und projektive Identifizierungen zu mobilisieren. Diese psychotisch-omnipotenten und konkretistischen protektiv-defensiven Mechanismen sind durch den Impuls motiviert, inmitten einer seelischen Katastrophe zu überleben, indem die fragmentierten Selbst- und Objektimagines fusioniert werden zu »nur guten« und gespalten davon zu »nur bösen« Selbst-Objekt-Einheiten. Sie stellen eine omnipotente Restitution und Reorganisation der zersplitterten, fragmentierten Persönlichkeitsaspekte dar. Diese fusionierten Selbst-Objekt-Einheiten stehen innerhalb des Selbst mit den neurotischen Anteilen der Persönlichkeit, mit affektiv unterschiedlich besetzen anderen fusionierten Selbst-Objekt-Einheiten innerhalb der psychotischen Organisation und, falls sie mittels projektiver Identifizierung in äußere Objekte externalisiert werden, auch mit diesen in konflikthaften Beziehungen. Die Abwehrbewegungen führen zunächst zu einer gewissen Erleichterung, da sie der Persönlichkeit das Erleben einer Pseudo-Kohärenz vermitteln. Die Selbst-Objekt-Einheiten stellen neuartige Strukturen dar. Es handelt sich um nicht-integrierte Persönlichkeitsanteile des frühzeitig in der Entwicklung abgespaltenen infantilen psychotischen Selbst, dessen Entstehung auf pathologisch entgleiste und nicht einfach auf regressiv wiederbesetzte oder gar »normale« Entwicklungsphasen oder Positionen zurückzuführen ist. Das Selbst kann zwischen den neurotischen und psychotischen Facetten und zudem auch zwischen diesen unterschiedlichen psychotischen Facetten oszillieren. Vermutlich sind die strukturellen Merkmale dieser psychotischen Organisationsformen innerhalb des Selbst nicht nur für das bekannte Phänomen des »syndrom shift«, sondern auch für den Schweregrad der Psychopathologie sowie für den Verlauf mit verantwortlich.

Da psychotische Organisationen nicht auf normalen Spaltungen und Fusionen beruhen, sondern auf pathologischen Versionen, entwickelt sich in den nicht-psychotischen Persönlichkeitsanteilen bei äußeren oder inneren Konflikten mit anderen neurotischen oder aber psychotischen Persönlichkeitsanteilen immer wieder erneute organismische Panik. In den neurotischen Selbstanteilen entsteht existenzielle Vernichtungsangst, wenn sie sich aus dem Schutz der psychotischen Organisation herauswagen, gleichermaßen in dem Fall, wenn sie sich der psychotischen Organisation unterwerfen. Der psychotische Prozess führt schrittweise zu einer Transformation der Identität, die auf mehrfache Weise erfolgen kann: einmal durch extremen Rückzug in eine innere Phantasie- und Wahnwelt, eine Einkapselung und Abschottung gegenüber äußerer Realität und zwischenmenschlichen Beziehungen; eine weitere Möglichkeit, wodurch die Transformation sich vollzieht, liegt in der Zerstörung der kognitiven und affektiven Funktionen und Strukturen der Seele. Durch evakuative projektive Identifizierungen entstehen bizarre Objekte. Und schließlich können durch omnipotente Restitutionen neuartige Selbst-Objekt-Einheiten entstehen. Bei Konfrontation mit der Realität kann es jederzeit zum Rückzug in die psychotische Organisation kommen.

Strukturmerkmale und Abwehroperationen

Das bedeutendste und folgenreichste Merkmal dieser psychotischen Struktur ist die Zweiteilung des Selbst in einen psychotischen und nicht-psychotischen Anteil. Freud formulierte bereits in der topographischen Theorie in mehreren Passagen die Idee einer Spaltung der Persönlichkeit – ein Gedanke, den er im Verlauf seines gesamten Werks immer wieder aufgegriffen und vertieft hat und der dann von Katan, Searles, Bion, Grotstein und Volkan systematisch erforscht wurde. Ein weiteres Merkmal der psychotischen Organisation liegt in dem Versuch der omnipotenten, d.h. die Realität verleugnenden und sie transformierenden Bildung einer (Pseudo-)Kohärenz durch spezifische psychotische protektiv-defensive Operationen. Es handelt sich hierbei um aktive Ich-Abwehroperationen, deren strukturelle Merkmale auf Verwerfung des Unbewussten und omnipotenter Restitution/Reparatur sowie Verleugnung und Spaltung beruhen (Freud 1915e, 1940a, Bion 1962, Mentzos 2003), und nicht einfach um eine unspezifische Ich-Schwäche oder einen unspezifischen Defekt. Dekompensiert in psychobiologischen Schwellensituationen (psychodynamisch wirksamen auslösenden Situationen) das bisherige labile neurotische Gleichgewicht, wird das Selbst von »organismischer Panik« (Pao 1979), »Weltuntergang« (Freud 1911b) überschwemmt, Ausdruck des subjektiven Erlebens für den Zusammenbruch der Struktur. Das Selbst kommt in Berührung mit »namen-loser« Angst und innerer Objektlosigkeit. Als protektiv-defensive Operationen imponieren Einkapselung, Verwerfung, Fragmentierung, »Zerlegung«, Abzug der Besetzung von den Objektvorstellungen im Unbewussten, damit aber auch dessen Zerstörung, Vernichtung der kognitiven, affektiven und sensomotorischen Systeme, fortschreitende »narzißtische Entleerung«. Die notwendige Phase der infantilen Omnipotenz, die gegen jene Vernichtungsangst schützen soll (Grotstein 1983, Tustin 1986), wird dadurch frühzeitig und abrupt zerstört. Folgen dieser Abwehrreaktionen sind Minus- (oder Negativ-)Symptomatik (dabei könnte die primäre Negativsymptomatik unmittelbarer Ausdruck der Fragmentierung der Struktur sein, die sekundäre Minussymptomatik eine Abwehrreaktion darstellen) oder psychotische restitutive (oft produktive) Symptomatik etwa in Form »bizarrer Objekte« wie des Überichs oder des Wahns und psychotische Objektbeziehungen, in denen Objekt und psychotisches Selbst verrückt machende (»maddening«, Searles 1965) Verwicklungen und Verstrickungen reproduzieren.

Eine wichtige restitutive Operation stellt die psychotische Identifizierung dar. Freud hatte implizit dieses Konzept in seiner Arbeit »Trauer und Melancholie« (1916–17g) entwickelt (Jacobson 1971, Kernberg 1986) und gewisse dadurch im Selbst verursachte strukturelle Veränderungen aufklären können. Auch sie wird gegen die Berührung mit dem »namen-losen« traumatischen Zustand eingesetzt und baut gleichsam auf den Ergebnissen der »Zerlegung« unerträglicher, nicht symbolisch repräsentierter Fragmentierungszustände auf. Die psychotischen Identifizierungen führen zu fusionierten nur guten Selbst-Objekt-Einheiten (hierbei werden Aspekte des Objekts wie des Selbst zu einer nur guten Einheit fusioniert) und, gespalten davon, verfolgenden, nur bösen Selbst-Objekt-Einheiten. Diese idealisierten und verfolgenden Einheiten stellen keine vom Selbst getrennten Objekte oder Teilobjekte dar. Vielmehr werden Facetten etwa des mütterlichen Primärobjekts wie auch des Selbst in ein Objekt projiziert und dort mit Anteilen dieses Objekts fusioniert. Die psychotische Identifizierung setzt wie jede Form psychotischer Abwehr das nichtpsychotische Selbst einer grundlegenden Paradoxie aus: Die idealen Einheiten bedrohen das psychische Überleben mit Vernichtung durch Verschmelzung (»Objekthunger«), die verfolgenden Einheiten mit Vernichtung durch zerstörerischen Hass (Müller 2003a). Destruktiv ist daher nicht nur die verrückt machende Erfahrung mit den Primärobjekten, die den Reizschutz zerstören, sondern auch die dagegen mobilisierte Abwehr. Denn die Abwehr richtet sich im Fall der Psychosen nicht nur gegen jede Form von Abhängigkeit vom Objekt, das als extrem bedrohlich erlebt und dessen Realität verworfen wird, sondern gegen das Selbst und seinen gesamten psychischen Apparat. Die Abwehr soll Kohärenz bewirken, zerstört aber das Selbst immer weiter. Die Kohärenz des Selbst wird daher nicht nur durch die »organismische Panik« (Pao 1979) vor der Berührung mit dem traumatischen Objekt untergraben, sondern auch durch die psychotische Abwehrorganisation, die beständig zur Fusion (Objekthunger) verführt und mit überflutender, destruktiver Aggressivität in das Selbst droht.

Wahn, Konkretismus, Re-Inszenierung des Traumas sind dann nicht nur Abwehr, sondern Substitut für das fehlende innere gute Objekt und die Selbstkohärenz, haben buchstäblich lebensrettende Funktion. Wenn Erfahrungen nicht symbolisiert werden können, weil die damit verbundene Angst, Schuld, der Schmerz zu intensiv sind, da die dazu notwendigen seelischen Verdauungsorgane blockiert oder zerstört sind, kann Identität nur vermittels des konkreten, des psychotischen Symptoms, der Re-Inszenierungen der verrückt machenden Beziehungen gefühlt werden. Weil das bewahrende Objekt und seine Funktionen nicht internalisiert werden konnten, die ursprüngliche »Hautfunktion« gestört wurde, entwickelt sich eine »Zweithaut«. Sie ist geprägt durch den »exzessiven Gebrauch bestimmter geistiger Funktionen … mit dem Ziel, einen Ersatz für die bewahrende Funktion der Haut zu schaffen, die Abhängigkeit von dem Objekt durch eine Pseudo-Unabhängigkeit« (Bick 1968, S. 237) und die Kohärenz durch Pseudo-Kohärenz ersetzt. Bei Psychosen »reguliert« die psychotische Organisation als eine solche »Zweithaut« anstelle der Alpha-Funktion und des Ubw die sensomotorischen, affektiven und kognitiven Prozesse. Weder die Beziehungserfahrung noch der psychotische »Weltuntergang« (Fragmentierung) sind im Ubw als unbewusste Objektvorstellung repräsentiert. Nur »nachträglich« (Laplanche & Pontalis 1967, S. 313 f.) können sich diese Erfahrungen etwa in Gestalt psychotischer protektiv-defensiver Operationen und Objektbeziehungen zum Ausdruck bringen.

Ein weiteres Merkmal der psychotischen Organisation, das aus der psychotischen Abwehr resultiert, ist die psychotisch-narzisstische Autarkie, eine idealisierte Selbstgenügsamkeit (Größenwahn; Privatsprache; Mutismus, Autismus), die jegliche Abhängigkeit vom Objekt verwirft (Searles 1965, Steiner 1993), gleichsam ein Rückzug auf eine narzisstisch-psychotische Beziehung mit einem inneren, omnipotenten Objekt. Rosenfeld (1971) schreibt, dass bei der psychotischen Variante des destruktiven Narzissmus die omnipotent-destruktiven Anteile des Selbst idealisiert sind und von den libidinös besetzten Anteilen des Selbst und des Objekts die Besetzungen abgezogen werden.

Da unbewusste symbolische Repräsentation erst etwa im Alter von 1 ½ Jahren entstehen, ist weiterhin zu vermuten, dass die psychotische (schizophrene, schizoaffektive, affektive) Symptomatik als eine »nachträglich« (sensu Freud und Lacan; Kerz-Rühling 1991) entstandene konzipiert werden muss. Das bedeutet, dass die erlittenen Traumatisierungen in der präverbalen Zeit erst mit und durch den Erwerb der Sprache und der Symbolisierung Bedeutung und Sinn gewinnen. Denn erst im Alter von etwa 1 ½ Jahren nimmt das Kind die vollständige Getrenntheit und Andersartigkeit zwischen Selbst und Objekt auf symbolische Weise repräsentiert wahr – Wahrnehmungen und Erfahrungen, die zwar schon in der Zeit davor gemacht werden konnten und auch Bedeutungen haben (Ogden 1989), aber erst jetzt (»nachträglich«) symbolisiert und das heißt mit und durch den Prozess der Bedeutungszuschreibung psychisch verarbeitet werden können (Eickhoff 2006).

Psychotische Objekte

Schließlich sei ein letztes Entwicklungsschicksal angeführt: die psychotischen inneren Objekte. Verschiedene Autoren haben in der Folge Freuds (1916–17g) und Bions (1962) versucht, deren Genese, Dynamik und Struktur, den Prozess und die Funktion der Introjektbildung zu konzeptualisieren. Es scheint Übereinstimmung in der Literatur darüber zu herrschen, dass entwicklungshemmende Introjektionsprozesse, die Bildung als böse und neidisch erlebter Introjekte, bei den Psychosen eine entscheidende Rolle spielen. Konsens scheint auch darin zu bestehen, dass es sich bei dem Introjekt um internalisierte Objektbeziehungen handelt. Im Zusammenhang mit der Frage nach Genese, Dynamik und Struktur von psychotischen Introjekten sind nun die Containing- und Holding-Fähigkeit des Objekts und die Fähigkeit des Säuglings, davon Gebrauch zu machen, von großer Bedeutung. Dissens scheint am ehesten über die Frage aufzukommen, wie die Bildung der Introjekte äthiopathogenetisch zu verstehen ist, inwieweit die Bildung der Introjekte durch das Zusammenspiel der Pathologie der Primärobjekte mit der Disposition des Säuglings entstanden sein kann. Die Kontroverse zeigt, dass die Vorstellungen über Introjektbildung und Ätiopathogenese von der theoretischen Konzeption der Entwicklung psychischer Strukturen abhängen.

Ein besonders wichtiges inneres psychotisches Objekt stellt das »selbstdestruktive Überich« dar (O'Shaugnessy 1999). Dazu schreibt Bion, dass durch das Misslingen der Container-Contained-Beziehung ein inneres Objekt entsteht, das Bedeutungen und Verständnis zerstört. Das Selbst »verhält sich so, als fühle es in sich ein inneres Objekt, das ... alles, was das Kind empfängt oder gibt, seiner guten Eigenschaften beraubt, so daß nur verkrüppelte Objekte übrigbleiben. Dieses innere Objekt schnürt seinen Träger von allem Verständnis ab, das ihm angeboten wird« (Bion 1962, S.14). Es handelt sich um die Verinnerlichung eines absichtlich missverstehenden Objekts, genauer: Introjiziert wird eine Objektbeziehung, bei der ein absichtlich missverstehendes Objekt, das Bedeutungen zerstört, in Verbindung mit einem Selbst steht, in dem Todesangst ständig stärkere projektive Identifizierung erzwingt, diese dadurch ihren kommunikativen, entwicklungsfördernden Charakter verliert und zur psychotischen projektiven Identifizierung wird, die Konkretismus und Evakuierung zur Folge haben.

Das destruktive Überich ist auch für die von Rosenfeld (1964) beschriebenen Vermischungen von libidinösen und aggressiven Impulsen verantwortlich, sowie für die Aufrechterhaltung der pathologischen Spaltungsmechanismen und Denkstörungen (O'Shaugnessy 1992, 1999). Eine der gravierendsten Verwirrungen besteht im Hinblick auf die vom Überich ausgehende Vermischung von Liebe und Fusion; psychotische Patienten verquicken regelmäßig libidinöse Besetzungen, positive Affekte, aber auch Dankbarkeit oder Zuneigung mit fusionären Bewegungen; dies stellt eine besonders schwerwiegende Einschränkung der seelischen Entwicklung dar. Das psychotische Überich verwirrt das nicht-psychotische Selbst auch, indem etwa vitale Aggressivität (Selbsterhaltung) und zerstörerische psychotische Destruktivität vermischt werden. Häufig erleben die Patienten nach Auseinandersetzungen akustische Halluzinationen (verfolgende, kommandierende Stimmen), d.h. Auseinandersetzungen führen zu einer massiven Verstärkung des psychotischen Überichs. Daher versuchen die Patienten alle Gefühle auszuschalten und entwickeln eine Negativ-Symptomatik, depressiven Stupor oder psychotisch-hypochondrische Symptomatik. Wenn sie sich gegen die Stimmen oder das Überich zur Wehr setzen, entsteht noch mehr Konfusion und Schuld. Das psychotische Überich verfolgt nicht mit Schuld, sondern mit Terror und Auslöschung der Persönlichkeit (De Masi 1997, Müller 2004b). Teile des Selbst identifizieren sich mit einem Objekt, das zwar die projektiven Identifizierungen aufnimmt, aber nicht, um sie zu verdauen und ihnen schrittweise Bedeutung zu verleihen, sondern um sie zu zerstören und damit einen Zustand ohne Bedeutung (Ogden 1982) anzustreben. In Identifizierung mit diesem Introjekt entsteht ein »schlechtes Selbst«, das fortwährend Bedeutungen vernichtet und die Fähigkeit verhindert, aus Erfahrungen zu lernen, Das psychotische Überich ist schwer auflösbar, weil es den Charakter und die Funktion eines substitutiven Objekts bekommt und damit der (Pseudo-)Kohärenz des Selbst dient. Es hat somit einen pseudo-progressiven Charakter, was auch für die psychotische, Symptomatik gilt. Die gesamte restitutive Bewegung ist an den Erhalt der Identität des Selbst geknüpft, und wie meist ist die Restitution, sei es im Fall des von Freud beschriebenen Größenwahns, sei es im Falle der Hypochondrie, ein psychotischer Versuch der Kontaktaufnahme mit den Objekten und der äußeren Realität, ein psychotischer Triangulierungsversuch.

Familiendynamik

Bei Untersuchungen von Familien mit einem schizophrenen Patienten stellte sich heraus, dass die gestörten Prozesse, wie wir sie als innerseelische unbewusste Prozesse in der Persönlichkeit des Schizophrenen soeben beschrieben haben, auch innerhalb der Familie zwischen den einzelnen Familienmitgliedern ablaufen. Hierbei sind es besondere pathologische Formen des Denkens, Fühlens und Handelns, die dann, wenn sie sich auf ein abhängiges Kind richten, dieses sekundär pathologisieren, d. h. krank machen. Das kann im Zusammenhang mit unserem Thema nur heißen: verrückt machen bzw. gegenüber dem normalen Standpunkt »verrücken«. Hier gilt das Wort Hamlets: »Und ist es schon Wahnsinn, so hat es doch Methode.«

Eine solche Methode ist die von den Kommunikationswissenschaftlern der Palo-Alto-Gruppe um Bateson (1969) entdeckte »double-bind«-Methode; auf Deutsch am besten mit Beziehungsfalle übersetzt. Ein Kind gerät z. B. insofern in eine Falle, als es gegenüber den widersprüchlichen Botschaften einer wichtigen Bezugsperson nicht mehr unterscheiden kann, was nun wirklich wahr ist und was nicht.

Die tragische Folge ist, dass das vom Wohlwollen des Erwachsenen abhängige Kind zu dem Schluss kommt: Ich bin es, der die Situation falsch einschätzt. Eine ähnliche Wirkung haben mystifizierende Botschaften; das sind Botschaften, die nicht wiedergeben, was tatsächlich vorgeht. Der Begriff der Mystifizierung besagt, dass die tatsächlichen Verhältnisse nicht so bezeichnet werden, wie sie sind. Sie werden stattdessen undeutlich benannt oder vieldeutig beschrieben, sodass der Empfänger der Botschaft verunsichert wird und nicht weiß, woran er ist. In einem Beispiel von Laing (1969, S. 283) ist eine Tochter auf ihre Mutter böse:

Mutter: »Ich bin nicht böse, dass du so redest. Ich weiß ja, du meinst es nicht wirklich so.«

Tochter: »Aber ich meine es wirklich so.«

Mutter: »Nun, Liebes, ich weiß, du meinst es nicht so, du kannst dir nicht selber helfen.«

Tochter: »Ich kann mir selber helfen.«

Mutter: »Mein Liebes, ich weiß, du kannst es nicht, denn du bist krank. Würde ich einen Augenblick vergessen, dass du krank bist, dann wäre ich sehr wütend auf dich.«

Hier weiß es in jedem Fall die Mutter besser, wie die Tochter sich fühlt. Die Tochter wehrt sich zwar noch, wird aber gegenüber den sich wiederholenden und immer wieder neuen Behauptungen der Mutter früher oder später unsicher und übernimmt, um des lieben Friedens willen, deren Einschätzung. In jedem Fall wird das Vertrauen des anderen in die Zuverlässigkeit der eigenen Gefühle und Wahrnehmungen systematisch untergraben.

10.5 Psychotische Depression

Psychotisch depressive Menschen leiden unter Störungen der Stimmung und der Affektivität. Sie sind beherrscht von Gefühlen der Leere und Sinnlosigkeit, körperlicher und seelischer Apathie, Libidoverlust, Minderwertigkeit, Unsicherheit. Dazu kommen häufig funktionelle oder psychosomatische Symptome, sowie affektive und kognitive Blockaden, die wie körperliche Erkrankungen erlebt werden. Diese Symptome können in depressiv gehemmter oder agitierter Form auftreten. Störungen des Realitätsgefühls, der Realitätswahrnehmung und der Realitätsprüfung können in Verbindung mit Schuld-, Versündigungs- oder Verarmungswahn begleitend auftreten. In den manischen Phasen (bei unipolaren oder bipolaren affektiven Psychosen) dominieren dagegen realitätsfremde Hochstimmung, unkontrollierbare Erregung, gesteigerter Antrieb und gesteigerte Libido, Verlust sozialer Hemmungen, Rededrang, vermindertes Schlafbedürfnis sowie hohe Ablenkbarkeit; zum Teil können diese Phasen von psychotischen Größenvorstellungen, Wahrnehmungsstörungen und der bis zur völligen Verwirrung gesteigerten Ideenflucht begleitet sein.

Paranoide Wahnvorstellungen können bei depressiven und manischen Psychosen (unipolaren wie bipolaren) auftreten. Viele affektive Psychosen bilden merkwürdigerweise diese Wahnvorstellungen nicht aus (Goodwin & Jamison 1990, Helmchen et al. 2000).

Differentialdiagnostisch sind affektive Psychosen abzugrenzen von organisch verursachtem Stupor, katatonen Schizophrenien sowie postschizophrenen Depressionen, von stuporösen Zuständen bei dissoziativen Störungen, neurotischen Depressionen, depressiv-masochistischen Persönlichkeitsstörungen sowie schweren depressive Phasen bei narzisstischen und Borderline-Persönlichkeitsstörungen und Zyklothymien. Die Differentialdiagnose gegenüber schizo-affektiven Psychosen und beginnenden Schizophrenien mit Größenwahn ist häufig äußerst schwierig (Marneros 1989, Frosch 1990).

Die wichtigsten strukturellen und dynamischen Merkmale psychotisch depressiver Menschen sind eine extreme narzisstische Vulnerabilität, eine äußerst labile Besetzung des Ideal-Objekts sowie eine große Kluft zwischen Real- und Ideal-Selbst- und Objektbildern (Benedetti 1983, Böker 2000, Mentzos 1995, 2003). Die zur psychotischen Depression prädisponierten Menschen leben in einer ständigen Angst vor inneren und äußeren Gefahren, besonders vor dem Verlust der Besetzung des Ideal-Objekts. Aus diesem Grund erleben sich psychotisch depressive Menschen in einer existenziellen Abhängigkeit vom narzisstischen Ideal-Objekt. In psychodynamisch wirksamen auslösenden Situationen ereignet sich intrapsychisch der Verlust des Ideal-Objekts (real-phantasiert: narzisstische Konflikte oder Kränkungen, Trennungen, Verluste), was im Erleben dieser Menschen eine traumatische Situation katastrophalen Ausmaßes darstellt. Der dann fühlbare seelische Schmerz ist für psychotische Patienten unerträglich, weil sie wegen der misslungenen primären Identifizierung mit der Containing- und Holding-Funktion (W. Bion, D. W. Winnicott) der primären Liebesobjekte keinen inneren Raum zur Verarbeitung dieser Affekte zur Verfügung haben. Sie werden entweder von verfolgender Schuld, Minderwertigkeit oder Verlustangst buchstäblich erdrückt. Gerade weil psychischer Schmerz »nicht faßbar, auf der Grenze zwischen physisch und psychisch … mit dem Auftauchen aus der unsicheren psychischen Balance und der Entwicklung hin zur depressiven Position« (Joseph 1981, S. 98 ff.) in Beziehungen zu den Objekten entsteht, ist er für den psychotischen Patienten so unerträglich.

In einer regressiven protektiv-defensiven Bewegung werden die infantilen Fixierungsstellen, traumatisch erlebte und pathologisch verarbeitete Entwicklungsprozesse während der zweiten Subphase des Individuations-Separationsprozesses wiederbesetzt. Damit werden überwältigende Ängste vor dem totalen Verlust des Ideal-Objekts, das Sicherheit, Wert und Befriedigung vermittelt, wiederbelebt. Wegen der narzisstischen (d.h. hier: die Existenz sichernden und befriedigenden) Qualität dieser Beziehungen ist damit die Angst vor Vernichtung und Verlust des Selbst verknüpft (Freedman 1986). Gegen diese Ängste werden als zentrale Abwehrmechanismen psychotische Spaltungs- sowie Introjektions- und Projektionsmechanismen aktiviert. Einer der bedeutsamsten Mechanismen bei der psychotischen Depression ist die doppelte Introjektion (Jacobson 1971). Dabei werden Selbst- und Objektrepräsentanzen in ideale, sadistische, entwertete und abhängige Imagines gespalten. Die entwerteten Objektrepräsentanzen werden in das Ich-System, die idealen Objektrepräsentanzen in das Ichideal-System und die sadistischen in das Überich-System introjiziert. Die idealisierten Selbstrepräsentanzen verbleiben entweder im Ichideal-System oder werden wie die aggressiv besetzten Selbstrepräsentanzen des Überich-Systems auf äußere Objekt projiziert. Als Folge entstehen vermischte Selbst-Objektrepräsentanzen. Die Grenzen zwischen den seelischen Systemen bleiben zwar, anders als bei den schizophrenen Psychosen, erhalten; aber diese Prozesse führen zum Verlust der Realitätsprüfung. Die für die affektiven Psychosen typischen emotionalen Schwankungen entstehen wegen der bei allen diesen Vorgängen beteiligten Affektabwehr. Vor allem bei bipolaren Psychosen werden innerhalb einer manischen oder depressiven Objektbeziehung polar entgegengesetzte affektive Zustände vom Ich mobilisiert, um Abwehrbewegungen des Ichs gegen andere Objektbeziehungen zu unterstützen und damit das Ich zu stärken. Auch die radikale Affektverwerfung der monopolaren depressiven Psychosen (klinisch als Zustände von Nichts und Leere zu beobachten) ist zu dieser charakteristischen Affektabwehr zu zählen.

Klinische und theoretische Forschungen (Benedetti 1983, Mentzos 1995, Kutter & Müller 1999, Böker 2000) haben zur Identifizierung mehrer Untergruppen geführt. Sie lassen sich in Abhängigkeit von der Art der Besetzung und der unbewussten Bedeutung des introjizierten Ideal-Objekts – idealisiert, symbiotisch, sadistisch und je nachdem, welcher unbewusste Inhalt die Schuldphantasien bestimmt: Schuld wegen Minderwertigkeit, Trennung oder Hass – dynamisch und strukturell differenzieren. In der Regel finden sich Kombinationen folgender drei Arten psychotischer Depression: die narzisstisch-psychotische Depression mit der Störung des narzisstischen Regulationskreises zwischen Selbst, Ideal-Selbst und Ideal-Objekt, die symbiotisch-psychotische Depression mit Störungen des Regulationskreises zwischen Selbst und Ideal-Objekt und die psychotische Überich-Depression mit Störungen des Regulationskreises zwischen Ich und Überich sowie der aggressiven Impulse.

10.6 Manie

Psychodynamik

Manie ist die geniale Verleugnung alles dessen, was depressiv macht. In ihrem Zentrum steht die Wiederbelebung all der Bereiche, in denen wir uns großartig und allmächtig fühlen. Insofern entspricht die pauschale Abwehr der Depression in der Manie exakt der Abwehr bei den narzisstischen Persönlichkeitsstörungen. Bezogen auf das handliche und praxisgerechte Strukturmodell ist das Überich – bildhaft gesprochen – vom Ich »besiegt«: Das Ich steht über dem Überich und kostet seinen Triumph so lange wie möglich aus.

Das Ganze ist aber nur eine grandiose Illusion (Verleugnung), denn die tatsächlichen Verhältnisse sind nicht so. Früher oder später erzwingen die wahren Kräfteverhältnisse wieder den Sieg des Überichs und die Niederlage des Ichs. Umgangssprachlich ausgedrückt: Nach dem Rausch folgt der Kater.

Lewin (1961) erklärt das Hochgefühl und die Hochstimmung des manischen Menschen dadurch, dass der Maniker glaubt, lang ersehnte Wünsche seien endlich in Erfüllung gegangen. Das Hochgefühl in der Manie ist aber wie die Wunscherfüllung im Traum unecht und trügerisch. Es wird ja durch eine Täuschung über die tatsächlichen Machtverhältnisse erkauft. Der Maniker verwechselt die Wirklichkeit mit einem Traum. Er lebt gleichsam in wahnhafter Selbsttäuschung über sich selbst seinen Traum im realen Leben aus und zwingt damit die anderen, die ihnen in seinem Traum zugewiesenen Rollen zu übernehmen. Tun sie dies, bestärkt dies natürlich den Maniker in seinem manischen Glauben. Früher oder später kommt es aber doch zu einem massiven Zusammenstoß zwischen Traum und Wirklichkeit. Dem folgt dann die unvermeidliche Depression.

Wichtigstes strukturelles Kennzeichen der Manie ist ein manisches Größenselbst. Es wird aus einer Fusion und Vermischung von idealen Selbstrepräsentanzen, idealen Objektrepräsentanzen und realen Selbstrepräsentanzen gebildet. Seine Hauptfunktion ist protektiv-defensiver Natur, eine existenzielle Abwehr gegen die psychotische Depression. Das verfolgende depressiv-psychotische Überich wird entmachtet. Im Gegensatz zum narzisstischen Größenselbst werden die Grenzen zwischen Selbst und Objekt durch Fusionsprozesse (projektive und introjektive Identifizierungen, eine psychotische totale Identifizierung) aufgehoben. Das narzisstische Größenselbst soll Andersartigkeit, das manische Größenselbst die Getrenntheit von Selbst und Objekt aufheben. Affekte haben ihre regulative Funktion und ihren Signalcharakter verloren. Weitere prominente Abwehrfunktionen sind Verleugnung und Entwertung sowie manischer Triumph, omnipotente Kontrolle über die Objekte und die manische Wiedergutmachung. Da es kein Objekt gibt, das betrauert werden könnte, beruht letztere auf einer das Objekt demütigenden Umkehr der Abhängigkeitsbeziehung. Psychogenetisch kommt es zu Fixierungen in der zweiten Subphase im Sinne Mahlers, psychodynamisch wirksame auslösende Situationen sind vergleichbar jenen bei der psychotischen Depression.

VIII. Die Psychoanalyse – ein diagnostisches Verfahren

»Im Zweifelsfall nichts überstürzen, sondern zuhören.«
(*Michael Balint*, Der Arzt, sein Patient und die Krankheit)

1. Das psychoanalytische Gespräch

Das wichtigste diagnostische Verfahren ist das Gespräch, als Dialog. Ziel des Gesprächs ist die Diagnose. Insofern sprechen wir von einem diagnostischen Gespräch.

Diagnose ist stets Forschung und kann gleichzeitig Therapie sein. Ort, Ziel und Methode des Gesprächs sollten von vornherein klar sein. Es ist ein Unterschied, ob das Gespräch in der Privatpraxis eines Analytikers stattfindet, mit einem Patienten, der Hilfe sucht, oder in einem Institut, an dem Forschung betrieben wird. Der Gesprächspartner sollte jedenfalls immer in fairer Weise wissen, worum es geht. Damit wird klar, dass der äußere Rahmen und der innere Ablauf des Gesprächs von Ziel und Zweck des Gesprächs bestimmt werden.

So macht es z. B. einen großen Unterschied, ob ein Patient, der in Not ist, einen Psychotherapeuten aufsucht und Hilfe braucht oder ob der Interviewer zur Beantwortung einer bestimmten wissenschaftlichen Frage mit anderen Menschen Gespräche führt. Im einen Fall benutzt der Patient den Therapeuten als Helfer, im anderen Fall braucht der Interviewer den anderen als Versuchsperson, dann in konsequenter Weise auch nicht Patient oder Klient genannt, sondern Proband. Das Gespräch kann in Form eines standardisierten Interviews durchgeführt werden: Es werden Fragen gestellt, alternative Fragen, die nur eine Ja- oder Nein-Antwort zulassen, offene Fragen oder Fragen mit Auswahlmöglichkeit (multiple choice). Das halbstandardisierte Interview besteht teilweise aus formulierten Fragen, teilweise aus einem freien Gespräch. Im nicht standardisierten oder freien Interview werden keine Fragen gestellt; hier bleibt es dem Verhalten der beiden beteiligten Personen überlassen, wie sich das Gespräch entwickelt. Wie wir weiter unten noch sehen werden, wird sich der Interviewer überwiegend zurückhalten, um dem anderen, der Rat oder Hilfe sucht, Gelegenheit zu geben, seinerseits das Gespräch zu gestalten.

Im Laufe des Gesprächs werden objektive Daten zur Sprache kommen, wie Geburtsort, Geburtsdatum, Beruf des Vaters, Verlust einer wichtigen Bezugsperson in einem bestimmten Alter usw., aber auch subjektive Daten, wenn z. B. der Patient davon erzählt, dass er sich von seinem Vater unterdrückt gefühlt hat, von der Mutter verraten, wie er seinen älteren Bruder erlebt hat, wie er seine Beziehung zur Ehefrau einschätzt usw. Noch wichtiger sind die Informationen, die der Psychoanalytiker aus der Art des Verhaltens des Patienten schließt.

2. Das psychoanalytische »Interview«

2.1 Methode und Voraussetzungen

Das psychoanalytische »Interview« steht am Anfang jeder psychoanalytischen Behandlung. Die Bezeichnung Interview bedeutet Befragung, wie wir sie als Befragung von im öffentlichen Leben stehenden Persönlichkeiten aus Funk und Fernsehen kennen. Hier werden Fragen gestellt und beantwortet. Im psychoanalytischen »Interview« werden aber selten Fragen gestellt und beantwortet. Deswegen ist »Interview« hier in Anführungszeichen gesetzt. Das Psychoanalytische daran ist die Tatsache, dass dabei die psychoanalytische Methode in besonderer Weise angewandt wird.

Die psychoanalytische Methode wurde gleichermaßen als Forschungs- und Behandlungsmethode von Freud in die Wissenschaft eingeführt, in Form der klassischen Psychoanalyse, mit dem Ziel der Behandlung von Menschen mit psychischen Störungen (vgl. Kap. IX).

Beim psychoanalytischen »Interview« geht es ausschließlich um die Diagnose. Der Psychoanalytiker denkt dabei durchaus in diagnostischen Kategorien. Er hat die psychoanalytische Persönlichkeitstheorie und Krankheitslehre im Kopf und überlegt sich, welche Psychodynamik hinter einer bestimmten Symptomatik verborgen sein könnte.

Gleichzeitig vergisst der Analytiker aber in der Begegnung mit dem Patienten alle Theorie und akzeptiert den vor ihm Sitzenden so unvoreingenommen wie möglich. Dieses Paradoxon ist für das psychoanalytische Vorgehen charakteristisch. Es wird zwar psychoanalytisches Wissen eingesetzt, aber, zumindest streckenweise, auch nicht. Denn wird es zu früh verwendet oder dominiert der Einfluss der Theorie zu stark, besteht die Gefahr, dass der uns gegenüber sitzende Patient zu schnell in eine diagnostische Kategorie eingeordnet wird, dass ihm dadurch gleichsam ein Etikett aufgeklebt wird; etwa als »typischer Fall« einer Zwangsneurose. Unmittelbare Begegnungen und die jeweilige Einmaligkeit des Individuums wären damit ernsthaft gefährdet. Aber bei fehlendem Wissen bestünde natürlich die Gefahr, dass der Psychoanalytiker eine bestimmte Störung nicht erkennt. Um beide Gefahren zu vermeiden, muss er somit zwischen beiden Einstellungen wechseln können, oszillieren.

Der Analytiker stellt sich zunächst ohne jede theoretische Vorannahme auf den Patienten so ein wie gegenüber einem Menschen, den er gerne kennenlernen möchte, der ihn interessiert. Schon mit dieser Grundhaltung kann er sehr viel über den anderen Menschen erfahren. Er erfährt aber noch mehr, wenn er sich bemüht, sich in den anderen so einzufühlen, dass er gleichsam das, was der andere erzählt, mit diesem fühlt, mitfühlt. Damit fühlt er sich in die andere Person ein, fühlt so, wie diese fühlt, denkt so, wie diese denkt, empfindet so, wie diese empfindet.

Er versucht sein Gegenüber so vorbehaltlos wie möglich anzunehmen. Er reagiert auf alles, was vonseiten des anderen angeboten wird, vor allem auf Gefühle, Affekte oder Emotionen. Er reagiert z. B. verärgert auf ein verächtlich-geringschätziges Verhalten; mit einer leichten Wut gegenüber einem allzu aufdringlichen Benehmen; mit einer gewissen Angst, vereinnahmt zu werden, gegenüber einem Verhalten eines Patienten, der alles von ihm wissen will, der nie genug haben kann. Mit einer anderen Art von Angst reagiert er, wenn ihn der Patient direkt angreift oder indirekt entwertet.

Wir beeilen uns hinzuzufügen, dass es sich hierbei um Gefühle handelt, die, wie Michael und Enid Balint (1961) formulieren, sehr wohl kontrollierbar sind und die helfen herauszufinden, in welches Beziehungsmuster uns der Patient hineinzubringen versucht. Insofern sind die eigenen Gefühle unter der Bedingung, dass sie der Psychoanalytiker im Laufe seiner Ausbildung gründlich kennengelernt hat, hervorragende Instrumente zur Diagnostik von Beziehungsstörungen. Ihre Anwendung ermöglicht Daten, die sonst keine andere Methode gewinnen könnte; insbesondere Daten sehr persönlicher, privater und intimer Art.

Um sie zu gewinnen, müssen allerdings bestimmte Voraussetzungen erfüllt sein:

1. Der Interviewer muss dem Patienten einen klaren Rahmen bieten, in dem er sich sicher fühlen kann. Er muss eine Atmosphäre schaffen können, in der der Patient dem Interviewer gegenüber Vertrauen aufbringen kann, was wiederum voraussetzt, dass der Psychoanalytiker den Patienten in jeder Hinsicht akzeptiert, so wie er/sie ist. Sind diese Voraussetzungen aufseiten des Psychoanalytikers erfüllt, kann sich

2. der Patient seinerseits in die Situation hineinbegeben, sich auf den Interviewer einlassen und dadurch zum Gelingen des Gesprächs beitragen, dass er/sie spricht, während sich der Analytiker ausschließlich auf das Zuhören konzentriert. Dabei handelt es sich um ein in vielfältiger Weise sehr aktives Zuhören, bei dem wir nach Argelander (1970) drei Ebenen unterscheiden.

2.2 Die drei Ebenen

1. Die Ebene der objektiven Information mit ihrer logischen Evidenz bezieht in einer Logik Ursache und Wirkung z. B. auf den Beginn einer Depression (Wirkung) im Anschluss an den Verlust einer wichtigen Bezugsperson (Ursache).

2. Auf der Ebene der subjektiven Information herrscht psychologische Evidenz; z. B. ein vorher unbestimmtes Gefühl von Traurigkeit wird mit dem Verlust eines wichtigen Menschen mit einem Mal verständlich.

3. Auf der Ebene der situativen und szenischen Information gibt der Patient dem Analytiker dadurch etwas von sich zu erkennen, dass er ihn in eine ganz bestimmte Szene einbezieht, in der er ihn z. B. wie ein Kind um Hilfe bittet, ihn von oben herab behandelt oder ihn dazu verführen will, mit ihm in einer ganz besonderen Weise umzugehen. Die Art einer solchen Beziehung wird beiden beteiligten Personen situativ evident, wenn klar wird, was der eine unbewusst mit dem anderen tut bzw. der andere an sich tun lässt. Als Orientierung für den Interviewer hat sich nebenstehendes Schema (Kasten 2) bewährt.

2.3 Fallbeispiel

Protokoll eines Erstinterviews mit einer 31-jährigen medizinisch-technischen Assistentin, verheiratet, keine Kinder.

Begrüßung: Der Interviewer hat den ersten Eindruck »Das ist aber eine junge unerfahrene Frau«. Nachdem beide Platz genommen haben, bemerkt er, dass die Patientin an der rechten Hand einen Ring trägt.

Kasten 2
Erstinterview-Schema
(nach Balint und Balint 1961, modifiziert)

A. Wie kommt der Patient zu uns?

1. Von wem überwiesen? Weshalb?
2. Wie bislang behandelt und mit welchem Erfolg?
3. Einstellung des Patienten zur bisherigen Behandlung, zu den Therapeuten?
4. a) ohne Einsicht
   b) mit Einsicht
5. Gekommen auf vorwiegend eigene Initiative?

B. Gesamteindruck

C. Geklagte Beschwerden

1. Jetzige Beschwerden
2. Vorgeschichte der Beschwerden
3. Eigene Theorie des Patienten über seelische Ursachen
4. Auslösende Situation (Vermutung des Untersuchers)
5. Emotionale Einstellung des Patienten zu den Beschwerden
6. Leidensdruck
7. Sekundärer Krankheitsgewinn

D. Biografische Daten

E. Jetzige Situation

1. Was für ein Bild hat Patient von sich selbst?
2. Was für ein Bild hat Patient von anderen wichtigen Bezugspersonen?
3. Zukunftsvorstellung?

F. Wie entwickelt sich die Patient-Therapeut-Beziehung?

1. Übertragung: Wie behandelt der Patient den Therapeuten?
2. Gegenübertragung: Wie behandelt der Therapeut den Patienten?

▷

G. Wichtige Augenblicke im Interview

1. Wann waren Gefühlsäußerungen (erwartet oder unerwartet)?
2. Wie findet sich Patient in Interviewsituation zurecht? Verhältnis von Einsicht und Abwehr? Symptome im Interview?
3. Wichtige Bemerkungen des Patienten
4. Deutungen des Interviewers und Reaktion des Patienten

H. Ergebnisse- und Beurteilung

1. Stabile Objektbeziehung?
2. Funktionsfähigkeit des Ich (Grad der Ich-Einschränkung)
3. Emotionale Differenzierbarkeit
4. Intelligenz
5. Einsichtsfähigkeit
6. Therapeutische Illusion

I. Diagnose: vermutete Bedeutung der Störung, psychodynamisch ausgedrückt

K. Therapieeignung

1. Kurztherapie mit Begründung
2. evtl. Gegengründe
3. Psychoanalyse mit Begründung
4. evtl. Gegengründe
5. Ablehnung jeder Form von Psychotherapie; Begründung
6. Welche andere Behandlung kommt in Frage?

L. Tatsächlicher Behandlungsvorschlag

M. Begrenztes Ziel der Behandlung (focus) bei Kurztherapie

N. Prognose?

Äußere Erscheinung: mittelgroß, jugendlich wirkende Frau mit blauen Augen und kurz geschnittenem blonden Haar.

Verlauf des Interviews: Der Interviewer entschuldigt sich für eine kleine Verspätung, er stehe jetzt zur Verfügung.

»Sie möchten, dass ich Ihnen etwas erzähle?« »Ja.« Die Patientin berichtet als Erstes, dass ihr im Februar klar geworden sei, dass etwas nicht stimme. Sie habe beim Einkaufen etwas mitgenommen, gestohlen; sie habe das irgendwie tun müssen, und so habe das nicht weitergehen können. – Sie habe hier (Poliklinik) angerufen, und es sei ihr geraten worden, sich an die Beratungsstelle zu wenden, wo sie auch hingegangen sei. Bei den Gesprächen dort sei ihr klar geworden, dass es noch tiefer sitze, weshalb sie sich erneut hierher gewandt habe.

(Der Interviewer verspürt das Bedürfnis, über das Stehlen und die Beratung noch Näheres zu erfahren, schiebt aber die entsprechenden Fragen auf, um die Patientin sich entwickeln zu lassen, was diese ohne weitere Aufforderung tut und was im Interview ein Gefühl der Erleichterung erzeugt.)

Die Patientin fährt fort, dass sie in letzter Zeit ziemlich viel nachgedacht habe. Sie habe den Eindruck, es liege an der Angst. Aber inzwischen habe sie die schon etwas im Griff. Angst sei zwar etwas sehr Diffuses, aber irgendwie könne man sie doch packen.

Interviewer: »Sind Sie sicher?«

Ja, beim Nachdenken sei ihr folgendes deutlich geworden: Sie sei zu einem Zeitpunkt gezeugt worden, als es dem Vater und auch der Mutter nicht richtig gelegen gekommen sei. Ihr Vater habe damals zum zweiten Mal promovieren wollen – er sei Arzt –, schließlich habe er es doch nicht getan. Schließlich habe man auch akzeptiert, dass sie da sei – sie habe einen um 2 Jahre älteren Bruder –, aber zum Zeitpunkt der Geburt sei sie eben ein unerwünschtes Kind gewesen.

(Der Interviewer hat den Eindruck, dass diese Schilderung ein wenig hergeholt und konstruiert ist, aber die Patientin fährt sofort lebhafter in ihrer Schilderung fort.)

Ihre Mutter habe ihr erzählt, dass sie während der Bombennächte in dem Keller, in dem sich wohl immer dieselben Leute getroffen hatten, mit einem Nachbarn ein Gespräch gehabt habe; dieser habe ihr gesagt, dass sie, wenn es einmal sehr eilig sei, ja nur eins der beiden Kinder mit in den Keller nehmen und retten könne. Die Mutter habe ihr auch erzählt, dass sie in einem solchen Notfall den Bruder mitgenommen hätte. Das habe ihr die Mutter mehrmals erzählt; wie könne eine Mutter das nur tun! (Die Patientin ist zunehmend affektiv beteiligt, und schließlich füllen sich ihre Augen mit Tränen. Der Interviewer ist von der Szene beeindruckt, kann die

Gefühle der Patientin verstehen, wundert sich aber doch darüber, dass die Patientin bei der Erzählung, die sicher nicht zum ersten Mal erfolgt, gefühlsmäßig derart bewegt ist.)

Die Patientin berichtet weiter, sie habe als Kind oft Träume gehabt, die ihr Angst gemacht hätten. Irgendetwas sei bedrohlich auf sie zugekommen. Sie sei oft aufgewacht, und wenn sie wieder eingeschlafen sei, sei es dasselbe gewesen: sie habe wieder geträumt und Angst bekommen.

Der Interviewer fragt, ob diese Träume zeitlich vor der Mitteilung der Mutter lagen, was, wie erwartet, bestätigt wird.

Nunmehr teilt der Interviewer mit, dass er sich den (von der Patientin ausgefüllten) Aktenbogen nur kurz angeschaut und dass sie auf ihn auffallend jugendlich gewirkt habe. – Der Interviewer fährt fort, dass er dort auch als Grund des Kommens das Wort »Angst« gelesen habe. Er habe dabei gedacht, dass sie *jetzt* Angst habe, sie aber gehe mit ihren Ausführungen weit in die Vergangenheit zurück.

Darauf kommt die Patientin nun auch zu sprechen. Sie berichtet über ein aktuelles Erlebnis:

Kürzlich sei sie an einem Sonntagmorgen aufgestanden, während ihr Mann noch weitergeschlafen habe, und sei ins Wohnzimmer gegangen. Dort habe sie eine wahnsinnige Angst bekommen, die ihr ganz unerklärlich gewesen sei und die sie ganz blödsinnig gefunden habe. Ihrem Mann habe sie das gar nicht erzählen können. Sie habe sich dann überlegt, was das wohl für eine Angst gewesen sei und habe an Todesangst gedacht. Durch einen Autounfall könne man ja heute rasch zu Tode kommen. Es sei ihr schrecklich gewesen, sich vorzustellen, dass bei einem Unfall ihr Mann überleben würde, während sie dann der Märtyrer sei.

Der Interviewer bietet an, diese vorgestellte Szene mit der von ihr mitgeteilten möglichen Verhaltensweise der Mutter in den Bombennächten zu vergleichen; da wäre sie auch tot gewesen, sozusagen die Märtyrerin gewesen, während ihr Bruder überlebt und vielleicht Schuldgefühle bekommen hätte.

Die Patientin reflektiert – nachdenklich –, dass damit der Interviewer ihren Mann mit ihrem Bruder vergleiche. Ihr Bruder habe doch nichts dafür gekonnt. Aber auch bei dem Unfall sei sie davon ausgegangen, dass ihr Mann ganz unschuldig sei.

Interviewer: er wolle den Vergleich nicht auf die Spitze treiben, aber in Bezug auf die Unschuld sei es bei Mann und Bruder gleich.

Die Patientin bestätigt dies noch einmal und fügt an, dass sich ihr Mann sicherlich trotzdem Gewissenbisse machen würde, ob er nicht doch am Steuer anders hätte reagieren können. Ihr Bruder hätte sicher ein dickeres Fell gehabt.

Der Interviewer bittet die Patientin, noch Näheres über das Stehlen zu berichten.

Sie geht darauf ein und erzählt, dass es zum ersten Mal im Oktober vorgekommen sei. Sie sei bisher nie erwischt worden. Beim ersten Mal sei es merkwürdig gewesen, sie habe erst, als sie es in der Tasche hatte, gemerkt, dass sie etwas mitgenommen hatte. Sie hätte es ja wieder zurücklegen können, das habe sie dann aber auch nicht wollen; schließlich sei es so gut gegangen. Seither habe sie wiederholt und mit voller Absicht etwas mitgenommen. Auf die Frage, was sie denn genommen habe, antwortet die Patientin, dass sie sich meistens etwas Schönes zum Essen ausgesucht habe, insbesondere Tiefkühlkost, die ja etwas teurer sei; Langusten und andere Arten von Fisch habe sie oft gestohlen.

(Der Interviewer hat bei dieser Mitteilung die Vorstellung, dass die Patientin aus dem Norden, von der Küste stammen müsse; später wird klar, dass er wahrscheinlich den Geburtsort an der Nordsee bereits auf dem Aktenbogen gelesen hatte. Auch von der hochdeutschen Aussprache her lässt sich die nördliche Herkunft vermuten. Der Interviewer behält diese Vermutungen aber vorläufig für sich.)

Frage des Interviewers, ob sie früher schon einmal gestohlen habe.

Die Patientin verneint das erst, doch dann fällt ihr ein, dass sie als Kind der Mutter Geld gestohlen habe. Es sei auch ungerecht gewesen, dass ihr Bruder immer zwei Mark mehr als sie bekommen habe. Einmal habe sie einer Freundin ein rotes Portemonnaie entwendet. Man sei bald darauf gekommen, dass sie es genommen haben musste, und sie habe es wieder herausgeben müssen. Es hätten jedoch zwei Mark gefehlt, und da habe sie erst gemerkt, dass die wiederum von ihrem Bruder gestohlen worden waren.

Dem Bruder sei es aber auch nicht viel besser gegangen als ihr. Sie seien beide herumgestoßen worden. Die Mutter, die den Vater immer einen Alkoholiker nenne, was aber nicht stimme, habe zur Zeit ihrer Zeugung den Vater nicht mehr geliebt. Damals habe sie sich mit einem anderen Mann gut verstanden, der dann auch noch ihr Patenonkel wurde. Ihre Mutter habe sie immer mitgenommen, wenn sie sich mit ihm getroffen habe. Sie habe dann mit der dritten Tochter ihres Patenonkels spielen müssen, die zwei Monate älter als sie selbst war. Der Onkel habe Jungen mehr geschätzt als Mädchen, habe sich dann aber auch um sie gekümmert, und sie habe auf seinem Schoß sitzen dürfen.

(Der Interviewer fragt sich, ob die Patientin in der Phantasie zwei Väter haben könnte.)

Der Onkel habe auf einem Landgut gewohnt. Auf einer Fahrt dorthin (mit dem Onkel?) sei die Mutter schwer verletzt worden. Der Onkel habe dann bei ihrem Vater angefragt, ob er sich scheiden lassen würde, damit er die Mutter heiraten könne, was ihr Vater aber abgelehnt habe. Die Mutter habe sich dann von dem Onkel in der

Folgezeit zurückgezogen. Da sei sie konsequent gewesen. Sie sei aber öfter zu ihr (der Patientin) gekommen, um bei ihr Unterstützung zu finden, wenn sie mit dem Vater nicht zurechtkam. Dabei sei es ihr selbst doch so gegangen, dass sie von der Mutter nicht bekommen habe, was sie an Zuwendung brauchte. Noch jetzt vertrage sie Zurückweisungen schlecht. Wenn sie ihren Mann etwas frage und dieser lieber seine Zeitung weiterlesen wolle, statt sich ihr zuzuwenden, sei sie sehr gekränkt, auch dann, wenn sie die Reaktion ihres Mannes ganz gut verstehe.

(Nachträglich beim Protokollieren in den zeitlichen Zusammenhang des Interviews nicht mehr sicher einzuordnen, berichtet die Patientin folgende Episode):

In einer Buchhandlung sei es ihr kürzlich so gegangen, dass sie zwei Bücher habe kaufen wollen, um sie zu besitzen, was sie dann auch getan habe. Ein drittes Buch sei ihr aufgefallen, und sie habe es interessant gefunden. Für dieses habe sie aber nicht bezahlen, vielmehr es gerne so mitgehen lassen wollen. Ihr habe aber eine passende Tasche gefehlt. Sie habe sich dann so geholfen, dass sie das Buch an Ort und Stelle diagonal gelesen habe, und dann habe sie es gut liegen lassen können.

Interviewer: »Sie haben sich eben den Inhalt des Buches einverleibt.« Die Patientin stimmt zu.

Die Patientin berichtet im Weiteren über ihren Mann. Sie hätten sich gefunden, als ob es nicht anders hätte sein können. Auf einer Party – sie sei noch Schülerin gewesen, während er noch studiert habe – sei er in einer Gruppe junger Leute gestanden, während sie sich gerade bei einer Unterhaltung gelangweilt habe. Da habe er sie zum Tanzen aufgefordert, sie habe das ganz toll gefunden. Ein Jahr lang sei es dann so hin- und hergegangen. Sie habe eine Zeitlang nichts mehr gehört, bis er eines Tages wieder angerufen habe. Das sei gerade an ihrem späteren Hochzeitstag gewesen. Es sei dann ziemlich rasch gegangen. Sie habe gewusst, dass sie mit ihm glücklich werden würde.

Die Frage des Interviewers, ob sie glücklich geworden sei, wird glaubhaft bejaht.

Ihr Vater habe recht unglücklich darauf reagiert, als sie ihren Eltern ihre Absicht mitgeteilt habe: er habe geäußert, dass sie damit rechnen müsse, nicht mehr den gewohnten Lebensstandard zu haben. Sie stamme eben aus einer richtig behüteten Familie, ihr sei es gerade recht gewesen, da etwas herauszukommen.

Die Patientin kommt auf ihre Kinderlosigkeit zu sprechen. Sie seien jetzt sieben Jahre verheiratet. Zwei Fehlgeburten habe sie gehabt. Die Periode sei jetzt ganz unregelmäßig. Nach der Temperaturmethode finde gar kein Eisprung mehr statt. Der Frauenarzt, der sie behandelt, habe geäußert, dass wohl auch psychische Faktoren beteiligt seien. Deutlich bewegt, teilt die Patientin weiterhin ihre Überlegungen mit, ein Kind zu adoptieren: Das könne sie nicht, denn sie habe Angst, dass sie zu diesem Kind kein Verhältnis finden könne, da dieses wahrscheinlich so ungewünscht sei wie sie selbst, es sei denn, das Kind sei Vollwaise. Sie habe da Angst; ebenso habe sie Angst vor einer neuen Fehlgeburt, auch vor einem missgebildeten Kind. Natürlich müsse jede Frau diese Angst bis zur Geburt aushalten.

Interviewer: »Wie steht ihr Mann dazu?«

Die Patientin antwortet, dass er auch lieber ein Kind von ihr hätte. Wenn sie ein Kind hätte, dann müsste sie sich nicht mit all diesen Problemen herumschlagen.

Interviewer: »Sie kommen aber hierher wegen des Stehlens.«

Patientin: Das stimme schon. Aber die Kinderlosigkeit sei ihr großes Problem.

Der Interviewer teilt der Patientin mit, dass er bei der Mitteilung, dass sie Fisch stehle, gedacht habe, sie stamme von der Küste, was sich ja inzwischen bestätigt habe.

Die Patientin führt aus, dass sie wirklich sehr gerne Fisch esse. Der könne jeden Tag auf den Tisch kommen. Anfänglich hätte sie es hier in S. etwas schwer gehabt, sie hätten jetzt aber einen Bekanntenkreis. Sie seien beide nicht kontaktschwach, gingen auf andere zu. Es sei auch gar nicht so schlecht, dass sie etwas von zu Hause weg seien. Aber die Mutter komme doch zu ihnen, suche einen Rückhalt, was ihr gar nicht so recht sei. Sie sei auch da gewesen, als sie (die Patientin) ganz merkwürdig reagiert habe. Mit erheblichem Affekt äußert die Patientin: »Meine Mutter, die hat einen Scheiß gemacht, das ist nicht zu fassen.«

Im Schlussteil des Interviews geht die Patientin darauf ein, dass sie schließlich ihrem Mann gesagt habe, dass sie gestohlen hatte. Es habe sie etwas enttäuscht, dass er sie aufgefordert habe, sich zusammenzunehmen. Er frage sie einfach jeden Tag, ob sie wieder gestohlen habe. Sie wolle aber mit ihm reden. Ihr könne es dabei passieren, dass er ihr sage, dass man doch schon am Tag vorher über eine Sache gesprochen habe. Sie sei dann aber noch gar nicht damit fertig. Als sie jetzt in psychoanalytischer Behandlung gewesen war, sei ihr Mann auf den Psychoanalytiker eifersüchtig geworden.

Als der Interviewer fragte, woher sie wisse, dass sie es in der Beratungsstelle mit einem Psychoanalytiker zu tun gehabt habe, meinte sie, dass sie das vorausgesetzt habe. Fünf Mal sei sie dort gewesen; sie sei gelobt worden, wie sie die Probleme aufzuarbeiten versuchte. Über die Eifersucht ihres Mannes habe der Therapeut aber gelacht. Da habe sie ihm die Hammelbeine lang gezogen; sie habe einen weichen Punkt genau getroffen, was er dann auch zugegeben habe. Er habe auch gesehen, dass es so nicht gehe.

Der Interviewer fragt, ob ihr Mann wisse, dass sie hier sei, was bejaht wird. Auf die Äußerung des Interviewers, dass der Mann sich vielleicht wieder ärgere, meint die Patientin, dass er die ganze Sache nicht richtig einsehe.

Die Patientin kommt noch einmal auf die Beratung zurück und äußert, dass sie unterbrochen werden und kritisiert werden wolle.

Der Interviewer weist darauf hin, dass er mehrmals unterbrochen habe (tatsächlich ließ die Patientin wenig Pausen, in denen interveniert werden konnte, sodass Äußerungen des Interviews im vorliegenden Bericht z. T. unterbrechend wirkten).

Patientin: Das habe sie gemerkt. Sie wolle kritisiert werden, um es besser machen zu können.

Interviewer: Sie möchten kritisiert werden, aber es ist ihnen unangenehm, wenn man Sie bestätigt.

Die Patientin antwortet bestätigend.

Bei der Verabredung des Nachgesprächs teilt die Patientin mit, dass sie zu jedem Termin kommen könne, da sie ihre Berufstätigkeit als medizinisch-technische Assistentin unterbrochen habe, um sich ganz ihren Schwierigkeiten zu widmen. Sie sei sehr entschlossen, zu einer Klärung ihrer Probleme zu gelangen.

(Der Interviewer ist nach dem Interview beeindruckt von der Schilderung der Patientin, besonders von der emotionellen Beteiligung, dem Leidensdruck und dem Gesundungswillen.)

Kommentar: Die Leser sind wahrscheinlich ebenso wie der Interviewer beeindruckt von dem Dialog. Der Text spricht weitgehend für sich selbst, kein Kommentar.

2.4 Empirische Absicherung

Derartige Verbatim-Protokolle aufgrund von Tonbandaufnahmen oder aus dem Gedächtnis, eignen sich hervorragend für die Forschung. Die Interpretationen und deren diagnostische Auswertung können genauso empirisch überprüft werden wie die Äußerungen des Patienten. Es können Vergleiche zwischen verschiedenen Patienten angestellt werden und Vergleiche zwischen verschiedenen Äußerungen desselben Patienten zu verschiedenen Zeitpunkten.

Zur Auswertung eignen sich inhaltsanalytische Methoden qualitativer wie quantitativer Art. So können die Äußerungen des Patienten durch Experten erneut eingeschätzt werden. Dies eröffnet die Möglichkeit, diese neuen Einschätzungen mit den während des Gesprächs durchgeführten Interpretationen des Psychoanalytikers zu vergleichen. Mit den in der Forschung vielfach erprobten quantitativen Methoden können die verschiedenen Ängste, Affekte, Nähe und Distanz zwischen den beiden beteiligten Personen wissenschaftlich erfasst werden. Die große Mehrheit der Psychoanalytiker wählt indessen nach wie vor den von Freud begangenen Weg des Fallberichts. Dieser geht ganz auf die Einmaligkeit der Person ein und liest sich deshalb wie eine Novelle. Die persönlichen Eigenheiten eines Menschen werden dabei so anschaulich, so bildhaft und so lebendig wie möglich herausgearbeitet. Dadurch kommen ebenso ausdrucksvolle wie eindrucksvolle Bilder eines Menschen zustande, gleichsam Portraits, die die unverwechselbare Individualität des Einzelnen betonen. Die damit verbundene Gefahr besteht in der allzu subjektiven Einschätzung des Schreibers. Weitere Fehlermöglichkeiten sind die unterschiedliche Wahrnehmungsfähigkeit der Analytiker – bezogen auf ein- und dieselbe Situation, die unterschiedliche Wahrnehmungsverarbeitung, das unterschiedliche Gedächtnis und Erinnerungsvermögen.

Traditionell empirisch eingestellte Forscher verwerfen daher das Gedächtnisprotokoll völlig und lassen lediglich diejenigen Methoden gelten, deren Datengewinnung und -auswertung quantifizierbar und damit objektivierbar sind. Dennoch hat die intensive Fallstudie ihren Wert in der Forschung, da die individuellen Feinheiten eines Einzelnen durch keine noch so raffinierten Testverfahren und Fragebogen erfasst werden können. Hier hat das qualitative »Interview« und der ausführliche, ins Detail gehende Bericht darüber nach wie vor seinen Platz in der Forschung.

Der Subjektivitätsgrad des Berichts kann reduziert und der Objektivitätsgrad kann erhöht werden, wenn die einzelnen Schritte des Gesprächs auch im Gedächtnisprotokoll so genau wie möglich nachvollziehbar sind und wenn eine klare Trennung vorgenommen wird zwischen a) dem Bericht über den Ablauf des Gesprächs und dessen einzelne Phasen und b) der Interpretation des »Interviews«. Der Objektivitätsgrad wird weiter erhöht, wenn c) die Interpretationen in wissenschaftlicher Argumentation im Einzelnen belegt und begründet werden.

Eine weitere Verfeinerung der diagnostischen Methode der Psychoanalyse ist die Supervision: Der Psychoanalytiker spricht nach dem Gespräch über seine Eindrücke und Interpretationen mit einem Experten, der sich seinerseits in die Situation einfühlt und sich dabei mit dem Patienten wie mit dem Psychoanalytiker versuchsweise identifiziert. Mit dieser Supervisionsmethode können blinde Flecken des Psychoanalytikers entdeckt und nicht zutreffende

Interpretationen korrigiert werden. Der Objektivitätsgrad wird weiter erhöht, wenn eine ganze Gruppe von Experten über das stattgefundene »Interview« diskutiert. Dadurch können Lücken, die ein einzelner Supervisor übersehen hat, durch die anderen Experten entdeckt und ausgeglichen werden. Es hat auch mehr Beweiskraft, wenn z. B. fünf Analytiker eine Sequenz des Gesprächs übereinstimmend beurteilen, als wenn dies nur zwei tun oder, wie üblich, der Analytiker allein.

Schließlich können die Interpretationen des Psychoanalytikers mithilfe von Testverfahren gestützt oder widerlegt werden.

3. Operationalisierte Psychodynamische Diagnostik (OPD)

Qualitative oder quantifizierende Testverfahren können die über das Interview gewonnene Diagnose bestätigen oder widerlegen. Früher verwendeten Psychoanalytiker den qualitativen Rorschach-Test mit seinen Tintenklecksbildern, durch Roy Schafer psychoanalytisch aufbereitet und durch Horst Vogel und Hans-Volker Werthmann ausgebaut. Andere projektive Testverfahren waren TAT (Thematic Apperception Test) und ORT (Object Relations Test). Sie werden inzwischen selten verwendet.

Dafür stehen den Analytikern heute ganz andere Mittel zur Verfügung, mit deren Hilfe sie ihre Patienten wissenschaftlich einordnen können. Da die Einschätzungen operationalisierbar sind, werden sie auch vergleichbar. So können Veränderungen bei einem einzelnen Patienten vor und nach einer Analyse ebenso überprüft werden wie die Unterschiede zwischen einzelnen Patienten. Dabei lassen sich Krankheitserleben, Beziehung, Konflikt, Struktur und Symptomatik in Form von fünf Achsen operationalisieren (Arbeitskreis OPD 1998). Dieses durch langjährige intensive Forschung erarbeitete Verfahren eignet sich besonders zur Diagnostik und Psychotherapie bei strukturellen Störungen. Im Gegensatz zur idealerweise frei fließenden klassischen Analyse können dann, je nach Struktur und Stand des Prozesses, ebenso allgemeine Strategien wie auch spezifische Interventionen entwickelt werden, die ihrerseits die Behandlung strukturieren und effektiver machen können (Rudolf 2004).

IX. Die Psychoanalyse – ein Behandlungsverfahren

»Die Seele aber, sagt Sokrates, wird behandelt durch gewisse Besprechungen.«
(*Platon,* Dialog Charmides)

1. Voraussetzungen

1.1 Voraussetzungen aufseiten des Analytikers

Neben dem situativen Faktor des Ortes der psychoanalytischen Praxis und der Methode der Psychoanalyse spielt der Persönlichkeitsfaktor des Psychoanalytikers (die Therapeuten-Variable) eine zentrale Rolle. Der Psychoanalytiker sollte sich als subjektiver Faktor selbst gut kennen. Daher ist die Lehranalyse unverzichtbarer Bestandteil der Weiterbildung, denn hier hat der angehende Psychoanalytiker Gelegenheit, sich selbst sehen zu lernen, ungelöst gebliebene Konflikte im Nachhinein zu lösen und dadurch zu mehr Selbsterkenntnis zu gelangen. Er kann sich damit selbst und – in Analogie zu sich – auch andere Menschen besser seelisch einschätzen.

Eine gute Lehre für angehende Psychoanalytiker ist neben der Lehranalyse auch die Teilnahme an Selbsterfahrungsgruppen. Hier haben sie Gelegenheit, zu erfahren, wie sie sich tatsächlich verhalten, z. B. überheblich, herablassend oder unterwürfig, angepasst oder ängstlich. Nicht professionell deformierte, ganz unbefangene Teilnehmer einer psychoanalytischen Selbsterfahrungsgruppe können einem in entwaffnend unverblümter Weise ins Gesicht sagen, was man tut, was man unterlässt und vor allem, wie man es tut oder unterlässt. Das sind Konfrontationen, die ihre Wirkung nicht verfehlen, vor allem, wenn mehrere Personen sie äußern. Kennen sich die Psychoanalytiker selber, wissen sie auch besser, warum Patienten so oder so auf sie reagieren, ist doch das Verhalten vieler Patienten zu einem nicht geringen Teil vom Verhalten des Analytikers abhängig – ein Aspekt, auf den neuerdings die intersubjektive Richtung verstärkt hinweist. Nur wenn der Analytiker sich selbst gut kennt und sich bewusst zu kontrollieren vermag, kann er auch die wichtige Grundregel des Psychoanalytikers einhalten: die Abstinenz, d. h. die Zurückhaltung von privaten Gefühlen in Beziehung zum Patienten.

1.2 *Voraussetzungen aufseiten des Patienten*

Der ideale Patient leidet nicht nur an seinen Symptomen und hat eine Vorstellung davon, dass sein Leiden mit seelischen Ursachen zu tun hat, er ist auch bereit, sich beim Aufdecken der Hintergründe seines Leidens aktiv zu beteiligen. Je besser der Patient im psychoanalytischen Arbeitsbündnis (Greenson 1974, Deserno 1990) mitarbeitet, desto besser ist die Aussicht auf Erfolg. Dazu gehört vor allem die Bereitschaft, der Grundregel der Psychoanalyse zu folgen: alles zu sagen, was einem gerade in den Kopf kommt, d. h. also zu assoziieren, ohne sich durch irgendwelche Hemmungen, Ängste, Scham- oder Schuldgefühle beeinträchtigen zu lassen. Dies setzt ein gehöriges Vertrauen in den Psychoanalytiker voraus, ein Vertrauen, das natürlich von vornherein nicht vorhanden ist, sondern erst im Laufe der gemeinsamen Arbeit entstehen muss. Um den Lesern ein lebendiges Bild zu geben, wie der Psychoanalytiker zu Beginn der Psychoanalyse klärt, ob günstige Voraussetzungen für einen produktiven analytischen Prozess des Patienten gegeben sind, sei ein kurzes Beispiel angeführt:

Analytiker: Ich möchte gerne in Zusammenarbeit mit Ihnen herausfinden, weshalb Sie so leiden müssen.

Patientin: Ja, helfen Sie mir denn nicht auch?

A.: Ich helfe Ihnen schon, biete Ihnen aber keine Patentlösung an. Es sind nicht die Symptome, die interessieren, sondern die psychischen Hintergründe. Würden Sie sich denn dafür auch interessieren?

P.: Ja, ich habe aber Zweifel, ob ich dies kann.

A.: Ich bin bereit, Ihnen dabei zu helfen. Unsere Zusammenarbeit ist das Wesentliche, und die ist nur möglich, wenn Sie mir mitteilen, was Sie wahrnehmen. Was glauben Sie denn, womit Ihr Leiden zusammenhängt?

P.: Meine Ehe hat bestimmt damit zu tun.

A.: Das mag sein. Damit werden wir uns befassen. Noch wichtiger ist aber, dass sie selbst verstehen, weshalb Sie in Ihrer Ehe so unglücklich sind. Es kommt also immer wieder auf Ihren Beitrag an.

2. Fragen der Indikation

Beschränkte sich die Psychoanalyse zu Beginn vor allem auf die Analyse der Übertragungsneurosen, d.h. auf Patienten, die im Unterschied zu den »narzisstischen Neurosen« (= Psychosen) zu Arbeitsbündnis und therapeutischer Ich-Spaltung in der Lage sind sowie über ein »fiktives Normal-Ich« (Freud) verfügen, ein gutes Objekt internalisiert haben und die Fähigkeit zu dauerhaften Ganzobjekt-Beziehungen besitzen, existierte auch, seit den 1950er Jahren offiziell, eine zu beobachtende ständige Ausweitung der psychoanalytischen Methode und deren Anwendungen. Diese Entwicklung der modifizierten Anwendung der Analyse auf ein immer breiteres Spektrum seelischer Erkrankungen warf erhebliche theoretische und technische Fragen auf und erforderte Diskussionen unter dem Stichwort der »Analysierbarkeit«. Es sollten Kriterien gefunden werden, die Auskunft über die Frage gaben, welche Patienten mit welcher Modifikation zu behandeln seien. Eissler formulierte in den 1950er Jahren so genannte Parameter von der klassischen Standardtechnik, die eingeführt werden können, aber durch die Analyse wieder aufzulösen seien. Die Erweiterungen und Modifikationen der Indikation betrafen dann Patienten, die nicht ohne weiteres über therapeutische Ich-Spaltung, ein fiktives Normal-Ich oder die Fähigkeit zu dauerhaften Objektbeziehungen verfügten. Heute gibt es zahlreiche solcher fest etablierter Modifikationen und Anwendungen, die sich zu eigenständigen Therapieverfahren entwickelt haben und die durch ein je spezifisches Setting und z.T. auch durch unterschiedliche therapeutische Techniken gekennzeichnet sind: analytische Gruppentherapie, Kinderanalyse, psychodynamische Therapie mit psychosomatischen Erkrankungen und Psychosen in Form von Langzeittherapie, tiefenpsychologisch fundierte Psychotherapie oder expressive Psychotherapie. Modifikationen werden nun eher nach Stand des Prozesses und der Persönlichkeitsstruktur definiert und umfassen zusätzliche andere technische Mittel als die Deutung (sowie die Klarifizierung und Konfrontation), wie etwa Beziehungsangebot, interaktionelle Therapieelemente, Verzicht auf genetische und/oder Übertragungsdeutungen. Im Zusammenhang damit gibt es in der technischen Literatur auch eine intensive Debatte über die kurativen Wirkfaktoren der psychoanalytischen Behandlung (Einsicht, empathisches Verständnis, neue Objektbeziehung, affektives Erleben, kognitive Strukturierung, Konzentration auf die Übertragung, Rekonstruktion der Lebensgeschichte).

3. Die psychoanalytische Situation

In der klassischen Situation mit Couch und Sessel liegt der Patient, weitgehend ungesehen vom Analytiker, entspannt auf der Couch, während der Psychoanalytiker hinter ihm auf einem Sessel sitzt. Beide stellen sich auf das ein, was sich über die freien Assoziationen des Patienten entwickelt. Die gegenüber dem Psychoanalytiker abhängige, quasi kindliche Rolle wird im Arbeitsbündnis definiert, freiwillig anerkannt und als Voraussetzung für die Heilung akzeptiert. Die Zurückhaltung des Psychoanalytikers führt zu unvermeidlicher Frustration, zu einer Art Vakuum, das allein schon dadurch entsteht, dass der Psychoanalytiker (im Gegensatz zum Alltagsgespräch) auf die Äußerungen des Patienten nicht unmittelbar reagiert, sondern mehr oder weniger lange schweigt, um den Patienten zu weiteren Assoziationen anzuregen.

Die Psychoanalyse findet somit, wie Stone (1961) in *Die psychoanalytische Situation* schreibt, im Medium der Sprache statt sowie in einem charakteristischen Zustand der Trennung, trotz einer gegenüber dem Alltag höchst ungewöhnlichen Nähe und Intimität. Leo Stone spricht von einem »Zustand intimer Trennung« oder von »getrennter Intimität«. Die Psychoanalyse enttäuscht in charakteristischer Weise die Erwartungen des alltäglichen zwischenmenschlichen Kontakts. Weil sie aber eine künstlich hergestellte Situation ist, in der die »normalen« Bedürfnisse einer zwischenmenschlichen Begegnung nicht befriedigt werden, wird die Phantasie angeregt, der Wiederholungszwang gefördert und damit genau das zustande gebracht, was im Interesse der Analyse der Psyche erforderlich ist.

Vielleicht ist es für die Leser interessant, auch einige nicht-psychoanalytische Einschätzungen der psychoanalytischen Situation kennenzulernen.

In linguistischer Sicht handelt es sich beim Assoziieren des Patienten um ein Erzählen, in dem subjektiv erlebte Ereignisse erst angekündigt und dann erzählt werden (vgl. Kasten 1, der narrative Gesichtspunkt).

In soziologischer Perspektive halten sich beide Parteien an soziale Regeln. Die Rollen von Patient und Psychoanalytiker sind klar definiert. Es besteht eine Vertrauensbasis und eine wechselseitige affektive Beziehung, die es dem Psychoanalytiker erlaubt, stellvertretend für den Patienten bestimmte Beziehungen so zu deuten, wie der Patient sie aus einer momentanen Einengung heraus nicht deuten kann, aber prinzipiell selbst deuten könnte (Oevermann 1993).

In politologischer Sicht übt der Psychoanalytiker gegenüber dem Patienten zweifellos Macht aus. Der Patient leidet und weiß nicht, was mit ihm los ist, während der Analytiker professionell ausgebildet ist und seine Kompetenz ins Spiel bringt. Er kann den Patienten ausbeuten und ihm auch schaden, wie die Selbstschilderung Dörte von Drigalskis in ihrem Buch *Blumen auf Granit* (1980) beweist. Aber das Gegenteil ist genauso wahr: Ohne freie Assoziationen des Patienten ist der Psychoanalytiker machtlos. Er ist auf die Assoziationen des Patienten angewiesen.

4. Der Rahmen

Die Psychoanalyse beschreibt mit dem Rahmen und dem Setting die unveränderbaren Bedingungen, unter denen die psychoanalytische Behandlung stattfindet. Man unterscheidet

1. die Vertragsebene, die die für die Dauer der Analyse verbindlichen formalen Bedingungen festlegt (Frequenz, Finanzierung, räumliches Arrangement, Zeitpunkt der Behandlung),
2. die technischen Regeln: freie Assoziation und Grundregel aufseiten des Patienten und
3. die gleichschwebende Aufmerksamkeit/Rêverie, Abstinenz und Neutralität sowie Deutung aufseiten des Analytikers.

Jenseits dieser formalen und technischen Funktionen besitzt der Rahmen eine symbolische Dimension (Müller 1993, 2007a). Sie umfasst die Existenz von Grenzen und eines dritten Objekts, eine psychische Hülle, die triangulierende Funktion der Sprache, Holding und Containing, einen Übergangsraum. Mithilfe dieser Funktionen und Qualitäten erzeugt der Rahmen die Voraussetzung, über Sprache, Verhalten, Denken und Fühlen zu kommunizieren (Meta-Kommunikation). Er unterstützt gleichzeitig den Patienten bei seinem Versuch, den metaphorischen Charakter der analytischen Situation zu erkennen. Das Konzept des Rahmens blickt auf eine lange Geschichte in der Psychoanalyse zurück. Freud hatte zu Beginn die Übertragung vor allem als einen Widerstand gegen das Erinnern der infantilen Vergangenheit betrachtet (vgl. Kap. IX.5.2). Schrittweise erkannte er, dass die Übertragung »ein mächtiges Hilfsmittel … in der Dynamik des Heilungsvorganges« (Freud 1923b, S. 223) darstellt. Daher musste er ein methodisches Prinzip entwickeln, das außerhalb der analytischen Beziehung steht und dadurch den Patienten die konsequenzlose Gestaltung und gleichzeitige Untersuchung ihrer infantilen Szenen ermöglichen konnte.

Die einzelnen psychoanalytischen Schulen haben in der Nachfolge Freuds das Konzept des Rahmens vertieft und differenziert. So betonen Analytiker der englischen Middle group in der Nachfolge von Winnicott und Balint vor allem die Holding-Funktion des Rahmens als »Garant der therapeutischen Regression und des analytischen Prozesses sowie des Übergangsraumes, in der der Patient die Möglichkeit hat, eine bewahrende Umwelt zu erleben, die eine Illusion von Sicherheit und Schutz schafft« (Modell 1991, S. 791). Der Rahmen stellt dann einen Möglichkeitsraum zur Verfügung (Khan 1977), der für die Symbolbildung unerlässlich ist. Er schützt durch eindeutige für Analytiker wie für Patienten verbindliche Regeln und Grenzen die Selbst-Objekt-Differenzierung. Nach Ansicht dieser Autoren kann nur vor dem Hintergrund dieser Sicherheit und Verbindlichkeit der Patient einen Neubeginn im Sinne Balints wagen und eine im Unterschied zu früheren pathogenen Objektbeziehungen unterschiedliche analytische Erfahrung machen (Trimborn 1994). Der Rahmen ermöglicht Symbolisierungsschritte weiterhin insofern, als sich der Patient mit den genannten symbolischen Funktionen des Rahmens identifizieren kann. Daher stellt nach Auffassung dieser Autoren der Rahmen neben der Deutung und der analytischen Objektbeziehung den dritten wichtigen kurativen Faktor dar. Objektbeziehungstheoretische Autoren unterstreichen ebenfalls die unbewussten symbolischen Dimensionen des Rahmens. Der Rahmen wird hier als Container und als »dritte Position« bezeichnet, der den Patienten nicht nur die Möglichkeit gibt, unbewusstes, noch nicht verstandenes, traumatisches Material schrittweise zu verdauen, sondern er konfrontiert den Patienten auch mit einer triangulären Struktur. Er bildet insofern eine dritte Position, auf die bezogen Analytiker und Patient jeweils sich selbst, das Objekt und die Beziehung betrachten können, ohne sich selbst aufgeben zu müssen. Dagegen suchten ich-psychologische und strukturtheoretische Ansätze in der Vergangenheit vor allem die technischen Regeln weiter zu differenzieren. L. Stone stellte heraus, dass der Rahmen wesentliche Aspekte der Vater- und Mutterrepräsentanzen des Selbst reproduziert, einschließlich »des Zustandes einer relativen Trennung von den frühen Objekten« (Stone 1961, S. 103).

5. Das Ideal der psychoanalytischen Methode

5.1 *Wunsch und Widerstand*

Analysanden sind, im Arbeitsbündnis gemeinsam mit dem Psychoanalytiker, bereit, am Aufdecken der Hintergründe ihres seelischen Leidens mitzuarbeiten. Sie haben freiwillig den Wunsch, dies zu tun. Sie sind deswegen auch ernsthaft bemüht, auftretende Widerstände auf ihre Gründe hin zu untersuchen und zu deren Überwindung beizutragen. Sie interessieren sich ernsthaft für die ihnen nicht bekannten Hintergründe ihrer Störungen. Sie wollen, hoch motiviert, gemeinsam mit dem Psychoanalytiker herausfinden, welche »Zusammenhänge« zwischen dem ihnen selbst merkwürdig erscheinenden Verhalten und den dahinter liegenden seelischen Gründen bestehen.

Trotzdem sträuben sich viele Analysanden gegen das Wiedererinnern und -inszenieren der ihnen unangenehmen Konflikte, weil sie Angst haben und fürchten, in eine ähnlich ausweglose Lage zu geraten, wie sie sie im frühen Leid ihrer Kindheit erlebt haben. Es ist ihnen peinlich, an ihr Versagen erinnert zu werden. Sie schämen sich und fürchten, vom Analytiker ausgelacht und lächerlich gemacht zu werden. Die Patienten werden daher aus unbewusstem Widerstand ein sie früher beschämendes Erlebnis lange Zeit nicht erinnern.

Die peinlichen Erlebnisse werden sich aber über Träume, in denen man sich z. B. halbnackt der Öffentlichkeit aussetzt, nach und nach im Bewusstsein bemerkbar machen. Wenn die Analysanden merken, dass sie nicht ausgelacht werden, lässt auch der Widerstand nach, und die bisher verdrängten peinlichen Szenen der Kindheit gelangen vermehrt ins Bewusstsein. Analytiker können ihrerseits den Patienten helfen, ihre Widerstände zu überwinden, indem sie ihnen zeigen, *dass* sie im Moment Schwierigkeiten haben, trotz guter Absicht eine peinliche Szene zu erinnern, *wie* sie das erahnt Peinliche umgehen (dass sie zögern, das gerade erinnerte peinliche Erlebnis wieder vergessen oder auf ein unverfänglicheres Thema ausweichen), und schließlich, *warum* es zum Widerstand gekommen ist. Sie helfen den Patienten nicht zuletzt dadurch, dass sie über die Befürchtung sprechen, nunmehr ausgelacht zu werden wie früher als Kind von den Eltern.

Widerstände bestehen z. B. darin, dass die Patienten ihrerseits zu kontrollieren versuchen, was ihnen dazu einfällt, dass sie zu spät in die Sitzung kommen, dass sie auf unverfängliche Themen ablenken oder dass sie die peinliche Szene immer wieder vergessen.

In einem kurzen Praxisbeispiel empfindet eine Patientin Wut auf den Analytiker, weil er ihr nicht die gewünschte zusätzliche Stunde gibt. Sie möchte deshalb wütend reagieren und dem Analytiker die Meinung sagen, hat aber Angst und bekommt Migräne. In diesem Fall produziert die Patientin unbewusst aus Widerstand ein Symptom, um der Angst, wegen der empfundenen Wut vom Analytiker womöglich zurückgewiesen zu werden, auszuweichen. Die Widerstandsanalyse bestünde dann darin, der Patientin zu zeigen, dass die Migräne einen versteckten Vorwurf gegen den Analytiker enthält, der nur deswegen nicht geäußert wird, weil dahinter ein Widerstand steckt: die Angst, beim Äußern von Wut abgewiesen zu werden.

Die Psychoanalyse unterscheidet psychodynamisch unterschiedliche Arten von Widerständen, mit deren Hilfe sich das Ich gegen die Bewusstmachung der Angst, Scham und Schuld erregenden unbewussten Inhalte zu schützen versucht: den Übertragungswiderstand (der Patient wiederholt mit dem Analytiker die infantile Konfliktgeschichte, »statt« sich zu erinnern); den sekundären Krankheitsgewinn (etwa bei so genannten Rentenneurosen: die Aufgabe der Erkrankung/des Symptoms führt zum Verlust der Rente). Bei Übertragungswiderständen gibt es je nach Struktur narzisstische, perverse, Borderline-typische und psychotische Versionen. Der Patient weist etwa aus Angst vor Abhängigkeit alle Deutungen zurück, oder er gibt sich Deutungen selbst, er verdreht Deutungen ins Gegenteil, attackiert Deutungen wegen unbewussten Neids, erlebt Interpretationen als verfolgend oder sexualisiert die Deutungsangebote, oder aber er beharrt auf realen Vergünstigungen und realen Beziehungen zum Analytiker gleichsam als »Entschädigung für erlittene Traumata« (Übersicht vgl. Greenson 1974, Kernberg 2001, Hinshelwood 1989). Psychotische Übertragungswiderstände zeigen sich häufig in ausgeprägten Formen des Negativismus, verstanden als Rückzug aus den zwischenmenschlichen Beziehungen, weil jede Art von seelischer Veränderung als katastrophale Bedrohung erlebt wird. Daneben existieren unbewusster Wiederholungszwang (Es-Widerstand), moralischer Masochismus (Überich-Widerstand) als bedeutsame Hindernisse gegen die Heilung von Symptomen. Zu erwähnen ist noch der Widerstand, der in Form eines subtilen Drucks auf den Analytiker ausgeübt wird, die analytische Übertragungsbeziehung zugunsten einer realen Beziehung, evtl. intimer Natur (erotisierende Übertragung), aufzugeben.

5.2 *Übertragung*

Jeder Patient wird früher oder später seine ungelösten Konflikte mit früheren Bezugspersonen in der Beziehung zum Analytiker wieder inszenieren, wieder beleben oder re-aktivieren. Dabei werden die damals wirksamen Gefühle im Hier und Jetzt lebendig. Der Analysand überträgt Gefühle, die eigentlich einer Bezugsperson der Vergangenheit gelten, auf den Analytiker in der Gegenwart.

Auf diese Weise ist die Krankheit des Patienten der analytischen Bearbeitung zugänglich geworden. Die Symptomneurose hat sich in eine Übertragungsneurose verwandelt. Das heißt, anstelle der Symptome und der im Patienten aktiven inneren Konflikte haben sich jetzt äußere Konflikte zwischen Patient und Analytiker konstelliert.

So erlebte z. B. eine Analysandin in einer Phase, in der sie ausprobierte, sich mehr in den Vordergrund zu stellen, den Analytiker wie die früher bedrohliche, einschränkende und unterdrückende Mutter, von der sie Strafe erwartete. Wird die in der Übertragung erlebte Straferwartung im Hier und Jetzt der Beziehung zwischen Analytiker und Analysand gedeutet (Übertragungsdeutung), dann löst sich im Idealfall das übertragene Beziehungsmuster auf. Damit ist die Beziehung von der sie beeinträchtigenden Störung befreit und ermöglicht neue ungeahnte Erlebnisse.

Der Analytiker erkennt die Übertragung daran, dass etwas in der Beziehung wirksam wird, das nicht dazugehört, etwa eine unangemessene Freundlichkeit, eine ebenso unpassende Feindseligkeit, eine verführerische Komponente in der sonst herrschenden Arbeitsbeziehung oder eine nicht zum kognitiven Inhalt gehörende emotionale Tönung. Es ist also das Unangemessene, Übersteigerte und Ungewöhnliche, das den Psychoanalytiker an eine Störung der Beziehung durch eine Übertragung denken lässt. Dabei unterscheiden wir erotische, aggressiv aufgeladene, positiv und negativ getönte Übertragungen.

Hier ein Fallbeispiel für eine negative Übertragung:

»Ich hatte mein Auto in der Inspektion. Die haben nichts gemacht, nur Geld kassiert. Das ist doch allerhand! Die Benzinleitung war so gelegt, dass der Geruch unmittelbar in den Kofferraum ging. Da gehe ich doch lieber zu einem anderen, und sei der auch noch so weit.«

Der Analytiker bezieht das Gesagte auf sich, nimmt es, im Jargon gesprochen,

»in die Übertragung« und denkt, dass die Unzufriedenheit über die Inspektion des Autos in verschlüsselter Form eine Unzufriedenheit über die Inspektion des Patienten in der Analyse ausdrückt, und deutet: »Meinen Sie nicht, dass dies, was Sie über die Werkstatt sagen, auch auf die Situation hier zutrifft? Im Grund meinen Sie nämlich mich. Ich bin der, der zu wenig getan hat, der nur Geld kassiert und nicht so genau arbeitet, wie Sie es erwarten.«

Darauf der Patient nach längerem Nachdenken: »Ja, das stimmt. So war auch mein Vater, der hat nie etwas gemacht, so schwach und unfähig wie er war, und wenn er mir geholfen hat, dann hat er mir falsch geholfen.«

A.: »Vor allem, wenn es um Verbindungen ging, wie bei dem Benzinschlauch?«

P.: »Er hat nur an sich gedacht, nicht an die Verbindung zu mir.«

A.: »Er hat aber die Atmosphäre vergiftet, so wie Benzingeruch, der in den Innenraum des Autos dringt.«

P.: »Ja, das stimmt, davor habe ich Angst. Ich fürchte auch bei Ihnen, dass die Atmosphäre vergiftet wird und dass Sie mehr an sich denken als an mich. Ich möchte das nicht noch einmal erleben. Diesmal soll es anders sein.«

In psychologischer Sicht handelt es sich bei der Übertragung des Patienten auf den Analytiker um eine selektive Wahrnehmung im Sinne einer stereotypen oder von einem Vorurteil bestimmten Wahrnehmung. Die andere Person wird nicht so wahrgenommen, wie sie tatsächlich ist, sondern so, wie man glaubt, dass sie sei.

Übertragung in der Sicht Freuds

Freud ging in der Neurosenpsychologie von folgenden Überlegungen aus: Neurotische Symptome können in aktuelle Trieb- und Beziehungskonflikte verwandelt und diese auf ihre infantilen Wurzeln zurückgeführt werden (genetischer Aspekt), und die Verdrängung (Abwehr) kann einer Revision unterzogen werden (dynamischer Aspekt). Falls dies gelingt, kann, »wo Es war … Ich werden« (struktureller Aspekt), wobei allerdings spezifische Widerstände (dynamischer Aspekt) zu überwinden sind. Die Aufdeckung des Mechanismus der Verdrängung (Abwehr) sowie der unbewussten Inhalte des Verdrängten bezeichnet Freud als topischen Gesichtspunkt (Thomä & Kächele 2006). Weil Freud in der Übertragung eine Wiederholung der Vergangenheit in der Gegenwart sieht, damit auch eine Verzerrung der Gegenwart, betrachtet er die Regression als Voraussetzung für die Entwicklung der Übertragung.

Übertragung ist daher definiert als die Wiederholung infantiler Vorbilder in aktueller, besonders in der analytischen Beziehung. Freud hat die Übertragung ursprünglich als Widerstand gegen das Erinnern betrachtet, als eine Art Störung, die Hindernisse gegen die psychoanalytische Arbeit bildet und überwunden werden müsse. Er bemerkte später, dass die Übertragung das infantile Triebgeschehen repräsentiert und die frühesten Beziehungen, die das Individuum an seine Neurose und die elterlichen Figuren der Vergangenheit fesselt, re-inszeniert; damit hat er einen Blick auf die unbewusste Geschichte eines Menschen ermöglicht.

Als Freud erkannte, dass dies im besonderen Maße innerhalb der analytischen Beziehung der Fall war, kreierte er den Begriff Übertragungsneurose. Diese ist eine künstliche Neurose, bei der die Übertragungsmanifestationen »sich zu organisieren trachten. Sie entsteht aus der Beziehung mit dem Analytiker; sie ist eine neue Ausgabe der klinischen Neurose; ihre Aufklärung führt zur Entdeckung der infantilen Neurose« (Laplanche & Pontalis 1967, S. 560). In der aktuellen Gegenwart der analytischen Beziehung werden die ursprünglichen infantilen Erfahrungen oder ihre Versionen wiederbelebt. Die Neurose kann transformiert werden, weil die infantilen Beziehungen und das Triebgeschehen aus dem Unbewussten wieder auftauchen und sich in der Übertragung enthüllen. Als Übertragungsneurosen bezeichnet Freud die Psychoneurosen (Angst-Hysterie, Konversions-Hysterie, Zwangsneurose) und grenzt sie von den narzisstischen Neurosen (Paraphrenie, Paranoia, Dementia praecox, Manie) ab. Freud hat offenbar schon vor der Entwicklung der topographischen Theorie, als er die Begriffe der narzisstischen Neurose und der Psychoneurose entwickelte, den fundamentalen Unterschied zwischen beiden »Neurose«-Arten und ihrer Übertragungen gesehen. Ziel ist es, sämtliche neurotischen Verhaltensweisen auf die Person des Analytikers innerhalb der analytischen Beziehung zu zentrieren, die unterschiedlichen Übertragungsreaktionen werden gebündelt, fokussiert, wie in einem Brennpunkt sichtbar gemacht.

Moderne Aspekte

Gemeinsame Auffassung der unterschiedlichen Objektbeziehungstheorien von der Übertragung ist, dass in der analytischen Situation innere unbewusste Objektbeziehungen in Szene gesetzt werden. Die Existenz und Aktivierung der Übertragung ist aber nicht an den analytischen Prozess gebunden, Übertragung wird eher synonym mit zwischenmenschlicher Beziehung verstanden und unterliegt damit einer erheblichen Ausweitung. Unterschieden wird nun eher zwischen Übertragungen und Nicht-Übertragungen. Es gibt auch keine Gegensätze zwischen Übertragung und Beziehung, sondern die Frage stellt sich: Was an Beziehungen ist Übertragung, was nicht, was ist Wiederholung der Vergangenheit und damit Verzerrung der Gegenwart und der aktuellen Realität, etwa jener des Analytikers. Übertragung wird nicht mehr nur als zeitliche Wiederholung wie bei Freud, sondern vorwiegend als räumliche Projektion innerer Verhältnisse auf die analytische Situation verstanden, in der der Analytiker Selbst- und Objektaspekte aufnimmt (Herold & Weiß 2000).

Aus der kleinianischen und post-kleinianischen Perspektive gibt es die Tendenz, die Übertragung als Widerstand zu betrachten, insofern sie »die Arbeitsbeziehung in eine emotionale Beziehung verwandelt« (Hinshelwood 1989, S. 666). Zudem wird Übertragung weniger als eine Reaktivierung von Objektbeziehungen aus der Vergangenheit in der Gegenwart verstanden mit der Möglichkeit, infantile Traumata und pathogene Konflikte zu rekonstruieren, indem sie der Verdrängung entrissen werden, sondern eher als eine Aktivierung oder Inszenierung einer aktuell wirksamen unbewussten Phantasie. Diese allerdings wurzelt in infantilen Konflikten, die als Re-Aktualisierungen der paranoid-schizoiden und, in ständiger Fluktuation, der depressiven Position verstanden werden. Diese Inszenierung dient der Affekt- und Triebbefriedigung wie auch der Stärkung der Abwehr dagegen. Andere objektbeziehungstheoretisch orientierte Autoren verstehen Übertragungen als Re-Aktualisierung internalisierter Objektbeziehungen auf unterschiedlichem Strukturniveau. Übertragungen gründen auf Internalisierungen von Objektbeziehungen, die dyadisch organisiert sind, d. h. Selbst- und Objektrepräsentanzen entstehen unter dem Einfluss unterschiedlicher Affektzustände. Sie sind Bausteine der Strukturen Es, Ich und Überich. Internalisierte Objektbeziehungen sind keine Spiegelung wirklicher vergangener Objektbeziehungen, sondern eine Kombination aus realistischen und phantasierten, verzerrten Internalisierungen von Objektbeziehungen und der Abwehr gegen sie. Die Forschung bemüht sich, die für spezifische Persönlichkeitsstrukturen je kennzeichnenden Übertragungsmuster herauszuarbeiten, sie verschiedenen Stadien des Prozesses zuzuordnen und auch je unterschiedliche technische Prinzipien zu formulieren. Solche Bemühungen gibt es etwa hinsichtlich der perversen Übertragung (De Masi 2003a, Filipini 2005), der psychosomatischen Übertragung (McDougall 1982), der psychotischen Übertragung (Maier 2006, Müller 2008) und der

Übertragung spezieller Persönlichkeitsstörungen (Kernberg 1984) sowie pathologischer Charakterorganisationen (Steiner 1993).

Übertragungen von Patienten, deren seelische Funktionen auf einem höheren oder mittleren Strukturniveau (vgl. Kap. VII.3.1) organisiert sind, werden durch die analytische Situation und den Rahmen mobilisiert, weil sich dadurch Regression und Widerstände entfalten. Regression, Widerstände und Übertragung veranschaulichen spezifische individuelle Strukturmerkmale, nach deren Auflösung in der Übertragung dann die zugrunde liegenden internalisierten Objektbeziehungen sichtbar werden. Das infantile Selbst des Patienten, seine pathogenen Konflikte mit den Primärobjekten werden somit innerhalb der Konflikt-Abwehr-Dynamik sichtbar. Dagegen bilden Borderline-Störungen (seelisch niedriges Strukturniveau) keine Übertragungsneurose im oben beschriebenen Sinne aus, da ihre Struktur nicht auf Verdrängung und Gegenbesetzung mit unbewussten Konflikten basiert, sie nicht durch integrierte Selbst- und Objektrepräsentanzen gekennzeichnet sind, sondern Spaltung, Dissoziation dominieren. In der Übertragung sichtbar sind daher dissoziierte Ich-Zustände, die zuweilen aber auch durch komplexe perverse, narzisstische oder psychosomatische Abwehrorganisationen über längere Zeit verdeckt gehalten werden können. Die dissoziierten Ich-Zustände aktivieren primitive Partialobjektbeziehungen, die durch folgende Struktur gekennzeichnet sind: Eine in nur gute und nur böse gespaltene Selbstrepräsentanz steht in Verbindung mit einer ebenso gespaltenen Objektrepräsentanz. Beide können in raschem Wechsel externalisiert werden. Die Übertragung besteht deshalb in diesen Fällen in einer schnellen Aktivierung von archaischen, konfliktgeladenen Objektbeziehungen, die aus gespaltenen Selbstanteilen mit dissoziierten Objektvorstellungen bestehen, was letztlich eine Abwehrposition (Steiner 1993) gegen paranoide und depressive Ängste darstellt. Die Übertragung fluktuiert daher ständig zwischen diesen beiden Positionen und wechselnden nur guten respektive nur schlechten Ich-Zuständen.

Bei den Psychosen definieren einige Autoren (Kernberg, Rosenfeld, De Masi) Übertragungspsychose als Entwicklung von wahnhaften Symptomen, beschränkt auf die Übertragung; davon abgegrenzt, werden psychotische Phänomene, die sich zunächst außerhalb, dann auch innerhalb der analytischen Situation ereignen, als psychotische Übertragung bezeichnet. Damit soll zwischen regressiven Übertragungsprozessen in der Behandlung von Borderline-Patienten und strukturellen Psychosen unterschieden werden. Kleinianische Autoren treffen diese Unterscheidung nicht und bezeichnen unterschiedslos deskriptive und strukturell wahnhafte Prozesse, die mit dem Verlust der Realitätsprüfung einhergehen, in wechselnder Terminologie als wahnhafte Übertragung, psychotische Übertragung oder Übertragungspsychose. In ich-psychologisch-objektbeziehungstheoretischer Sicht dagegen sind psychotische Übertragungen und Übertragungspsychosen durch den Verlust der Realitätsprüfung innerhalb wie außerhalb der Übertragung gekennzeichnet und beruhen auf der Externalisierung, projektiver und introjektiver Identifizierungen in der Beziehung zum Analytiker. Bei Psychosen werden in der Übertragungsbeziehung die inneren Objektbeziehungen sichtbar, bestehend aus Selbst-Objekt-Einheiten, meist gespalten in idealisierend-sexuelle, verführerische, megalomane und verfolgende, mit Vernichtung drohende, oder die Übertragung ist über weite Strecken negativistisch (seelischer Rückzug). In jedem Fall zeigt Rosenfelds (1987) historischer und kritischer Überblick, dass von Anbeginn der Psychoanalyse Forscherinnen und Forscher in einem mehr oder weniger modifizierten Setting mit einer mehr oder minder modifizierten Technik psychotische Patienten behandelt haben. Vor allem die Arbeiten von Rosenfeld halfen, die Struktur dieser Übertragungsbeziehungen besser verstehen zu können. Klinisch häufig zu beobachtende Übertragungsformen sind paranoide psychotische Übertragungen, die in Form von hypochondrischen oder Körper-Wahrnehmungsstörungen auftreten, eher verdeckt sich äußernd, oder in offener Angst vor Verfolgung zum Ausdruck kommen können. Daneben bildet die zweite Gruppe der narzisstischen psychotischen Übertragungen ein häufiges klinisches Phänomen. Diese können sich als symbiotische, als Ideal-Objekt- oder als autistische Übertragungsbeziehung ausdrücken. Schließlich ist die dritte Gruppe der Übertragung von Verwirrtheitszuständen zu nennen, auf die der Kliniker am häufigsten stößt (Schwarz 2001, Müller 2003 a, b).

In intersubjektivistischer und interpersoneller Sicht dominiert ein eher konstruktivistisches Modell der Übertragung (Renik 1998, Herold & Weiß 2000). Es ist beeinflusst von Sullivan und der interpersonellen Schule, dem postmodernen Dekonstruktivismus sowie den narratologischen Konzepten des psychoanalytischen Prozesses von Schafer und Spence. Danach gibt es keine objektivierbare und objektiv erkennbare Realität und Wahrheit, die unabhängig vom erkennenden Subjekt existieren würde; vielmehr ist alle Realität und Wahrheit nicht nur unweigerlich subjektiv gefärbt, sondern mehr noch individuell konstruiert und damit relativ. Übertragung (und Gegenübertragung) sind in dieser Perspektive gemeinsame Schöpfungen, das Ergebnis der Interaktion zwischen Analytiker und Analysand. Wie schon Gill (1984) betonte, könne der Analytiker den Prozess und die Übertragung nicht von einer archimedischen, exzentrischen Position untersuchen, sondern nur gemeinsam mit dem Patienten erforschen, wie eine aktuelle Situation im Hier und Jetzt vom Patienten erlebt werde. Intersubjektivistische Analytiker gehen so weit, vom Prinzip der technischen Neutralität wie auch der Abstinenz abzurücken und etwa die subjektive Gegenübertragung des Analytikers offenzulegen. Übertragung ist demnach Ausdruck, subjektive Wahrnehmung eines Partners des analytischen Paares. Dagegen vertreten Objektbeziehungstheoretiker, britische Independents und Post-Kleinianer sowie moderne Ich-Psychologen die Auffassung,

»dass die Übertragung keine Kompromissbildung, kein Produkt der wechselseitigen Beeinflussung von Patient und Analytiker darstellt, und (betonen), dass nicht sämtliche Verhaltensaspekte des Patienten Übertragung sind … (In dieser Sicht sind) sämtliche Entwicklungen in den Sitzungen wie auch außerhalb der Sitzungen im Bezug auf ihre Übertragungskomponenten zu erforschen, um auf diese Weise die Übertragung eindeutig und so tiefgehend wie möglich von der Nicht-Übertragungs-Realität des Patienten zu unterscheiden« (Kernberg 2001, S. 237f.).

Nach Kernberg ist für den intersubjektivistischen, interpersonellen und selbstpsychologischen Ansatz des therapeutischen Prozesses die Annahme eines Defizits in der frühen Entwicklung aufgrund eines Umweltversagens von zentraler Bedeutung. Daher wird die Behandlung als neue Objekterfahrung konzipiert, Aggression wird meist als protektiv-defensive Reaktion auf Versagen des analytischen Selbstobjekts betrachtet, technische Neutralität, Abstinenz und Anonymität des Analytikers werden als Ausdruck einer unreflektierten Machtposition des Analytikers verstanden. Dagegen vertreten Objektbeziehungstheoretiker, moderne Ich-Psychologen, Post-Kleinianer und die britischen Independents die Auffassung, dass eine frühe und systematische Interpretation der Übertragung notwendig ist, und sie vertreten eine totalistische Auffassung von der Gegenübertragung. Systematische Charakteranalyse (Abwehroperationen, unbewusste Phantasien und Objektbeziehungen, pathologische Organisationen wie Aktivierung von Selbst- und Objektrepräsentanzen als Ausdruck internalisierter Objektbeziehungen) finden ebenso vorrangige Berücksichtigung wie die Untersuchung von Enactments (vgl. Kap. IX.5.3), systematische Widerstandsanalyse sowie technische Neutralität, Abstinenz und Anonymität (ebd.).

5.3 Gegenübertragung

Definitionen

Unter Gegenübertragung verstehen wir die Reaktion des Psychoanalytikers auf die Übertragung des Patienten. Der Analytiker spürt z. B., dass ihn eine Patientin zu verführen sucht, dass ein Patient mit ihm rivalisiert, ihn kritisiert und attackiert.

Über sein Gefühl spürt der Analytiker, dass er damit in die Rolle einer wichtigen Bezugsperson gedrängt wird und der Patient wünscht, dass der Analytiker die auf ihn übertragene Rolle auch im tatsächlichen Umgang mit dem Patienten spielen soll. Dies tut der Analytiker aber gerade nicht. Er beschränkt sich vielmehr darauf, in seiner Gegenübertragungsreaktion wahrzunehmen, welche Rolle der Patient auf ihn überträgt. Die Gegenübertragung passt somit zur Übertragung wie der Schlüssel zum Schloss. Der Analytiker kann sich sogar partiell mit der auf ihn übertragenen Rolle identifizieren und damit so fühlen, wie die Person gefühlt hat, die im Moment auf ihn übertragen wird.

Als komplementäre Identifizierung (Racker 1968) wird meist die Identifizierung des Analytikers mit den aktivierten und projizierten Objektvorstellungen des Patienten in der Übertragung, den inneren Objekten, bezeichnet. Im Unterschied dazu meint konkordante Identifizierung die Identifikation des Analytikers mit den in der Übertragung aktivierten und projizierten Selbstvorstellungen des Patienten, während der Patient dann selbst mit den inneren Objektvorstellungen identifiziert ist. Zuweilen wird damit in der Literatur auch folgende Dynamik benannt: Der Analytiker ist mit der Abwehr- und Widerstandsseite der Konfliktdynamik identifiziert, während der Patient mit der Wunsch-, Affekt- und Triebseite des Konflikts identifiziert ist (und vice versa).

In der totalen Gegenübertragung sind alle emotionalen und kognitiven Reaktionen auf den Patienten zusammengefasst:

1. die Reaktionen des Analytikers auf die Übertragung des Patienten im Sinne der engeren Definition von Gegenübertragung;
2. die vom Patienten unabhängigen Gefühle, die lediglich durch den Patienten angeregt im Analytiker aufkommen;
3. eine weitere Ebene der Gegenübertragung wird in Analytikerkreisen meistens übergangen: die unbewusste (primäre) Übertragung des Analytikers auf den Patienten. Sie ist deshalb wichtig, weil der Patient auf diese dem

Analytiker unbewusste Übertragung in Form einer Gegenübertragung reagiert. Die Reaktion des Patienten wird, wenn man nicht an eine mögliche Übertragung des Analytikers auf den Patienten denkt, leicht missdeutet. Dieter Beckmann (1975) hat in seinem viel zu selten zitierten Buch *Der Analytiker und sein Patient* drei Beziehungsebenen empirisch erforscht und die möglichen selektiven Wahrnehmungen der Patienten durch die Psychoanalytiker empirisch objektiviert. Er stellte darüber hinaus fest, dass einige Analytiker dazu neigen, sich unabhängig vom Patienten konstant aggressiv-dominant zu verhalten, während andere Analytiker eher konstant passiv und unterwerfungsbereit auftreten.

Wegen dieser inter-individuellen Unterschiede zwischen einzelnen Psychoanalytikern haben wir oben (Kap. IX.1.1) darauf hingewiesen, wie wichtig es ist, diese eigenen Haltungen und Einstellungen zu kennen, um richtig abschätzen zu können, warum sich ein Patient so und nicht anders verhält. Verschiedene Analytiker reagieren auch unterschiedlich auf in der Übertragung vorkommende Angebote seitens des Patienten, besonders während ihrer Ausbildung. Nach ihrer Ausbildung sollen sie dazu imstande sein, ebenso heterosexuelle wie homosexuelle, aggressive wie entwertende Übertragungsanteile entsprechend wahrzunehmen und für das Verstehen der gerade übertragenen Beziehung zu nutzen.

Die geschilderten Phänomene von Übertragung und Gegenübertragung kommen in allen zwischenmenschlichen Interaktionen vor. In der psychoanalytischen Situation sind sie lediglich, wegen der besonderen Charakteristika der psychoanalytischen Situation und Methode, besonders ausgeprägt. So wiederholen sich z. B. in jeder Liebesbeziehung mehr oder weniger frühere Beziehungsmuster, wenn wir etwa unbewusst wünschen, vom Partner wie von einem idealen Vater oder von der Partnerin wie von einer idealen Mutter behandelt zu werden.

Nach unserer bisherigen Kenntnis unterscheiden wir folgende Elemente der psychoanalytischen Methode:

1. die Analyse von Wunsch und Widerstand (Widerstandsanalyse);
2. die Analyse der Übertragung (Übertragungsanalyse);
3. die Analyse der Gegenübertragung (Gegenübertragungsanalyse); dazu kommen
4. die laufende Analyse der freien Assoziationen des Patienten (Sprachanalyse);
5. die Analyse der Träume (Traumanalyse).

Ohne Überwindung der Widerstände und ohne Wiedererleben der wesentlichen pathogenen, also krankheitserzeugenden und -unterhaltenden Konflikte in Übertragung und Gegenübertragung kommt kein psychoanalytischer Prozess (Etchegoyen 1991) zustande, kann sich nichts im Inneren des Patienten verändern, ergeben sich keine neuen Dimensionen in den Beziehungen zu den wichtigsten Bezugspersonen. Dabei genügt es nicht, dass Analysand und Analytiker darum wissen, in welchem Ausmaß die Wünsche nach Selbstveränderung durch unerwünschte Widerstände aufgehalten und die Wünsche nach neuen Beziehungen durch längst überwunden geglaubte frühere Beziehungsmuster behindert werden. Dies muss von beiden beteiligten Parteien, Analysand und Analytiker, im Einzelnen verstanden und begriffen werden.

Moderne Aspekte

Die Gegenübertragung hat sowohl eine diagnostische als auch eine therapeutische Funktion. Andere Begriffe für Gegenübertragung sind gleichschwebende Aufmerksamkeit oder Rêverie (träumerisches Ahnungsvermögen nach Bion). Diese Termini bezeichnen zwar, da sie von unterschiedlichen theoretischen Positionen formuliert wurden, etwas abweichende Positionen und Funktionen, ähneln sich aber in der Bedeutung, dass »das Unbewußte des Analytikers wie ein Receiver fungiert, um das Unbewußte des Patienten zu empfangen und aufzunehmen« (Freud, 1912 e, S. 381).

Übereinstimmung zwischen Objektbeziehungstheoretikern, Ich-Psychologen und Kleinianern besteht weitgehend darin, dass in der Behandlung subjektive und objektive Gegenübertragung unterschieden werden müssen (Rosenfeld 1987, S. 19). Damit ist zunächst gemeint, dass der Analytiker beim inneren Durcharbeiten der Gegenübertragung Phantasien, Gefühle und Impulse, die durch die Übertragung des Patienten in ihm ausgelöst werden, von der eigenen Übertragung auf den Patienten (Gegenübertragung im engeren Sinne) unterscheidet. Allerdings betonen Brenman-Pick (1988) und Rosenfeld (1987, S. 45, S. 51), dass viele Patienten ihre Selbst- und Objektbilder nahezu perfekt in die entsprechenden und passenden Reaktionsmuster und Erlebnisweisen des Analytikers (dessen »blinde Flecken« und »vulnerable Facetten«) projizieren können und es daher »oft äußerst schwierig ist, zwischen den Projektionen eines Patienten und den echten Überbleibseln der narzißtischen Einstellung des Analytikers zu unterscheiden« (ebd.). Dies ist einer der

Gründe, weshalb sich dann eine gemeinsame protektiv-defensive Bewegung entwickeln und es zu »Kollusionen« zwischen bestimmten Aspekten der Analytiker-Patienten-Persönlichkeit kommen kann.

In diesem Zusammenhang wird intensiv über die Frage debattiert, welche unterschiedlichen Bedeutungen dem Präfix »Gegen« im Konzept der Gegenübertragung zukommen. Sind überhaupt sämtliche Reaktionen des Analytikers Gegenübertragungen in dem Sinne, dass sie ausschließlich auf die Übertragungen des Patienten zurückzuführen wären? Diese Gegenübertragungen sollten nach klassischer Auffassung überwunden werden, da sie gleichsam als Restneurose des Analytikers die ungestörte Übertragung des Patienten behindern, ja möglicherweise sogar die Analyse des Patienten zu einer Re-Analyse des Analytikers pervertieren. Dagegen sollten nach neuerer Sicht diese Gegenübertragungen reflektiert und zu diagnostischen und therapeutischen Zwecken genutzt werden, da sie einen wertvollen Blick in die unbewusste Geschichte des Patienten erlauben. Diese Auffassung wird auch vertreten, weil ein Zustand des von allen Konflikten gereinigten, »durchanalysierten« Analytikers weder möglich noch gar wünschenswert ist. Gibt es »realistische« Reaktionen des Analytikers auf den Patienten (wie auch vice versa), d. h. solche Phantasien und Gefühle, die gleichsam frei von Gegenübertragung des Analytikers (entsprechend: Reaktionen des Patienten, die frei von Übertragung) sind? Geht gar zuweilen die Gegenübertragung der Übertragung voraus oder interagiert mit ihr in dem Sinne, dass der Analytiker – und wenn ja in welcher Weise – die Übertragung des Patienten (durch seine Theorie, seine Technik, seine Persönlichkeitsmerkmale, die äußeren Umstände, das Setting (Kutter et al. 1998) färbt, was dann wiederum von den Übertragungen des Patienten im Sinne der Übertragung invarianter Strukturen unterschieden werden sollte? Das »Gegen« im Konzept Gegenübertragung unterliegt daher wie jedes seelische Phänomen einer multiplen Determination, die in jedem einzelnen Fall genau erforscht werden sollte.

Das Konzept des »Enactments« versucht einige der damit aufgeworfenen Probleme zu konzeptualisieren und klinisch handhabbar zu machen (Gabbard 1999). Denn es hat sich gezeigt, dass erstens weder der Analytiker frei von Übertragungen auf den Patienten ist (Restneurose, blinde Flecken), und dass zweitens ein szenisches oder sprachliches »Gegenagieren« nicht immer ausschließlich und in jedem Fall dem Abwehrbedürfnis und Widerstand des Analytikers dienen muss. Vielmehr können in diesem Gegenagieren wichtige klinische Informationen über den Patienten enthalten sein, die eventuell vorsprachlich entstandene »Konflikte« ausdrücken. Die Meinungsverschiedenheiten in dieser Diskussion drehen sich nicht nur um das theoretische Verständnis des Enactments (Teil der Gegenübertragung, Form des Acting-In, Ausdruck der projektiven Identifizierung), sondern in der Debatte werden überdies folgende Fragen diskutiert: Lassen sich bestimmte Formen des Enactments vermeiden? Welcher Unterschied besteht zwischen Rollenübernahme durch den Analytiker (Sandler 1976) und Enactment? Beinhaltet das Enactment als Aspekt der präsymbolischen, nicht sprachlich vermittelbaren Objektbeziehungen und Übertragung wichtige Informationen klinischer Natur? Ist es als Acting-In ein Widerstandsphänomen, bzw. dient es der Triebbefriedigung? Dient das Konzept unbewusst auch der Rationalisierung von Fehlern des Analytikers?

Übereinstimmung in der Diskussion dieser Fragen besteht darin, dass das Verständnis der Gegenübertragung und des Enactments von der jeweiligen Theorie der Übertragung abhängt, sowie ferner darin, dass das Enactment meist aus einer unbewussten Objektbeziehung besteht, die sich unabhängig von den bewussten und unbewussten Bedeutungen der mitgeteilten Assoziationen durchsetzt. Die »Aktualisierung der Übertragung« (Laplanche & Pontalis 1967) beruht meist auf introjektiven und projektiven Identifizierungen und gründet häufig auf präverbalen und präsymbolischen Ereignissen. Es beinhaltet eine Rollenübertragung, deren Wirkung auch außerhalb der klinischen Situation empirisch nachgewiesen werden kann. Um dem analytischen Verständnis zugänglich gemacht zu werden, ist es oft unumgänglich, dass diese unbewussten Objektbeziehungen in der analytischen Situation bis zu einem gewissen Grad ausgelebt werden. Das Enactment kann wie die subjektive Version der Gegenübertragung unbewusst aktuelle wie infantile konflikthafte Beziehungen des Analytikers widerspiegeln, was aber (vgl. Brenman-Pick 1988) nicht notwendigerweise heißen muss, dass diese nicht auch ein unbewusster Reflex auf die Übertragungen des Patienten sein können. Betrachtet man die Gesamtsituation der Übertragung, gibt es plausible Gründe für die Vermutung, dass aus der Sicht eines »totalistic approach« des Enactments die szenischen Aktualisierungen in der Übertragung wie in der Gegenübertragung keine den analytischen Prozess störende Begleiterscheinungen sind (wie dies ursprünglich auch von der Übertragung vermutet wurde) und nicht notwendigerweise ausschließliche Folge der persönlichen Konflikte des Analytikers; vielmehr erlaubt ihre Untersuchung häufig vertiefende Einblicke in die Natur der unbewussten Prozesse des Patienten. Aus objektbeziehungstheoretischer Perspektive ist diese Unterscheidung, entgegen dem intersubjektivistischen und interpersonellen Verständnis des psychoanalytischen Prozesses, methodisch wie klinisch von grundlegender Bedeutung.

6. Analyse-Modelle – die Technikdebatte

6.1 Differenzielle Prozessmodelle

Ein Großteil der Technikdebatte in der Psychoanalyse dreht sich um das theoretische Verständnis der psychoanalytischen Situation und die technische Handhabung des psychoanalytischen Prozesses und damit der Übertragung und Gegenübertragung. Im Verlauf ihrer Geschichte hat die Psychoanalyse viele unterschiedliche Modelle des psychoanalytischen Prozesses entworfen, beginnend mit Freuds Theorie der Übertragungsneurose und dem systematischen Durcharbeiten der negativen und positiven Übertragung sowie deren schrittweiser Auflösung. Diese Vorstellung bildet auch heute noch das Zentrum vom Verständnis des psychoanalytischen Prozesses. In den Jahren wurden unterschiedlich gut abgesicherte empirische und klinisch sinnvolle Konzepte entwickelt. Empirisch gut abgesichert ist das Ulmer Prozessmodell: Dabei wird ein aktueller Fokus definiert, der sich in der Übertragung manifestiert und meist einen zentralen Beziehungskonflikt des Patienten zum Ausdruck bringt. Nach Durcharbeiten und Auflösung dieses Fokus entstehen dann neue Foki, die aufeinander folgend durchgearbeitet werden (Thomä & Kächele 2006).

Manche Forscher unterscheiden ein topographisches Prozessmodell, in dem es um die Deutung unbewusster Sinnzusammenhänge und Motivstrukturen geht, von einem ich- und strukturtheoretischen Prozessmodell, in dem die Analyse der Angst und der Abwehr im Vordergrund steht, sowie einem objektbeziehungstheoretischen Modell, dessen Zentrum die systematische Analyse sowohl der Übertragung als auch der Psychogenese internalisierter Objektbeziehungen bildet.

Klinisch relevant sind ferner die folgenden Modelle (Psychoanalytic Quarterly 1990, Kernberg 2001): Winnicotts Auffassung (1967, 1976; vgl. Kohon 1986) vom psychoanalytischen Prozess lautet, dass in der Analyse sehr kranker Patienten eine therapeutische Regression auf einen Zustand der maximalen Abhängigkeit vom Analytiker geschehen müsse, um den seelischen

Zustand vor Einbruch der traumatischen Erfahrung wiederzufinden und innerhalb einer Holding-Erfahrung mit dem Analytiker einen Neubeginn (Balint) mit neuem Strukturwachstum ermöglichen zu können. In diesen Phasen, so Winnicott, sei das nicht-intrusive »Da-Sein« (W. Loch) wichtiger als die Interpretation; es gehe in diesen Phasen nicht um die Deutung unbewusster Inhalte, sondern um die Deutung des noch nie Repräsentierten. In solchen Perioden der ruhigen Vertrautheit in der analytischen Beziehung könne der Patient es riskieren, sein hinter dem »falschen Selbst« verborgenes »wahres Selbst« zu entdecken und zu entwickeln. Voraussetzung dazu sei eine haltende, analytisch und emotional korrektive therapeutische Erfahrung, da der Patient nicht zu früh oder auf invasive Art mit der Andersartigkeit und Getrenntheit des Objekts konfrontiert werde. Die Selbstpsychologie (Kutter et al. 2001) griff diese Überlegungen Winnicotts und Balints auf und differenzierte sie zum Konzept der therapeutisch haltenden Selbst-Objekt-Beziehung, einer empathischen Teilnahme am inneren Erleben des Patienten.

Die psychoanalytische Selbstpsychologie hat die Ergebnisse der Säuglingsforschung, im Gegensatz zu anderen Schulen, früh in ihre Theorie und Praxis integriert. Sie leitet daraus folgende zehn Prinzipien (Lichtenberg, Lachmann & Fosshage 1996) für die psychoanalytische Behandlung ab:

1. ein sicherer Rahmen und ein Ambiente der Akzeptanz;
2. eine besondere empathische Wahrnehmung;
3. die vorherrschenden Affekte werden wie ein roter Faden verfolgt;
4. es wird nicht nur beachtet, was hinter der manifesten Botschaft latent verborgen ist, sondern die Botschaft kann auch selbst die Botschaft sein;
5. die Lücken in der Erzählung des Patienten werden gefüllt;
6. in der Übertragung zugeschriebene Rollen werden so beachtet, wie sie der Patient erlebt;
7. sich im Laufe des Prozesses konstellierende »Modellszenen« im Sinne Lichtenbergs (1989, S. 253 ff.) werden gemeinsam auf ihre Hintergründe analysiert;
8. Widerstände werden im Sinne von nachvollziehbaren aversiven Motivationen verstanden und nicht gleich als Widerstand gedeutet;
9. Deutungen werden tunlichst aus der Sicht des Patienten verstanden und interpretiert;
10. die Auswirkungen der Deutungen werden laufend eingeschätzt und für den Prozess genutzt.

Diese zehn Prinzipien werden im therapeutischen Prozess besonders beachtet (Kutter et al. 2006) und je nach Art der Selbst-Störung variiert. Die Technik der Selbstpsychologie ist immer dicht am Patienten, hört genau zu, folgt den Assoziationen und versucht, die Zusammenarbeit zwischen beiden beteiligten Personen so gut wie möglich aufrechtzuerhalten. Kommt es durch Missverständnisse des Analytikers zu Unterbrechungen des Prozesses (etwa einem narzisstischen Rückzug des Patienten), wird gemeinsam nach den Ursachen der Unterbrechung gesucht (das kann eine unbeabsichtigte Kränkung des Patienten durch eine bestimmte Deutung in der vorausgegangen Stunde gewesen sein) und der Prozess so bald wie möglich wiederhergestellt (Wolf 1996, S. 145 ff.). Die Selbstobjektübertragungen, d. h. die besonderen Aspekte dessen, was der Patient vom Analytiker an Einfühlung und Responsivität unbewusst erwartet, werden vorrangig bearbeitet. In Übertragung und Gegenübertragung wird der eigene Anteil des Analytikers besonders beachtet und für den therapeutischen Prozess genutzt (A. Ornstein 2000, S. 57). Dabei sind so genannte »Jetzt-Momente« (Stern 2004) im Zuge von »Begegnungs- oder Gegenwartsmomenten« besonders wichtig: hochaffektive Muster, die sich in Übertragung und Gegenübertragung spontan ergeben – ähnlich dem so genannten »flash« im Sinne von Enid Balint (Balint & Norell 1975, S. 58): Eine Patientin richtet sich während der Analysestunde spontan auf und schaut die Analytikerin mit großen Augen an. Diese reagiert ebenso spontan und sagt »Hallo!« Die Patientin fühlte sich erstmals verstanden und arbeitet von da an viel engagierter mit als bisher. Eine klassische Deutung (etwa in dem Sinne: »Was hat sie jetzt bewogen, so zu handeln?«) hätte die Chance des »Jetzt-Moments« zerstört.

Kritisch kann gefragt werden, ob sich bei dieser »benutzerfreundlichen« Technik (Lichtenberg 1995, S. 124) auch schwer gestörte Patienten, wie sie z. B. Kernberg (1984) beschreibt, verändern. Dieser meinte dazu: »Nein« (persönliche Mitteilung, Santiago de Chile, 30. 7. 1999). Selbstpsychologisch orientierte Psychoanalytiker sagen: »Ja«, und zwar auch bei psychosomatischen und psychotischen Störungen (Milch 2001). Umgekehrt ist es eine offene Frage, ob durch eine konsequente, dem Patienten folgende Technik nicht manche katastrophale Enactments, wie sie in der modernen Klein-Schule fast regelmäßig vorkommen, vermieden werden könnten. Eine die einzelnen schulischen Methoden vergleichende Ergebnisforschung, so spannend sie wäre, steht noch aus.

Bion (1962) entwickelte ein Modell des psychoanalytischen Prozesses, das sich an der frühesten Beziehung zwischen Mutter und Kleinkind anlehnt, und das als Container-Contained-Modell bezeichnet wird. Die gleichschwebende Aufmerksamkeit des Analytikers, von Bion als Rêverie bezeichnet, ermöglicht es der Mutter, wie später dem Therapeuten, emotional nicht verdaute seelisch nicht repräsentierte und symbolisierte fragmentierte und projizierte »Erfahrungen« des Säuglings respektive des Patienten aufzunehmen, sie seelisch zu verdauen und ihnen damit Sinn und Bedeutung zu geben, sie daraufhin in einem nächsten Schritt dosiert zurückzugeben, um auf diese Weise deren Transformation und Modifikation zu ermöglichen. Wie der Säugling projiziert der Patient unbewusst nicht verdaute Erfahrungen in den Analytiker, der diese stellvertretend für ihn wie ein Behälter aufnimmt und sie auch aktiv »verdaut«, gleichsam psychisch metabolisiert, bevor er sie in Form der Sprache zurückgibt. Mit den einzelnen »verdauten« Inhalten kann sich der Patient dann ebenso identifizieren wie mit dieser Containing- und Transformations-Funktion. Nach Steiner (1993) ist es daher entscheidend, dass der Analytiker für Patienten, die Selbst- und Objektanteile projizieren und auf der paranoid-schizoiden Position organisiert sind, einen psychischen Raum schafft, sodass diese projizierten und fragmentierten Selbst- und Objektbilder reintegriert, zurückgenommen werden können. Damit wird ein Trauerprozess eingeleitet, der zu seelischem Wachstum führt. In dieser Sicht besteht der Prozess vor allem darin, die unbewussten Phantasien und die sich in ihnen ausdrückenden inneren Objektbeziehungen, die einerseits Wunsch- und andererseits Abwehrcharakter haben können, vor allem in der Übertragung systematisch durchzuarbeiten.

Dagegen stehen in der ich-psychologischen Technik (Greenson 1974) traditionell die vom Überich motivierten Abwehrmechanismen sowie Angstinhalte und besonders unbewusste Schuldgefühle im Zentrum der Entfaltung des therapeutischen Prozesses. Aus moderner strukturtheoretischer Perspektive (Gray 1994, Busch 1993) dient der analytische Prozess in erster Linie der Abwehranalyse, die, einer Empfehlung Fenichels folgend, immer die Integrationsmöglichkeiten des Ichs zu berücksichtigen hat und daher von der Oberfläche in die Tiefe zu konzipieren ist, jeweils unter besonderer Berücksichtigung der Angstinhalte. Widerstandsanalyse und Analyse der unbewussten Überich-Widerstände spielen hier eine hauptsächliche Rolle. Nach Auffassung dieser Autoren führt die Deutung der Abwehr und der Angst zur Aktivierung internalisierter Objektbeziehungen in der Übertragung, die dann durch deutendes Durcharbeiten schrittweise aufgelöst werden können.

Die Gruppe der Independents, die besonders durch A. Freud und Fairbairn sowie Winnicott beeinflusst wurden (Rayner 1991, Stewart 1992), betont die Holding-Funktion des Analytikers im Prozess, die Bedeutung präödipaler und traumatischer Erfahrungen für das Zustandekommen von schweren seelischen Erkrankungen und stellt daher die therapeutische Regression in den Mittelpunkt des Prozesses. Sie soll vor allem der Möglichkeit dienen, dem Patienten einen Übergangsraum, in dem er sein »wahres Selbst« entwickeln kann, anzubieten. Dagegen geht es in der Auffassung der Selbstpsychologie darum, dass der Analytiker im Prozess frühe Defizite ausgleichen solle, um Strukturwachstum zu ermöglichen. Inhalt der narratologischen Konzeption des analytischen Prozesses sind zwei Voraussetzungen: erstens die Annahme, »daß das Ziel der psychoanalytischen Arbeit darin bestehe, dem Analysanden zu einer neuen Narration zu verhelfen ... die zweite Grundannahme besagt, daß jede Narration angemessen ist, so lange sie eine zufriedenstellende Kohärenz aufweist« (Reeder 2005, S. 23). Reeder macht deutlich, dass dieses narratologisches Konzept vom intersubjektivistischen und interpersonellen Paradigma aufgenommen und weiterentwickelt wurde (zur Kritik des intersubjektivistischen Paradigmas vgl. Paniagua 1999).

6.2 Die schulspezifische Technikdebatte

Wegen der überragenden Bedeutung des Prozesses und der Situation für das Verfahren orientieren sich die spezifischen technischen Empfehlungen nicht nur an der Persönlichkeitsstruktur, sondern eben auch an dem Stand des psychoanalytischen Prozesses. Hier finden in der Psychoanalyse heftige Debatten statt – zum Teil schulenabhängig, zum Teil unabhängig von der jeweiligen klinischen Theorie. So gibt es etwa in der Psychosenbehandlung eine Diskussion über den Stellenwert der Deutung und über die Frage, ob nicht jenseits der Deutung eine therapeutische, reale zwischenmenschliche Beziehung nicht nur ständig notwendig, sondern den eigentlichen kurativen Faktor darstelle, oder es wird diskutiert, ob in der Psychosenbehandlung sich der Therapeut ausschließlich auf die Bearbeitung der neurotischen Konfliktdynamik konzentrieren solle, oder ob es auch möglich und angezeigt sei, die psychotische negative und positive Übertragung zu bearbeiten (Lempa 1992, Schwarz & Maier 2001, Müller 2008). Vergleichbare Diskussionen gibt es auch im Hinblick auf die Therapie der Psychosomatosen (Ermann 2004, Zepf 2006), der Perversionen (De Masi, 2001, 2003b) und perversen Charakterstörungen

(Stein 2005, Filipini 2005) sowie der traumatischen Störungen (Fischer & Riedesser 1998).

Im Fall der narzisstischen Persönlichkeitsstörungen ist die Diskussion zwischen Kernberg und Kohut auch im Hinblick auf das technische Vorgehen beispielhaft für eine Reihe anderer, ähnlich lautender Kontroversen, die sich ebenfalls in der Beurteilung der Gegenübertragung ausdrücken (vgl. Kap. IX.5.3). Kohut empfiehlt bei narzisstischen Persönlichkeitsstörungen,

> »die Entwicklung der narzisstischen Idealisierung seiner Person durch den Patienten zuzulassen und ... sie nicht durch verfrühte Interpretation oder realitätsbezogene Überlegungen zu stören. Dies gestattet die allmähliche Entfaltung von Spiegelübertragung. Der Patient erlebt die früheren traumatischen Erfahrungen mit einer reiferen Psyche aufs Neue und erwirbt, mithilfe des Analytikers als Selbst-Objekt, durch den Prozess der umwandelnden Internalisierung neue psychische Strukturen. Der Analytiker muss elementare Empathie empfinden, er muss sich eher auf die narzisstischen Bedürfnisse und Frustrationen des Patienten konzentrieren als auf die Triebderivate und Konflikte, die zu Zeiten narzisstischer Frustration in der analytischen Situation an die Oberfläche kommen« (Kernberg 1984, S. 268).

Da Kohut glaubt, dass die narzisstische Persönlichkeitsstörung in einem Umweltversagen, vor allem des mütterlichen Primärobjekts, liegt, und speziell in einer unangemessenen Störung der Entwicklung der Idealisierungsprozesse, die dann in einen Entwicklungsstillstand münden und zu einer Fixierung auf der Ebene des archaischen Größenselbst führen, muss sich der Analytiker als Selbstobjekt zur Verfügung stellen. Dies gilt analog der Spiegelübertragung auch für die idealisierende Übertragung.

Dagegen interpretiert Kernberg aufgrund einer völlig anderen theoretischen Konzeption der Struktur des narzisstischen Größenselbst die gegen paranoide und neiderfüllte sowie gegen Trennungserlebnisse gerichteten protektiv-defensiven Funktionen des narzisstischen Größenselbst, weil nach seiner Auffassung die Strukturierung der Übertragung durch das narzisstische Größenselbst unbewusst dazu benutzt wird, paranoide und besonders depressive Selbst- und Objektanteile sowie innere Objektbeziehungen weiterhin von der seelischen Erfahrung des Selbst fernzuhalten. Wie Kohut empfiehlt Kernberg, das narzisstische Größenselbst entweder in Form der Selbstidealisierung oder der Idealisierung des Objekts sich voll entfalten zu lassen, dann aber dessen protektiv-defensive Funktion zu interpretieren, besonders die Versuche der omnipotenten Kontrolle des häufig in den Analytiker projizierten abhängigen Selbstanteils. Charakteristische Widerstände in der Behandlung narzisstischer Persönlichkeitsstörungen sind paranoide Regressionen, Idealisierung der eigenen vermeintlichen Autarkie und Entwertung aller auf Abhängigkeit (depressive Position) sowie auf Triangulierung gerichteten Objekbeziehungen.

Eine ähnliche Diskussion im Hinblick auf das technische Vorgehen gibt es auch etwa für die Gruppe der Borderline-Persönlichkeitsstörungen (Kernberg et al. 1999). So empfiehlt Kernberg folgende technische Vorgehensweise: Definition eines eindeutigen Behandlungsvertrags und des Rahmens, um selbstgefährdendes Agieren einzugrenzen; systematische Analyse der Spaltungsabwehr der Selbst- und Objektbilder in nur gute und nur böse Varianten; Konzentration der therapeutischen Arbeit auf die systematische Übertragungsanalyse; erst in späteren Phasen der Analyse Versuche der genetischen Konstruktion und Rekonstruktion; bei Übertragungsregressionen mit mikropsychotischen Episoden sollte der Schwerpunkt der therapeutischen Arbeit der Klärung der Realität im Hier und Jetzt gelten:

»Der erste Schritt besteht im Bestreben … die Natur der primitiven Partial-Objekt-Beziehung, die in der Übertragung aktiviert worden ist, zu rekonstruieren. (Dadurch) transformiert (der Therapeut) mithilfe der Interpretation … Sinnlosigkeit, Leere oder Chaos in der Übertragung … in eine emotional signifikante, wenn auch stark verzerrte und phantastische Übertragungsbeziehung … im zweiten Schritt arbeitet der Therapeut diese sich herauskristallisierende vorherrschende Objektbeziehung in der Übertragung der daran beteiligten Selbst- und Objektvorstellungen entsprechend heraus und klärt den Affekt der dazugehörigen Interaktion zwischen Selbst und Objekt. Der Therapeut kann einen Aspekt des dissoziierten Selbst und/oder einen Aspekt der primitiven Objekt-Vorstellung des Patienten darstellen, und Patient und Therapeut können ihre Wiederbelebung von Selbst- und Objektvorstellungen austauschen. Diese Aspekte der Selbst- und Objektvorstellungen müssen interpretiert werden, und die jeweilige innere Objektbeziehung muss in der Übertragung geklärt werden … Beim dritten Schritt muss die besondere, in der Übertragung aktivierte Partial-Objekt-Beziehung mit anderen Partial-Objekt-Beziehungen integriert werden, die andere, verwandte oder gegensätzliche, abwehrend dissoziierte Partial-Objekt-Beziehungen reflektieren, bis das Real-Selbst des Patienten und seine inneren Objekt-Vorstellungen integriert und konsolidiert werden können« (Kernberg 1984, S. 158 f.).

Steiner (1993) dagegen betont die Abwehrfunktion der narzisstischen Organisation gegen depressive wie paranoide Ängste und legt das Gewicht auf das Durcharbeiten der Schamkonflikte (Steiner 2006), wenn Patienten sich aus diesem Rückzug lösen, wohingegen wieder andere Autoren das Schwergewicht der Behandlung auf die Berücksichtigung traumatischer Erfahrungen in der infantilen Biographie legen (Sachsse 1993, Dümpelmann 2001).

6.3 Therapeutische Implikationen bei strukturellen Defiziten

Wie sollen nun Patienten mit Strukturstörung behandelt werden? Antwort: Die Art der Struktur erfordert ein jeweils darauf abgestimmtes Vorgehen. Mithilfe der OPD werden dabei entsprechende Ziele anvisiert. Pathologie und Behandlungsplan sollen tunlichst kohärent zueinander sein. Deutungen unbewusster Prozesse sind dabei weniger geeignet, als »spiegelnde Beschreibung« oder »emotionale Antwort«. Rudolf (2004, S. 3) spricht von einer »substanziell modifizierten Form psychodynamischer (d. h. psychoanalytisch fundierter) Therapie«. Traditionelles psychoanalytisches Vorgehen – freie Assoziation und gleichschwebende Aufmerksamkeit, Übertragung und Gegenübertragung – kann geradezu kontraproduktiv sein. Besonders die »Kleinianische Psychoanalyse« (ebd., S. 104) berücksichtigt nicht die spezielle entwicklungspsychologische Situation bei strukturellen Defiziten, die strukturbedingten Unfähigkeiten. Hier in der Behandlungsstunde Phantasien zu erwarten, wäre ein Fehler. Wir kämen dann genau in die Position der Mütter und Väter, die ihren Kindern nicht das Nötige geben, sondern die, ohne ihrerseits vorher etwas gegeben zu haben, erwarten, dass die Kinder ihnen etwas geben.

Der fehlenden Psychodynamik entsprechend, muss die psychoanalytische Behandlung bei Patienten mit Defiziten anders aussehen als bei den Neurosen. Wir schlagen vor, sich zumindest zwischen den einzelnen Stunden von Zeit zu Zeit Gedanken darüber zu machen, welche speziellen strukturellen Fähigkeiten im vorliegenden Fall nun vorhanden sind und welche nicht. Zwar kann der psychoanalytische Prozess als solcher mit freien Assoziationen des Patienten und gleichschwebender Aufmerksamkeit des Analytikers grundsätzlich unmodifiziert bleiben. Viele Fälle mit strukturellen Defiziten erfordern jedoch spezielle Modifikationen der klassischen psychoanalytischen Technik. Rudolf (ebd., S. 136 ff.) empfiehlt dazu sogar ein spezielles Manual, an dem sich eine »strukturbezogene psychodynamische Psychotherapie« orientieren kann. Je nach Funktionsniveau variieren dann

1. die psychoanalytische Haltung: die Sicht des Patienten teilen, Containing, sich hinter und neben den Patienten stellen, seine Wahrnehmung spiegeln;
2. die Zielsetzungen: Eigenes akzeptieren, verantworten und verändern;
3. die Interventionen: statt Deutung spiegelnd beschreiben, was der Analytiker beim Patienten einfühlend wahrnimmt und in seiner Gegenübertragung erlebt. Dazu gehören auch Anregungen, klärende Fragen, Einladung zur Selbstreflexion, Hypothesen zu Widersprüchen und Lücken in den Assoziationen des Patienten und das Zusammenfügen auseinander liegender Erfahrungen (ebd., S. 151). Die Interventionen sind durchaus fokal orientiert, je nachdem, ob es nun um das Selbstbild, die Affekte, die Wahrnehmung der Objekte oder die Reaktionen anderer geht. Dabei werden eine kognitive, regulative, affektive und eine Beziehungsebene unterschieden. So ergeben sich ganze Typen verschiedener struktureller Störungen, und zwar neben den bekannten neurotischen Störungen mit gutem Strukturniveau solche mit einzelnen Defiziten, reine Strukturstörungen mit Charakterabwehr, strukturelle Defizite auf geringem und auf desintegriertem Niveau. Je nachdem wird der Analytiker dann strukturbezogen seine spezielle Strategie in der Behandlung ausrichten.

Weitere methodische Möglichkeiten bei strukturellen Defiziten sind folgende:

1. Der klassischen Technik wird eine Phase ich-stützender oder supportiver Technik vorangestellt (Schöttler 1981);
2. die Technik der so genannten »Prozessdeutung« (Plassmann 2004): Sie richtet sich primär nach dem Stand des Prozesses hinsichtlich Ich-Stärke und Abwehrlage und erst sekundär nach den unbewussten Inhalten – im Gegensatz zu der üblichen Inhaltsdeutung;
3. Techniken mit Einbeziehung des Körpers: Der Körper wird dabei unmittelbar in die psychoanalytische Arbeit einbezogen (Geißler 2003, Kutter 2001, Moser 1989, Trautmann-Voigt & Voigt 2007);
4. Methodenkombinationen erreichen oft mehr als nur eine Methode.

Neuartige Methoden, wie z. B. die körperorientierten Verfahren, können neben der Psychoanalyse oder nacheinander angewendet werden. So können sprachlich-bezogene und körper-bezogene Therapiemethoden kombiniert werden, und zwar nebeneinander – entweder personell, zeitlich und räumlich getrennt oder in Personalunion durch ein und denselben Therapeuten. Dabei können nicht nur neue Einsichten erlangt, sondern auch »neue korrigierende emotionale Erfahrungen« gemacht werden (Alexander & French 1946).

6.4 Moderne Divergenzen und Konvergenzen – die gegenwärtige Situation

Es gibt mehr Konvergenz als Divergenz. Das ist die tröstliche Botschaft. Alle Psychoanalytiker halten folgende Prinzipen für unverzichtbar: die Arbeit im Hier und Jetzt und den Fokus auf den affektiven Erfahrungen. Dabei gibt es mehrere Königswege zum Unbewussten, die wir in diesem Buch alle behandeln: die Analyse von Traum, Übertragung und Gegenübertragung. Divergenzen betreffen die Gewichtung der realen Beziehung gegenüber der übertragenen Beziehung, der therapeutischen Ziele gegenüber der Widerstandsdeutung, der Empathie gegenüber der projektiven Identifizierung sowie der narrativen gegenüber der historischen Wahrheit. Auch darauf kommen wir jeweils gesondert zurück.

Haben wir in unserer historischen Entwicklung vier Hauptrichtungen aufgelistet: 1. Freud, 2. Klein-Bion, 3. Winnicott und 4. die Selbstpsychologie, so fassen Kernberg (2001) und Wallerstein (2006) die Freudianer, Kleinianer und die Winnicott-Anhänger als Mainstream zusammen. Deren Merkmale sind: frühe Deutung der Übertragung, totalistisches Konzept der Gegenübertragung, systematische Persönlichkeitsanalyse, Fokus auf Enactments, Dominanz der Affekte, phantasierte Objektbeziehungen, Neutralität und das trianguläre Muster. Die zweite Gruppe der intersubjektivistisch-interpersonal-selbstpsychologischen Richtung handhabt die Übertragung konstruktivistisch, betont die Empathie, das Defizitmodell, relativiert die Triebe und akzentuiert die neue reale Beziehung. Französische Analytiker gehen einen dritten Weg, wenn sie, Lacan folgend, zusätzlich linguistische Aspekte beachten, symbolisierte Konflikte ebenso wie präsymbolische Phänomene direkter deuten, auf die Sexualität fokussieren und die Wirkung des »après coup« (Prinzip der Nachträglichkeit) betonen.

Inzwischen haben sich alle genannten Hauptrichtungen, zu denen wir die psychoanalytische Selbstpsychologie als vierte Gruppe hinzufügen, wechselseitig bereichert. Dies gilt auch für den gesamten deutschsprachigen Raum – eine erfreuliche Entwicklung, die sich auch in unserem Buch mehrfach spiegelt.

Die gesamte internationale Situation der Psychoanalyse ist in *Psychoanalysis International*, einer Art Reiseführer durch die entsprechenden Länder, sowohl historisch als auch institutionell, festgehalten (Kutter 1992/1995). Spannend zu lesen ist auch der Einblick in die Nachkriegsentwicklung eines örtlichen psychoanalytischen Instituts im Zuge der »Internationalisierung« der Psychoanalyse (Schröter 1999) am Beispiel Stuttgart und Tübingen (Kutter 2006).

7. Die Deutung

7.1 Timing

Sie wird dann gegeben, wenn der analytische Prozess stockt. Die Deutung ist, zur richtigen Zeit und in der angemessenen sprachlichen Form gegeben, wenn sich Widerstand und Übertragung entfaltet haben, ein wichtiges Instrument der Veränderung. Sie ist nach Strachey (1934) »mutativ«, also verändernd, wenn sie unmittelbar das aktuelle Geschehen zwischen Analysand und Analytiker in Übertragung und Gegenübertragung benennt und dem Patienten zu einer neuen Einsicht verhilft. Wir erinnern an das oben genannte Beispiel (Kap. IX.5), in dem dem Patienten gedeutet wurde, dass er im Grunde nicht über die sein Auto schlecht versorgende Werkstatt wütend sei, sondern über den ihn in seiner Sicht schlecht versorgenden Analytiker.

7.2 Verstehen und Erklären

Ziel der Deutung ist es, das zuvor Undeutliche deutlich, das Unbekannte bekannt zu machen, das Verdeckte aufzudecken, das im Dunkeln Verborgene ans Licht zu bringen. Eine Deutung soll einleuchten, zu Einsicht verhelfen, Sinn stiften. Damit wird ein hoher Anspruch gestellt, den einzulösen nicht immer gelingt. Wir erinnern an die Debatte, ob die Psychoanalyse nun eine hermeneutische, also verstehende und interpretierende Wissenschaft sei oder naturwissenschaftlich Hypothesen überprüfe (vgl. Kap. III). Wir sind übereingekommen, dass beides der Fall ist. Dafür sprechen einige Tatsachen: Beide Richtungen sind im Laufe der Geschichte der Psychoanalyse, wenn auch unterschiedlich akzentuiert, immer vertreten gewesen. Bei Freud selbst finden sich genügend Argumente für beide Positionen: In seinen Fallgeschichten folgt er den verschlungenen Pfaden der Assoziationen seiner Patienten und versucht, aus deren Rede den latenten Sinn ihrer Symptome, Träume, Fehlleistungen zu »erraten« (Freud 1937d, S. 45). Er versucht aber gleichzeitig, das von ihnen Erratene wissenschaftlich zu begründen.

Die psychoanalytische Methode hat wie eine Medaille zwei Seiten: eine verstehende und eine erklärende. In verstehender Perspektive versucht sich der Psychoanalytiker auf die Individualität von Persönlichkeit und Lebensgeschichte des anderen einzustellen und ihn in seiner Singularität und Unverwechselbarkeit zu verstehen. Spricht der andere von Liebe und Hass, dann versetzt sich der Psychoanalytiker in dessen Lage, erinnert sich an eigene Situationen des Liebens und Hassens, die er seinerseits erlebt hat, und dadurch wird es ihm möglich, den anderen zu verstehen. Dieses Ziel zu erreichen, kann eine Zeitlang dauern. Je mehr sich der Psychoanalytiker aber in das Erleben des Patienten hineinversetzt, je länger er sich damit beschäftigt hat, desto höher ist die Wahrscheinlichkeit, dass er den anderen auch versteht. Hat der Psychoanalytiker in etwa dasselbe erlebt, spricht dieselbe Sprache, hat er ungefähr dieselbe Herkunft, ist die Verständigung umso leichter. Geht der Psychoanalytiker aber zu sehr von seinem eigenen Erleben aus, besteht die Gefahr, dass er sich von dem, was den anderen beschäftigt, zu sehr entfernt und zu früh glaubt, verstanden zu haben, um was es geht.

In der erklärenden Perspektive denkt der Psychoanalytiker durchaus auch an Gesetzmäßigkeiten, z. B. an die seelische Entwicklung, an Stadien, die jeder mehr oder weniger gleich durchgemacht hat: die Geburt, die Abhängigkeit des Säuglings und dessen schrittweise Ablösung von der Mutter, die Begegnung mit einer dritten Person (als Vater-, Geschwister- oder Großelternfigur), die Konflikthaftigkeit einer derartigen Dreierkonstellation, das Hineinwachsen in unterschiedliche Gruppen und die Trennung davon, das Kennenlernen anderer Menschen, das Verarbeiten dieser Begegnungen usw. In dieser Sicht kann der Analytiker das vorherrschende Verhalten, Denken und Fühlen des Patienten entwicklungspsychologisch (Tyson & Tyson 1990) einordnen und dadurch wissenschaftlich erklären. Wie geht dies aber nun vor sich?

Die zwischen Analytiker und Analysand ablaufende Sprache können wir mithilfe von Tonbandmitschnitten genau erfassen, davon eine wortgetreue Transkription anfertigen und dieses schriftliche Dokument mit den verschiedensten Forschungsmethoden untersuchen. Das tun Kommunikationswissenschaftler und Linguisten, Soziologen und Sozialwissenschaftler ebenso wie Psychoanalytiker.

Was aber im Analytiker selbst vorgeht, ehe es zur Deutung kommt, wird erst jetzt erforscht. Klauber (1980) hatte bei Schwierigkeiten in der analytischen Begegnung auf das künstlerische Moment und die Spontaneität hingewiesen. Enzo Codignola versuchte in *Das Wahre und das Falsche* (1986), das

Problem der psychoanalytischen Deutung dadurch zu lösen, dass er deren implizite Logik herausarbeitete. Jacob Arlow (1986) sprach von einem »inneren« Dialog des Psychoanalytikers als Reaktion auf die Äußerungen des Patienten. Dieser ist eine legitime Vorbereitung der Deutung. Der eine von uns (Kutter 1989) legte dazu folgendes Schema vor:

7.3 Die sechs Erkenntnisschritte im inneren Dialog des Analytikers

Um diesen diffizilen inneren Dialog geht es in unserem Zusammenhang, also um das, was in einer Formulierung von Adolf-Ernst Meyer (1981) etwas abschätzig die »akustische Lücke« genannt wird, und zwar deswegen, weil der innere Dialog im Gegensatz zum äußeren Dialog bei den Tonbandmitschnitten als Lücke erscheint.

Die Instrumente zur Erfassung der inneren Prozesse im Analytiker fehlen uns. Wir müssen uns daher damit begnügen, die diesbezüglichen Prozesse indirekt zu erschließen. Dies wird am ehesten gelingen, wenn sich der Analytiker selbst ehrlich zum Gegenstand der Forschung machen lässt, sich möglichst genau an das erinnert, was in ihm abgelaufen ist, und wenn er dies so ehrlich und wahrheitsgetreu wie möglich bekannt gibt.

Die psychoanalytische Methode in einzelne Erkenntnisschritte aufzuteilen ist ein Wagnis und wird die Kritik der Kollegen herausfordern. Sie verlaufen in der täglichen Praxis wahrscheinlich auch nicht in der Weise nacheinander, wie sie hier, aus didaktischen Gründen, dargestellt werden, sondern in kreativer Weise gleichzeitig und miteinander.

Der erste Schritt: Er besteht darin, dass das, was vom Patienten kommt, überhaupt wahrgenommen wird. Die Wahrnehmungspsychologie hat dazu einschlägige Forschungen vorgelegt. Das wichtigste Ergebnis ist, dass wir alle nur einen kleinen Teil dessen wahrnehmen, was von der Umwelt her auf uns einwirkt. Außerdem wird das Wahrgenommene je nach dem Ort, an dem wir uns befinden, in einer ganz bestimmten Perspektive gesehen. Schließlich wählen wir aus dem Wahrgenommenen das aus, was uns vertraut ist, was wir gelernt haben, was wir erwarten.

Der zweite Schritt: Hier wird versucht, das Wahrgenommene zu verarbeiten, das heißt, im professionellen Rahmen der psychoanalytischen Methode zu verstehen: Wie würde es einem selber anstelle des Patienten jetzt gehen, was würde man fühlen und empfinden, wie sich in seiner Lage verhalten. Gelingt dies, dann ist ein Vor-Verständnis dessen möglich, worum es dem

Patienten geht. Dabei leuchtet es unmittelbar ein, dass die eigene Erfahrung möglichst vieler Lebenssituationen die Wahrscheinlichkeit erhöht, zu verstehen, was mit dem anderen los ist. Dabei sollte dem Psychoanalytiker nichts Menschliches fremd sein, das heißt, er sollte alle möglichen zwischenmenschlichen Konfliktkonstellationen wenigstens in Ansätzen erlebt haben: Trennungsprozesse, Lieben und Hassen, Herrschen und Beherrschtwerden, Geben und Nehmen. Er sollte ebenso Eifersucht und Neid gefühlt haben wie Erfolg und Misserfolg, Freude und Trauer – das gesamte Spektrum menschlicher und allzu menschlicher Erlebnismöglichkeiten, einschließlich so verborgener Wünsche wie die, mit der Mutter bzw. mit dem Vater zu schlafen und den Vater bzw. die Mutter zu beseitigen. Wir sprechen von empathischer Kompetenz (Kutter 1981).

Der dritte Schritt ist ein genuin psychoanalytischer, im Gegensatz zu den bisher genannten zwei Schritten, zu denen keine besonderen fachlichen Voraussetzungen notwendig sind. Im dritten Erkenntnisschritt kommen »Wunsch und Widerstand« sowie »Übertragung und Gegenübertragung« ins Spiel. Hierbei geht es neben der Fähigkeit, Wunsch und Widerstand angemessen einschätzen zu können, um die Fähigkeit des Psychoanalytikers, auf die Übertragung des Patienten in Form der Gegenübertragung zu reagieren. Dies ist neben der empathischen Kompetenz das andere wichtige Wahrnehmungsinstrument des Psychoanalytikers. Dabei spielt sich der Vorgang des Reagierens auf die übertragene Reaktion des Patienten in horizontaler Dimension zwischen Patient und Analytiker ab. Im Idealfall ist der Psychoanalytiker in der Lage, auf alle von Patientenseite kommenden Aktionen entsprechend zu reagieren: auf Verachtung ebenso wie auf Verführung, auf direkte Angriffe ebenso wie auf versteckte feindselige Aktionen, auf Ablehnung wie auf Zuwendung, auf ängstliche Zurückweisung wie auf zudringliches Näherkommen usw.

Im Vergleich mit einem Saiteninstrument werden im Psychoanalytiker, bildlich gesprochen, immer nur diejenigen Saiten zum Klingen kommen, die vom Patienten »angeschlagen« oder »angezupft« werden. Der musikalische Vergleich gibt mir die Möglichkeit zu verdeutlichen, wie sehr es darauf ankommt, dass beim Psychoanalytiker erstens die entsprechenden Saiten vorhanden sind und zweitens auch zum Klingen kommen. Wie bei den entsprechenden Musikinstrumenten gibt es hier sicher Exemplare mit sehr vielen Saiten, die schwingungsfähig sind, und solche, die weniger zur Verfügung haben und womöglich noch »verstimmt« sind. Der Analytiker muss in seiner

Reaktionsfähigkeit auf die Aktionen des Patienten so reagieren können wie Sensoren oder Messfühler, die auf entsprechende Reize so reagieren wie unsere Sinnesorgane auf entsprechende Reize.

Der vierte Schritt: Dieser erscheint als der schwierigste. Jetzt müssen die drei vorausgegangenen Schritte in der Vorstellung zu einer vorläufigen Synthese gebracht werden. Es bildet sich ein vorläufiges »inneres Bild« vom Patienten. Dieses »innere Bild«, das sich der Psychoanalytiker von den bisher abgelaufenen Prozessen macht, kann natürlich sehr subjektiv ausfallen und eher einer Dichtung entsprechen als der Wahrheit. Es kann ja durchaus von den eigenen Erwartungen beeinflusst sein, nicht weniger von eigenen Ängsten und Vermeidungshaltungen, und hat damit unweigerlich einen relativ hohen Subjektivitätsgrad, d. h. eine niedere Objektivität.

Das entstehende Bild von den stattgefundenen Interaktionen zwischen Patient und Analytiker wird von der jeweiligen Grundhaltung des Psychoanalytikers, aber auch von seiner Weltanschauung und von seinem Menschenbild (Kutter et al. 1998) abhängen. Diese Grundhaltung, die, unabhängig vom Patienten, für den einzelnen Psychoanalytiker relativ konstant ist, variiert je nach Schule oder Richtung. So sehen die einen Analytiker, die mehr die Traumatheorie favorisieren, im Patienten eher das Opfer im Sinne von Massons Buch *Was hat man dir, du armes Kind, getan?* (1984), andere sehen im Sinne der Triebtheorie eher den Täter, der immer mehr oder weniger darauf aus ist, etwas anzustellen, den Analytiker hereinzulegen und hinters Licht zu führen.

Der fünfte Schritt ist umso wichtiger, als in ihm das zu dem »inneren Bild« Verarbeitete mit einer Art »innerem Programm« des Psychoanalytikers verglichen wird. Dabei handelt es sich um ein Programm, das aus den während der Ausbildung empfangenen Anregungen entstanden ist und sämtliche Informationen umfasst, die zur Einordnung der empfangenen verbalen und nonverbalen Signale notwendig sind. Auf diese Weise kann das im vierten Schritt entstandene vorläufige Bild von den vorherrschenden Interaktionen entsprechend eingeordnet und notfalls korrigiert werden. Im Begriffsinstrumentarium des Psychoanalytikers sind vor allem Interaktionsmuster gespeichert sowie dazugehörende Angstformen und Abwehrprozesse, wie z. B. trianguläre Interaktionsmuster und duale Beziehungsformen, die jeweils erotisch aufgeladen oder aggressiv gespannt sein können.

Wir können uns vorstellen, dass dieses innere Programm dem Psychoanalytiker ein kategoriales System zur Verfügung stellt, an dem er die horizontal empfangenen Reize in vertikaler Dimension überprüfen kann. Je nachdem, an welcher Stelle des Systems eine Reaktion eintritt, kann dann auf den entsprechenden Reiz geschlossen werden.

Das innere Programm des Analytikers reagiert natürlich in spezifischer Weise – oder sollte es zumindest – auf die entsprechenden Konflikte, mit denen der betreffende Patient gerade zu tun hat. Hier wird sich erstens die Lebenserfahrung und zweitens die Lehranalyse auf die professionellen Möglichkeiten des Analytikers auswirken: Je mehr der Analytiker die zu deutenden Beziehungen mit den dazugehörenden Ängsten und Abwehrprozessen an eigener Seele erlebt und in seiner Lehranalyse verarbeitet hat, umso eher ist er in der Lage, die empfangenen Signale zu orten und mithilfe seines gespeicherten Kategoriensystems begrifflich zu klären.

Der sechste Schritt: Dieser baut eine zusätzliche »Sicherung« ein, die es dem Psychoanalytiker erlaubt, das bisher gewonnene Bild noch einmal zu überprüfen. Dazu verhilft ihm die psychoanalytische Theorie, die im vorliegenden Buch nicht von ungefähr als Persönlichkeitstheorie und Krankheitslehre breiten Raum einnimmt. Hat der Psychoanalytiker die bisher besprochenen fünf Erkenntnisschritte weitgehend ohne psychoanalytische Theorie vollzogen, so wendet er im sechsten Schritt – bewusst oder unbewusst – auch Teile der psychoanalytischen Theorie an, um zur Deutung des Geschehens zu gelangen.

Das »innere Programm« des Psychoanalytikers umfasst nicht nur Informationen über ganz bestimmte Interaktionen und die entsprechenden Angstformen und Abwehrprozesse, sondern auch Informationen über Persönlichkeitstheorie und Krankheitslehre sowie über die psychoanalytische Entwicklungspsychologie, um nun, je nach dem Stand der Entwicklung, umso besser einschätzen zu können, was mit dem Patienten los ist. Jetzt kann das bislang verstandene Bild vom Patienten mit theoriegeleiteten Bildern verglichen werden, wie z. B. mit denen über die einzelnen psychosexuellen Entwicklungsphasen, über die Selbst- und Objektrepräsentanzen sowie über Ich-Funktionen und -Strukturen. Dabei können auch ganz bestimmte kausale Zusammenhänge zwischen Symptomen und den dazu gehörenden Konflikten überprüft werden.

Auf diese Weise wird das in der unmittelbaren Praxis abgelaufene Geschehen theoretisch reflektiert und vor dem Hintergrund der jeweils relevanten Teile der psychoanalytischen Theorie überprüft. Psychoanalytische Theorie und Praxis werden dabei wechselseitig bestätigt oder widerlegt.

Der sechste Erkenntnisschritt findet im Gegensatz zu den genannten fünf vorausgegangenen eher zwischen den einzelnen Stunden statt als in der

Stunde selbst. Der Psychoanalytiker hat dann einen größeren Abstand zum Patienten und ist eher in der Lage, sich nicht nur emotional auf den Patienten einzustellen, sondern auch kognitiv über ihn zu reflektieren. Dabei werden auch logische Zusammenhänge zwischen bestimmten Wahrnehmungen in der Gegenübertragung einerseits und bestimmten theoretischen Kenntnissen andererseits hergestellt. Zuvor ungeklärt gebliebene Phänomene werden somit geklärt und erklärt. In ebenso schwer verständlichen wie schwer zu erklärenden Fällen helfen psychoanalytische Fallseminare weiter. Dort kann der Psychoanalytiker die aktuellen Schwierigkeiten, die er gerade mit einem Patienten hat, Kollegen vortragen. Über deren Einfälle und Erklärungen kann er dann das eigene Verständnis des Falls erweitern.

Dem aufmerksamen Leser wird nicht entgangen sein, dass die ersten vier Erkenntnisschritte der hermeneutischen Seite der psychoanalytischen Methode entsprechen und nur die beiden letzten, der fünfte und sechste Erkenntnisschritt mit ihren allgemeinen Gesetzmäßigkeiten, der nomothetischen Seite entsprechen, wie sie in der psychoanalytischen Persönlichkeitstheorie und Krankheitslehre zusammengefasst sind. Damit wären in den hier dargestellten einzelnen Schritten die beiden getrennt verlaufenden Anteile der psychoanalytischen Methode: hermeneutisches Verstehen und logisches Erklären, in ein und denselben Prozess integriert.

Das Ergebnis der vielschichtigen Wahrnehmungs- und Erkenntnisprozesse im Psychoanalytiker ist dann – nach Unterbrechung der »akustischen Lücke« – im *siebten Schritt* die akustisch registrierbare wörtliche Deutung des Analytikers. Dabei sprechen wir von Widerstandsdeutung, wenn auf das Vorliegen von Widerständen, deren Form und Gründe hingewiesen wird. Übertragungsdeutungen sind Deutungen, in denen wir die aktuelle Übertragung in der Beziehung zum Psychoanalytiker deuten, wie z. B. im Fall des mit der Autowerkstatt unzufriedenen Patienten (vgl. Kap. IX.5.2).

7.4 Die Überprüfung der Triftigkeit der Deutung

Der Patient kann auf eine Deutung sehr unterschiedlich reagieren. Er kann zustimmen und sagen: »Ja, so ist es, daran habe ich manchmal auch schon gedacht, das leuchtet mir ein.« Er kann aber auch sagen: »Das leuchtet mir nicht ein, das verstehe ich nicht, das kann ich nicht glauben.« Dem Konzept von »Wunsch und Widerstand« folgend, kann der Psychoanalytiker trotzdem annehmen, dass seine Deutung richtig war: wenn er daran denkt, dass den Patienten innere Widerstände hindern, die Wahrheit der Deutung anzunehmen.

Es ist richtig, dass dies der Fall sein kann. Dies muss aber nicht immer so sein. Häufig hat der Patient Recht, wenn ihm die Deutung nicht einleuchtet. Es bleibt dann nichts anderes übrig, als nach der Methode »Versuch und Irrtum« neue Möglichkeiten der Deutung des Geschehens zu suchen.

Sommer (1987) hat für die qualitative Psychotherapieforschung folgende Kriterien zur Überprüfung der Deutung angegeben:

1. das Kohärenzkriterium, das besagt, dass die Deutung in sich zusammenhängend, »kohärent«, erscheint und deswegen überzeugt;
2. das Kriterium der Praxis, das darin besteht, dass die Deutung praktikabel ist, d. h. dass sie der Patient in praktische Lebenserfahrung umsetzen kann;
3. das Kriterium der dialogischen Überprüfung, das bedeutet, dass sich beide beteiligte Personen über die Richtigkeit der Deutung einigen und damit »Konsens« erzielen.

Weitere Kriterien für die Richtigkeit der Deutung sind nach alter psychoanalytischer Erfahrung folgende: unmittelbar im Anschluss an die Deutung eintretende beobachtbare Veränderungen, z. B. neue Assoziationen, bisher unerwartete Wendungen des Übertragungsgeschehens, veränderte Träume, eine andere Sprache, ein verändertes Verhalten (z. B. ein besseres Durchsetzungsvermögen bei einer vorher bestehenden allzu großen Bereitschaft, alles hinzunehmen) oder ganz neue Erlebnismöglichkeiten in zwischenmenschlichen Beziehungen, die bisher ängstlich gemieden oder nie gewagt wurden.

8. Konstruktion oder Rekonstruktion – das ist hier die Frage

In der Psychoanalyse gibt es seit jeher eine intensive Debatte über den Stellenwert der subjektiven Erinnerung und der Rekonstruktion der Lebensgeschichte im analytischen Prozess. Unter den Stichworten Konstruktionen versus Rekonstruktionen in der Analyse wird spätestens seit Freuds Spätwerk (1937 d, 1940 a) darüber debattiert, ob generell oder nur in der Behandlung bestimmter Patientengruppen das technische Mittel der Deutung um aktive Bemühungen des Analytikers, die der Konstruktion der Lebensgeschichte gelten, erweitert werden sollten. Freud benutzte die beide Begriffe Konstruktion und Rekonstruktion häufig wechselseitig und gleichbedeutend; an manchen Stellen definiert er die Konstruktion in einem engen Sinne, die vom Analytiker aktiv als technisches Mittel gewählt werden sollte, wenn die Deutung nicht zu dem gewünschten Ergebnis, der vollständigen Erinnerung mit Aufhebung der infantilen Amnesie, führt:

»Oft genug gelingt es nicht, den Patienten zur Erinnerung des Verdrängten zu bringen. Anstatt dessen erreicht man bei ihm durch korrekte Ausführung der Analyse eine sichere Überzeugung von der Wahrheit der Konstruktion, die therapeutisch dasselbe leistet wie eine wiedergewonnene Erinnerung« (Freud 1937d, S. 53).

Konstruktionen stellen in diesem Sinne verstanden eine Zusammenschau der infantilen Geschichte dar, die der Analytiker mangels unmittelbarer Erinnerungen des Patienten mittelbar aus der Evidenz und Plausibilität des klinischen Materials ableitet; sie sind insofern ein Hilfsmittel, das den Patienten darin unterstützen kann, die Verdrängung und die infantile Amnesie aufzuheben und zur Überwindung der Symptome beizutragen. Konstruktion und Rekonstruktion ergänzen sich damit gegenseitig. In einigen aktuellen Konzeptionen wird der Begriff »Konstruktion« zuweilen im erweiterten Sinne nicht nur mit der interpretativen Herleitung der infantilen Geschichte, sondern auch mit der Deutung der aktuell wirksamen unbewussten Konflikte (gleich ob durch Interpretationen des Analytikers oder durch Einsichten des Analysanden bewirkt) gleichgesetzt; ein weiterer Aspekt der Diskussion verbindet Deutung mit Dekonstruktion und sieht in der Interpretation der neurotisch verzerrten unbewussten Konstruktionen des Analysanden (dessen Sicht von sich und den Objekten) den Dreh- und Angelpunkt der Therapie. Rekonstruktionen sind unter diesem Aspekt die Deutungen der historischen Dimension jener unbewussten Konstruktionen. Die Diskussion wird von der philosophischen Grundhaltung des Analytikers ebenfalls geprägt: Handelt es sich bei der infantilen unbewussten Konflikt- und Lebensgeschichte um ein naturwissenschaftlich zu entzifferndes Faktum oder um ein narratologisch oder hermeneutisch zu erschließendes Ereignis?

In den zurückliegenden Jahren gab es auf diesem Feld nicht nur eine intensive inneranalytische, sondern auch eine Diskussion mit den Nachbarwissenschaften, etwa der Gedächtnisforschung, den Neuro- und Geisteswissenschaften. In dieser Debatte stehen sich unterschiedliche Positionen gegenüber. Mit Freud sehen viele Analytiker in der Aufhebung der Verdrängung, der Bewusstmachung auch anderer Abwehrorganisationen, einschließlich der infantilen Amnesie und Biographie, und damit in der möglichst wahrheitsgetreuen Rekonstruktion der Lebensgeschichte – verstanden nicht als positivistischer Faktenbericht, sondern als Rekonstruktion der innerpsychischen Realität und der infantilen unbewussten Konflikte mithilfe des deutenden Durcharbeitens – die zentrale Aufgabe der psychoanalytischen Kur. Damit sollen nicht nur der Wiederholungszwang und seine unheilvollen Folgen der neurotischen, psychosomatischen und psychotischen Symptombildung durchbrochen, sondern auch ein subjektiv fundiertes Gefühl der Identität und Sinnhaftigkeit für die je eigene Lebensgeschichte vermittelt und größere innere Freiheitsgrade in der aktuellen Lebenssituation entwickelt werden. Andere Analytiker glauben, dass strukturelle Veränderungen nicht vorrangig durch die Rekonstruktion der inneren unbewussten Realität gelingen. Sie vertreten etwa ein »narratologisches Konzept« des psychoanalytischen Prozesses (Spence, Schafer) und glauben, dass

»Wahrheit … nicht wie etwas Verborgenes zu entdecken, sondern sie … stets in ein Narrativ eingebunden (ist), das erst wahr wird, wenn es für den Patienten plausibel und vertraut wird und unverbunden gebliebene narrative Lebensfragmente durch eine kohärentere Bedeutung erlangen … Historische Klärung kann demnach nicht durch Aufdeckung einer Vergangenheit stattfinden, das käme einer Zerstörung der Gegenwart gleich. Gegenwart und Vergangenheit konstruieren sich gegenseitig« (Bohleber 2005, S. 5).

Andere Autoren aus dieser Gruppe meinen mit Verweis auf die klinisch bekannte Erfahrung, dass biographische Erinnerungen im analytischen Prozess erstens stark von der aktuellen Übertragungs-/Gegenübertragungsdynamik und zweitens von unbewussten Triebabwehr-Bedürfnissen beeinflusst sein können, dass man sich vor allem auf die Analyse der in der Übertragung re-aktualisierten internalisierten Objektbeziehungen im Hier und Jetzt konzentrieren solle. Der Konstruktion und Rekonstruktion des Dort und Damals werden in dieser Sicht weniger oder, in radikaler Form, gar keine Bedeutung und kein therapeutischer Nutzen zugeschrieben. Deshalb wird in dieser Konzeption »des Behandlungsprozesses … der autobiographischen Erinnerung kein therapeutischer Wert mehr zuerkannt« (Bohleber 2005, S. 7, vgl. Fonagy et al. 1995).

Von beiden Standpunkten, hier in etwas pointierter Gegenüberstellung skizziert, werden die Befunde der kognitiven und neurowissenschaftlichen Gedächtnisforschung für die eigene Position als Unterstützung angeführt.

Freud hatte von Konstruktionen wie Rekonstruktionen in all seinen Fallgeschichten beginnend mit den *Studien über Hysterie* (1895 d) über den »kleinen Hans« (1909 b) bis zum »Wolfsmann« (1918 b) intensiven Gebrauch gemacht. Auch für ihn stellte sich damals natürlich die Frage der Verlässlichkeit der biographischen Erinnerungen des Patienten wie auch der Konstruktionen und Rekonstruktionen des Analytikers. Diese Facette der Diskussion tritt in den letzten Jahren aufgrund der enormen Erkenntnisfortschritte in der Gedächtnisforschung zunehmend in den Vordergrund; dies gilt vor allem dann, wenn es sich um biographische Erinnerungen im Zusammenhang mit traumatischen Ereignissen handelt. Von Weiß wurde versucht, die Dichotomisierung von Rekonstruktion sowie Konstruktion und Konzentration auf das Hier und Jetzt des analytischen Prozesses insofern zu überwinden, als er die These vertritt, dass es in der Arbeit mit bestimmten Patienten in erster Linie darum gehen muss,

durch die Analyse der Übertragungssituation den inneren Raum des Patienten zu konstruieren, bevor eine zeitliche Rekonstruktion sinnvoll wird. Es ging mir also nicht um die Frage, ob der Analyse des Hier und Jetzt oder der Wiedergewinnung der Erinnerung der Vorrang einzuräumen ist ... sondern es ging mir um die Frage, unter welchen Bedingungen ein Erinnern mit Emotion und Bedeutung ... möglich wird« (Weiß 2005, S. 66 f.).

Die Ergebnisse der Säuglingsforschung (Dornes 2000, S. 150ff.) sprechen für eine Relativierung des konstruktivistischen Standpunkts. Der eine von uns (Kutter) machte immer wieder die Erfahrung, dass die gemeinsam »konstruierten« Einsichten erst dann richtig plausibel wurden, wenn sie durch »externe Kohärenz« mit historischen Fakten übereinstimmten. Er favorisiert daher – im Gegensatz zur gemeinsamen Konstruktion – eine gemeinsame Rekonstruktion der Lebensgeschichte. So konnte ein Patient das psychoanalytisch gefundene Vaterbild durch historisches Material (Bilder, Dokumente) verifizieren. Für einen anderen war der Verlust der Mutter erst richtig verarbeitet, als er konkret vor ihrem Grab stand und dann dem Analytiker darüber berichtete.

9. Empirische Psychotherapieforschung

Die Psychoanalyse hat schon lange nicht mehr das Heilungsmonopol. Historisch gesehen war sie die erste ernst zu nehmende Schule mit einer praktizierbaren Methode zur Behandlung seelischer Störungen und mit einer schlüssigen Theorie zu deren Verständnis. Heute konkurrieren zahlreiche, wissenschaftlich gut abgesicherte Therapieverfahren mit der Psychoanalyse, von denen die Verhaltenstherapie in der Krankenversorgung vollkommen anerkannt ist. Die akademische Psychologie mit ihrer Forschungserfahrung fordert die vorwiegend praktizierende und vergleichsweise wenig forschende Psychoanalyse heraus, endlich gegenüber der wissenschaftlichen Öffentlichkeit ihre Wirksamkeit nachzuweisen (Grawe et al. 1994). Nach einer kurzen Phase eher polemischer Repliken wird jetzt ernsthaft daran gearbeitet, die Effektivität auch längerfristiger psychoanalytischer Behandlungen empirisch nachzuweisen, und zwar durch Einschätzungen der Patienten, der Therapeuten und durch von außen kommende Interviewer (Leuzinger-Bohleber et al. 2001).

In den letzten Jahren entwickelte sich eine international verzweigte empirische Psychotherapieforschung in der Psychoanalyse, die Ergebnis- und Prozessforschung, Katamnese-Untersuchungen sowie Wirksamkeitsstudien umfasst. Zu Beginn dieser Forschungsbemühungen, die in relevantem Umfang nach dem 2. Weltkrieg einsetzte, wies die Forschungsmethodik noch zahlreiche Mängel auf. So hoben Fisher & Greenberg (1996) in einer umfassenden kritischen Beurteilung der empirischen Psychotherapieforschung in der Psychoanalyse hervor, in diesen früheren Untersuchungen, etwa der Menninger-Studie, fehle häufig der Nachweis, dass eine psychoanalytische standardisierte Behandlung durchgeführt wurde; zudem monierten die beiden Autoren fehlende Vergleichsgruppen von unbehandelten oder mit anderen Methoden behandelten Patienten und bemängelten, dass, falls Vergleichsuntersuchungen vorgenommen wurden, die Patienten den unterschiedlichen Verfahren nicht nach dem Zufallsprinzip zugeteilt worden waren und meist nur die Beurteilungen durch den Therapeuten für das Maß der Wirksamkeit der Behandlung zugrunde gelegt wurde. Nach diesem so genannten Goldstandard sollten Patienten unterschiedlichen Arten von Behandlungen und verschiedenen Therapeuten nach dem Prinzip des Zufalls und nicht nach eigener Wahl in Verbindung mit der Empfehlung des Therapeuten zugeteilt werden. Danach sollen entweder behandelte mit unbehandelten Patienten oder aber unterschiedliche therapeutische Verfahren miteinander verglichen werden. Zudem muss die Behandlung kontrolliert und dokumentiert durchgeführt werden, sodass klar ist, um welche Behandlung es sich handelt, was aber ein standardisiertes Training der gesamten Therapeutengruppe, evtl. an so genannten Therapiemanualen, voraussetzt.

Zwar machte die Kritik von Fisher & Greenberg auf viele tatsächlich bestehende methodische Probleme aufmerksam. Allerdings zeigte sich im Verlauf der Bemühungen um eine Differenzierung der Forschungsmethodik, dass der Goldstandard der klinischen Ergebnisforschung: randomisierte kontrollierte Studien (RCT), für die psychoanalytischen Verfahren nicht angemessen ist. Denn diese Kriterien sind nach übereinstimmender Auffassung für die Pharmaforschung nützlich, nicht aber für komplexe Prozesse wie psychotherapeutische Behandlungen. Nicht nur würde die Psychoanalyse ihres spezifischen Charakters entkleidet, sondern der Kontrollaufwand über lange Zeiträume wäre derart hoch, dass er nicht durchzuführen wäre. Zudem verbieten ethische Überlegungen die Anwendung von RCT-Designs in der Psychotherapie. Es wäre außerdem schwer zu realisieren, die Patienten zur Mitarbeit an Zufallseinteilungen zu bewegen (Sandell 2001, Leichsenring 2005). Zu Recht wurde darauf hingewiesen, dass in der Forderung der RCT-Designs das Ideal der Einheitswissenschaft, wie es erstmalig im deutschen Idealismus und später im logischen Empirismus formuliert wurde, zum Ausdruck kommt:

»Dabei wurde das physikalische Experiment, das quantitative Abhängigkeiten zwischen genau definierten Größen in künstlich erzeugten Systemen überprüft, zum Paradigma wissenschaftlicher Erfahrung ganz allgemein … Dieses einheitswissenschaftliche Modell gilt wissenschaftstheoretisch seit langem als überholt, da sich sowohl Natur- als auch Geisteswissenschaften in den letzten hundert Jahren derart ausdifferenziert haben, dass wir uns in einem Zustand der Pluralität der Wissenschaft befinden, in dem die verschiedenen Disziplinen ihre Methoden, Erfahrungen, Theorien, Erkenntniswerte und Qualitätskriterien der Spezifität ihres jeweiligen Forschungsgegenstandes anpassen mussten … Eine unreflektierte Übertragung eines Forschungsdesigns aus der Pharmakologie auf das Gebiet der psychotherapeutischen Wirksamkeitsforschung ist daher auch vor diesem Hintergrund dem heutigen Forschungsgegenstand nicht mehr angemessen. Zudem wird darauf hingewiesen, dass selbst im Bereich der Medizin inzwischen naturalistische Studien oder detaillierte klinische Einzelfallstudien eine neue Wertschätzung erfahren, da sie sich – auf dem Gegensatz zu kontrollierten gruppenstatistischen Studien – für das Verständnis idiosynkratischer Patienten und deren Reaktionen auf therapeutische Interventionen als fruchtbar erweisen« (Leuzinger-Bohleber & Bruns 2004, S. 14).

Aus diesem Grund sind für die psychoanalytische Psychotherapieforschung empirisch gestützte Prozess- und Einzelfallstudien adäquat, die den spezifischen Forschungsgegenstand der Psychoanalyse: unbewusste Prozesse sowie deren Beeinflussung durch therapeutische Interventionen, untersuchen, zumal auch die nicht psychoanalytisch orientierte Psychotherapieforschung die Verabsolutierung von RCTs zunehmend in Frage stellt. Die Hauptkritik an den RCTs lautet denn auch übereinstimmend von verschiedenen Seiten, sie prüfe im Unterschied zu den naturalistischen Studien nicht die in der klinischen Realität und Praxis angewandten Formen psychotherapeutischer Verfahren, sondern allein spezifische Formen dieser Verfahren, die auf die kontrollierten Laborbedingungen zugeschnitten sind (Auswahl der Patienten, Therapeuten, Manualisierung, Therapiedauer). Für Wirkungsbelege psychotherapeutischer Verfahren unter klinischen Praxis- und Alltagsbedingungen sind dagegen naturalistische Studien erforderlich. Auch die von Grawe et al. (1994) formulierte Kritik an der psychoanalytischen empirischen Forschung greift in diesem Punkt zu kurz, denn nur etwa 7% der von Grawe et al. erwähnten Studien über so genannte psychodynamische Therapien beziehen sich auf Behandlungen, die länger als zwei Jahre dauerten. Dies gilt auch für Katamnese-Untersuchungen, die von Grawe et al. geprüft wurden, in denen sich wiederum nur etwa 7% der berücksichtigten Studien psychodynamischer Therapien auf Daten von Nachuntersuchungszeiträumen von mehr als zwei Jahren bezogen.

In der jüngsten Vergangenheit differenzierte die Psychoanalyse ihr methodisches Untersuchungsinstrumentarium immer stärker. Besonders die Ergebnis- und die Prozessforschung standen dabei im Blickpunkt des Interesses, und bis heute ist die Frage der Effizienz psychoanalytischer Behandlungsverfahren von besonderer Bedeutung. In der jüngsten Zeit ist dabei die Tendenz zu beobachten, neben Therapie-Outcome-Studien mit großen Patientenzahlen zusätzlich detaillierte Verlaufsuntersuchungen mit kleineren Fallzahlen und mehr Daten pro Fall durch häufigere Messzeitpunkte und Anwendung zahlreicher Untersuchungsinstrumente durchzuführen. Dies hat sich umso notwendiger erwiesen, als sich das Interesse immer mehr dem therapeutischen Prozess im engeren Sinn zuwandte und die Frage in den Fokus der Forschung geriet, was sich wie, wann und wodurch in einer Therapie verändert. Für eine solche Forschungsfrage bietet sich die Einzelfallforschung an, und hier wiederum kommt ein weit gefächertes Spektrum von Zugangsmöglichkeiten in Frage (Leuzinger-Bohleber 1995). Forschungsschwerpunkt ist daher weiterhin die systematische Erforschung von mikropsychischen Veränderungen, die im Verlauf einer analytischen Therapie auftreten und von denen man vermutet, dass sie die klinisch konzipierten

Makroprozesse verursachen (Kächele 1992). Für dieses Forschungsinteresse bildet die qualitativ-quantitative Einzelfallforschung die relevante Untersuchungsmethode. Die Diskussion dreht sich nun darum, welche klinischen Prozessmodelle und welche Methoden zur Erfassung von psychischen Veränderungen geeignet sind und wie beides methodisch aufeinander zu beziehen ist. In jüngster Zeit kamen folgende Verfahren zur Anwendung: inhaltsanalytische Methoden (Gottschalk, Gläser; ZBKT; SASB), der »repertory-grid« und die »object-relation-technique« (ORT), psycholinguistisch orientierte Methoden (Gutwinski-Jeggle 1987) wie die formale Textanalyse (Overbeck et al. 1996) und zuletzt auch, angeregt durch die Ergebnisse der Neurobiologie, bildgebende Verfahren.

Mittlerweile liegt eine große Anzahl methodisch anspruchsvoller empirischer Studien vor (DGPT 2004). Weitere Literatur findet sich bei Fonagy et al. (2002); dieser Band bietet einen exzellenten Forschungsüberblick und entlarvt die Rede von der fehlenden Effizienz und Unwissenschaftlichkeit der psychoanalytischen Verfahren als Vorurteil. An dieser Stelle seien die in den letzten beiden Jahren wichtigsten Studien genannt: die Untersuchung von Leuzinger-Bohleber et al. (2001) und von Sandell et al. (1996, 2001). Beide Studien kommen übereinstimmend zu dem Ergebnis einer auch in Katamnese-Untersuchungen validierten hohen therapeutischen Effektivität psychoanalytischer Langzeitverfahren für eine große Gruppe von zum Teil auch sehr schwer kranker Patienten. Eine weitere jüngere Studie von Leichsenring (2005) unterstreicht diese Ergebnisse und zeigt die Notwendigkeit weiterer Forschungsbemühungen auf. Der Autor fasst nicht nur bisherige Studienergebnisse zusammen, die für psychoanalytische KZT und LZT den Wirksamkeitsnachweis führen, sondern entwickelt auch plausible Argumente für die Anwendung naturalistischer Studien und die Begrenztheit der RCT-Untersuchungen. Interessanterweise zeigt Leichsenring auch, dass psychoanalytische Psychotherapie eine kostengünstige Form der Behandlung darstellt, und führt empirische Belege dazu an.

Spezifische Fragestellungen galten in den zurückliegenden Jahren auch der Behandlung spezieller Patientengruppen, etwa psychotischer Patienten mit psychoanalytisch modifizierter Therapie. Das verbreitete Argument, eine (modifizierte) psychoanalytische Therapie müsse an den biologischen und/ oder psychischen Defekten schizophrener Psychosen scheitern, beruft sich immer wieder auf die negativen Befunde der Katamnese-Studien von Chestnut Lodge (McGlashan 1984, Mueser & Berenbaum 1990). Eine Überprüfung dieser Studien führte allerdings in jüngster Zeit zu methodischer und inhaltlicher Kritik (Nayfack 1994). Neben diesen Widerlegungen gibt es eine Fülle positiver Befunde: Die skandinavische Forschergruppe um Y. Alanen legte 1994 das Ergebnis einer multizentrischen Studie über psychoanalytisch modifizierte Psychotherapie mit schizophrenen Psychosen vor. Trotz methodischer Probleme liefert die Studie den empirischen Nachweis der therapeutischen Wirksamkeit psychoanalytischer Therapien bei schizophrenen Psychosen. Auch die Katamnese-Studie von Leuzinger-Bohleber (2001, 2006), in der sich etwa 8 % psychotische Patienten befanden, bestätigten dieses Ergebnis. In einer jüngst erfolgten methodisch äußerst anspruchsvollen Untersuchung (Gottdiener & Haslam 2002) wurden 37 Psychotherapie-Studien, in denen die Behandlungsergebnisse von insgesamt 2642 Patienten überprüft worden waren, einer Meta-Analyse unterzogen. Die Autoren konnten die Resultate der o.g. Einzelstudien über die therapeutische Wirksamkeit psychodynamischer Therapie bestätigen. Weitere Forschungsbereiche sind Fragen der Geschlechtsspezifität, der »Specimen Hour« (Musterstunde), des »Matching«, d.h. der Passung von Therapeut und Patient, Probleme der Chronifizierung und der Dauer. Ein genereller Nachweis der Wirksamkeit von Psychotherapie konnte etwa mithilfe des Einsatzes bildgebender Verfahren vor einigen Jahren erbracht werden (Solms 2006). Die Untersuchungen befassten sich dabei mit der Frage der Effektivität sowie mit dem Nachweis des dauernden verändernden Einflusses von therapeutischen Interventionen auf Gehirnfunktionen und Gehirnstrukturen. Dabei ergaben sich aufgrund der »neuronalen Plastizität« des Gehirns beachtliche Veränderungen.

10. Die Realität der psychoanalytischen Praxis

10.1 Psychoanalytische Psychotherapie

In der Psychotherapie wird die Psyche »therapiert«, während in der Psychoanalyse beide Beteiligte sich dem psychoanalytischen Prozess überlassen. Der Psychotherapeut »behandelt« eher aktiv, während der Patient eher passiv bleibt. Insofern besteht ein klarer qualitativer Unterschied zur Psychoanalyse. Dagegen handelt es sich bei der »psychoanalytischen« Psychotherapie, im Gegensatz zum Oberbegriff »Psychotherapie«, um ein Verfahren, bei dem, wie das Eigenschaftswort »psychoanalytisch« ausweist, psychoanalytische

Gesichtspunkte (Wunsch und Widerstand sowie Übertragung und Gegenübertragung) die entscheidende Rolle spielen. Daher ist die »psychoanalytische« Psychotherapie von der »Psychoanalyse« quantitativ verschieden: Sie dauert nicht so lang, die Stundenfrequenz ist nicht so hoch. Sie begnügt sich mit einem weniger hochgesteckten Ziel. Sie fordert keine totale Revision der Persönlichkeit, sondern begnügt sich mit einer begrenzten Veränderung. Anstelle einer vollen Aufdeckung aller unbewussten Dimensionen zielt sie auf das Aufdecken der pathogenen Ursachen der Symptome.

Wegen des klaren Ziels der Beseitigung der Krankheitsursachen ist die psychoanalytische Psychotherapie auch als Krankenbehandlung im Rahmen der Krankenversicherung anerkannt. Es können, bei entsprechender Indikation und Überprüfung durch einen Gutachter, bis zu 80, 160, in besonderen Fällen 240 und ausnahmsweise sogar bis zu 300 Behandlungsstunden auf Kosten der Krankenkasse voll finanziert werden. Es besteht somit ein fundamentaler Unterschied zwischen klassischer Psychoanalyse mit dem Ziel umfassender Selbsterkenntnis und psychoanalytischer Psychotherapie mit dem viel begrenzteren Ziel der Behandlung seelischer Krankheit.

Wir halten es für sinnvoll und zweckmäßig, dass sich Patient wie Therapeut von vornherein auf klar definierte Ziele einigen, wie dies Lester Luborsky (1995) vorschlägt, und dass die gesteckten Ziele von Zeit zu Zeit daraufhin überprüft werden, ob sie erreicht wurden oder nicht. Insofern wird dem Patienten relativ viel Kontrolle überlassen, denn der Patient weiß am besten, wie er sich fühlt. Die jeweils krankheitsunterhaltende konflikthafte Beziehung zwischen Patient und seinen wichtigsten Bezugspersonen steht die gesamte Zeit im Mittelpunkt der Behandlung. Dabei hat es sich als zweckmäßig erwiesen, beide Seiten des zentralen Beziehungskonflikts besonders zu beachten: die Wunschseite mit ihren Bedürfnissen und die Konsequenzen, die die Realisierung dieses Wunsches mit sich bringen würden, wobei jeweils positive und negative Konsequenzen getrennt zu eruieren sind.

Zur Einschätzung der Behandlungsfortschritte ist es auch hilfreich, das von Menninger & Holzman (1958) so genannte Einsichts-Dreieck zu beachten. In dieser Perspektive wird der aktuelle Konflikt (mit einer wichtigen Bezugsperson der Gegenwart) nicht nur mit einem vergangenen Konflikt (zu einer zentralen Bezugsperson der eigenen Vergangenheit) in Beziehung gesetzt, sondern auch mit der gerade vorherrschenden Übertragung (zum Therapeuten). Weisen alle drei Ebenen in die gleiche Richtung, macht die Behandlung Fortschritte.

10.2 Psychoanalytische Kurztherapie

Während in der psychoanalytischen Psychotherapie zahlreiche pathogene Konflikte gelöst werden, ist es in der psychoanalytischen Kurztherapie nur ein zentraler pathogener Konflikt, der zum Fokus, Brennpunkt, gemacht wird, daher auch Fokal-Therapie.

Beide beteiligten Personen einigen sich ebenso auf den »Fokal-Konflikt« wie auf die äußeren und inneren Bedingungen der Kurztherapie. Dazu gehören die Begrenzung auf ein Limit von 10, 20, höchstens 30 Sitzungen und auf ein eingeschränktes Therapieziel: die Lösung des einen gemeinsam benannten Fokal-Konflikts. Dies bedeutet unmissverständlich, dass etwa während der Behandlung aufkommende andere Konflikte außer Betracht bleiben müssen.

Unterschiede	**Psychoanalyse**	**Psychotherapie**	**Kurztherapie**
Begriff	Analyse der Psyche	Therapie	kurze Therapie der Psyche/fokale Analyse des zentralen Problems
globale Definition der Methode	hermeneutische Methode des Verstehens unbewusster Prozesse	ausgewählter Einsatz von Theorie und Methode	gezielter Einsatz von Theorie und Methode
Beziehung zwischen Analytiker/Therapeut und Patient	beide Beteiligte überlassen sich dem psychoanalytischen Prozess	Therapeut behandelt Patient psychoanalytisch	beide Beteiligte arbeiten konzentriert am Fokalkonflikt
Relation zwischen Methode und Therapeut/Analytiker	Methode > Analytiker	Therapeut > Methode	Analytiker *und* Methode
räumliche Anordnung	Analytiker im Sessel Patient auf Couch	jede der beiden Personen im Sessel	jede der beiden Personen im Sessel
Stundenfrequenz	4–5/Woche	1–3/Woche	1/Woche
Dauer	mehr als 3 Jahre (3–5)	weniger als 3 Jahre (1–3)	1–3 Monate
Stundenzahl	300 und mehr	bis maximal 300	maximal 30 Stunden

Abb. 15, Teil 1: Begriff, Definition und wichtige Merkmale von Psychoanalyse, Psychotherapie und Kurztherapie im Vergleich

Inhaltliche Merkmale	Psychoanalyse	Psychotherapie	Kurztherapie
Handhabung der Grundregel	streng	weniger streng	selektiv auf Fokal-Konflikt begrenzt
freie Assoziation	nahezu ideal	weniger ideal	auf Fokus begrenzt
Abstinenz	streng gewahrt	größere Nähe	große Nähe
Regression	gefördert	nicht speziell gefördert	auf zentralen Konflikt begrenzt
Symptome	werden praktisch nicht beachtet	werden in engem ursächlichen Zusammenhang mit Konflikten gesehen	wie bei Psychotherapie, mit Akzent auf Hauptsymptom
Konflikte	alle sich konstellierenden ungelösten Konflikte werden gelöst	nur pathogene Konflikte werden gelöst	nur der zentrale Konflikt wird gelöst
Übertragungs-neurose	voll entfaltet	partiell entfaltet	nur *ein* pathogenes Interaktionsmuster
Durcharbeiten	systematisches Durcharbeiten der Übertragungsneurose	unsystematisches Durcharbeiten der Übertragungsneurose	konzentriertes Bearbeiten des pathogenen Interaktionsmusters
Relation zwischen Phantasie und Realität	Phantasie > Realität	Realität > Phantasie	Phantasie *und* Realität
Relation zwischen Interpretation und Identifikation	nur Interpretation	Interpretation und Identifikation mit Therapeut	gezielte Interpretation des Fokal-Konflikts, Identifikation mit Therapeut
Ziele	weit über Krankenbehandlung hinausgehend Selbsterkenntnis Wahrheitssuche, ohne jede Lebenslüge totale Umstrukturierung der Persönlichkeit umfassende Einsicht	Krankenbehandlung mit Lösung der pathogenen Konflikte partielle Selbsterkenntnis, Wahrheitssuche, gleichsam als Nebeneffekt partielle Umstrukturierung im Bereich der pathogenen Konflikte partielle Einsicht	nur auf Lösung des Fokal-Konflikts konzentriert Selbsterkenntnis und unbedingte Wahrheitssuche im Konfliktbereich begrenzte Umstrukturierung Einsicht in Fokal-Konflikt

Abb. 15, Teil 2: Wichtige Unterschiede von Psychoanalyse, Psychotherapie und Kurztherapie in tabellarischer Übersicht: inhaltliche Merkmale und Ziele

Werden nur leicht gestörte Fälle mit klassischen Neurosen in Kurztherapie genommen, ist es relativ leicht, sich in der genannten Weise zu begrenzen. Haben Patient und Therapeut das Ziel, auch ein schwieriges Problem mit gravierenden Symptomen anzugehen, sind die Anforderungen an beide Beteiligte recht groß. Wie beim mechanischen Grundgesetz muss mehr Kraft aufgewendet werden, wenn der Weg in kürzerer Zeit zurückgelegt werden soll. Das heißt: Die Intensität der Therapie ist weit größer als in Psychoanalyse und psychoanalytischer Psychotherapie.

Die Voraussetzung aufseiten des Patienten ist die entsprechende Bereitschaft, sich dem gerade bestehenden aktuellen Konflikt voll auszusetzen, etwa einem Trennungsproblem direkt ins Auge zu schauen.

Das Engagement aufseiten des Therapeuten ist entsprechend groß. Er muss eine hohe Kompetenz mitbringen, um, zusammen mit dem Patienten, so konstruktiv und intensiv am Fokus zu arbeiten, dass in absehbarer Zeit eine Änderung erzielt werden kann. Beide am kurzen Prozess der Kurztherapie Beteiligte müssen also mutig genug sein, sich dem fokalen Problem zu stellen. Dieses Verfahren ist daher nicht ohne Risiko und bürdet dem Therapeuten eine hohe Verantwortung auf.

Die Abbildung 15 (siehe Seite 350 und 351) gibt in tabellarischer Übersicht die wichtigsten Merkmale der drei Methoden wider. Sie zeigt, dass zwischen der Psychoanalyse einerseits und der Psychotherapie und Kurztherapie andererseits gravierende Unterschiede bestehen.

10.3 Psychoanalytische Gruppentherapie

Methode und Theorie

Die psychoanalytische Theorie der Gruppe zielt auf diejenigen unbewussten Prozesse, die zwischen den einzelnen Mitgliedern sowie in der Gruppe als solcher ablaufen. Dabei handelt es sich um unbewusste Phantasien, die alle Gruppenteilnehmer mehr oder weniger teilen. Um sie psychoanalytisch zu verstehen, hat man zwei Möglichkeiten:

1. Man betrachtet das einzelne Mitglied einer Gruppe genauso wie einen einzelnen Patienten in der Psychoanalyse und nutzt die Anwesenheit der anderen Mitglieder der Gruppe ähnlich dem Chor der griechischen Tragödie als Hintergrund dazu, die Analyse des zu analysierenden Einzelnen zu fördern.

2. Man sieht die Gruppe wie ein Individuum, womit der Psychoanalytiker die für ihn vielleicht ungewohnte Situation im Umgang mit einer ganzen Gruppe zu einer ihm wieder vertrauten Situation umgewandelt hätte: zu einer Beziehung zwischen sich und einem unbekannten Gegenüber.
3. Eine dritte Methode schuf Sigmund Heinrich Foulkes: die Analyse der Gruppe. Diese schließt die Analyse des Einzelnen ein, der ja, zusammen mit den anderen, die Gruppe bildet. Die Gruppe wäre ebenso wenig das, was sie ist, ohne die Einzelnen, wie der Einzelne nicht das wäre, was er ist, ohne die anderen in der Gruppe, mit denen er in den verschiedensten Gruppen mehr oder weniger eng zusammenhängt (Foulkes 1964).

Diese zweidimensionale Perspektive berücksichtigt makroskopisch die Gruppe als solche wie mikroskopisch jedes Gruppenmitglied als unverwechselbare Individualität. Zwischen beiden Positionen oszilliert der Gruppenleiter; keine einfache Aufgabe: Jeweils die Gruppe als Ganzes und jeden einzelnen Teilnehmer zu verfolgen.

Schicht- und Prozessmodelle

Um sich in den vielschichtigen unbewussten Gruppenprozessen orientieren zu können, wurden verschiedene Modelle entwickelt, die es erlauben, eine jeweils real gegebene Gruppe gleichsam durch das Raster des jeweiligen Modells zu sehen. Dazu gehören vor allem die Schichtmodelle der psychoanalytischen Gruppenpsychotherapie, wie sie von verschiedenen Autoren vorgelegt wurden, die alle implizit am topographischen Modell Sigmund Freuds (vgl. Kap. VI.4) ausgerichtet sind. Sie sind in der Abbildung 16 auf der nächsten Seite übersichtlich zusammengefasst:

Es gibt verschiedene Prozessmodelle, nach denen unterschiedliche Phasen des im Laufe der Zeit stattfindenden Gruppenprozesses theoretisch geordnet werden. Nach Bennis & Shepard (1956) sind die Teilnehmer einer Gruppe in der initialen Dependenzphase, also Abhängigkeitsphase, mit ihren Abhängigkeiten von Autoritäten beschäftigt. In der darauf folgenden Interdependenzphase geht es um die persönlichen Beziehungen zu den anderen Gruppenmitgliedern. Dabei kann es auch zu Kontradependenz kommen, eine Position, in der Abhängigkeit von Autoritäten wie z. B. zur Zeit der Studentenbewegung nach 1968 in jeder Form ängstlich gemieden, verbissen bekämpft oder mit panischer Flucht beantwortet wird. Werden die damit verbundenen Konflikte

bw	Arbeitsbündnis »Vertrag«	Arbeitsgruppe	aktuelle Ebene	Ebenen der Gruppendynamik; Rollen, Status, Position	normative Verhaltensregulierung; Aushandeln (interaktionelle Gruppentherapie)	reflexiv interaktionelle Ebene
vbw	neue reale Beziehungen	dynamische Matrix (van der Kleij 1982)		Normen und Werte	**psycho-soziale Kompromissbildung** (tiefenpsychologisch fundierte Gruppentherapie)	
ubw	Wiedererleben der eigenen Herkunftsfamilie mit den Gruppenmitgliedern als Geschwister, dem Leiter als Vater und der Gruppe als Mutter (symbolisch)	Grundannahme der Gruppe 1. Abhängigkeit 2. Kampf/Flucht 3. »pairing« **depressive Position** (M. Klein 1952	»personale Matrix« projektive Ebene mit Selbst-, Körper- und Objektanteilen	Übertragung und Gegenübertragung ubw. (ganzer) Objektbeziehungsmusteraus ödipaler Konstellation (Bereich der »Klassischen Neurosen«)	gemeinsames Tagträumen (analytische Gruppentherapie)	phantasierte (irreale) Beziehungsmuster **ödipale Konstellationen**
	Gefahr des Identitäts- oder Ich-Verlusts	**paranoid-schizoide Position**	»psychotische« Ebene »Grund«-Matrix (van der Kleij 1982)	Abspaltung von Teilobjekten bzw. nur-guten nur-schlechte Selbst- und Objektanteile	Projektion, Introjektion, projektive Identifizierung	**präödipale Phänomene**
Autor	W. Schindler 1951	Bion 1961	Foulkes 1964	Kutter 1976	Heigl-Evers & Heigl 1979	Sandner 1978

Abb. 16: Schichtmodelle der psychoanalytischen Gruppen-Psychotherapie

erkannt und gelöst, ist über eine gewisse Desillusionierung oder Entzauberung ein Konsens möglich.

Das Modell Philip Slaters (1970) unterscheidet ebenfalls mehrere Phasen:
1. eine Phase mit einer Neigung, den Gruppenleiter zu idealisieren,
2. eine Phase, in der die Gruppe gegen den Leiter revoltiert, und
3. eine Phase, in der die Revolte dahingehend gelöst wird, dass es zu gegenseitiger Einigung mit einer neuen Ordnung kommt.

Die Ähnlichkeit mit den zuerst von Wilfred R. Bion (1961) vorgelegten drei Grundannahmen einer Gruppe ist unverkennbar. Grundannahmen im Sinne von Bion sind Annahmen, die die Mitglieder einer Gruppe über unbewusste Prozesse untereinander entwickeln, ohne sich bewusst darüber auszutauschen. Sie fürchten sich z. B. davor, sich zu sehr auf die Gruppe einzulassen, von dieser oder vom Gruppenleiter abhängig zu werden. Deswegen einigen sie sich untereinander, zur Abwendung der gefürchteten Gefahr lieber zu fliehen oder sich gegen den Gruppenleiter zu wehren. Das sind Prozesse, wie sie in jeder Gruppe vorkommen, so verschieden deren Ziele auch sind.

Hinter den Grundannahmen stecken die von der Psychoanalyse immer wieder betonten sexuell und aggressiv aufgeladenen unbewussten Beziehungsmuster, in die wir von frühester Kindheit an verstrickt sind, die wir aber mehr oder weniger zwanghaft in unseren aktuellen Beziehungen und damit auch in Gruppen wiederholen.

Wir sehen sie in Gruppen umso leichter, als wir uns an psychoanalytischen Modellen über die Phasen des Gruppenprozesses orientieren. Weitere Prozessmodelle wurden von Sandner (1978) und Kutter (1976) vorgelegt:

Dem Schichtmodell entsprechend gibt es eine erste reflexiv-interaktionelle Ebene bzw. gruppendynamische Ebene, auf der sich die Teilnehmer bewusst und sachlich über Ziele und Probleme austauschen. Darunter liegt eine zweite Ebene, auf der unbewusste Prozesse ablaufen und die ödipalen Konflikte wiederbelebt werden. In einer dritten, noch tieferen Schicht spielen sich die präödipalen bzw. narzisstischen Konflikte ab.

Je nach den Konflikten, die die Teilnehmer, wie es in der Sprache der Gruppendynamik heißt, »einbringen«, strukturiert sich dann die Gruppe. Damit nimmt sie, je nach Störung der Teilnehmer, neurotische Züge, Eigenschaften einer Borderline-Störung oder die einer narzisstischen Persönlichkeitsstruktur an.

Um sich selbst nicht zu sehr zu überfordern, tut ein Gruppenleiter gut daran, nicht zu verschiedenartige Patienten in ein und dieselbe Gruppe zu nehmen. Er würde sich sonst sehr schwer tun, immer einen gemeinsamen Nenner zwischen den einzelnen Gruppenmitgliedern zu finden. Dabei hat sich am ehesten ein Mittelweg zwischen einer allzu homogenen Gruppe (nach Alter, Vorbildung, Art der Störung) und einer allzu heterogenen Gruppe bewährt. So lassen sich gleichermaßen die Gefahren der zu wenig fruchtbaren Dynamik einer zu homogenen Gruppe wie die Gefahren der allzu großen Spannung bei zu großen Unterschieden bannen.

Indikations- und Wirkfaktoren

Gruppenpsychotherapie ist indiziert, wenn die in der Gruppentherapie zu lösenden Konflikte auch in Gruppen entstanden sind. Sie werden in der Situation der Gruppe unweigerlich re-aktiviert und können dann effektiv verändert werden zugunsten eines eher realitätsgerechten Verhaltens, verbunden mit der Einsicht in die unbewussten Prozesse zwischen den in der Gruppe zusammenarbeitenden Menschen. Die Wirkfaktoren liegen aber auch darin, dass neue Beziehungen geknüpft und unter wohlwollender Gewährung des Gruppenleiters erstmals gewagt, riskiert und ausprobiert werden. Dies ist nicht möglich ohne entsprechende emotionale Beteiligung (Finger-Trescher 1991). Ohne Re-Aktivierung bislang unbewusster konflikthafter Beziehungsmuster ist eine strukturelle Veränderung nicht möglich.

Moderne Gruppenanalyse

Alle für die Gruppenpsychotherapie relevanten Faktoren werden in einem aus den Workshops in Bad Altaussee hervorgegangenen Buch vor dem Hintergrund der Psychoanalyse diskutiert (Haubl & Lamott 1994), z. B. Grundregeln, Leitung, Abstinenz, Gruppenphantasien, Geschlechterdynamik, Affekte, Interventionsstrategien und Evaluation.

Auch Kernberg (1998) hat sich, ausgehend von Führungsproblemen in Institutionen, psychoanalytisch mit Gruppen befasst, jedoch weniger auf die Praxis der ambulanten Gruppenpsychotherapie bezogen, vielmehr auf Organisationen, wie z. B. psychoanalytische Ausbildungsinstitute oder psychiatrische Kliniken.

Die aus Säuglingsforschung, Bindungstheorie und Mentalisierungskonzepten stammenden neueren Aspekte wurden in dem Buch *Moderne Gruppenanalyse* (Hayne & Kunze 2004) für die Gruppenpsychotherapie nutzbar gemacht. Lichtenbergs fünf Motivationssysteme sind dabei ebenso berücksichtigt wie moderne Aspekte der Affektforschung, des Intersubjektivismus und der Neurobiologie. Wir sehen, dass sich die Gruppenpsychotherapie, nicht anders als die Einzelanalyse, verglichen mit der Zeit vor 10 Jahren entlang den Ergebnissen neuerer empirischer Forschung und neuer theoretischer Konzepte entschieden weiterentwickelt hat.

10.4 Psychoanalytische Familientherapie

Methode und Theorie

Familientherapie ist psychoanalytisch, wenn sie wie in der psychoanalytischen Einzel- oder Gruppentherapie Wunsch und Widerstand ebenso berücksichtigt wie Übertragung und Gegenübertragung.

Die gegenwärtige Familientherapie ist überwiegend systemtheoretisch orientiert. Auf dem Weg von der Psychoanalyse zur Familientherapie (Stierlin 1975) stehen die realen Beziehungsprobleme der unmittelbaren Gegenwart im Vordergrund, während die irrealen oder unbewussten Prozesse in den Hintergrund gerückt sind. Familienmitglieder werden nach der familientherapeutischen »Grundregel« ermutigt, darüber miteinander zu sprechen, was bisher nicht besprochen wurde. Dabei sind die Ressourcen aller gefordert.

Nach Buchholz (1995) gibt es aber auch eine psychoanalytische Methode Familientherapie. Wie in der Gruppentherapie gelten dabei drei Perspektiven:

1. es wird der Einzelne in der Familie betrachtet,
2. die Familie wird angesehen wie ein Individuum,
3. es werden sowohl die Einzelnen als auch die Familie betrachtet.

Dabei werden die beiden bipolaren Prinzipien von »Wunsch und Widerstand« sowie »Übertragung und Gegenübertragung« genauso zweidimensional wie in der Therapiegruppe angewandt: in oszillierendem Wechsel zwischen der jeweiligen Beobachtung der intrapsychischen Prozesse der einzelnen Familienmitglieder, der Prozesse zwischen den einzelnen Familienmitgliedern und derjenigen in der Familie als Ganzes.

Moderne Aspekte

Heute haben sich Psychoanalyse und Systemtheorie im Umgang mit Familien angenähert (Cierpka 2003, Reich, Massing & Cierpka 2007, Schwartz 2004).

In einem »diagnostischen Fenster« werden aktuelle Lebenswelt, gegenwärtiger Entwicklungsstand, kultureller Hintergrund und spezielle Erziehungsstile in einer Mehrgenerationenperspektive erfasst, und zwar systemtheoretisch wie psychodynamisch. Da unbewusste Konflikte und Interaktionsmuster in ihrer aktuellen Inszenierung ebenso aufgedeckt wie Übertragung und Gegenübertragung gebührend berücksichtigt werden, handelt es sich hierbei, trotz der zusätzlichen systemischen Sicht, nach wie vor um psychoanalytische Familientherapie. Die gemeinsame Perspektive von Psychoanalyse und Systemtheorie erlaubt jedoch, gegenüber einer ausschließlich psychoanalytischen bzw. systemtheoretischen Sicht, eine präzisere Diagnose, eine klarere Problemdefinition und eine umfassendere Zielsetzung für die Therapie, gefolgt von besseren Ergebnissen. Das gesellschaftlich aktuelle Thema von Gewalt in Familien ist derzeit ebenso wie Effektivität und Versorgungsrelevanz von Familientherapie Gegenstand von Forschungsprojekten, gefördert vom Bundesfamilienministerium.

Fallbeispiel

Ein Vater beklagt sich darüber, dass er sich von seiner Familie ausgeschlossen fühlt. Er ist beruflich sehr ehrgeizig, hat in Wirklichkeit wenig Zeit für Frau und Kinder, er sucht aber dennoch Schutz und Geborgenheit in seiner Familie und fühlt sich in seiner Sehnsucht enttäuscht. Werden nun aber die Frau und die Kinder in die Analyse der unbewussten Prozesse in und zwischen den Familienmitgliedern einbezogen, ergibt sich, dass die Frau des viel beschäftigen Mannes sich genauso von diesem im Stich gelassen fühlt wie die beiden Kinder. Es wundert daher nicht, dass sich Mutter und Kinder zu einer Untergruppe zusammenschließen und sich mehr oder weniger bewusst/unbewusst darauf einigen: »Dann helfen wir uns eben selbst.« Damit hat unsere Beispielfamilie zwar im Sinne eines Selbstheilungsversuchs eine Lösung gefunden, dies aber um den Preis neurotischen Leidens. Alle Beteiligten fühlen sich mehr oder weniger frustriert und entwickeln unterschiedliche Symptome. Während der Mann sich, abgesehen von seinen beruflichen Erfolgen, im Hinblick auf sein Privatleben leer und unerfüllt fühlt, leidet die Ehefrau an Migräne und Depressionen, flüchten sich die beiden heranwachsenden Kinder in die Gruppen der Altersgenossen.

In nur wenigen Sitzungen, die nicht regelmäßig als Familiensitzungen durchgeführt wurden, sondern abwechselnd mit dem Mann, mit der Frau, aber auch mit dem Paar, gelang es, das Problem dieser Akademikerfamilie relativ rasch bewusst zu machen. Voraussetzung dazu war vor allem, dass der Mann bzw. Vater einzusehen lernte, dass er es war, der primär die Familie verließ und damit sekundär den Zusammenschluss von Frau und Kindern bewirkte: Er hatte ja geglaubt, »die anderen« hätten ihn (primär) verlassen, worauf er sich (sekundär) ausgeschlossen fühlte.

Der wichtigste Hebel der Veränderung war damit die individuelle Psychoanalyse einer zentralen Figur dieser Familie: des Vaters bzw. Mannes. Die Folge der neuen Einsichten war ein lockeres Verhalten dieses Familienmitglieds, was von allen anderen als spürbare Entspannung der gesamten Familienatmosphäre empfunden wurde. Wir denken abschließend, dass die günstige Entwicklung in unserer Beispielfamilie möglich war, weil sich der betreffende Therapeut in seinem Selbstverständnis nicht ausdrücklich als Familientherapeut verstand, sondern als Psychoanalytiker, dessen Aufgabe es ist, unbewusste Prozesse bewusst zu machen; nicht mehr und nicht weniger.

10.5 Weitere Anwendungen der Psychoanalyse

Hier wären viele spannende Anwendungen der Psychoanalyse in Literatur und Kunst, auch in der Musik, zu nennen. Dies würde den Rahmen des Buches aber sprengen. Wir beschränken uns daher auf folgende eher praxisbezogene Anwendungen:

Anwendungen in der Medizin

Dazu zählen das psychoanalytische Interview, die psychoanalytische Kurztherapie und Psychotherapie, wie auch im weitesten Sinne alle Versuche, besser zu verstehen, was sich im gesamten medizinischen Bereich zwischen Patient und Arzt abspielt.

Auch hier kommen oft ausgeprägte Übertragungen vor: Patienten sehen im »Onkel Doktor« eine Figur, die fast zur Familie gehört. Sie klammern sich an den Arzt, der nicht selten die einzige Bezugsperson der heute häufig vereinsamten Menschen ist. Viele Krankheiten haben unbewusst nur die Funktion, zu erreichen, dass sich jemand um einen kümmert, um nicht völlig alleingelassen zu sein. Viele Patienten ziehen den Arzt in Beziehungsmuster hinein, die diesen genauso wie den Psychoanalytiker zu gefühlsmäßigen Reaktionen veranlassen, die ihm bewusst sein sollten.

In vielen Fällen ist der Arzt allerdings ratlos. Er reagiert z. B. auf das ständige Anklammern des Patienten mit dem Verschreiben von immer mehr Arzneimitteln, mit Überweisungen zu Fachärzten oder mit der Einweisung ins Krankenhaus. Andere Patienten erreichen es, dass ihre Ärzte sich über Jahre wie eine treu sorgende Mutter oder wie ein gütiger Vater unermüdlich bis zur Selbstaufopferung um sie kümmern – ein Typus von Arzt, der allerdings selten geworden ist. Viel häufiger ist die distanzierte Beziehung, das unverbindliche geschäftsmäßige Verhalten, ohne jede gefühlsmäßige Beteiligung bei klarer Trennung der Rollen. Etwas mehr gegenseitige Verbindlichkeit und etwas mehr psychoanalytisches Denken vor dem Hintergrund von psychoanalytischer Methode und Theorie würden aber der heute weitgehend durch eine perfekte Technik beherrschten Medizin nicht schaden.

Die Ärzte müssen nur etwas Bereitschaft zu einem gemeinsamen Gespräch mitbringen, sich Zeit nehmen, sich auf die seelische Seite der Krankheit des Patienten einlassen. In Balint-Gruppen haben Ärzte Gelegenheit, über die in der Beziehung zu bestimmten Patienten auftretenden Probleme zu sprechen, ihre Erfahrungen mit Kolleginnen und Kollegen auszutauschen, um auf diese Weise immer mehr Einblick in unbewusste Prozesse zwischen Patient und Arzt zu gewinnen. Die gemeinsame Arbeit mit dem Patienten wird dann verbindlicher und macht umso mehr Spaß, je mehr es dem Arzt gelingt, seine Patienten besser zu verstehen, d. h. nicht nur verstandesmäßig, sondern auch gefühlsmäßig. Damit kann er nicht nur seinen Patienten helfen, sich besser zu verstehen, sondern auch sich selbst.

Anwendungen in der Psychologie

In der Psychologie sind es die Bereiche Psychotherapie und Beratung, bei denen psychoanalytische Theorien und Methoden hilfreich sein können, z. B. bei Beziehungsproblemen oder beruflichen Krisen. Hohe Anforderungen stellt die Beratung bei unerwünschter Schwangerschaft, denn sie muss gleichermaßen die Interessen von Frau und Kind abwägen. August Aichhorn (1925) wandte die Psychoanalyse erstmals in der Erziehungsberatung an.

Wie in der Medizin, so ist auch in der psychologischen Praxis eine entsprechende Persönlichkeitsschulung, möglichst mit eigener Analyse oder über eine Selbsterfahrungsgruppe, eine wichtige Voraussetzung für die sinnvolle Anwendung psychoanalytischer Techniken. Eine praxisnahe Vermittlung psychoanalytischer Methoden und Theorien tut ein Übriges, um den angehenden Psychologen zu befähigen, Psychoanalyse gezielt in Psychotherapie und

Beratung einzusetzen. Dabei hat es sich auch in der klinischen Psychologie bewährt, die Beratungsgespräche regelmäßig in Balint-Gruppen supervisieren oder kontrollieren zu lassen. Denn wenn Psychologen sich intensiver auf ihre Klienten einlassen, verwickeln sie sich allzu leicht aus der Befangenheit eigener Subjektivität heraus in die Probleme des Klienten, sodass es manchmal geradezu schwierig werden kann, die Grenzen zwischen privater Beziehung, interessierter Zuwendung und professionellem Handeln klar zu ziehen – ein Beziehungsproblem, das in Balint-Gruppen mit Psychologiestudenten häufig vorkommt.

Die administrativen Verhältnisse an Beratungsstellen mit ihren Vorschriften und Bestimmungen machen es engagierten Psychologen, die Psychoanalyse in der Beratung anwenden wollen, nicht immer leicht. Die psychoanalytische Perspektive kann ebenso wenig von Oben verordnet werden, wie sie subversiv von unten her gegen die Institution gerichtet werden sollte. Beides ist mit Sicherheit zum Scheitern verurteilt. So kann ein Psychologe nicht ohne weiteres vom Chefarzt in der Klinik, vom Direktor des Jugend- oder Sozialamtes oder vom Heimleiter beauftragt werden, diesen oder jenen Jugendlichen psychologisch oder psychoanalytisch oder wie auch immer dahin zu bringen, dass dieser ein ganz bestimmtes erwünschtes Verhalten zeigt. Ebenso wenig geht es gut, wenn eine politisch engagierte Psychologin, die Gelegenheit hat, in einem Waisenhaus zu arbeiten, sich einseitig mit den dort leidenden Kindern verbündet, ohne ernsthaft versucht zu haben, mit den verantwortlichen Leitern der Institution zu einer Einigung zu kommen.

Soll die Anwendung der Psychoanalyse im psychologischen Bereich sinnvoll und erfolgreich sein, ist es unerlässlich, vor Beginn der ersten Beratung die Voraussetzungen auf allen Ebenen zu klären, nicht nur zwischen Ratsuchendem und Berater, sondern auch zwischen Berater und dessen Vorgesetzten. Kollegial organisierte Institutionen erleichtern natürlich ein derartiges Vorhaben. In der Regel sind Institutionen aber hierarchisch gegliedert. Deswegen ist es besser, sich nach den real gegebenen Verhältnissen zu richten und dennoch zu versuchen, in Abstimmung mit den verantwortlichen Stellen einem Beratungsteam so viel psychoanalytische Arbeit zu gestatten wie möglich.

Anwendungen in der Politik

Freud sah die Ursache für viele gesellschaftliche Konflikte in der »›kulturellen‹ Sexualmoral« (Freud 1908 d), in der »doppelten Sexualmoral«. Er schreibt: »Unsere Kultur ist ganz allgemein auf die Unterdrückung von Trieben aufgebaut« (ebd., S. 149). Mit dieser Diagnose wurde Freud zum Kulturkritiker, und zwar aus Sorge um seine Patienten: »Ein gewisses Maß direkter sexueller Befriedigung scheint für die allermeisten Organisationen unerläßlich« (ebd., S. 151). Wenn dies die Norm ist, dann ist die »Unterdrückung ... zu weit gegangen« (ebd., S. 160).

Später schreibt er in »Zeitgemäßes über Krieg und Tod« (1915 b): Der »Staat fordert das Äußerste an Gehorsam und Aufopferung« (S. 330). Damit macht Freud den Staat für die Mängel der herrschenden Gesellschaft verantwortlich. An anderer Stelle bemerkt er: Der Staat »gibt sich jedes Unrecht, jede Gewalttätigkeit frei, die den Einzelnen entehren würde. Er bedient sich nicht nur der erlaubten List, sondern auch der bewußten Lüge und des absichtlichen Betrugs« (ebd., S. 329 f.). Wir denken an den Irak-Krieg.

Freuds Kulturkritik kulminierte schließlich in seiner bekannten Spätschrift *Das Unbehagen in der Kultur* (1930 a). Hier kritisierte er die »Unzulänglichkeit der Einrichtungen, die die Beziehungen der Menschen untereinander in Familie, Staat und Gesellschaft regeln«. Damit sind Schule und Militär genauso gemeint wie wirtschaftliche Einrichtungen in Industrie und Handel oder politische wie Regierung und Rechtsprechung. Sie stellen nach Freud eine »soziale Leidensquelle« ersten Ranges dar, weil sie ein solches Maß an Versagung von den Menschen fordern, dass deren Frustrationstoleranz überfordert ist. Freud stellt sarkastisch fest: »Die Absicht, daß der Mensch ›glücklich‹ sei, ist im Plan der Schöpfung nicht enthalten« (ebd., S. 434). Mit »Schöpfung« sind, wenn wir an Freuds Religionskritik in *Die Zukunft einer Illusion* (1927 c) denken, die von ihm kritisierten, von Menschen geschaffenen »Institutionen« gemeint, die es nicht gestatten, dass die Menschen nur nach ihrer Lust leben können. Die kulturellen Einrichtungen schützen den Menschen, beschneiden aber seine elementaren Triebe, daher das berühmt-berüchtigte »Unbehagen« in der Kultur.

Der andere Punkt ist das Problem der Aggressivität, das wir weiter oben im Rahmen der psychoanalytischen Persönlichkeitstheorie (vgl. Kap. VI.3) behandelt haben. Freud (1930 a, S. 482) fragt: »Welcher Mittel bedient sich die Kultur, um die ihr gegenüberstehende Aggression zu hemmen?« Seine

Antwort: Die aggressiven Bedürfnisse, andere direkt zu verletzen, zu schädigen, sei es nun physisch oder psychisch, werden genauso unterdrückt wie die sexuellen Bedürfnisse. Der Preis ist ein zweiter »Triebverzicht«, um Freuds Ausdruck zu gebrauchen, den die Kultur den Menschen auferlegt, nachdem sie mit der Unterdrückung der Sexualität schon einen ersten Triebverzicht gefordert hat.

Um dem dadurch gesellschaftlich geschaffenem Unbehagen zu entgehen, stellt die Kultur indes »Linderungsmittel« bereit, wie Ablenkungen, Ersatzbefriedigungen und – Drogen. Der Gewinn der doppelten Unterdrückung (der sexuellen und der aggressiven Bedürfnisse) sind die Errungenschaften kulturellen Fortschritts: der – im Sinne von Karl Marx – »kulturelle Überbau« wie Wissenschaften und Kunst. Ein weiterer Gewinn wären die für manche zweifelhaften Fortschritte der Zivilisation. Dazu gehören alle durch Materie und Technik überformten und perfektionistischen materiellen und sozialen Gegebenheiten einer Gesellschaft, zusammen mit ihren kollektiven Schutzeinrichtungen und vielfältigen Dienstleistungen wie Bildung und Freizeit.

Das Dilemma besteht in dem Spannungsfeld zwischen Natur und Kultur, einem unauflösbaren Widerspruch menschlichen Lebens. Würden einerseits alle sexuellen und aggressiven Bedürfnisse befriedigt werden, so wie es die Natur gebietet, würden wir wie die Tiere leben und uns jedes kulturellen oder zivilisatorischen Fortschritts entheben. Würden wir andererseits allen kulturellen Erfordernissen ausnahmslos gehorchen, uns streng an Normen der Moraltheologie und Ethik halten und alle Verbote und Gebote rechtlicher Einrichtungen und staatlicher Kontrolle einhalten, würden wir in logischer Schlussfolgerung alle krank werden, weil damit die Natur in uns völlig unterdrückt wäre.

Die herrschenden gesellschaftlichen Verhältnisse sind je nach geographischen, historischen, wirtschaftlichen und politischen Bedingungen variabel und können im Hinblick auf das Ausmaß der Triebunterdrückung als mehr oder weniger permissiv oder großzügig bzw. mehr oder weniger unterdrückend oder verbietend eingeordnet werden.

Psychoanalytische Vorurteilsforschung und Minderheitenprobleme

Vorurteile sind »vorläufige« Urteile oder Urteile, die wir von anderen ungeprüft übernehmen. Es sind Urteile, die uns den Aufwand ersparen, selbst zu urteilen. Vorurteile werden kollektiv von vielen Menschen geteilt, z. B.

das Vorurteil, dass nur die eigene Gruppe gut und die andere Gruppe schlecht ist. Abschreckendstes Beispiel eines rassischen Vorurteils war der nationalsozialistische Wahn, dass nur die arische Rasse gut, die jüdische Rasse dagegen schlecht sei. Zur Aufklärung der Vorurteile hat die »Kritische Theorie« (Horkheimer 1963) wesentlich beigetragen. Danach entstehen Vorurteile durch unbewusste Projektionen. Die eigenen Schwierigkeiten werden auf andere projiziert. Nicht wir sind dann die Schwierigen, die anderen sind es.

Am Beispiel des Antisemitismus unterscheiden wir (Loewenstein 1968) verschiedene Wurzeln:

1. eine religiöse, die sich aus der historischen Entwicklung der christlich-jüdischen Beziehungen und aus der Ambivalenz der Christen gegenüber Gott ableitet,
2. eine xenophobische, der zufolge alles Fremde Angst und Abneigung auslöst,
3. eine ökonomische, bestehend aus Neid und Ressentiments der Besitzlosen gegenüber den Besitzenden, und
4. eine politische, über die die ohnehin schon bestehenden Vorurteile zusätzlich politisch gesteuert werden.

Hass auf Ausländer und Gewalt gegen Fremde ist umso eher wahrscheinlich, je unsicherer die eigene soziale Position und Zukunftsaussichten sind, aber auch je labiler die eigene psychische Identität ist.

Was wir dagegen tun können, sind folgende Gegenmaßnahmen:

1. den Menschen politisch und wirtschaftlich soziale Sicherheit ermöglichen,
2. äußere Voraussetzungen für die optimale Entwicklung der psychischen Identität schaffen,
3. die eigenen Ideale daraufhin ansehen, ob sie nicht auf Kosten anderer zustande kommen,
4. bei Entwertungen, Hassgefühlen und Verurteilungen anderer an projektiv verzerrte Vorurteile denken und deswegen Vorurteile durch eigene kritische Urteile ersetzen.

Mitscherlichs Beiträge zu einer Psychoanalyse der Politik

Wenn wir uns abschließend fragen, warum es in der Geschichte des deutschen Volkes zwischen 1933 und 1945 grausame Realität wurde, dass Millionen von Menschen getötet wurden und noch mehr Menschen unvorstellbares Leid erdulden mussten, die damaligen Feinde wie die Angehörigen des eigenen Volkes, dann erlauben die psychoanalytischen Beiträge Alexander und Margarete Mitscherlichs (z. B. 1967) einige Antworten. Es sind Antworten, die die Vorurteilsforschung noch offenließ. Wie konnte es zu einer derartigen Begeisterung für einen »Führer« kommen, von dem doch bei vernünftiger Betrachtung jeder aufgrund seiner mündlichen und schriftlichen Äußerungen hätte sehen müssen, dass hier Ziele verfolgt werden, die jeder ernsthaften Überprüfung Hohn sprechen? Müssen hier nicht alle jene kritischen Funktionen, die am Schluss des vorhergehenden Abschnitts aufgezählt wurden, ausgesetzt gewesen sein? Wir können vermuten, dass eine allgemein vorherrschende Begeisterung, die auch die Intellektuellen erfasste, wie eine Naturkatastrophe wirkte, die alle Dämme niederriss. Die kritischen Funktionen waren überwiegend außer Kraft gesetzt. Eine realitätsgerechte Einschätzung der Verhältnisse war nicht mehr möglich. Unterdrückte sexuelle Bedürfnisse äußern sich in schwärmerischer Verliebtheit in den »Führer«, während abgewehrte aggressive Impulse auf Minderheiten wie Juden projiziert werden, bis hin zum Holocaust. Kein Wunder, dass bei einer derartigen Vorgeschichte die begangenen Taten und Untaten – und sei es nur das Zulassen der Taten und Untaten anderer – nach Kriegsende kollektiv verleugnet wurden. Sie wurden genauso im Sinne des Abwehrmechanismus der Verleugnung aus dem Bewusstsein ausgeblendet wie andere unangenehme Bereiche der Wirklichkeit. Das Erkennen der tatsächlich begangenen Untaten wäre unerträglich gewesen, weil es bedeutet hätte, die Schuld dafür anzuerkennen. Es hätte auch bedeutet, gegenüber anderen Völkern Scham zu empfinden. Das Ergebnis der Abwehr war einerseits die Flucht in die Aktivität mit rastlosem Wiederaufbau des Zerstörten, andererseits der Rückzug in Depression und Fatalismus.

Hier hat sich, mehr als 60 Jahre nach Kriegsende, viel getan: Holocaust-Denkmal, Wehrmacht- und Vertriebenen-Ausstellung sowie eine nicht mehr übersehbare, die Vergangenheit aufarbeitende Literatur. Deswegen schließen wir hoffnungsvoll mit Sigmund Freud (1927c, S. 377): »Die Stimme des Intellekts ist leise, aber sie ruht nicht, ehe sie sich Gehör geschafft hat. Am Ende, nach unzählig oft wiederholten Anweisungen, findet sie es doch. Dies ist einer der wenigen Punkte, in denen man für die Zukunft der Menschheit optimistisch sein darf.«

Literaturverzeichnis

Abelin, E L (1986) Die Theorie der frühkindlichen Triangulation. In: Stork, J (Hg) (1986): 45–72

Abraham, K (1907) Das Erleiden sexueller Traumen als Form infantiler Sexualbetätigung. In: Ders.: (1969), Bd. II: 165–179

– (1924) Versuch einer Entwicklungsgeschichte der Libido auf Grund der Psychoanalyse seelischer Störungen. In: Ders.: (1969), Bd. 1: 32–145

– (1969) Schriften. 2 Bde. Frankfurt/M.: Fischer, 1969. Nachdruck 2001, Giessen: Psychosozial

Adler, A (1922) Über den nervösen Charakter. Grundzüge einer vergleichenden Individual-Psychologie und -Psychotherapie. München/Wiesbaden: J F Bergmann. Nachdruck 2000, Göttingen: Vandenhoeck & Ruprecht

Adorno, T W (1966) Postscriptum. Zum Verhältnis von Soziologie und Psychologie. Kölner Z Soziologie u Psychologie 18: 37–42

–, Frenkel-Brunswik, E, Levinson, D J, Sanford, R N (1950): The authoritarian personality. New York: Harper. Dt: Studien zum autoritären Charakter. Frankfurt/M.: Suhrkamp 1995

Aichhorn, A (1925) Verwahrloste Jugend. Die Psychoanalyse in der Fürsorgeerziehung. Leipzig/Wien/Zürich: Int. Psychoanal. Verlag. Nachdruck 2005, Bern: Huber

Alanen, Y (1994) Early treatment for schizophrenic patients. Oslo: Scand. Univ. Press

Alexander, F (1951) Psychosomatische Medizin. Berlin: De Gruyter. Taschenbuch 1985

– & French, T (1946) Psychoanalytic therapy. New York: Ronald Press

– & Staub, H (1929) Der Verbrecher und seine Richter. In: Moser, T (Hg) Psychoanalyse und Justiz: 225–433. Frankfurt/M: Suhrkamp 1971

Altmeyer, M & Thomä, H (2006) Die vernetzte Seele. Die intersubjektive Wende in der Psychoanalyse. Stuttgart: Klett-Cotta

Anzieu, D (1985) Das Haut-Ich. Frankfurt/M: Suhrkamp 1994

Arbeitskreis OPD (1998) Operationalisierte psychodynamische Diagnostik. Bern: Huber

Argelander, H (1970) Das Erstinterview in der Psychotherapie. Darmstadt: Wissenschaftliche Buchgesellschaft. 6. Auflage 1999

Arlow, J (1986) Panel. On identification in the perversions. Int J Psychoanal 57: 245–250

– & Brenner, C (1964) Grundbegriffe der Psychoanalyse. Hamburg: Rowohlt 1976. Neudruck 1985, Wiesbaden: VS-Verlag für Sozialwissenschaften

Bacal, H A & Newman, K M (1990) Objektbeziehungstheorien – Brücken zur Selbstpsychologie. Stuttgart-Bad Cannstatt: frommann-holzboog 1994

Balint, M (1966) Die Urformen der Liebe und die Technik der Psychoanalyse. Bern/Stuttgart: Huber & Klett. 2. Auflage Stuttgart: Klett-Cotta 1997

– (1970) Therapeutische Aspekte der Regression. Zur Theorie der Grundstörung. Stuttgart: Klett. 2. Auflage Klett-Cotta 2002

– & Balint, E (1961) Psychotherapeutic techniques in medicine. Dt: Psychotherapeutische Techniken in der Medizin. Stuttgart: Klett-Cotta 1995. Taschenbuch 2002

– & Norell, J S (1975) Fünf Minuten pro Patient. Frankfurt/M.: Suhrkamp. 2. Auflage 1982

Bánk, S (2002) Der Schwimmer. Frankfurt/M: S. Fischer

Baranger, M, Baranger, W & Mom, J M (1988) The infantile psychic trauma from us to Freud: Pure trauma, retroactivity and reconstruction. Int J Psychoanal 69: 113–128

Bateson, G et al. (1969) Schizophrenie und Familie. Frankfurt/M: Suhrkamp 2002

– (1972) Steps to an ecology of mind. New York: Ballantine Books. Dt: Ökologie des Geistes. Frankfurt/M: Suhrkamp 1981

Beattie, H (2003) The repression and return of bad objects: W. R. D. Fairbairn and the historical roots of theory. Int J Psychoanal 84: 1171–1188

Becker, S (2005) Weibliche und männliche Sexualität. In: Quindeau, I & Sigusch, V (Hg) (2005): 63–79

Beckmann, D (1975) Der Analytiker und sein Patient. Bern: Huber. 2. Auflage 1993

Beier, K M (1995) Dissexualität im Lebenslängsschnitt. Theoretische und empirische Untersuchungen zur Phänomenologie und Prognose begutachteter Sexualstraftäter. Berlin: Springer

Benjamin, J (1990) The bonds of love. New York: Pantheon. Dt: Die Fesseln der Liebe. Frankfurt/M.: Stroemfeld/Roter Stern

Bennis, W G & Shepard, H A (1956) A theory of group development. Human Relations 9: 415–437

Berner, W (2000) Paraphilie. In: Mertens, W & Waldvogel, B (Hg) (2000): 543, 2. Auflage 2002

Beutel, M E, Stern, E & Silbersweig, D A (2003) The emerging dialogue between psychoanalysis and neuroscience: neuroimaging perspectives. J Am Psychoanal Asso 51, 773–801

Bibring, E (1953) The mechanism of depression. In: Greenacre, P (Ed) Affective Disorders. New York: IUP

Bick, E (1968) Hauterleben in frühen Objektbeziehungen. In: Bott Spillius, E (Hg) (1990/91), Bd. 1: 236–240

Bion, W R (1961) Experiences in groups and other papers. London: Tavistock. Dt: Erfahrungen in Gruppen und andere Schriften. Stuttgart: Klett-Cotta 2001

– (1962) Learning from experience. New York: Basic Books. Dt. Lernen durch Erfahrung. Frankfurt/Main: Suhrkamp 1999

– (1963) Eine Theorie des Denkens. Psyche Z Psychoanal 17: 426–435
– (1967) Second thoughts. Selected papers on psychoanalysis. New York: Basic Books
Blaß, H (2002) Das Bild des genügend guten Vaters und die männliche Fähigkeit, eine Frau achten zu können. Kinderanalyse 10: 62–92
– (2006) Erwachsene Liebesbeziehungen und die mentalisierende Rolle des Vaters. In: Dammasch, F & Metzger, H-G (Hg) (2006): 42–71
Blass, R B & Carmeli, Z (2007) The case against neuropsychoanalysis. Int J Psychoanal 88: 19–40
Bock, J & Braun, K (2002) Frühkindliche Emotionen steuern die funktionelle Reifung des Gehirns. Psychotherapie 7: 190–194
Böker, H (2000) Depression, Manie und schizoaffektive Psychosen. Giessen: Psychosozial
Bohleber, W (2000) Die Entwicklung der Traumatheorie in der Psychoanalyse. Psyche Z Psychoanal 54: 797–839
– (2002) Editorial: Psychoanalyse und Entwicklungsforschung. Psyche Z Psychoanal 56: 803–808
– (2005) Einführung in das Thema der Psyche-Tagung 2004: Vergangenes im Hier-und-Jetzt. Lebensgeschichtliche Erinnerung im psychoanalytischen Prozeß. Psyche Z Psychoanal 59, Beiheft: 2–10
Bokanowski, T (2005) Variations on the concept of traumatism. Traumatism, traumatic, trauma. Int J Psychoanal 86: 251–266
Bollas, C (1997) Der Schatten des Objekts. Das ungedachte Bekannte. Zur Psychoanalyse der frühen Entwicklung. Stuttgart: Klett-Cotta. 2. Auflage 2005
Bott Spillius, E (Hg) (1990/91): Melanie Klein heute. 2 Bde. München/Wien: VIP
– (2002) Kleinianische Theorie in klinischer Praxis. In: Frank, C & Weiß, H (Hg). Stuttgart: Klett-Cotta
Bowlby, J (1975) Bindung. Eine Analyse der Mutter-Kind-Beziehung. Frankfurt/M.: Fischer. Neuauflage 2006, München: Reinhardt
– (1976) Trennung. Psychische Schäden als Folge von Trennung von Mutter und Kind. Frankfurt/M.: Fischer. Neuauflage 2006, München: Reinhardt
– (1983) Verlust. Trauer und Depression. Frankfurt/M.: Fischer. Neuauflage 2006, München: Reinhardt
Bråten, S (1992) The virtual other in infant's minds and social feelings. In: Wold, A (Ed) The dialogical alternative: 77–97. Oslo: Scand. Univ. Press
Brenman, E (1990) Hysterie. Psyche Z Psychoanal 44: 1063–1081
Brenman-Pick, I (1988) Durcharbeiten in der Gegenübertragung. In: Bott Spillius, E (Hg) (1990/91), Bd. 2: 45–64
Britton, R (1992) The oedipus situation and the depressive position. In: Anderson, R (Ed) Clinical lectures on Klein and Bion: 34–45. London: Routledge & Kegan
Buchholz, M B (Hg) (1993) Metaphernanalyse. Göttingen: Vandenhoeck & Ruprecht
– (1995) Die unbewußte Familie. Lehrbuch der psychoanalytischen Familientherapie. Stuttgart: Pfeiffer

– & Gödde, G (Hg) (2005) Macht und Dynamik des Unbewussten. Auseinandersetzungen in Philosophie, Medizin und Psychoanalyse. Bd. 1. Giessen: Psychosozial

Bürgin, D (1998) Triangulierung. Der Übergang zur Elternschaft. Stuttgart: Schattauer

Busch, F (1993) »In the neighbourhood«: Aspects of a good interpretation and a »developmental lag« in ego psychology. J Am Psychoanal Asso 41: 151–17

Chasseguet-Smirgel, J (Hg) (1964) Psychoanalyse der weiblichen Sexualität. Frankfurt/M: Suhrkamp 1974. Neuauflage 2001

– (1984) Kreativität und Perversion. Frankfurt/M: Suhrkamp 1992

– (1991) Sadomasochism in the perversions: Some thoughts on the destruction of reality. J Am Psychoanal Asso 39: 399–415

Cierpka, M (2003) Handbuch der Familiendiagnostik. Berlin: Springer

Coates, S, Friedman, R & Wolf, S (1992) Gender identity disorder in boys: An integrative model. In: Baron, J W; Eagle, M N & Wolitzky, D L (Ed) Interface of psychoanalysis and psychology: 242–265. Washington D.C.: American Psychological Association

Codignola. E (1986) Das Wahre und das Falsche. Essay über die logische Struktur der psychoanalytischen Deutung. Frankfurt/M: Fischer

Cullberg, J (2006) Psychoses. An integrative perspective. New York: Guilford

Damasio, A R (1999) Ich fühle, also bin ich. Die Entschlüsselung des Bewußtseins. München: List 2002

Dammasch, F & Metzger, H-G (Hg) (2006) Die Bedeutung des Vaters. Frankfurt/M.: Brandes & Apsel

Dannecker, M (2005) Männliche und weibliche Sexualität. In: Quindeau, I & Sigusch, V (Hg) (2005): 80–96

– & Katzenbach, A (2005) 100 Jahre Freuds »Drei Abhandlungen zur Sexualtheorie« – Aktualität und Anspruch. Giessen: Psychosozial

De Masi, F (1997) Intimidation at the helm: Superego and hallucinations in the analytic treatment of a psychosis. Int J Psychoanal 78: 561–576

– (2001) Das Unbewußte und die Psychosen. Psyche Z Psychoanal 57: 1–34

– (2003 a) On the nature of intuitive and delusional thought. Int J Psychoanal 84: 1149–1170

– (2003 b) The perversions. London: Karnac

Deneke, F-W (1999) Psychische Struktur und Gehirn. Stuttgart: Schattauer, 2. Auflage 2001

Deserno, H (1990) Die Analyse und das Arbeitsbündnis. München: VIP. Neuauflage 2001, Frankfurt/M.: Fischer Taschenbuch

– (Hg) (2001) Das Jahrhundert der Traumdeutung. Stuttgart: Klett Cotta

DGPT (Hg) (2004) Psychoanalytische Therapie. Eine Stellungnahme für die wissenschaftliche Öffentlichkeit und für den wissenschaftlichen Beirat Psychotherapie. Forum Psa 20: 6–125

Dornes, M (1993) Der kompetente Säugling. Die präverbale Entwicklung des Menschen. Frankfurt/M: Fischer

– (1997) Die frühe Kindheit. Entwicklungspsychologie der ersten Lebensjahre. Frankfurt/M: Fischer

– (2000) Die emotionale Welt des Kindes. Frankfurt/M: Fischer

– (2006) Die Seele des Kindes. Frankfurt/M: Fischer

Doucet, P (1969–71) Problématique de la psychose. Amsterdam: Excerpta Medica Foundation, Teil I: 1969: 264; Teil II: 1971: 450

Drigalski, D von (1980) Blumen auf Granit. Eine Irr- und Lehrfahrt durch die deutsche Psychoanalyse. Frankfurt/M.: Ullstein. Neuauflage 2003, Berlin: Lehmann

Dümpelmann, M (2001) Das Borderline-Konzept von Kernberg. Eine kritische Betrachtung. In: Mentzos, S & Münch, A (Hg) (2001) Borderline-Störung und Psychose. Forum psa Psychosentherapie 5: 38–57

Eckstaedt, A (1989) Nationalsozialismus in der »2. Generation«. Psychoanalyse von Hörigkeitsverhältnissen. Frankfurt/M: Suhrkamp. 2. Auflage 1998

Egle, U T, Hoffmann, S O & Steffens, M (1997) Pathogene und protektive Entwicklungsfaktoren in Kindheit und Jugend. In: Egle, U T, Hoffmann, S O & Joraschky, P: Sexueller Mißbrauch, Mißhandlung, Vernachlässigung: 3–20. Stuttgart: Schattauer

Ehlert, M & Lorke, B (1988) Zur Psychodynamik der traumatischen Reaktion. Psyche Z Psychoanal 42: 502–532

Ehlert-Balzer, M (1996) Das Trauma als Objektbeziehung. Forum Psa 12: 291–314

Ehlich, K, Koerfer, A, Redder, A, & Weingarten, R (Hg) (1990) Medizinische und therapeutische Kommunikation. Opladen: Westdeutscher Verlag

Ehrenberg, A (1998) Das erschöpfte Selbst. Depression und Gesellschaft in der Gegenwart. Frankfurt/M: Campus 2004

Eickhoff, F W (2006) On »Nachträglichkeit«: The modernity of an old concept. Int J Psychoanal 87: 1453–1470

Eisenberg, L (2005) Are genes destiny? World Psychiat 4: 5–9

Elias, N (1969) Über den Prozeß der Zivilisation. Bern: Francke. Neudruck 2001, Frankfurt/M.: Suhrkamp

Erdheim, M (1988) Die Psychoanalyse und das Unbewußte in der Kultur. Frankfurt/M: Suhrkamp. 2. Auflage 2001

Erikson, E H (1950) Kindheit und Gesellschaft. Klett: Stuttgart 1961. Neuauflage Stuttgart: Klett-Cotta 2005

– (1975) Lebensgeschichte und historischer Augenblick. Frankfurt/M: Suhrkamp 1977. 2. Auflage 1984

Ermann, M (2004) Lehrbuch der psychotherapeutischen Medizin. Frankfurt/M: Fischer

Etchegoyen, R H (1991) Fundamentals of psychoanalytic technique. London: Karnac

Faimberg, H (1988) The telescoping of generations. Genealogy of certain identifications. Contemp Psa 23: 99–118

Fairbairn, W R D (1952) Das Selbst und die inneren Objektbeziehungen. Eine psychoanalytische Objektbeziehungstheorie. Giessen: Psychosozial 2000
Federn, P (1956) Ich-Psychologie und die Psychosen. Bern: Huber. Neuauflage 1998, Frankfurt/M.: Suhrkamp
Feinsilver, D (Ed) (1986) Schizophrenic disorders. Psychoanalytic essays in memory of P. N. Pao. London: Analytic Press
Felitti, V. J. et al. (2007) Ergebnisse der Adverse Childhood Experiences (ACE) – Studie zu Kindheitstrauma und Gewalt. Trauma u Gewalt 2: 18–32
Fenichel, O. (1934–1938): 119 Rundbriefe, Bd. 1: Europa. Reichmayr, J & Mühlleitner, E. (Hg). Frankfurt/M./Basel: Stroemfeld 1998
–(1945) Psychoanalytische Neurosenlehre. Freiburg: Walter 1975. Neuauflage 2005, Giessen: Psychosozial
Ferenczi, S (1912) Symbolische Darstellung des Lust- und Realitätsprinzips im Ödipus-Mythos. Imago 1: 25–47
–(1924) Versuch einer Genitaltheorie. Leipzig/Wien/Zürich: Int. Psychoanal. Verl.
–(1931) Kinderanalysen mit Erwachsenen. In: Ders.: Bausteine zur Psychoanalyse, Bd. III: 490–510, Bern: Huber 1964
–(1932) Sprachverwirrung zwischen den Erwachsenen und dem Kind. Die Sprache der Zärtlichkeit und der Leidenschaft. In: Ders.: Bausteine der Psychoanalyse, Bd. III: 511–525, Bern: Huber 1964
Ferro, A (1999) Das bipersonale Feld. Giessen: Psychosozial 2003
Fetscher, R (1978) Grundlinien der Tiefenpsychologie von S. Freud und C. G. Jung in vergleichender Darstellung. Stuttgart-Bad Cannstatt: frommann-holzboog
Fhtenakis, W E (1985) Väter. München: Urban & Schwarzenberg. München: dtv 1988
Filipini, S (2005) Perverse relationships: The perspective of the perpetrator. Int J Psychoanal 86: 755–773
Finger-Trescher, U (1991) Wirkfaktoren der Einzel- und Gruppenanalyse. Stuttgart-Bad Cannstatt: frommann-holzboog
Fischer, G & Riedesser, P (1998) Lehrbuch der Psychotraumatologie. München: UTB
Fisher, S & Greenberg, R P (1996) Freud scientifically reappraised. New York: Wiley
Fivaz-Depeursinge, E & Corboz-Warnery, A (1999) The primary triangle. New York: Basic Books
Flader, D, Grodzicki, W-D & Schröter, K (1982) Psychoanalyse als Gespräch. Frankfurt/M: Suhrkamp
Fonagy, P (2001) Bindungstheorie und Psychoanalyse. Stuttgart: Klett-Cotta 2003
–, Target, M, Steele, M & Gerber, A (1995): Psychoanalytic perspectives on developmental psychopathology: a review of the literature. In: Cicchetti, D & Cohen, D H (Ed) Developmental Psychopathology: 15–39, New York: Wiley
–, Kächele, H, Krause, R, Jones, E, Perron, R & Clarkin, J F (2002) An open door review of outcome studies in psychoanalysis. London: IPA
–, Gergely, G, Jurist, E L & Target, M (2002) Affektregulierung, Mentalisierung und Entwicklung des Selbst. Stuttgart: Klett-Cotta 2004

Foulkes, S H (1964) Therapeutic group analysis. Dt. Gruppenanalytische Psychotherapie. München: Kindler 1974. Neuauflage 1992, Stuttgart: Pfeiffer

Freedman, N (1986) On depression: The paralysis, annihilation and reconstruction of meaning. In: Masling, J (Ed) Empirical studies of psychoanalytic theories, 2 Vols: Vol. 1, 107–149. Hillsdale: Analytic Press

Freiburger Literaturpsychologische Gespräche (1981ff). Würzburg: Königshausen & Neumann

Freud, A (1936) Das Ich und die Abwehrmechanismen. London: Imago. Neuauflage 1984, Frankfurt/M.: Fischer

Freud, S (1894 a) Die Abwehr-Neuropsychosen. GW I: 59–74

– (1895 d) (zusammen mit J. Breuer) Studien über Hysterie. GW I: 75–312

– (1900 a) Die Traumdeutung. GW II/III

– (1901 b) Zur Psychopathologie des Alltagslebens. GW IV

– (1904 a) Die Freudsche psychoanalytische Methode. GW V: 1–10

– (1905 a) Über Psychotherapie. GW V: 13–26

– (1905 c) Der Witz und seine Beziehung zum Unbewußten. GW VI

– (1905 d) Drei Abhandlungen zur Sexualtheorie. GW V: 27–145

– (1905 e) Bruchstück einer Hysterie-Analyse. GW V, 161–286

– (1908 b) Charakter und Analerotik. GW VII: 201–210

– (1908 c) Über infantile Sexualtheorien. GW VII: 169–188

– (1908 d) Die »kulturelle« Sexualmoral und die moderne Nervosität. GW VII: 141–167

– (1909 b) Analyse der Phobie eines fünfjährigen Knaben [Der kleine Hans] GW VII: 241–377

– (1909 d) Bemerkungen über einen Fall von Zwangsneurose [Der Rattenmann]. GW VII: 379–463

– (1910 a) Über Psychoanalyse. GW VIII: 1–60

– (1910 c) Eine Kindheitserinnerung des Leonardo da Vinci. GW VIII 127–211

– (1910 d) Die zukünftigen Chancen der psychoanalytischen Therapie. GW VIII: 104–115

– (1911 b) Formulierungen über die zwei Prinzipien des psychischen Geschehens. GW VIII, 230–238

– (1911 c) Psychoanalytische Bemerkungen über einen autobiographisch beschriebenen Fall von paranoia (Dementia paranoides). GW VIII: 23–320

– (1912 e) Ratschläge für den Arzt bei der psychoanalytischen Behandlung. GW VIII:376–387

– (1913 i) Die Disposition zur Zwangsneurose. GW VIII:442–452

– (1914 c) Zur Einführung des Narzißmus. GW X: 137–170

– (1914 g) Erinnern, Wiederholen, Durcharbeiten. GW X: 126–136

– (1915 b) Zeitgemäßes über Krieg und Tod. GW X: 323–340

– (1915 c) Triebe und Triebschicksale. GW X: 209–232

– (1915 e) Das Unbewußte. GW X: 263–303

– (1916–17 a) Vorlesungen zur Einführung in die Psychoanalyse. GW XI
– (1916–17 g) Trauer und Melancholie. GW X: 427–446
– (1918 b) Aus der Geschichte einer infantilen Neurose. GW XII: 27–157
– (1920 g) Jenseits des Lustprinzips. GW XIII: 1–69
– (1921 b) Massenpsychologie und Ich-Analyse. GW XIII:71–161
– (1923 a) »Psychoanalyse«; »Libidotheorie«. GW XIII: 209–233
– (1923 b) Das Ich und das Es. GW XIII: 237–289
– (1924 b) Neurose und Psychose. GW XIII: 385–391
– (1924 d) Der Untergang des Ödipuskomplexes. GW XIII: 393–403
– (1924 e) Der Realitätsverlust bei Neurose und Psychose. GW XIII: 361–368
– (1924 f) Kurzer Abriß der Psychoanalyse. GW XIII: 403–427
– (1926 d) Hemmung, Symptom und Angst. GW XIV: 111–205
– (1926 e) Die Frage der Laienanalyse. GW XIV:207–286
– (1927 c) Die Zukunft einer Illusion. GW XIV: 323–380
– (1927 e) Fetischismus. GW XIV: 309–317
– (1930 a) Das Unbehagen in der Kultur. GW XIV: 419–506
– (1933 a) Neue Folge der Vorlesungen zur Einführung in die Psychoanalyse. GW XV
– (1937 d) Konstruktionen in der Analyse. GW XVI: 41–56
– (1937 c) Die endliche und die unendliche Analyse. GW XVI: 57–99
– (1939 a) Der Mann Moses und die monotheistische Religion. GW XVI: 101–245
– (1940 a) Abriß der Psychoanalyse. GW XVII: 63–138
– (1940 e) Die Ichspaltung im Abwehrvorgang. GW XVII: 57–62
– (1950 c [1895]) Entwurf einer Psychologie. GW Nachtr.: 387–477
– (1985 c): Briefe an Wilhelm Fließ 1887–1904. Masson, J M (Hg). Frankfurt/M: Fischer 1986
Friedmann, R C & Downey, J (1994) Homosexuality. New English J Med 331: 923–930
Frosch, J (1990) Psychodynamic psychiatry, 2 Vols. New York: IUP
Fuchs, T (2000) Wahnkrankheiten. In: Helmchen, H et al. (Hg) (2000): 597–618
Gabbard, G O (1994) Psychodynamic psychiatry in clinical practice. Washington: Am. Psych. Press
– (1999) Gegenübertragung. Die Herausbildung einer gemeinsamen Grundlage. Psyche Z Psychoanal 53: 972–990
Gadamer, H-G (1960) Wahrheit und Methode. Tübingen: J C B Mohr. Neuauflage 2007, Berlin: Akademie-Verlag
Gast, U, Rodewald, F, Hofmann, A, Mattheß, H Nijenhuis, E, Reddemann, L & Emrich, H M (2006) Die dissoziative Identitätsstörung. DÄ 103: C 2664–2670
Geißler, P (2003) Körperbilder. Giessen: Psychosozial
Gergely, G (2000) Ein neuer Zugang zu M. Mahler: Normaler Autismus, Symbiose, Spaltung und libidinöse Objektkonstanz aus der Perspektive der kognitiven Entwicklungstheorie. Psyche Z Psychoanal 56, 2002: 829–838
Gerzi, S (2005) Trauma, narcissism and the two attractors in trauma. Int J Psychoanal 86: 1033–1050

Gill, M M (1984) Transference a change in conception or only in emphasis? A response. Psa Inquiry 4: 489–523
Glover, E (1925) Notes on oral character formation. Int J Psychoanal 6: 131–154
Goldberg, A (1995) The problem of perversion. London/Yale: Univ. Press
Goodwin, F K & Jamison, K R (1990) Manic depressive illness. New York: Oxford Press
Gottdiener, W H & Haslam, N (2002) Der Nutzen der Einzeltherapie für schizophrene Menschen. Eine Metaanalyse. In: Müller, T & Matejek, N (Hg) (2006) Empirische Forschung in der Psychosentherapie. Forum psa Psychosentherapie 16: 7–44
Grawe, K, R. Donati, R & Bernauer, F (1994) Psychotherapie im Wandel. Von der Konfession zur Profession. Göttingen: Hogrefe
Gray, P (1994) The ego and analysis of defense. London: Analytic Press
Green, A (1986) Geheime Verrücktheiten. Giessen: Psychosozial 2004
– (2002 a) Die zentrale phobische Position. Psyche Z Psychoanal 56: 409–441
– (2002 b) Dual conception of narcissism. Positive and negative organization. Psa Q 71: 631–650
Greenberg, J & Mitchell, S (1983) Object relations in psychoanalytic theory. Cambridge: Harvard Univ. Press
Greenson, R R (1968) Dis-identifying from mother. Its special importance for the boy. Int J Psychoanal 49: 370–374
– (1974) Die Technik der Psychoanalyse. Stuttgart: Klett-Cotta. Neuauflage 2000
Grinberg, L (1991) Brief an Sigmund Freud. In: Sandler, J (Hg) (1991): 133–147
Grossmann, K E & Grossmann, K (Hg) (2003) Bindung und menschliche Entwicklung. Stuttgart: Klett-Cotta
Grotstein, J (1983) Deciphering the schizophrenic experience. Psa Inquiry 3: 37–69
– (1990) Nothingness, meaninglessness, and the »Black Hole«. Contemp Psa 26 I: 257–290, II: 377–407
Grubrich-Simitis, I (1979) Extremtraumatisierung als kumulatives Trauma. Psyche Z Psychoanal 33: 991–1023
– (1987) Trauma oder Trieb – Trieb und Trauma. Lektionen aus Freuds phylogenetischer Phantasie von 1915. Psyche Z Psychoanal 41: 992–1023
Grünbaum, A (1984) Die Grundlagen der Psychoanalyse. Eine philosophische Kritik. Stuttgart: Reclam 1988
Grunberger, B (1988) Narziss und Anubis. Die Psychoanalyse jenseits der Triebtheorie. 2 Bde. München/Wien: VIP. Neuauflage 2002, Stuttgart: Klett-Cotta
Gullestad, S E (2005) Who is »who« in dissociation? A plea for psychodynamics in a time of trauma. Int J Psychoanal 86: 639–656
Gutwinski-Jeggle, J (1987) Das Arzt-Patient-Verhältnis im Spiegel der Sprache. Heidelberg: Springer
Habermas, J (1968) Erkenntnis und Interesse. Frankfurt/M: Suhrkamp 1975, Neuauflage 2001

Hadley, J. L. (1989) The neurobiology of motivational systems. In: Lichtenberg, J D (Ed) (1989): 337–372

Haesler, L (1995) Auf der Suche nach einer erträglichen Welt. Über den Umgang des Menschen mit der Wirklichkeit. Darmstadt: Wissenschaftliche Buchgesellschaft

Hardtke, R (2005) The basic traumatic situation in the analytical relationship. Int J Psychoanal 86: 267–290

Harlow, H F & Zimermann, R R (1958) The development of affectional responses in infant monkeys. Proc Am Philosophical Soc 102, 501–509

Hartmann, H (1927) Die Grundlagen der Psychoanalyse. Stuttgart: Klett 1972

– (1964) Zur psychoanalytischen Theorie des Ichs. Stuttgart: Klett-Cotta

Hartmann, H-P & Milch, W (2000) Übertragung und Gegenübertragung. Giessen: Psychosozial

–, Milch, W, Kutter, P & Paál, J (2007) Das Selbst im Lebenszyklus. Giessen: Psychosozial

Haubl, R & Lamott, F (Hg) (1994) Handbuch der Gruppenanalyse. Berlin/München: Quintessenz

Haubl, R & Mertens, W (1996) Der Psychoanalytiker als Detektiv. Eine Einführung in die psychoanalytische Erkenntnistheorie. Stuttgart: Kohlhammer

Haynal, A (1989) Die Technik-Debatte in der Psychoanalyse. Frankfurt/M: Fischer. Neuauflage 2000, Giessen: Psychosozial

Hayne, M & Kunze, D (Hg) (2004) Moderne Gruppenanalyse. Theorie, Praxis und Anwendungsgebiete. Giessen: Psychosozial

Heberle, B (2006) Die frühe Vater-Kind-Beziehung. In: Dammasch, F & Metzger, H-G (Hg) (2006): 20–41

Heigl-Evers, A & Heigl, F (1979) Struktur und Prozeß in der analytischen Gruppentherapie. In: Heigl-Evers, A (Hg) Lewin und die Folgen. München: Kindler, 778–789

Helmchen, H, Henn, F, Lauter, H & Sartorius, N (Hg) (2000) Schizophrenie und affektive Störungen. Bd. 5. Psychiatrie der Gegenwart. Heidelberg: Springer

Henningsen, F (2005) Destruction and guilt. Int J Psychoanal 86: 353–374

Henseler, H (1974) Narzißtische Krisen. Zur Psychologie des Selbstmords. Reinbek: Rowohlt. Neuauflage 2000, Wiesbaden: Verlag für Sozialwissenschaften

Herold, R & Weiß, H (2000) Übertragung. In: Mertens, W & Waldvogel, B (Hg) (2000): 758–771. 2. Auflage 2002

Hermann, I (1993) Die Psychoanalyse als Methode. Köln-Opladen: Westdeutscher Verlag

Hinshelwood, R D (1989) Wörterbuch der kleinianischen Psychoanalyse. Stuttgart: VIP 1993. Neuauflage 2004, Stuttgart: Klett-Cotta

Hirsch, M (Hg) (1989) Der eigene Körper als Objekt. Zur Psychodynamik selbstdestruktiven Körperagierens. Heidelberg: Springer. Neuauflage 1998, Giessen: Psychosozial

Hoffmann, S O (1979) Charakter und Neurose. Frankfurt/M: Suhrkamp. Neuauflage 1984

– (1999) Die phobischen Störungen (Phobien). Forum Psa 15: 237–252
– & Hochapfel, G (2005) Einführung in die Neurosenlehre. Stuttgart: Schattauer
Horkheimer, M (1963) Über das Vorurteil. Köln: Westdeutscher Verlag
– & Adorno, T (1947) Dialektik der Aufklärung. Frankfurt/M: Fischer 1984. Neuauflage 2006
Husserl, E (1900/1901) Logische Untersuchungen. 2 Bde. Halle: Niemeyer. Taschenbuch 1993
Isaacs, S (1952) The nature and function of phantasy. Int J Psychoanal 29: 75–97
Isay, R A (1989) Being homosexual: Gay men and their development. New York: Farrar, Straus, Giroux
Jacobs, T J (1986) On countertransference enactments. J Am Psychoanal Asso 34: 289–307
Jacobson, E (1964) Das Selbst und die Welt der Objekte. Frankfurt/M: Suhrkamp 1973. 2. Auflage 1982
– (1971) Depression. Eine vergleichende Untersuchung normaler, neurotischer und psychotisch-depressiver Zustände. Frankfurt/M: Suhrkamp. 3. Auflage 1983
Jahrbuch der Psychoanalyse (2003) Perverse Elemente in der Übertragung. Stuttgart-Bad Cannstatt: frommann-holzboog
Jones, E (1916) The theory of symbolism. In: Ders.: Papers on psychoanalysis. Boston: Eacon Press 1961. Dt: Die Theorie der Symbolik. In: Ders: Die Theorie der Symbolik und andere Aufsätze: 50–114. Frankfurt/M.: Athenäum 1987
Jordan, J, Bardé, B & Zeiher, A M (Ed) (2007) Contributions toward evidence-based psychocardiology. A systematic review of the literature. Washington, DC: American Psychological Association
Joseph, B (1981) Towards the experiencing of psychic pain. In: Dies.: Psychic equilibrium and psychic change: 88–99. London: Routledge & Kegan 1989
Kächele, H (1992) Psychoanalytische Psychotherapieforschung 1930–1990. Psyche Z Psychoanal 46: 259–286
Kafka, J S (1991) Jenseits des Realitätsprinzips. Multiple Realitäten in Klinik und Theorie der Psychoanalyse. Heidelberg: Springer
Kandel, J (1999) Biology and the future of psychoanalysis: A new intellectual framework for psychiatry revisited. Am J Psychiatry 156, 4: 15–38
Katan, M (1954) The importance of the nonpsychotic part of the personality in schizophrenia. Int J Psychoanal 35: 119–130
Kernberg, O F (1975) Borderline-Störungen und pathologischer Narzißmus. Frankfurt/M: Suhrkamp, Taschenbuch 2000
– (1976) Objektbeziehungen und Praxis der Psychoanalyse. Stuttgart: Klett-Cotta 1981. 2. Auflage 1997
– (1980) Innere Welt und äußere Realität. München: VIP 1988
– (1984) Schwere Persönlichkeitsstörungen. Theorie, Diagnose, Behandlungsstrategien. Stuttgart: Klett-Cotta 1988. 2. Auflage 2006
– (Ed) (1989) Narcissistic personality disorders. Philadelphia: Clin. N.A. Vol. 12. No. 3

– (1992) Wut und Haß. Über die Bedeutung von Aggression bei Persönlichkeitsstörungen und sexuellen Perversionen. Stuttgart: Klett-Cotta. 2. Auflage 1997
– (1998) Ideology, conflict and leadership. Dt: Ideologie, Konflikt und Führung. Stuttgart: Klett-Cotta 2000
– (2001) Affekt, Objekt und Übertragung. Giessen: Psychosozial
– Dulz, B & Sachsse, U (Hg) (1999): Handbuch der Borderlinestörungen. Stuttgart: Schattauer
Keseling, G & Wrobel, A (Hg) (1983) Latente Gesprächsstrukturen. Weinheim: Beltz
Kerz-Rühling, I (1991) Nachträglichkeit. Psyche Z Psychoanal 47: 911–933
Kestenberg, J (1989) Neue Gedanken zur Transposition. Jb Psychoanal 24: 163–189
Khan, M M R (1974) Selbsterfahrung in der Therapie. München: Kindler. Neuauflage 2004, Eschborn: Klotz
– (1977) Das Werk von D. W. Winnicott. In: Eicke, D (Hg) Psychologie des 20. Jahrhunderts, Bd. 3: 219–252. Weinheim: Beltz
– (1979) Entfremdung bei Perversionen. Frankfurt/M.: Suhrkamp 1983. Neuauflage 2002, Giessen: Psychosozial
Kinston, W & Cohen, J (1986) Primal repression: Clinical and theoretical aspects. Int J Psychoanal 67: 337–355
Klauber, J (1980) Schwierigkeiten in der analytischen Begegnung. Frankfurt/M.: Suhrkamp. 2. Auflage 1988
Kleij, G van der (1982) About the matrix. Group Analysis XV: 219–234
Klein, M (1962) Das Seelenleben des Kleinkindes. Stuttgart: Klett-Cotta. Neuauflage 2006
Klitzing, K v (2002) Frühe Entwicklung im Längsschnitt. Psyche Z Psychoanal 56: 863–887
Köhler, L (1996) Entstehung von Beziehungen: Bindungstheorie. In: Uexküll, T v (Hg) (2005): 222–230
– (2000) Die von Heinz Kohut begründete Selbstpsychologie. In: Kutter, P (Hg) (2000): 9–27
Körner, J (1985) Vom Erklären zum Verstehen in der Psychoanalyse. Göttingen: Vandenhoeck & Ruprecht
Kogan, I (1990) Vermitteltes und reales Trauma in der Psychoanalyse von Kindern von Holocaust-Überlebenden. Psyche Z Psychoanal 44: 533–544
Kohon, E (1986) The British school of psychoanalysis: The independent tradition. London: Free Ass Books
Kohut, H (1971) Narzißmus. Frankfurt/M: Suhrkamp 1973. Neuauflage 2002
– (1977) Die Heilung des Selbst. Frankfurt/M: Suhrkamp 1979. 2. Auflage 1999
Kolk, B A v d (1996) (Ed) Traumatic stress. New York: Gilford. Dt: Traumatic Stress. Paderborn: Junfermann
Koukkou, M, Leuzinger-Bohleber, M & Mertens, W (Hg) (1998) Erinnerung von Wirklichkeiten. Psychoanalyse und Neurowissenschaften im Dialog, 2 Bde. Stuttgart: VIP

Krause, R (1983) Zur Onto- und Phylogenese des Affektsystems und ihre Beziehung zu psychischen Störungen. Psyche Z Psychoanal 37: 1016–1043
– (1988) Eine Taxonomie der Affekte und ihre Anwendung auf das Verständnis der frühen Störungen. Psychother Med Psychol 38: 77–86
– (1997/98) Allgemeine psychoanalytische Krankheitslehre, 2 Bde. Stuttgart: Kohlhammer
– & Lütolf, P (1988) Facial indicators of transference processes within psychoanalytic treatment. In: Dahl, H & Kächele, H: Psychoanalytic process research strategies. Heidelberg: Springer
– & Merten, J (1996) Affekte, Beziehungsregulierung. Übertragung und Gegenübertragung. Z Psychosom Med 42: 261–280
Krystal, H (2000) Psychische Widerständigkeit. Anpassung und Restitution bei Holocaust-Überlebenden. Psyche Z Psychoanal 54: 840–859
Küchenhoff, J (1985) Das hypochondrische Syndrom. Nervenarzt 56: 225–236
– (1994) Spezifitätsmodelle in der psychosomatischen Medizin. Z psychosom Med 40: 236–248
– (1995) Biopsychosoziale Wechselwirkungen im Krankheitsverlauf des Morbus Crohn. Z Psychosom Med 41: 306–328
– (2005) Trauma, Konflikt, Repräsentation. Trauma und Konflikt – ein Gegensatz? In: Ders.: Die Achtung vor dem Anderen: 309–327. Weilerswist: Velbrück
Küng, H (1987) Freud und die Zukunft der Religion. München: Piper
Kuiper, P C (1968) Die seelischen Krankheiten des Menschen. Stuttgart: Klett
– (1976) Die Verschwörung gegen das Gefühl. Stuttgart: Klett-Cotta
Kutter, P (1976) Elemente der Gruppentherapie. Göttingen: Vandenhoeck & Ruprecht
– (1978) Die menschlichen Leidenschaften. Stuttgart/Berlin: Kreuz Verlag. Neuauflage: Liebe, Haß, Neid, Eifersucht. Eine Psychoanalyse der Leidenschaften. Göttingen: Vandenhoeck & Ruprecht 1994
– (1981) Empathische Kompetenz – Begriff, Training, Forschung. Psychother Med Psychol 31: 37–41
– (1986) Vater und Sohn, eine konfliktreiche Beziehung. In: Stork, J (Hg) (1986): 31–44
– (1989) Moderne Psychoanalyse. Eine Psychologie unbewußter Prozesse. München: Verl. Int. Psychoanalyse. 3. Auflage Stuttgart: Klett-Cotta
– (Hg) (1992/1995) Psychoanalysis International. A guide to psychoanalysis throughout the world. Hillsdale, NJ: Analytic Press
– (1993 a) Vatersehnsucht. Eine Fallstudie. Psychologie in der Medizin 4: 25–29
– (1993 b) Basis-Konflikt, Übertragungs-Spaltung und Spiegel-Phänomene. In: Bardé, B & Mattke, D (Hg): Therapeutische Teams: 270–293. Göttingen: Vandenhoeck & Ruprecht
– (Hg) (1997) Psychoanalyse interdisziplinär. Frankfurt/M: Suhrkamp
– (Hg) (2000) Psychoanalytische Selbstpsychologie. Göttingen: Vandenhoeck & Ruprecht

– (2001) Affekt und Körper. Göttingen: Vandenhoeck & Ruprecht
– (2002) Fragen zur Aggressivität. Jb Psychoanal 44: 172–196
– (2004) Psychoanalytische Interpretation und empirische Methoden. Auf dem Weg zu einer empirisch fundierten Psychoanalyse. Giessen: Psychosozial
– (2006) Das Stuttgarter psychotherapeutische Institut. Wolfgang Loch und die Anfänge der DPV-Arbeitsgemeinschaft Stuttgart-Tübingen. Luzifer-Amor 37: 115–133
–, Páramo-Ortéga, R & Zagermann, P (Hg) (1988) Die psychoanalytische Haltung. München: VIP
–, Páramo-Ortéga, R & Müller, T (1998) Weltanschauung und Menschenbild in der Psychoanalyse. Göttingen: Vandenhoeck & Ruprecht
– & Müller, T (1999) Psychosen und Persönlichkeitsstörungen. In: Hinz, H (Hg).: Loch, W, Die Krankheitslehre der Psychoanalyse: 195–290, Stuttgart: Hirzel. 6. Auflage
– & Paál, J, Schöttler, C, Hartmann, H-P & Milch, W (2006) Der therapeutische Prozess. Giessen: Psychosozial
Lacan, J (1953) Funktion und Feld des Sprechens und der Sprache in der Psychoanalyse. Schriften 1: 71–169, Weinheim: Quadriga 1986
– (1956) Die Psychosen. Das Seminar 3. Weinheim: Quadriga 1997
Lachmann, F M & Fosshage, J L (1996) Zehn Prinzipien psychoanalytischer Behandlungstechnik. Stuttgart: Pfeiffer 2000
Laing, R D (1969) Mystifizierung, Konfusion und Konflikt. In: Bateson, G et al. (1969): 274–304
Langegger, F (2006) High-Risk-Kinder für Schizophrenie. Eine Übersicht. In: Müller, T & Matejek, N (Hg) (2006) Empirische Forschung in der Psychosentherapie. Forum psa Psychosentherapie 16: 68–101
Laplanche, J (1975) Hölderlin und die Suche nach dem Vater. Stuttgart-Bad Cannstatt: frommann-holzboog
– (1987) Nouveau fondaments pour la psychanalyse. Paris: PUF
– (1988): Die allgemeine Verführungstheorie und andere Aufsätze. Tübingen (ed. diskord)
– & Pontalis, J P (1967): Das Vokabular der Psychoanalyse. Frankfurt/M: Suhrkamp 1972, Neuauflage 2002
Laub, D (1998) The empty circle. Children of survivors and the limits of reconstruction. J Am Psychoanal Asso 46: 507–529
– (2000) Eros oder Thanatos? Der Kampf um die Erzählbarkeit des Traumas. Psyche Z Psychoanal 54: 860–894
Leichsenring, F (2005) Are psychodynamic and psychoanalytic therapies effective? A review of empirical data. Int J Psychoanal 86: 841–868
Lempa, G (1992) Zur psychoanalytischen Theorie der psychotischen Symptombildung. In: Mentzos, S (Hg) Psychose und Konflikt: 29–77. Göttingen: Vandenhoeck & Ruprecht 1995

Leuschner, W (2000) Traum. In: Mertens, W & Waldvogel, B (Hg) (2000): 721–727, 2. Auflage 2002
Leuzinger-Bohleber, M (1995) Die Einzelfallstudie als psychoanalytisches Forschungsinstrument. Psyche Z Psychoanal 49: 435–479
– (2006) »Es ging mir fürchterlich schlecht damals – nun bin ich seit zehn Jahren ohne Symptome«. In: Müller, T & Matejek, N 2006 (Hg): Empirische Forschung in der Psychosentherapie. Forum psa Psychosentherapie 16: 45–67
– & Stuhr, U (1997) Psychoanalysen im Rückblick. Ergebnisse und Perspektiven der neueren Katamneseforschung. Giessen: Psychosozial
–, Stuhr, U, Rüger, B & Beutel, M E (2001) Langzeitwirkungen von Psychoanalysen und Psychotherapien. Psyche Z Psychoanal 55: 193–276
– & Bruns, G (2004) Präambel. Forum Psa 20: 13–14
– Deserno, H & Hau, S (Hg) (2004) Psychoanalyse als Profession und Wissenschaft. Stuttgart: Kohlhammer
Lewin, B D (1961) Psychoanalysis of elation. Dt: Das Hochgefühl. Frankfurt/M: Suhrkamp 1982
Lichtenberg, J D (1983) Psychoanalyse und Säuglingsforschung. Heidelberg: Springer 1991
– (Ed) (1989) Psychoanalysis and motivation. Hillsdale, NJ: Analytic Press
– (1995) Überlegungen zu einer Theorie der Technik. In: Kutter, P et al.: Der therapeutische Prozess: 99–117, Frankfurt/M.: Suhrkamp. Neuauflage 2006, Giessen: Psychosozial, 111–148
Lichtenstein, H (1961) Identity and sexuality. J Am Psychoanal Asso 9: 95–102
Limentani, A (1991) Neglected fathers in the aetiology treatment of sexual deviations. Int J Psychoanal 72: 573–584
Loch, W (1972) Zur Theorie, Technik und Therapie der Psychoanalyse. Frankfurt/M: Fischer
– (1981) Triebe und Objekte. Jb Psychoanal 13: 54–82
– (1999) Die Krankheitslehre der Psychoanalyse. Hinz, H (Hg). Stuttgart: Hirzel. 6. Auflage
– & Jappe, G (1974) Die Konstruktion der Wirklichkeit und die Phantasien. Psyche Z Psychoanal 28: 1–31
Loewenstein, R M (1968) Psychoanalyse des Antisemitismus. Frankfurt/M: Suhrkamp
London, N J (1973) An essay of psychoanalytic theory: Two theories on schizophrenia. Int J Psychoanal 54, I/II: 9–193
Lorenzer, A (1970) Sprachzerstörung und Rekonstruktion. Frankfurt/M: Suhrkamp. Taschenbuch 2000
– (1974) Die Wahrheit der psychoanalytischen Erkenntnis. Frankfurt/M: Suhrkamp. Neuauflage 1988
– (1984) Intimität und soziales Leid. Archäologie der Psychoanalyse. Frankfurt/M.: Fischer

– (1985) Das Verhältnis der Psychoanalyse zu ihren Nachbardisziplinen. In: Ders. (1988) Kulturanalysen. Frankfurt/M.: Fischer

Luborsky, L (1995) Einführung in die analytische Psychotherapie. Göttingen: Vandenhoeck & Ruprecht. 2. Auflage

Mahler, M S, Pine, F & Bergmann, A (1975) Die psychische Geburt des Menschen. Frankfurt/M.: Fischer 1978. Neuauflage 1999

Maier, C (2006) Übertragungspsychose. Psyche Z Psychoanal 60: 291–318

Marcuse, H (1955) Eros and civilisation. Boston: Beacon Press. Dt: Triebstruktur und Gesellschaft. Frankfurt/M: Suhrkamp 1969. Neuauflage 1997

Marneros, A (1989) Schizoaffektive Psychosen. Diagnose, Therapie und Prophylaxe. Heidelberg: Springer

Marty, P & de M'Uzan, M (1963) La pensée opératoire. Revue Française de Psychanalyse 27: 345–356. Dt: Das operative Denken. Psyche Z Psychoanal 32: 974–984

Masson, J M (1984) The assault on truth. New York: Farrar, Straus & Giroux. Dt: Was hat man dir, du armes Kind, getan? Reinbek: Rowohlt 1986. Neuauflage 1994, Freiburg: Kore

McDougall, J (1978) Plädoyer für eine gewisse Anormalität. Frankfurt/M: Suhrkamp 1989

– (1982) Theater der Seele. Illusion und Wahrheit auf der Bühne der Psychoanalyse. Stuttgart: Klett-Cotta 1992

McGlashan, T (1984) The chestnut lodge follow-up study II. Longterm outcome of schizophrenia and the affective disorders. Archives of General Psychiatry 41: 586–601

Meltzer, D (1973) Sexual states of mind. Perth: Clunie Press

Menninger, K & Holzman, P (1958) Theory of analytic technique. New York: Basic Books. Dt: Theorie der psychoanalytischen Technik. Stuttgart: frommann-holzboog 1977

Mentzos, S (Hg) (1984) Angstneurose. Psychodynamische und psychotherapeutische Aspekte. Frankfurt/M.: Fischer

– (1995) Depression und Manie. Göttingen: Vandenhoeck & Rupprecht

– (2000) Die »endogenen« Psychosen als Psychosomatosen des Gehirns. In: Müller, T & Matejek, N (Hg) (2000): Ätiopathogenese psychotischer Erkrankungen. Forum psa Psychosentherapie 3: 13–33

– (2003) Psychodynamik und Therapie affektiver Psychosen. In: Müller, T & Matejek, N (2003) Affektive Psychosen. Forum psa Psychosentherapie 9: 1–17

Mertens, W (1981) Neue Perspektiven der Psychoanalyse. Stuttgart: Kohlhammer

– (1992) Entwicklung der Psychosexualität und der Geschlechtsidentität. Stuttgart: Kohlhammer

– (2007) Zur Konzeption des Unbewussten – Einige Überlegungen zu einer interdisziplinären Theoriebildung zum Unbewussten. In: Geus-Mertens, E. (Hg) Eine Psychoanalyse für das 21. Jahrhundert: 114–163. Stuttgart: Kohlhammer

Mertens, W & Waldvogel, B (Hg) (2000) Handbuch psychoanalytischer Grundbegriffe. Stuttgart: Kohlhammer. 2. Auflage 2002, 3. Auflage 2007

Metzger, H G (2002) Zwischen Dyade und Triade. Neue Horizonte und traditionelle Rollen für den Vater. In: Steinhardt, K, Datler, W & Gstach, J (Hg): Die Bedeutung des Vaters in der frühen Kindheit. Giessen: Psychosozial, 29–42

Meyer, A-E (1981) Psychoanalytische Prozeßforschung zwischen der Skylla der »Verkürzung« und der Charybdis der »systematischen akustischen Lücke«. Z Psychosom Medizin 27:103–106

Milch, W (2001) Lehrbuch der Selbstpsychologie. Stuttgart: Kohlhammer

Milgram, S (1969) Obedience to authority. New York: Harper & Row. Dt: Das Milgram-Experiment. Zur Gehorsamsbereitschaft gegenüber Autorität. Reinbek: Rowohlt 1974, Neuauflage 1997

Mitscherlich, A (1967) Bedingungen der Chronifizierung psychosomatischer Krankheiten. Die zweiphasige Abwehr. In: Ders.: Krankheit als Konflikt. Studien zur psychosomatischen Medizin 2: 42–54. Frankfurt/M: Suhrkamp. 2. Auflage 1975. Gesammelte Schriften, Bd. II: 142–153,Frankfurt/M.: Suhrkamp 1983

– & Mitscherlich, M (1967) Die Unfähigkeit zu trauern. In: Gesammelte Schriften, Bd. IV, Frankfurt/M: Suhrkamp 1983

Mitscherlich-Nielsen, M (1978) Das Ende der Vorbilder. München: Piper. Hörkassette 1997

Moberly, E R (1983) Psychogenesis. The early development of gender identity. London: Routledge & Kegan

Modell, A (1991) The centrality of the psychoanalytic setting and the changing aims of treatment. Psa Q 57: 577–596

Möller (1978) Psychoanalyse, erklärende Wissenschaft oder Deutungskunst? München: Fink

Morgenthaler, F (1984) Homosexualität, Heterosexualität, Perversion. Frankfurt/M.: Qumran. Neuauflage 2004, Giessen: Psychosozial

Moser, T (1989) Körpertherapeutische Phantasien. Frankfurt/M.: Suhrkamp

Moser, U (2005) Transformationen und affektive Regulierung in Traum und Wahn. Psyche Z Psychoanal 59: 718–765

– & Zeppelin, I v (1996) Zur Entwicklung des Affektsystems. Psyche Z Psychoanal 50: 32–84

Müller, T (1990) Antike Rhetorik und bürgerliche Identität. Tübingen: Niemeyer

– (1999) Unbewußte Inszenierungen in der Behandlung schizophrener Psychosen. Psyche Z Psychoanal 53: 711–741

– (2001) Über psychotische Persönlichkeitsorganisation. In: Schwarz, F & Maier, C (Hg): Psychotherapie der Psychosen: 28–38. Stuttgart: Thieme

– (2003 a) Über psychotische Identifizierungen. Psyche Z Psychoanal 57: 35–62

– (2003 b) Zur Verwerfung bei einem Fall psychotischer Hypochondrie. In: Nissen, B (Hg) (2003): 253–276

– (2004 a) On psychotic transference and counter transference. Psa Q 73: 413–451

– (2004 b) Die Beziehung zwischen psychotischen und nicht-psychotischen Persönlichkeitsanteilen. Z psa Theorie u Praxis 19: 201–230

– (2007) Rahmen, Setting. In: Mertens, W & Waldvogel, B (Hg) (2000), 3. Aufl. 2007 (im Druck)
– (2008) Ausgewählte Probleme der Behandlungstechnik in der Psychosentherapie. Z psa Theorie u. Praxis 22 (im Druck)
Mueser, K T & Berenbaum, H (1990) Psychodynamic treatment for schizophrenia: Is there a future? Psychol Med 20: 253–262
Nacht, S (1958) La théorie psychanalytic du délire. Rev Française de Psychanalyse 22: 4–5, 417–512
Nagera, H (1966) Grundbegriffe der Psychoanalyse. Frankfurt/M: Fischer 1974. Neuauflage 2007, Eschborn: Klotz
Nayfack, B (1994) Comparison of therapists with highest and lowest outcome schizophrenia-diagnosed patients in Chestnut Lodge follow-up study. Int Sc Psychother Schiz (Tagungsbericht)
Nemes, L & Berényi, G (1999) Die Budapester Schule der Psychoanalyse. Budapest: Akadémiai Kiadó
Nemiah, J C & Sifneos, P E (1970) Affect and phantasy in patients with psychosomatic disorders. In: Hill, O W (Ed) Modern trends in psychosomatic medicine: 26–34. London: Butterworth
Nissen, B (Hg) (2003) Hypochondrie. Eine psychoanalytische Bestandsaufnahme. Giessen: Psychosozial
Nunberg, H (1930) Die synthetische Funktion des Ich. Int Z Psa 16: 301–318
– (1959) Allgemeine Neurosenlehre. Bern: Huber. Neuauflage 1975
– & Federn, E (Hg) (1976–1981) Protokolle der Wiener Psychoanalytischen Vereinigung. Bd. 1 (1906–1908), Bd. 2 (1908–1910), Bd. 3 (1910–1911), Bd. 4 (1912–1918). Frankfurt/M: Fischer
Oevermann, U (1993) Die objektive Hermeneutik als unverzichtbare methodologische Grundlage für die Analyse von Subjektivität. In: Jung, T & Müller-Dohm, S (Hg) Wirklichkeit und Deutungsprozeß, 371–403. Frankfurt/M: Suhrkamp
Ogden, T (1982) Projective identification and psychotherapeutic technique. London: Karnac
– (1989) Frühe Formen des Erlebens. Heidelberg: Springer 1995
– (1996) The perverse subject of analysis. J Am Psychoanal Asso 44: 1121–1146
– (2002) A new reading of the origins of object-relations theory. Int J Psychoanal 83: 767–782
Ornstein, A (2000) Bewusstes und Unbewusstes in der Gegenübertragung. In: Hartmann, H-P & Milch, W E (2000): 41–58
– & Ornstein, P H (2001) Empathie und therapeutischer Dialog. Giessen: Psychosozial
Overbeck, G, Müller, T, Jordan, J & Grabhorn, R (1996): Der stationäre Therapieverlauf bei einer eßgestörten Patientin. Z psa Theorie u Praxis: I: 210–224, II: 357–387
– & Grabhorn, R, Stirn, A & Jordan, J (1999) Neuere Entwicklungen in der psychosomatischen Medizin. Psychotherapeut 44: 1–12

O'Shaugnessy, E (1992) Psychosis: Not thinking in a bizarre world. In: Anderson, R (Hg) Clinical lectures on Klein and Bion: 89–101. London: Routledge & Kegan
– (1999) Die Beziehung zum Überich. Jb Psychoanal 41: 112–134
Pally, R (1998) Bilaterality: Hemispheric specialisation and integration. Int J Psychoanal 79: 565–578
Paniagua, C (1999) Das Konzept der Intersubjektivität – einige kritische Bemerkungen. Psyche Z Psychoanal 53: 958–971
Pao, P N (1979) Schizophrenic disorders. Theory and treatment from a psychodynamic point of view. New York: IUP
Papousek, M (2001) Wochenbettdepressionen und ihre Auswirkungen auf die kindliche Entwicklung. In: Braun-Scharm, H (Hg) Depressionen und komorbide Störungen bei Kindern und Jugendlichen: 95–112. Weinheim/Basel: Wissenschaftliche Verlagsunion
Parens, H, Pollock, L, Stern, J & Kramer, S (1976) On the girl's entry into the oedipus complex. J Am Psychoanal Asso 24: 79–107
Parin, P (1986) Die Verflüchtigung des Sexuellen in der Psychoanalyse. In: Psychoanalytisches Seminar Zürich (Hg) Sexualität: 11–22. Frankfurt/M: Syndikat
Perelberg, R J (2004) Narcissistic configurations: Violence and its absence in treatment. Int J Psychoanal 85: 1065–1080
Pfäfflin, F (1993) Transsexualität. Beiträge zur Psychopathologie. Stuttgart: Enke
Pfeiffer, J (1989) Literaturpsychologie. Eine systematische, annotierte Bibliographie. Würzburg: Königshausen & Neumann
Plänkers, T (2003) Veränderungen im psychoanalytischen Verständnis der Angst. Psyche Z Psychoanal 57: 487–522
Plassmann R (1993) Organwelten: Grundriß einer analytischen Körperpsychologie. Psyche Z Psychoanal 47: 261–282
– (2004) Inhaltsdeutung und Prozessdeutung. Psychoanalyse und Körper 3: 89–112
Psychoanalytic Quarterly (1990) The psychoanalytic process. Vol. 50 (Themenheft)
Quindeau, I & Sigusch, V (Hg) (2005): Freud und das Sexuelle. Neue psychoanalytische und sexualwissenschaftliche Perspektiven. Frankfurt/M: Campus
Quint, H (1988) Die Zwangsneurose aus psychoanalytischer Sicht. Berlin: Springer
– (2000) Zwangsneurose. In: Mertens, W & Waldvogel, B (Hg) (2000): 822–825. 2. Auflage 2002
Racamier, P R (1991) Die Schizophrenen. Heidelberg: Springer
Racker, H (1968) Übertragung und Gegenübertragung. Studien zur psychoanalytischen Technik. München/Basel: Reinhardt 1978. Taschenbuch 2002
Raguse, H (1993) Psychoanalyse und biblische Interpretation. Stuttgart: Kohlhammer
Rapaport, D (1959) The structure of psychoanalytical theory. Dt: Die Struktur der psychoanalytischen Theorie. Stuttgart: Klett 1973
Rayner, E (1991) The independent mind in british psychoanalysis. Northvale: Aronson
Read J & Ross, C A (2003) Psychological trauma and psychosis. J Am Acad Psa Dyn Psychiatry 31: 247–268

Reck, C et al. (2004) Psychotherapie der postpartalen Depression. Nervenarzt 75: 1068–1073

Reeder, J (2005) Die Narration als hermeneutische Beziehung zum Unbewußten. Psyche Z Psychoanal 59, Beiheft: 22–34

Reich, G, Massing, A & Cierpka, M (2007) Praxis der psychoanalytischen Familien- und Paartherapie. Stuttgart: Kohlhammer

Reich, W (1925) Der triebhafte Charakter. Leipzig/Wien/Zürich: Int. Psychoanal. Verlag. Neuauflage 1970, Frankfurt/M.: Fischer

– (1933) Charakteranalyse. Frankfurt/M.: Fischer 1973

Reicher, J W (1976) Die Entwicklungspsychopathie und die analytische Psychotherapie von Delinquenten. Psyche Z Psychoanal 30: 604–612

Reiwald, P (1948) Die Gesellschaft und ihre Verbrecher. Zürich: Pan-Verlag. Neuauflage 1982, Frankfurt/M: Suhrkamp

Remschmidt, H & Mattejat, F (1994) Kinder psychotischer Eltern. Göttingen/Bern: Hogrefe

Renik, O (1998) The analyst's subjectivity and the analyst's objectivity. Int J Psychoanal 79: 487–497

Rey, J H (1988) Schizoide Phänomene im Borderline-Syndrom. In: Bott Spillius, E (Hg) (1990/91), Bd. 1: 253–287

Richter, H-E (1963) Eltern, Kind, Neurose. Stuttgart: Klett

Ricœur, P (1969) Die Interpretation. Frankfurt/M: Suhrkamp. Taschenbuch 2004

Riesman, D (1950) The lonely crowd. Dt: Die einsame Masse. Reinbek: Rowohlt 1977

Röder, Ch, Overbeck, G & Müller, T (1995) Psychoanalytische Theorie zur Hypochondrie. Psyche Z Psychoanal 49: 1068–1098

Rösler, W (2000) Psychosoziale Aspekte der Schizophrenie. In: Helmchen, H et al. (Hg) (2000): 181–192

Rosenfeld, D (1992) The psychotic. London: Karnac

Rosenfeld, H (1964) Zur Psychoanalyse psychotischer Zustände. Frankfurt/M: Suhrkamp

– (1971) Beitrag zur psychoanalytischen Theorie des Lebens- und Todestriebes aus klinischer Sicht. Psyche Z Psychoanal 25: 476–493

– (1987) Sackgassen und Deutungen. Therapeutische und antitherapeutische Faktoren der psychoanalytischen Behandlung von psychotischen, Borderline- und neurotischen Patienten. München/Wien: VIP 1990

Roskamp, H & Wilde, K (1999) Grundzüge der Neurosenlehre. In: Loch, W (1999): 81–194

Rost, W D (1999) Psychoanalyse des Alkoholismus. Stuttgart: Klett-Cotta

Rotmann, M (1978) Über die Bedeutung des Vaters in der Wiederannäherungsphase. Psyche Z Psychoanal 32: 1105–1147

Rudolf, G (2004) Strukturbezogene Psychotherapie. Stuttgart: Schattauer. 2. Auflage 2006

Rüger, L-B, Stuhr, U & Beutel, M (2002) Forschen und Heilen in der Psychoanalyse. Stuttgart: Kohlhammer

Rupprecht-Schampera, U (1997) Frühe Triangulierung in der Hysterie. Psyche Z Psychoanal 51: 637–664

Sachsse, U (1993) Selbstverletzendes Verhalten. Göttingen: Vandenhoeck & Ruprecht

Sandell, R, Blomberg, J, Lazar, A, Schubert, J, Carlsson, J & Broberg, J (1996) Wie die Zeit vergeht. Forum Psa 15: 327–347

– (2001) Unterschiedliche Langzeitergebnisse von Psychoanalysen und Psychotherapien. Psyche Z Psychoanal 55: 277–310

Sandler, J (1964) Zum Begriff des Über-Ichs. Psyche Z Psychoanal 18: I: 721–743, II: 812–828

– (1976) Gegenübertragung und die Bereitschaft zur Rollenübernahme. Psyche Z Psychoanal 30: 297–305

– (Hg) (1991) Über Freuds »Zur Einführung des Narzißmus«. Stuttgart: frommann-holzboog 2000

Sandner, D (1978) Psychodynamik in Kleingruppen. München: Reinhardt

Schacht, L (2005) Die früheste Kindheitsentwicklung und ihre Störungen aus der Sicht Winnicotts. In: Uexküll, T v (Hg) (2005): 93–107

Schafer, R (1983) The analytic attitude. New York: Basic Books

Scharfenberg, J (1968) Sigmund Freud und seine Religionskritik als Herausforderung für den christlichen Glauben. Göttingen: Vandenhoeck & Ruprecht

Schindler, W (1951) Family pattern in group formation and therapy. Int J Group Psychother 1: 100–105. Dt. Das Familienmodell in der Gruppenbildung und Therapie. In: Ders. (1980) Die analytische Gruppentherapie nach dem Familienmodell: 17–22. München: Reinhardt

Schmidt-Hellerau, C (1993) Überbau oder Fundament? Zur Metapsychologie und Metapsychologiedebatte. Psyche Z Psychoanal 47: 1–30

– (2002) Überlegungen zur gegenwärtigen amerikanischen Psychoanalyse. Psyche Z Psychoanal 56: 657–686

Schoenhals-Hart, H (2006) Angstneurose heute. Psyche Z Psychoanal 60: 193–214

Schöttler, C (1981) Zur Behandlungstechnik bei psychosomatisch schwer gestörten Patienten. Psyche Z Psychoanal 35: 11–141

– & Kutter, P (2005) Sexualität und Aggressivität aus der Sicht der Selbstpsychologie. Giessen: Psychosozial

Schore, A N (2005) Das menschliche Unbewusste: die Entwicklung des rechten Gehirns und seine Bedeutung für das frühe Gefühlsleben. In: Green V (Hg) Emotionale Entwicklung in Psychoanalyse, Bindungstheorie und Neurowissenschaften: 35–68. Frankfurt/M: Brandes & Apsel

– (2007) Affektregulation und die Reorganisation des Selbst. Stuttgart: Klett-Cotta

Schröter, M (1999) Zurück ins Weite. Die Internationalisierung der deutschen Psychoanalyse nach dem zweiten Weltkrieg. In: Bude, H & Greiner, B (Hg) Westbindungen: 93–118. Hamburg: Hamburger Edition

Schultz-Hencke, H (1951) Lehrbuch der analytischen Psychotherapie. Stuttgart: Thieme. Neuauflage 1988
Schwaber, E A (1995) Empathie: Eine Form analytischen Zuhörens. Forum Psa 11: 160–185
Schwartz, R C (2004) Systemische Therapie mit der inneren Familie. Stuttgart: Klett-Cotta, 4. Auflage
Schwarz, F (2001) Selbstpsychologie. In: Ders. & Maier, C (Hg) (2001): 10–16
– & Maier, C (Hg) (2001) Psychotherapie der Psychosen. Stuttgart: Thieme
–, Tabbert-Haug, C, Wendl-Kempmann, G, Hering, W & Kapfhammer, H P (Hg) (2006) Psychodynamik und Psychotherapie der Psychosen. Stuttgart: Kohlhammer
Schwarzer, A (1975) Der »kleine Unterschied« und seine großen Folgen. Frankfurt/M: Fischer. Neuauflage 2002
Searles, H F (1965) Der psychoanalytische Beitrag zur Schizophrenieforschung. München: Kindler 1974
Segal, H (1957) Bemerkungen zur Symbolbildung. In: Bott Spillius, E. (Hg) (1990/91), Bd. 1: 202–224
– (1981) Wahnvorstellungen und künstlerische Kreativität. Stuttgart: Klett-Cotta 1992
Slater, P E (1970) Mikrokosmos. Eine Studie über Gruppendynamik. Frankfurt/M: Fischer. Neuauflage 2000, Eschborn: Klotz
Solms, M (1996) Was sind Affekte? Psyche Z Psychoanal 46: 485–522
– (2006) Sigmund Freud heute. Eine neurowissenschaftliche Perspektive auf die Psychoanalyse. Psyche Z Psychoanal 60: 829–859
Sommer, J (1987) Dialogische Forschungsmethoden. München/Weinheim: Psychologie Verlags-Union
Spence, D T (1983) Narrative truth and historical truth. New York: Norton
– (1993) Die Sherlock Holmes Tradition: Die narrative Metapher. In: Buchholz, M B (Hg) Metapher und Analyse: 72–120. Göttingen: Vandenhoek & Ruprecht
Spiegel, Y (1972) Psychoanalytische Interpretationen biblischer Texte. München: Kaiser
– (1978) Doppeldeutlich. Die Tiefendimensionen biblischer Texte. München: Kaiser
Spitz, R A (1965) Vom Säugling zum Kleinkind. Stuttgart: Klett-Cotta 1969
Stein, R (2005) Why perversion? False »love« and the perverse pact. Int J Psychoanal 86: 775–800
Steiner, J (1993) Orte des seelischen Rückzugs. Pathologische Organisationen bei psychotischen und neurotischen Borderline-Patienten. Stuttgart: Klett-Cotta 1997
– (2006) Narzißtische Einbrüche. Sehen und Gesehen werden. Stuttgart: Klett-Cotta
Stekel, W (1908) Störungen des Trieb- und Affektlebens. Wien: Urban & Schwarzenberg 1924
Stern, D N (1986) Die Lebenserfahrung des Säuglings. Stuttgart: Klett-Cotta 1992
– (1995) Die Mutterschaftskonstellation. Stuttgart: Klett-Cotta 1998
– (2004) Der Gegenwartsmoment. Veränderungsprozesse in Psychoanalyse, Psychotherapie und Alltag. Frankfurt/M: Brandes & Apsel 2005

Stewart, H (1992) Psychic experience and problems of technique. New York: Routledge & Kegan

Stierlin H (1975) Von der Psychoanalyse zur Familientherapie. Stuttgart: Ernst Klett. Taschenbuch 1992, München: dtv

Stoller, R J (1975) Perversion: The erotic form of hatred. New York: Random House. Dt: Perversion. Die erotische Form von Haß. Reinbek: Rowohlt 1979. Neuauflage 2004, Giessen: Psychosozial

Stolorow, R D Brandchaft, B & Atwood, G E (1996) Psychoanalytische Behandlung. Frankfurt/M: Fischer

Stone, L (1961) Die psychoanalytische Situation. Frankfurt/M: Fischer 1973, Neuauflage 1993

Stone, M (1989) Mord. In: Kernberg, O F (Ed) (1989): 155–164

Stork, J (Hg) (1986) Vaterbild in Kontinuität und Wandlung. Stuttgart-Bad Cannstatt: frommann-holzboog

Strachey, J (1934) The nature of the therapeutic action of psychoanalysis. Int J Psychoanal 50, 1969: 275–292

Stuhr, U, Leuzinger-Bohleber, M & Beutel, M (2001) Langzeittherapie. Stuttgart: Kohlhammer

Sutherland, J D (1989) Fairbairn's journey into the interior. London: Free Asso Books

Thomä, H (1995) Über die psychoanalytische Theorie und Therapie neurotischer Ängste. Psyche Z Psychoanal 49: 1043–1067

– (2001) Intersubjektivität und Bifokalität der Übertragung. In: Bohleber, W & Drews, S (Hg) Die Gegenwart der Psychoanalyse: 370–386. Stuttgart (Klett-Cotta)

– & Kächele, H (2006) Lehrbuch der psychoanalytischen Therapie. Berlin: Springer. 3. Auflage

Tienari, P, Wynne, L C & Wahlberg, K E (2003) Die Adoptionsstudien der Schizophrenie und ihre klinische Bedeutung. In: Aderhold, V, Alanen, Y O, Hess, G & Hohn, P (Hg) Psychotherapie der Psychosen: 39–50. Giessen: Psychosozial

Trautmann-Voigt, S & Voigt, B (Hg) (2007) Körper und Kunst in der Psychotraumatologie. Methodenintegrative Therapie. Stuttgart: Schattauer

Trimborn, W. (1994) Analytiker und Rahmen als Garanten des therapeutischen Prozesses. Psychotherapeut 39: 94–103

Tustin, F (1986) Autistische Barrieren bei Neurotikern. Frankfurt/M.: Nexus 1988

Tyson, P & Tyson, R L (1990) Lehrbuch der psychoanalytischen Entwicklungspsychologie. Stuttgart: Kohlhammer 2001

Uexküll, T v., Adler, R H & Herrmann, J M (Hg) (2005) Psychosomatische Medizin. München: Urban & Schwarzenberg. 5. Auflage.

Varvin, S (2003) Mental survival strategies after extreme traumatisation. Kopenhagen: Multivers Academic

Volkan, V. (1995) Die Entwicklungsschicksale des psychotischen infantilen Selbst. Göttingen: Vandenhoek & Ruprecht 2002

– & Ast, G (1994) Spektrum des Narzißmus. Göttingen: Vandenhoek & Ruprecht

Wahl, H (1985): Narzißmus? Von Freuds Narzißmustheorie zur Selbstpsychologie. Stuttgart: Kohlhammer

Wallerstein, R (2006) Entwicklungslinien der Psychoanalyse seit Freud. Psyche Z Psychoanal 60: 798–828

Walter, H. (Hg) (2002) Männer als Väter. Sozialwissenschaftliche Theorie und Empirie. Giessen: Psychosozial

Weiß, H (2002) Reporting a dream accompanying an enactment in the transference situation. Int J Psychoanal 83: 633–646

– (2005) Wenn das Geschehene erst dann geschieht, wenn wir es denken können. Psyche Z Psychoanal 59, Beiheft: 65–77

Westen, D & Gabbard, G O (2002) Developments in cognitive neuroscience, II: Implications for theories of transference. J Am Psychoanal 50: 53–98

Widok, W (1978) Krisen im Umkreis stationärer Psychotherapie. In: Beese, F (Hg) Stationäre Psychotherapie. Göttingen: Vandenhoeck & Ruprecht

Williams, P (2005) Einverleibung eines invasiven Objekts. Psyche Z Psychoanal 59: 293–315

Winnicott, D W (1935) Die manische Abwehr. In: Ders.: Von der Kinderheilkunde zur Psychoanalyse: 238–260. München: Kindler 1976. Neuauflage 2007, Giessen: Psychosozial

– (1953) Übergangsobjekte und Übergangsphänomene. In: Ders.: Von der Kinderheilkunde zur Psychoanalyse: 293–312. München: Kindler 1976. Neuauflage 2007, Giessen: Psychosozial

– (1967) Die Spiegelfunktion von Mutter und Familie in der kindlichen Entwicklung. In: Ders.: Vom Spiel zur Kreativität: 128–135. Stuttgart: Klett-Cotta 1985

Wisdom, J O (1962) Ein methodologischer Versuch zum Hysterieproblem. Psyche Z Psychoanal 15: 561–587

Wolf, E S (1996) Theorie und Praxis der psychoanalytischen Selbstpsychologie. Frankfurt/M: Suhrkamp

– (2000) Optimale Responsivität und der Unterbrechungs-Wiederherstellungs-Prozeß. In: Kutter, P (Hg) (2000): 63–78

Zepf, S (2006 a) Attachment theory and psychoanalysis. Some remarks from an epistemological and from a Freudian viewpoint. Int J Psychoanal 87, 1529–1548

– (2006 b) Allgemeine psychoanalytische Neurosenlehre, Psychosomatik und Sozialpsychologie. Giessen: Psychosozial

Sachregister

Personenregister

Wolfram Ehlers / Alex Holder:

Psychologische Grundlagen, Entwicklung und Neurobiologie

Reihe Basiswissen Psychoanalyse, Band 1

Herausgegeben von Wolfram Ehlers

Einführung von Christa Rohde-Dachser

Beiträge von Wolfram Ehlers, Uwe Heinemann, Alex Holder und Hannelore Stenzel

301 Seiten, gebunden, 4 Farbtafeln, 44 Abbildungen und Tabellen, ISBN 978-3-608-94163-0

Der erste Band der Reihe konzentriert sich auf die Darstellung der psychologischen und biologischen Grundlagen der Psychotherapie einschließlich der Entwicklungsaspekte in der Psychoanalyse. Im Einzelnen behandelt der Band nach der Einführung in die Theoriegeschichte der Psychoanalyse:

- Entwicklungspsychologische Grundlagen der Psychoanalyse einschließlich der Entwicklungspathologie
- die psychologischen Grundlagen (Bewusstsein, Lernen, Kognition, Motivation und Emotion)
- die medizinisch-neurobiologischen Grundkenntnisse über den Aufbau des Nervensystems
- neurologische und psychiatrische Erkrankungen mit den Modellen zur Erklärung von Affektregulation, Entstehung von Schizophrenie, Demenzerkrankungen sowie Motorik- und Handlungsstörungen
- Neurobiologie, Neurophysiologie und Neuropsychoanalyse und ihre zukünftige Bedeutung in der Psychotherapie.

Allan N. Schore:

Affektregulation und die Reorganisation des Selbst

Herausgegeben, mit einem Vorwort versehen und aus dem Amerikanischen übersetzt von Eva Rass

419 Seiten, gebunden, 4 Abbildungen, ISBN 978-3-608-94439-6

Schore fügt die neuen Ergebnisse der Bindungs- und und Hirnforschung zusammen und zeigt, dass es immer mehr Belege dafür gibt, wie gut Freuds Annahmen und unser heutiges Wissen um die Funktionsweise des Gehirns zusammenpassen.

Peter Fonagy / Mary Target:

Psychoanalyse und die Psychopathologie der Entwicklung

Aus dem Englischen von Elisabeth Vorspohl

542 Seiten, gebunden, ISBN 978-3-608-94151-7

»Einer der wohl renommiertesten Psychoanalytiker unserer Zeit und seine kaum minder arrivierte Kollegin« (Psyche) überprüfen in diesem Werk den Gehalt der wichtigsten psychoanalytischen Denkmodelle vor dem Hintergrund der neuesten Erkenntnisse der Entwicklungspsychologie und der psychiatrischen Störungsmodelle. Fonagy und Target schlagen eine Brücke zwischen klassischen und modernen psychoanalytischen Sichtweisen und den Erkenntnissen der modernen Psychiatrie und der Entwicklungspsychologie. Dabei analysieren sie neben den Arbeiten Freuds die der nordamerikanischen und europäischen Strukturtheoretiker, das Klein-Bion-Modell, die britischen Objektbeziehungstheoretiker, die Bindungstheorie, die Ansätze Kernbergs und Kohuts und die moderne relationale Psychoanalyse und Intersubjektivitätstheorie.

Ralph R. Greenson:

Technik und Praxis der Psychoanalyse

Aus dem Amerikanischen von Gudrun Theusner-Stampa

454 Seiten, gebunden, ISBN 978-3-608-94283-5

Ralph R. Greensons Buch »wirkt einerseits entmystifizierend, weil es, begründet und anhand vieler Fallbeispiele belegt, die Haltung und Aktivität des Psychoanalytikers hinter der Couch erklärt; andererseits zeigt es, wie unsinnig die noch immer verbreitete Meinung ist, dass Psychoanalyse wesentlich oder ausschließlich auf bloßer mitmenschlicher Einfühlung beruhe. Selten wird so deutlich wie in diesem Buch, wie sehr Theorie und Technik miteinander verflochten sind.«

Tilmann Moser / Frankfurter Allgemeine Zeitung

Klett-Cotta